정신건강 전문가를 위한 진단 원칙과 기법 제2판

한결 쉬워진 **정신장애 진단**

James Morrison 지음

신민섭, 오서진, 최정인, 김일중, 문윤재, 서성민, 이미소, 최자연, 홍초롱 옮김

DSM-5®에 맞춰 개정

Σ **시그마프레스**

정신건강 전문가를 위한 진단 원칙과 기법

한결 쉬워진 정신장애 진단, 제2판

발행일 | 2015년 7월 20일 1쇄 발행
2016년 9월 1일 2쇄 발행

저자 | James Morrison
역자 | 신민섭, 오서진, 최정인, 김일중, 문윤재, 서성민, 이미소, 최자연, 홍초롱
발행인 | 강학경
발행처 | (주)시그마프레스
디자인 | 김경임, 이미수
편 집 | 이호선, 안은찬

등록번호 | 제10-2642호
주소 | 서울특별시 영등포구 양평로 22길 21 선유도코오롱디지털타워 A401~403호
전자우편 | sigma@spress.co.kr
홈페이지 | http://www.sigmapress.co.kr
전화 | (02)323-4845, (02)2062-5184~8
팩스 | (02)323-4197

ISBN | 978-89-6866-253-9

Diagnosis Made Easier, Second Edition
Principles and Techniques for Mental Health Clinicians

＊ 책값은 뒤표지에 있습니다.

이 도서의 국립중앙도서관 출판예정도서목록(CIP)은 서지정보유통지원시스템 홈페이지
(http://seoji.nl.go.kr)와 국가자료공동목록시스템(http://www.nl.go.kr/kolisnet)에서 이용하
실 수 있습니다.(CIP제어번호: CIP2015016769)

환자 진료와 임상 연구 외에도 대학 병원 정신과에 근무하는 임상가들에게는 중요한 업무가 하나 있습니다. 의과대학 학생 및 전공의, 임상심리전문가 과정 수련생들에 대한 교육이 그것입니다. 때문에 매년 3월이 되면 새로운 수련생을 맞이하는 설렘과 더불어 복잡한 정신장애 증상들에 대한 정확한 이해를 돕고, 다양한 정신장애의 진단 및 심리학적 진단 평가에 대해 어떻게 효율적으로 교육하고 수련시킬지에 대한 책임감과 걱정이 앞서기도 합니다.

정신과에 내원하는 분들은 분명한 한 가지 정신장애를 갖고 있기보다는 외견상 복잡하고 다양한 증상을 보이는 경우가 자주 있습니다. 또한 증상이 표현되는 양상이나 성격 특성에서 연령이나 성별, 생물학적 또는 환경적 요인 등에 따른 개인차가 크며, 단일 장애보다는 여러 장애가 동반이환되는 경우도 빈번합니다.

그래서 역자는 의대 실습 학생들이나 수련생들에게 정신장애를 진단하고 평가하는 것은 마치 밤하늘의 별자리 찾기나 퍼즐 맞추기와 같다고 설명하곤 합니다. 별자리에 대한 지식이나 지침이 될 만한 정보가 전혀 없다면 무수히 많은 밤하늘의 별 중에서 특정 별자리를 찾기란 매우 어렵습니다. 그러나 여러 가지 별자리에 대한 지침이나 안내서만 가지고 있다면 쉽고 빠르게 원하는 별자리를 찾을 수 있습니다. 이와 마찬가지로 환자와 가족들에 대한 면담, 행동 관찰, 다양한 검사 결과, 현 병력 및 과거력, 이전 치료 기록 등을 통해 우리가 한 환자에게서 얻을 수 있는 다양하고 많은 정보는 아직 맞추지 않은 천여 개의 퍼즐 조각에 비유할 수 있습니다. '구슬이 서 말이라도 꿰어야 보배'라는 속담처럼 정보가 아무리 많아도 그것을 의미 있게 통합하여 잘 맞추지 못하면 별로 가치 없게 됩니다.

정신장애 진단도 이와 유사합니다. 임상가는 환자에 대한 많은 정보를 얻은 후에 퍼즐을 맞추듯이 정신장애에 대한 전문적인 지식과 임상 경험에 입각해서 환자의 진단이 무엇인지에 대한 결정을 내리게 됩니다. 이러한 과정에서 고려해야 할 변인들이 상당히 많으므로 정신장애 진단 과정은 단순하고 쉽지 않은 경우가 자주 있습니다. 이 책의 저자인 제임스 모리슨 박사는 환자에 대한 진단을 내리는 과정을 여정에 비유하면서 한 걸음 한 걸음 진단에 이르는 길을 정확하게 나아갈 수 있도록 친절하게 길 안내를 해 주고 있습니다.

저자는 진단을 내리는 데 매우 중요해 보이는 정보라 할 수 있는 어떤 퍼즐 조각을 찾지 못했을 때 그 퍼즐을 찾도록 노력해야 하며, 무리하게 추측해서 진단을 내리기보다는 필요한 퍼즐 조각을 찾을 때까지 최종 진단을 보류하거나 '진단 미정'이라는 용어를 신중하게 사용하도록 권하고 있습니다. 이러한 점은 이 책에 대한 신뢰감을 느끼게 해 줍니다. 책에서 이해를 돕기 위해 제시하고 있는 진단 원칙들과 의사 결정 나무는 우리가 다양하고 복잡한 증상을 보이는 사례에 직면했을 때 길을 잃거나 중요한 사항을 놓치지 않도록 논리적이고 체계적으로 한 단계 한 단계 길 안내를 해 줍니다. 그렇게 하여 현재 가지고 있는 정보에 입각해서 가장 가능성이 높다고 생각되는 진단을 생각할 수 있도록 도와주며 최종 진단에 도달할 수 있게 이끌어 주고 있습니다.

특히 모리슨 박사는 풍부한 임상 경험을 통해서 정신장애 진단 시 가능한 모든 신체적·심리적 요인을 철저하게 검토하고 감별진단해야 할 목록을 만든 후에 하나씩 배제해 나가도록 하는 등, 진단 시 우리가 간과하거나 저지르기 쉬운 오류를 피할 수 있게 해 주며, 정확한 진단이 치료에서 핵심적인 역할을 한다는 점을 다시금 떠올리게 해 주었습니다.

이 책은 진단에 이르는 여정에서 로드맵에 따라 출발하여 우울증과 조증, 불안, 공포, 강박증, 정신병 진단과 기억 및 사고의 문제 진단, 물질 오용과 기타 중독 증상에 대한 진단, 성격과 관계 문제의 진단뿐만 아니라 순응, 자살, 폭력 문제 및 환자 사례 모음에 이르기까지의 복잡하고 긴 여정을 차례대로 알기 쉽게 안내해 줍니다.

누구나 정신장애 진단에 대한 대학원 수준의 전공 서적이라면 어렵고 딱딱하리라는 선입견을 갖기 마련입니다. 그러나 이 책은 눈에서 뗄 수 없을 정도로 흥미롭고 재미있어서 마치 퍼즐을 맞추는 것처럼 몰입하여 읽게 됩니다.

지난 6개월간 이른 아침에 모여서 이 책을 함께 정독하며 초벌 번역에 도움을 준 공동 역자 서울대학교병원 정신건강의학과 임상심리전문가인 오서진, 최정인 선생과 임상심리전문가 과정 수련생인 김일중, 문윤재, 서성민, 이미소, 최자연, 홍초롱 선생에게 진심으로 감사의 마음을 전합니다. 또한 이렇게 좋은 진단 지침서를 만날 수 있게 해 주시고 번역을 맡겨 주신 시그마프레스 강학경 사장님, 넉넉한 미소로 저희를 믿고 지지해 주신 고영수 부장님, 교정 등 번거로운 작업을 도와주신 편집부 직원들께도 깊이 감사드립니다. 가능한 한 DSM-5 진단명에 맞추어서 용어 번역을 하려고 노력하였습니다. 그러나 진단명이나 용어 등이 약간 다르게 번역되거나 백여 개가 넘는 외국 환자들의 임상 사례를 우리말로 옮길 때 적당한 표현을 찾기 어려운 경우도 간혹 있었으므로, 이 책을 읽으시다가 더 정확한 표현이 떠오르시거나 혹시 오역을 발견하시게 되면 알려 주시길 간곡히 부탁드립니다. 추후에 반영하여 수정하도록 하겠습니다.

이 책이 정신의학, 임상심리학, 그리고 정신건강 분야의 전문가들이나 전공의, 수련생들에게 실제적인 도움을 줄 수 있는 책이라 확신하며 정신과적 진단과 관련된 대학원 강의에서 좋은 교재가 될 수 있으리라 생각합니다.

정신장애 진단은 때로는 안개 속을 거니는 것처럼 다른 나무들이 보이지 않아 외롭고 어렵기도 하지만 이 책이 짙은 안개 속에서 길을 잃지 않고 나무들을 환히 볼 수 있게 안내해 줄 수 있기를 기대해 봅니다.

2015년 어느 봄날에
역자 대표 신민섭 드림

저자 서문

진단 과정에 대한 저술을 시작했을 때, 나는 실제로 강의실에서 하는 수업을 보완할 수 있을 뿐만 아니라 독자적인 연구의 길잡이를 제공할 수 있는 교재를 구상했다. 이는 내가 실무에 종사하는 의료 전문가들을 대상으로, 그들이 정신과적 진단에 대해 어떻게 배웠는지 알기 위해 그다지 과학적이지는 않은 조사를 실시하기 전이었다. 그러나 조사 결과는 놀라웠다.

내가 조사한 임상가들 대부분은 세련된 예술처럼 진단에 대해 훈련을 받았을 뿐이었는데, 사실 그건 전혀 훈련을 받지 않은 것이나 다름없었다. 조사 대상자들이 훈련을 받았던 대부분의 전문적인 대학에는 진단과 관련된 공식적인 수업 자료가 없었다. 그리고 지금도 여전히 없는 상태이다. 심지어 의과대학에서조차 학생들과 전공의들이 현재의 진단적 기준을 알 수 있기를 기대하지만 진단을 내리는 방법에 대해 직접 배울 수 있는 기회는 거의 없었다. 내가 조사한 대부분의 대상자들은 "진단에 대해 현장 실습을 통해 배웠어요."라는 말에 동의를 표했다. 이와 유사하게 임상가들을 대상으로 하여 적절한 임상적 평가를 수행하는 방법을 가르치는 저서들의 대부분이 그 결과물(진단)에 초점을 맞출 뿐, 진단을 내리는 과정에 대해서는 거의 무시한다.

진단 과정은 단순하지도 직관적이지도 않기 때문에 나는 이 과정을 쉽다고 설명하지는 않을 것이다. 하지만 수십 년간의 경험과 수개월간의 고심 끝에 나는 진단 과정이 직접적이고 이해하기 쉬운 방법으로 설명될 수 있다고, 즉 진단을 더 쉽게 할 수 있다고 믿게 되었다.

이 책에서 나는 진단적 문제들에 대해 생각하는 방법을 제시하였다. 이 책은 최신 DSM-5에서의 진단적 기준이나 진단 부호화 번호의 변화에는 그다지 의존하지 않는다. 대신 나는 수십 년간 인식되어 온 정신장애의 근본적인 특징에 초점을 맞추었다. 여러분이 반드시 배워야 할 것은 환자를 평가하고 그 사실들과 일치하는 논리적인 진단에 도달하기 위한 과학적 방법, 그리고 예술이다.

1부에서는 진단의 과정에 초점을 맞추었다. 진단을 잘하는 방법을 배우는 데는 논리적이고 이해하기 쉬운 원칙들을 다양한 출처에서 수집된 각기 다른 여러 유형의 정보에 체계적으로 적용하는 것이 포함된다. 비록 실제 삶에서는 동시에 여러 가지 쟁점에 직면하게 되겠지만, 편의를 위해 나는 이 쟁점들을 여러 장으로 구분하였다. 1부의 끝에서 당신은 노련한 임상가들이 진단이라는 작업을 창조하기 위해 자신의 경험과 새로운 정보를 어떻게 통합하는지 알 수 있을 것이다.

2부의 세 장에서는 각 환자의 정신과적 진단을 이해하는 데 필요한 사회적 또는 기타 배경 정보를 탐색한다. 물론 이는 당신이 제일 먼저 알고 있어야 하는 정보이며 따라서 당신이 진단을 내릴 수 있다. 하지만 새로운 자료를 다룰 때는 어딘가에서 시작해야만 하는데, 나는 아마 대부분의 독자가 이미 면접이나 정보 수집에 익숙할 것이라고 판단했다. 이것이 내가 진단적 방법을 먼저 제시한 이유이다.

마지막으로 3부에서 우리는 1부의 방법과 2부의 자료를 다양한 임상적 장애에 어떻게 적용시킬 수 있는지 알아보기 위해 매우 많은 임상적 사례를 면밀히 살펴볼 것이다. 여기서 모든 장애와 주요 장애의 모든 변형을 고려할 수는 없지만 (내가 저술한 *DSM-5 Made Easy*를 포함한) 다른 매뉴얼은 모든 장애를 다루고 있다. 그래서 그보다는 정신과 임상가들이 일상적으로 직면하는 쟁점과 질병에 집중할 것이다.

진단적 방법을 분명히 보여 주기 위해 나는 100명 이상 되는 환자의 개인력을 이 책에 포함시켰다. 각 임상적 사례에 대한 나의 분석을 읽기 전에 먼저 의사 결정 나무를 통한 진단을 시도해 보고 관련된 진단 원칙들을 스스로 적어 보기를 권장한다. 우리가 종이에 인쇄된 내용을 수동적으로 읽는 것보다 문제의 해답에 대해 주도적으로 생각함으로써 더 효율적으로 배울 수 있다는 것은 충분히 입증된 사실이다. 나는 당신이 개인력에 대해 생각하고 이러한 증거가 자신이 내린 진단과 어떻게 관련되는지에 대해 생각해 보는 연습을 하는 것이 유익할 것이라 생각한다.

당신은 각각의 의사 결정 나무가 왜 "…를 고려하라."로 끝나는지 궁금해할지도 모른다. 왜 단순히 장애명을 쓰고 넘어가라고 하지 않았을까? 이 도표에 대해 오랫동안 고민한 뒤 나는 잠정적인 표현이 더 안전하다고 판단했다. 너무 권위적이지 않길 원하기 때문에 나는 당신이 모든 임상가가 빠질 수 있는 함정, 즉 모든 필수적인 정보를 얻기 전에 진단적 종결로 무턱대고 돌진하는 일은 피하기를 바란다.

이 책의 그림 1.1은 진단적 과정을 도표로 보여 주는 로드맵을 제공한다. 부록에는 내가 정신과적 진단을 적용할 때 중요하게 고려하는 진단 원칙들이 나열되어 있다. 지면상의 문제와 경제적인 문제를 고려하여 최근 알려진 주요 진단들과 관련된 꽤 많은 양의 정보를 3장과 6장의 표에 표시해 두었다. 표 3.2는 각 주요 진단의 감별진단, 표 6.1은 흔히 동반이환 되는 질병들을 제시한다.

만약 이 책을 읽은 뒤에도 여전히 정신과적 진단에 대한 질문이 있다면 *morrjame@ohsu.edu*로 이메일을 보내도 좋다. 나는 모든 이메일에 응답하고자 노력할 것이다.

용어

이 책에서 나는 주로 DSM-5 용어를 사용했지만 그렇지 않은 몇몇 부분도 발견할 수 있을 것이다. 거기에는 다음과 같은 여러 가지 이유가 있다. (1) 몇몇 새로운 용어들은 솔직히 사용하기 어색하다. 예를 들어 나는 공식적으로는 **지속성 우울장애**(persistent depressive disorder) 대신에 **기분저하증**(dysthymia)과 **기분저하증장애**(dysthymic disorder)를 계속해서 사용하고자 한다(사실 DSM-5는 유의어인 경우 더 짧은 용어의 사용을 공식적으로 허용한다). (2) 양극성장애와 우울장애 모두를 아우르는 전반적인 용어로서 **기분장애**(mood disorder)를 계속해서 사용하고자 한다. 이는 단순히 공간 절약을 위해서다. 양극성우울은 약칭으로 여겨지며 독자들이 이를 이해하는 데는 문제가 없을 것이라 생각한다. (3) 때때로 새롭지만 다소 어색한 용어인 **주요 신경인지장애**(major neurocognitive disorder) 대신 **치매**(dementia)라는 더 오래되고 간단한 용어를 사용할 것이다. 반면 나는 DSM-Ⅳ에서의 의미하는 **약물 의존, 약물 남용**과 같은 용어들은 폐기할 것이다. 만약 이러한 용어들이 사용되었다면 이는 더 전반적인 측면을 설명한 것임을 알린다.

설명이 필요한 또 다른 용어가 있다. DSM-5에서 **신체증상장애**(somatic symptom disorder)로 대체되긴 했지만 나는 개인적으로 **신체화장애**(somatization disorder)라는 기준을 계속 사용하고자 한다. 본문 중 적절한 곳(119쪽)에서 이러한 새로운 진단 규준과 과거 진단 규준에 대한 나의 생각을 설명했다. 여기에서 나는 독자들이 고려해야 할 2개의 명칭이 있다는 점에 주의하라고 촉구하겠지만, 나에게 있어 타당한 진단 기준은 하나이다. 하지만 혼란을 피하기 위해 대체로 DSM-5의 새로운 용어를 계속해서 사용하거나 때로는 비공식적 표현인 신체화하는 장애(somatizing disorders)라는 표현을 사용했다.

감사의 글

보이지 않는 곳에서 나에게 영감, 지도, 용기를 준 많은 이에게 갚을 수 없는 빚을 지었다. 가장 최근의 저술 과정에서 나는 특히 아내인 메리에게 감사하고 싶다. 그녀는 나의 모든 책의 출판에 도움을 줬고 이번 책에서도 역시 출판 전의 원고들을 조심스럽게 검토하고 살펴봐 주었다. Guilford Press의 동료들, 특히 오랜 친구이자 편집자이며 이 책의 개념을 발전시키고자 나와 긴밀하게 협력한 키티 무어에게 경의를 표한다. 마리 스프레이베리는 최상의 교정을 통해 이 글의 재미와 정확도를 헤아릴 수 없을 정도로 향상시켰고, 편집 프로젝트 담당자인 안나 브랙켓은 최종 단계에서 인내심을 갖고 나를 기다려 줌으로써 이 책을 완성할 수 있게 해 주었다. 이들은 모두 최고의 파트너다. 그리고 셀 수 없이 많은 임상가와 수많은 환자가 그들도 모르는 사이에 이 교육에 함께하게 되었고 나에게 길을 보여 주었다.

차례

제2부   진단의 구성 요소

진단 기법 적용하기

PART 1
진단의 기초

1

진단에 이르는 길

 카슨

몇 년 전 카슨이라는 29세 심리학과 대학원생을 평가했다. 그는 자신이 태어난 동네에서 줄곧 많은 친척들, 친구들과 살아왔다. 그는 우울 삽화가 되풀이되는 긴 과거력을 겪으면서 10년 동안 항우울제 투약과 중지를 반복하고 있었다. 때에 따라 그는 공부할 때 주의 집중의 어려움을 겪거나 직업을 구하지 못할 것에 대한 걱정, 외할머니처럼 만성적으로 우울해지는 것 등에 대한 두려움을 호소하였다.

상태가 최악일 때(주로 늦가을에) 그는 잠을 자거나 식사를 하는 데도 어려움을 겪었고 성탄절이 다가올 무렵엔 상당히 여위어 있었다. 매년 봄에는 기분이 호전되어 여름과 초가을에는 언제나 기분이 좋았지만 "일상생활의 사소한 일에도 쉽게 예민해져요."라고 말했다. 그의 아내는 이러한 말이 가끔씩 일이 잘 풀리지 않을 때 울적해지는 것을 의미한다고 했다.

전형적인 청소년들처럼 10대였을 때 카슨은 알코올과 마약 둘 모두를 시험 삼아 해 보았다. 한번은 3일 연속 암페타민(amphetamines)을 사용한 후 약물을 끊자 잠시 우울해졌지만 며칠 만에 자연스럽게 회복되었다. 아내는 그가 '버릇을 고친다'는 조건하에 결혼을 승낙했고, 카슨은 그들이 함께 지내 온 4년 동안 약물을 전혀 입에 대지 않았다고 맹세하였다. 그는 조증 증상을 한 번도 경험하지 않았었고 자신의 신체적 건강은 좋다고 생각했다.

카슨은 투약의 도움으로 대학 졸업 후 여름 동안 대학원 장학금을 알아보며 지냈다. 경기가 불황이어서 사회과학 분야에서는 가능한 자리가 거의 없었지만 그는 어느 좋은 대학으로부터 후한 봉급의 대학원 조교 자리를 제안 받았다. 이러한 경사에도 불구하고 그는 기뻐할 수 없었다. 취업하게 될 대학교가 2,500마일 가량 떨어진, 그가 한 번도 살아본 적 없는 곳에 있었기 때문이다.

6월 말의 어느 금요일 오후, 그가 정기적으로 만나 오던 주치의의 요청에 따라 응급 평가를 받기 위해 병원을 방문했다. 그는 의자에 쓰러져 앉은 채 안절부절못하면서 한쪽 무릎을 동동거렸으며 시선을 내리깔고 있었다. 그는 극심한 불안을 호소했다. 그의 아내는 첫 아이를 임신하였고, 다음 날 그들은 차를 운전해서 이 나라를 횡단하여 한 번도 가 본 적 없는 도시에 있는 새 직장으로 출발할 예정이었다. 그 전날 오후, 주기적인 학자금 연장에 서명해야 했을 때 그는 '거의 공황 상태'가 되었다.

카슨은 미래에 대한 두려움을 이야기하면서 눈시울이 붉어졌고 눈물을 훔쳤다. 그는 자신이 우울하다고는 생각하지 않았지만 '헤쳐 나갈 수 없고' 혼자 내버려진 것처럼 느껴진다고 고백했다. "저는 무너지고 있어요."라고 말하면서 흐느껴 울었다.

진단을 위한 로드맵

당신이 상상할 수 있듯이 카슨의 경우에는 평가할 것이 매우 많다. 만일 당신이 그를 진단할 임상가라면 많은 질문들을 해야 할 필요가 있을 것이다. 무엇이 문제인가? 우울증을 동반한 이전 문제들과 유사한가? 치료가 필요한가? 만약 그렇다면 어떤 것이 가장 도움이 되는가? 약물 증량? 다른 항우울제? 아니면 심리 치료? 카슨과 그의 아내에게는 어떻게 말해야 할까? 이사를 연기해야 한다고? 카슨은 새 상사에게 뭐라고 이야기해야 할까? 이러한 중요한 질문들에 대한 대답은 그의 상태에 대한 당신의 평가에 달려 있을 것이다. 이에 답하려면 앞으로 나아갈 길을 안내해 줄 정보에 근거해야 한다. 이 여정의 첫 목적지에 도착하는 것 즉, 우리가 '진단'이라고 부르는 것이 바로 이 책에서 내내 다루려는 것이다.

고대 그리스 용어인 진단(diagnosis)은 '구별하기' 또는 '식별하기'를 의미한다. 단어 그 자체 이상으로 어떤 질환을 다른 질환과 구별하는 것과 관련된 개념은 환자와 의학자 같은 이들에게 지극히 중요하다. 영국의 정신과 의사 R. E. 켄델이 한 세대 이전에 기술하였듯이 만일 '진단'이라는 개념이 없다면 우리가 보는 학술지에는 오직 사례 보고와 의견만 실릴 것이다.

어떤 사람이 신체적 문제를 호소하며 의사를 찾아갔을 때 대부분의 경우 진단은 세 가지 종류의 정보를 전달한다. 문제의 성질(증상, 징후, 과거력), 원인, 그리고 그 결과로서 일관되게 발생하는 신체적 변화이다. 이 기준을 분명하게 충족시킨다면 어떤 장애라도 질환(disease)이라 부를 수 있다. 폐렴의 경우를 예로 들어 보자. 이 용어는 환자가 힘이 없고, 피로를 느끼며, 숨 가쁨, 고열, 가래를 일으키는 기침으로 고생한다는 것을 우리에게 말해 준다. 그러나 타액 배양과 다른 검사 결과들을 확인한 뒤에야 비로소 폐렴의 원인이 환자의 폐에서 자라나 폐포를 액체와 세포로 채워 숨 가쁨을 유발하는 박테리아 때문이라는 것을 알 수 있다. 그 다음에 우리는 환자에게 폐렴구균성 폐렴(pneumococcal pneumonia)이라는 질환에 걸렸다고 말할 수 있다.

임상적 증상과 기타 정보들은 의사가 어떠한 치료를 처방하고 예후를 예측할 때 따라가는 지도와 같은 로드맵을 구성한다. 나는 지리적으로 잘 헤매는 편이라 여행을 떠날 때 자동차 동호회를 방문하거나 구글 지도에 접속하든지 해서 여행 경로에 대한 주행 지침과 그래픽 자료 모두를 갖추려고 한다. 언어적 · 시각적 지침 둘 모두를 갖추는 것은 내가 가야 할 장소에 제 시간에 도착할 것이라고 믿을 수 있게 만전을 기하는 방법이다. 정신과적 진단을 위한 '주행 지침'의 간략한 개관을 아래에 제시했다. (그림 1.1의 지도상에서 우리가 가고 있는 곳을 확인할 수 있다.) 용어들이 친숙하지 않더라도 걱정하지 말기를. 앞으로 용어들에 대해 차차 정의할 것이다.

- 수준 I : 가능한 한 완벽한 데이터베이스를 모아라. 여기에는 현 병력, 이전의 정신과적 과거력, 개인 및 사회적 배경, 가족력, 의학적 병력, 정신 상태 검사 결과가 포함된다. 우선 가능한 한 완벽하게 환자를 기술한 자료를 갖춰야 한다. 자료의 대부분은 환자와의 면담으로부터 얻으며 다른 정보 제공자로부터 얻는 경우도 흔하다. 2부의 데이터베이스 출처(database quarry)에서 이에 대해 더 많이 이해할 수 있을 것이다.
- 수준 II : 증후군(syndrome)을 파악하라. 증후군은 함께 나타나서 확인 가능한 질병을 만들어 내는 증상들의 집합이다. 우울증은 하나의 주요 증후군이고 알코올 중독 역시 증후군이다.
- 수준 III : 감별진단(differential diagnosis)을 구성하라. 감별진단은 당신이 환자에게 있을 수 있다고 생각하는 모든 장애를 가리키는 용어이다. 확률이 낮더라도 어떤 가능성조차 간과하고 싶지 않다면 애초에 매우 넓은 그물망을 쳐야 한다.
- 수준 IV : 의사 결정 나무(decision tree)를 이용하여 심층 평가와 치료를 위해 가능성이 가장 큰 잠정적 진단(provisional diagnosis)을 선택하라.
- 수준 V : 주요 진단과 동반이환(공존)될 수 있는 다른 진단을 파악하라. 치료의 필요

성이 긴급한 정도에 따라 여러 진단들을 나열하라.

- 수준 Ⅵ : 당신의 평가에 대한 점검으로서 사례 개념화(formulation)를 작성하라.
  환자에 대한 이 간략한 기술에 당신의 소견과 결론이 요약된다.
- 수준 Ⅶ : 새로운 데이터를 구하게 되면 당신의 진단을 재평가하라.

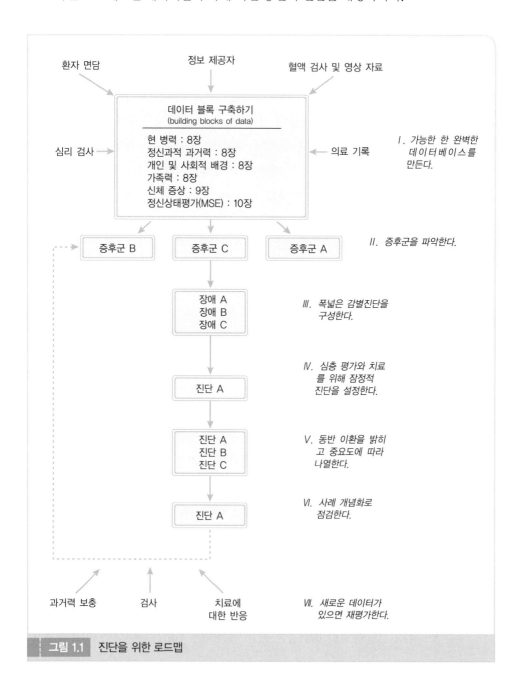

그림 1.1 진단을 위한 로드맵

제1부 진단의 기초

6

2

로드맵에 따라 출발하기

대개 초기 면담에서 환자가 제공한 정보가 진단의 출발점이 된다. 카슨의 예처럼(1장 참고) 친인척이 추가 정보를 제공할 수 있다. 전체적인 임상적 그림에 있어 주변 사람들로부터 얻는 2차적 정보는 무척이나 중요하다. 일반적으로 환자가 고의로 우리를 헷갈리게 하지는 않겠지만 자기 자신의 상황을 조망하는 데는 어려움이 있다. 나는 친구나 친인척, 다른 임상가가 제공하는 정보가 평가에서 결정적인 경우를 자주 보았다. 이 정보는 최소한 방금 막 그린 새 환자의 초상화에 색채와 깊이를 더해 준다. 이전 기록을 얻을 수 있다면 배경 정보를 얻는 데 걸리는 시간을 절약할 수 있다. 때로는 이러한 기록들이 재앙을 초래하는 오진으로부터 나를 살린 적도 있다.

임상적 과거력은 대개 그 사람이 임상적 주의를 기울이도록 하는 데 직접적인 원인이 된 문제로부터 시작하며 이것이 현 질병의 과거력이 된다. 최근 발생한 환청이나 한 차례의 과도한 약물 사용, 또는 대인관계 갈등은 우울증 급성 삽화일 수 있다. 정보들을 자세히 살펴보면서 환자와 친인척, 가까운 지인들의 삶이 서로 어떻게 영향을 주고받는지 이해할 수 있다. 또한 이전의 정신과적 과거력을 알게 될 수 있는데, 여기에는 다른 정신적 또는 정서적 문제나 현 문제의 이전 삽화에 대한 정보가 포함되고, 이 정보는 현재 무엇이 문제인지 결정할 때 중요할 수 있다.

영화나 소설, 연극에서 스토리텔링은 단순한 서술 이상의 훨씬 많은 것을 포함한다. 가장 단순한 철수와 영희 이야기에서도 주인공의 배경, 문화, 가족, 사회적 환경에 대한 정보를 전달한다. 때로는 이러한 자료가 말로 언급되지 않는 대신 배경 이야기(back story)라고 불리며 인물의 동기, 행동, 정서를 명확하게 함으로써 의미의 촉감과 깊이를 만든다. 이것을 환자에 적용하면 모든 환자에게는 배경이 되는 이야기가 있으며 우리는 이를 임상적으로 **개인력** 및 **사회력**이라 부른다. 연극에서 무엇이 인물의 행동의 원인이 되는지 이해할 때 더욱 눈을 뗄 수 없게 되듯이 이 정보는 흥미로울 뿐만 아니라 진단과 크게 관련되며 필수적이기까지 하다. 이 자료는 무척 중요해서 나는 8장을 아동기 배경과 현재의 생활 환경, 가족력, 특히 가족의 정신과적 병력을 논의하는 데 할애했다. 의학적 배경(9장)은 평가의 또 다른 중요 부분이다. 마지막으로 우리는 정신상태검사, 즉 MSE(10장)를 활용할 예정인데 MSE는 당신이 생각했던 것만큼 유용하지 않을 수 있다. 이 책의 1부 내내 정신과적 평가의 다양한 부분과 이를 이용해 진단을 내리는 방법에 대해 살펴볼 것이다.

실제 세계에서 환자는 마치 셰익스피어가 말한 슬픔처럼 첩자와 같이 혼자 오지 않고 떼 지어 오는 경향이 있다.[1] 그 결과, 완벽한 초기 평가에 필요한 모든 자료를 수집할 시간이 충분하지 않을 수 있다. 하지만 괜찮다. 여기서의 과제는 이상적인 조건에서 진단적 작업이 어떻게 이루어지는지를 배우는 것이다. 반복해서 연습함에 따라 나중에는 바쁜 근무 시간이나 정신없는 저녁의 응급실에서도 이 같은 진단적 작업을 완수할 수 있게 될 것이다.

증상과 징후

3장에서 신뢰로운 진단을 내리기 위해 필요한 기본 계획을 논의할 것이다. 그러나 그 전에 우리는 모든 의료적인 진단에서 원 자료와 관련된 몇 가지 용어를 정의할 필요가 있다. 기술적으로 말해 **증상**(symptom)이 환자가 호소하는 것인 반면 **징후**(sign)는 임상가가 듣고 보아서 알게 된 것이다. 1장에 기술한 폐렴 환자가 호소한 다양한 증상에는 기침, 숨 가쁨, 피로감 등이 있었다. 증상은 환자 또는 환자의 친구나 친인척이 파악한 질환을 나타내는 지표로 환자가 의료 서비스 제공자에게 이야기할 때 언급하는 사항들이다. 정신과적

---

1. 역주 : 셰익스피어의 햄릿(1602)에서 왕이 미친 오필리어를 보고 오필리어 부친의 죽음과 햄릿의 추방을 생각하며 재앙은 겹쳐 온다는 뜻으로 한 말. "When sorrows come, they come not as single spies, But in battalions."

증상에는 엄청나게 다양한 감정과 행동, 신체 감각이 포함된다. 카슨의 증상에는 때에 따른 우울감, 주의 집중의 어려움, 극심한 공포, 수면 곤란, 저조한 식욕 등이 있었다. 환각과 망상도 증상이다. 신경과민, 거미에 대한 공포, 자살에 대한 생각 역시 증상이다.

물론 무엇이 증상이고 무엇이 증상이 아닌지 결정할 때 상황과 정도가 중요한 역할을 한다. 많은 사람들이 거미를 좋아하지 않고, 의사들은 보통 다른 환자에게 병균을 옮기지 않도록 손을 자주 씻는다. 따라서 증상들은 언제나 약간 주관적이라고 볼 수 있다. 즉, 그 사람의 관점에 달려 있다. 반면 징후는 질병을 가리키는 훨씬 더 객관적인 단서이다. 대개 환자와 정보 제공자가 징후를 호소하지는 않는다. 오히려 임상가가 환자의 외모나 행동으로부터 징후들을 알아본다. 폐렴 환자는 고열, 심박수의 증가, 혈압의 변화와 같은 징후를 보일 수 있고, 청진기가 있다면 환자가 숨을 쉬려고 할 때 폐에서 액체가 탁탁 소리를 내는 것을 들을 수 있을 것이다. 카슨이 보인 정신과적 질병의 징후에는 울먹임과 쓰러질 듯한 자세가 포함된다.

때때로 징후와 증상은 서로 겹친다. 이 책에서도 때로는 증상일 수도 있는 징후에 대해 이야기할 수 있다(본문 중 '증상과 징후' 내용 참고). 이 애매모호함을 받아들여야 한다. 이것은 임상적 신비로움의 일부이다. 그렇다면 당신은 궁금해할 수 있다. 증상과 징후의 차이점이 있다는 것에 왜 주목해야 하는가? 그 이유는 징후가 더 객관적이고, 우리는 증상보다 징후를 더 신뢰할 수 있기 때문이다. 사실 우리가 나중에 사용할 진단 원칙 가운데 하나가 '징후가 증상보다 우세하다'는 것이다. 항상은 아니더라도 자주 징후와 증상 간의 차이에 주목하는 것이 옳다. 예를 들어 카슨은 자신이 우울하다고 생각하지 않았지만 그의 울먹임과 움츠린 어깨는 그가 우울하다는 이야기를 들려 주었다.

증상과 징후는 두 가지 점에서 유용하다. 첫째, 카슨의 공황 발작처럼 증상은 무엇인가 잘못되었다는 신호를 보낸다. 이와 마찬가지로 자살 사고, 식욕 저하, 실제로 존재하지 않는 소리를 듣는 것은 정신과적 평가가 필요함을 의미한다. 징후와 증상의 두 번째 용도는 우리가 적합한 진단으로 향하는 길로 출발하도록 돕는 것이다. 공공장소에서의 반복적인 만취는 알코올 사용장애를 의미하고, 도둑질로 체포되는 경우 병적 도벽(kleptomania)에 대한 평가가 필요하며, 전쟁 퇴역 군인은 전쟁 영화를 보던 중 경험한 불안 발작 때문에 외상후 스트레스장애(PTSD)에 대한 치료를 받으러 오게 된다.

증상 : 환자나 정보 제공자가 호소하는 주관적인 감각, 불편감 또는 기능상의 변화. 예를 들어 두통, 복통, 가려움, 우울증, 콧속의 간지러운 느낌 등이 있다.

징후 : 타인에 의해 관찰된 질환을 나타내는 표식. 예를 들어 머리의 혹, 복부를 접촉할 때의 압통, 피부 발진, 울음, 재채기 등이 있다.

증상과 징후

정신건강은 징후가 많지 않지만 몇몇 징후로는 울음, 한숨, 서성거림, 체중 감소, 남루한 옷차림, 위생 불량 등을 들 수 있다. 어떤 것은 누가 발견했느냐에 따라 징후가 될 수 있고 증상도 될 수 있다. 카슨이 자신의 쓰러질 듯한 자세에 대해 호소하지 않아도, 그의 아내나 이웃은 이를 인지하고 임상가에게 언급할 수 있다. 타인에 의해 관찰되고 대개 징후로 간주되는 어떤 행동이라도 상황에 따라서 증상이 될 수 있다.

이제는 모든 책들이 이 개념에 주의를 기울이지만 약 1850년까지 임상가는 징후와 증상을 구분하지 않았다. 그러나 최근, 적어도 미국에서는 두 개념의 경계를 다시 흐리는 몇 가지 증거가 있었다. 1990년대 말에 의료인들이 환자의 통증을 너무 자주 간과한다는 우려로 인해 통증을 '다섯 번째 활력 징후(fifth vital sign)'라 불렀다. 이것의 의도는 환자가 임상가를 방문할 때마다 네 가지 고전적 활력 징후들, 즉 체온, 혈압, 맥박, 호흡률과 함께 통증을 기록하게 하는 것에 있었다. 그러나 기술적인 측면에서 볼 때 통증은 일종의 호소로서 주관적인 속성 때문에 증상일 수밖에 없다.

때때로 우리 임상가들은 이에 부주의해져서 징후와 증상 간의 매우 실제적인 차이점을 잊어버린다. 나는 수십 년간의 경험을 통해 이 싸움은 이길 수 없는 것으로 결론 내렸다. 그러나 우리는 둘 사이에 차이점이 있고, 환자를 평가할 때 이를 활용하는 것이 도움이 된다는 사실을 잊지 말아야 한다.

증후군이 필요한 이유

징후와 증상은 그 자체만으로는 적용 가능한 진단을 내리기에 충분치 않다. 기침, 숨 가쁨, 신체적 허약을 보이는 내과 환자의 경우 폐렴이 있을 수 있지만 동일한 증상이 폐암을 의미할 수도 있고 단순한 감기일 뿐 아무것도 아닐 수도 있다. 예후를 예측하기 위해 적용할 진단을 내리려면 우리가 발견한 징후와 증상을 둘러싼 상황을 고려해야 한다.

정상적인 많은 사람들이 미래의 일에 관해 걱정하지만 때로는 걱정하는 것도 불안장애나 우울 삽화의 증상일 수 있다. 만약 당신이 권총을 구입했다면 아마도 단지 사격 시합을 위해 사격술을 향상시키는 것에만 흥미가 있을 것이다. 하지만 당신이 우울증으로 인해 인생에 더 이상 살 만한 가치가 없다고 생각한다면 권총의 구입은 재앙이 된다. 내가 만약 전문적 업무와 관련된 회의 중에 눈물을 흘린다면 이는 내가 우울하고 또 치료가 필요함을 의미할 것이다. 하지만 방금 내 누이가 갑작스럽게 죽었다는 문자를 받았다고 가정한다면 이는 끔찍한 소식을 듣고 정상적으로 반응하고 있는 것이다.

이제 증후군에 대해 이야기해 보자. 이는 약 500여 년 전 처음 사용된 그리스어로 '함께 움직이거나 발생하는 것들'을 의미한다. 이는 증상과 징후의 단순한 집합체 이상이다. 더 완전하게 말하자면 모두 함께 식별할 수 있는 패턴으로 발생하여 특정 장애의 존재를 의미하는 증상, 징후, 그리고 **사건**으로 이해할 수 있다. 따라서 증후군에는 발병 속도, 발병 연령, 촉발 요인, 이전 삽화의 과거력, 현재 삽화의 지속 기간, 직업적 · 사회적 기능이 손상된 정도와 같은 다양한 특징들이 포함된다. 이 특징들은 증후군의 의미를 제한하고 동질적인 환자군을 발견하도록 돕는다. 카슨이 지닌 되풀이되는 우울증의 분명한 특징은 매년 규칙적으로 특정 시기에 시작하고 끝난다는 점이었다. 기분 증상을 동반한 과거 삽화들의 조합은 계절성 정동장애의 증후군을 의미한다.

증후군은 질환을 찾아낼 때 훌륭한 시작점이 되지만 정신건강 전문가들이 진단에 도달하기까지는 아직 갈 길이 멀다. 내과에서는 질병을 원인에 따라 분류한다. 앞서 언급한 폐렴의 경우 박테리아(매우 다양한 종류가 있다), 바이러스(마찬가지로 여기서 언급하기에는 많은 종류가 있다), 또는 화학 물질(가솔린을 삼킨 사람은 잘 알려진 유형의 폐렴과 매우 비슷한 호흡 문제를 일으킬

> **증후군** : 특정한 패턴으로 발생하는 증상, 징후, 사건으로 어떤 장애의 존재를 시사한다.

수 있다)에 의해서도 발생한다. 원인에 근거한 진단의 장점은 임상가가 정확하게 최적의 치료로 향해 갈 수 있도록 돕는다는 데 있다. 불행하게도 지금까지 원인을 밝힐 수 있는 정신과적 진단은 거의 없었다. 실제로 현행 진단 체계는 자랑스럽게 '비이론적'인 채로 남아있으며 임상가는 정신장애가 어떻게, 왜 발생했는지에 대한 경쟁적인 가설들 중 강제로 어느 하나를 선택하지 않고도 정립되어 있는 진단 기준을 사용할 수 있다. 이는 서로 다른 학파의 생각을 지지하는 임상가들 간의 의사소통을 촉진시킬 수 있다. 예를 들어 행동주의자와 정신 분석가는 카슨의 진단에 관해 사이좋게 논의하겠지만 이 논의가 치료에 관해 합의하는 것에 도움이 되지는 않을 것이다.

동일한 특성의 환자 집단을 신뢰롭게 파악하도록 해 주는 증상, 징후와 그 외 특징들의 조합을 생성하는 것은 질환을 확인하는 일부일 뿐이다. 다음 단계는 이 엄선 과정이 미래 예측을 도울 수 있는지, 즉 그것이 **타당한지**(valid) 살펴보는 것이다(본문 중 '타당도와 신뢰도' 내용 참고). 이것이 어떻게 이루어지느냐면 연구자는 예후를 알기 위해 연구 집단의 환자들을 추적 관찰한다. 수년 뒤 그들이 계속해서 비슷한 증상들을 보이고 치료에 같은 방식으로 반응하는가, 아니면 시간이 지남에 따라 서로 다른 진단으로 판명되는가?

20세기 중반에 좋은 예가 있었는데 이때는 아직 **히스테리**(hysteria)라는 용어가 진단으로 흔하게 사용되고 있던 시기였다. 연구자들이 히스테리로 진단된 사람들을 추적한 결

타당도과 신뢰도

타당도(validity)와 **신뢰도**(reliability)는 모든 의료 분야에서 연구 결과를 기술하기 위해 자주 사용되는 단어이다. 이들의 의미는 상당히 구별되고 서로 다름에도 불구하고 일상적인 대화나 글에서 때때로 서로 바뀌어 사용된다. 그러나 중요한 차이점이 있다. 타당한 결과는 과학적 연구를 통해 정확하고 충분히 입증된 것으로 판명된 것이다. 신뢰로운 결과는 그것의 근본적인 진실 여부와 관계없이 다른 시점이나 개인에 의해 반복될 수 있음을 의미한다.

대량 살상 무기를 예로 들어 보자. 정치가와 기자들이 어떤 나라(예 : 이라크)에서 그 무기들을 만들고 있다고 반복적으로 언급한다면 이 보고는 신뢰로워 보일 수 있다. 그러나 이러한 주장은 수사관들이 조사하는 중에 무기를 실제로 발견하여 그것이 진실인지 증명해야만 타당해질 것이다.

심하게 우울한 환자가 아침 일찍 깨고 더 이상 잠을 이룰 수 없다고 반복해서 호소한다면 우리는 이른 아침의 수면장애가 우울증의 신뢰로운 특징이라고 말할 수 있다. 그러나 뇌전도(EEG)를 사용하는 등의 이중맹(double-blind) 수면 연구가 이러한 관찰을 확증해 줄 때 비로소 타당화되었다고 말할 수 있다.

과, 수년 뒤에 일부는 완전히 회복된 반면 다른 일부는 한때 그들의 의사가 그 원인이 정서적인 데 있다고 생각했던 증상을 설명할 수 있을 만한 신체적 질병을 가지고 있었다. 물론 상당수 원인은 여전히 꽤 히스테리적인 증상들을 겪고 있는 것 때문으로 보였다. 연구자들은 히스테리가 단일한 결과를 예측하지 않기 때문에 타당한 진단이 아니라고 결론 내렸다. 이 깨달음으로부터 **신체화장애**(somatization disorder)의 개념이 출현하게 되었다. 신체화장애는 히스테리보다 환자들의 예후를 훨씬 더 잘 예측한다. [불행하게도 **정신장애의 진단 및 통계 편람, 제5판**(DSM-5)에는 이 진단의 기준이 크게 개정되었는데, 내 생각에 더 좋아지진 않은 것 같다. DSM-5에서는 예전의 다른 신체형 장애들과 함께 새로운 **신체증상장애**(somatic symptom disorder)라는 명칭으로 묶였다. 나는 신체화장애가 더 적절하다고 생각되는 경우 이전의 진단 기준을 계속 지지할 것이다. 이에 대해서는 9장에서 더 말하겠다.]

우리는 많은(아마도 대부분의) 정신과적 질병에 유전성이 있다는 것을 알기 때문에(카슨의 어머니 역시 우울증이 있었다) 어떤 진단의 타당성을 위해 확인해야 할 또 다른 사항이 있다. 환자의 친인척 중 동일하거나 비슷한 질병이 있는지에 대한 확률을 아는 것이다. 이에 대해서는 8장에서 더 충분히 논의할 것이다.

카슨의 장애에 대한 의미 있는 진단은 당신이 임상가로서 항우울제, 기분 조절제, 인지 행동 치료 또는 세 가지 모두 중에서 무엇으로 그를 치료할지의 결정을 도울 것이다. 또한 정확한 진단은 비효과적인 치료를 제공하여 카슨에게 효과적인 치료의 적용이 늦춰지는 것을 막도록 돕는다. 나아가 당신은 카슨의 질병 경과를 예상할 수 있고, 그에게 앞으로의 삽화로부터 보호하는 것을 도울 치료가 필요할지, 추가적인 의료 보험에 가입해야 할지, 그의 형제와 자녀들도 비슷한 질병을 발전시킬 수 있을지 등에 관해 조언할 수 있다. 마지막으로 신중하게 정의된 증후군은 새로운 치료를 위한 연구를 촉진시킨다. 그리고 우리가 증후군을 좁게 정의할수록 그것에 기반한 예측은 더욱 향상될 것이다.

궁극적으로 우리는 하나의 증후군이 폐렴에서처럼 혈액 검사나 영상 소견에 의해 지지될 수 있는지 알고 싶다. 그러나 지금까지 정신건강 분야에서 객관적인 실험실 검사는 거의 고안되지 못했다. **질병**을 확증해 주는 검사 없이 원인을 찾는 것이 어려워 사실상 우리가 정신질환을 찾아내었다고 말할 수 없다. **증후군**은 정신장애의 지배적인 개념으로 남아 있으며 앞으로도 오랫동안 그렇게 남아 있을 것이다. 하지만 괜찮다. 그 개념은 효과적이며 단지 좋은 대안이 없을 뿐이다.

물론 진단에는 증후군을 찾아내는 것 이상의 많은 것이 있다. 그렇지 않다면 당신은 이 한 권의 책을 읽기 시작할 필요도 없이 팸플릿 하나로 끝날 것이다. 11장에서 카슨과 그의 문제에 대해 더 심층적인 논의를 하게 될 텐데 처음에 본 것보다 좀 더 복잡한 문제로 밝혀질 것이다. 현재 숙련된 많은 임상가들이 사용함에도 불구하고 그것에 대해 자각하는 이가 거의 없는 진단 방법에 대한 논의로 넘어가 보자.

3

진단 방법

숙련된 임상가조차 정신과적 진단을 내릴 때 가끔씩 망설이는데 수련생이 무슨 희망을 가질 수 있을까? 다행히 임상가가 보이는 두 가지 행동의 중요성이 많은 과학적 연구를 통해 확인되었다. 이 중 첫째는 새 환자와의 첫 만남에서 즉시 대안적 진단들을 생각하라는 것이다. 임상가는 초기 진단적 결정을 내릴 때 많은 가설을 세우고 옳은 가설을 지지하는 한편 틀린 가설은 기각할 것이다. 두 번째 행동은 처음부터 가능한 진단들을 모두 체계적으로 샅샅이 검토하는 것이다.

이 장에서 우리는 대안적 가설을 세우고 이를 평가하는 것을 돕는 두 가지의 도구에 관해 논의할 것이다. 감별진단은 내가 아는 한 환자의 상태를 유발할 수 있는 모든 가능한 원인들을 포괄하는 목록을 만드는 가장 좋은 방법이며 지금부터 이에 관해 논의할 것이다. 의사 결정 나무는 그 목록에 나열된 각 가능성을 샅샅이 훑기 위한 체계적인 방법이다. 임상가로서의 경험 수준에 관계없이 우리 모두 진단 과정에 대해 고려할 때 이 두 가지의 열쇠를 활용할 수 있다.

정확한 진단을 위해 두 가지 행동이 필수적이다.

1. 진단 과정을 시작하는 초기에 모든 대안적 진단들을 고려하라. 즉, 감별진단을 생각하라.
2. 가능한 진단들을 모두 체계적으로 샅샅이 검토하라. 의사 결정 나무를 타고 내려가라.

감별진단

감별진단(흔히 줄여서 **감별**이라 한다)은 환자의 증상을 설명할 수 있는 상태를 나열한 포괄적 목록(comprehensive list)이다. 예를 들어 환각이 있는 23세에게 가능한 진단에는 정신병적 우울증(psychotic depression), 약물 중독(medication toxicity), 조증(mania), 조현병(schizophrenia), 알코올 오용(alcohol misuse), 간질이나 뇌종양과 같은 의학적 상태가 포함된다. 가까이에서 이 증상을 경험한 일이 별로 없었다면 이러한 목록을 만드는 데 도움이 필요할 것이다. 이 책의 3부에서 다양한 사례를 제시하겠다. 당신이 경험이 많은 임상가라면 환각이 있는 환자 수십 명은 만나 봤을 것이고 이 증상을 설명할 수 있는 많은 장애들을 줄줄 읊을 수 있을 것이다. 그러나 매우 숙련된 임상가조차 어렵거나 일반적이지 않은 사례의 경우에 있을 수 있는 가능성들을 다시 상기해야 한다. 나는 경험을 통해 감별진단 목록을 최소한 한 번 정도 자세히 검토하는 것이 얼마나 중요한지 알게 되었다. 예를 들면 어려웠던 치매 환자 사례가 있었다.

> 58세의 공인 회계사인 앨빈은 몇 달째 기억력에 어려움을 겪고 있었다. 처음에는 세법의 최근 변경 사항을 기억해 낼 수 없었고, 나중에는 약속이나 의뢰인의 이름도 완전히 잊어버렸다. 결국 그는 세무 대리 회사 일을 그만둬야 했다. 몇 달 후엔 자녀들의 나이가 머릿속에서 빠져나갔고 마침내 자녀들의 이름도 기억하지 못하는 지경이 되었다. 이제 그는 더 이상 스스로를 관리할 수 없었고, 아내는 매일 몇 시간씩 그의 목욕과 식사를 돌봐 줄 간호조무사를 고용해야 했다.
>
> 앨빈의 의사는 그를 알츠하이머병(Alzheimer's disease)으로 진단했고, 막 요양원을 권유하려던 참일 때 앨빈이 결핵으로 병원에 입원하게 되었다. 그곳에서 의뢰받은 신경과 의사는 상대적으로 젊은 연령, 알츠하이머병의 가족력이 없는 점, 보행 시 발을 끄는 걸음걸이, 소변이 옷에 베인 냄새 등 몇 가지 중요한 관찰들을 종합해 보았다. 방광 조절 기능의 상실과 걸음걸이의 문제는 정상 뇌압 수두증(normal-pressure hydro-cephalus, NPH)의 전형적인 증상으로서 이는 잠정적으로 치료 가능한 것이다. 뇌 영상 연구로 진단이 확증되자 치료는 뇌에서 과도한 액체를 빼내는 절차로 바뀌었다.

앨빈의 첫 번째 의사가 치매에 대한 감별진단 작업을 신중하게 거쳤더라면 점진적으로 악화되는 끔찍한 상황을 피할 수 있었을 것이다. NPH에 대한 효과적 치료는 충분히 빠르게 시작하기만 하면 환자가 상실한 인지 능력의 많은 부분을 회복시킬 수 있다. NPH는 모든 치매 — 이제는 주요 신경인지장애(major neurocognitive disorder)라 부르는 — 사례의 10%를 설명할 수 있지만 알츠하이머병, 뇌졸중(stroke)과 같은 다른 치매에 비하면 흔하지 않다. 따라서 간과하거나 잊기 쉽다.

안전 위계

앨빈의 비극은 때로는 경험 많은 임상가조차 흔하지 않기는 해도 한 번 정도 치료 가능한 상태에 대해 상기할 필요가 있음을 보여 준다. 감별진단 목록을 만드는 것은 단순히 증후군을 모으는 것 이상의 작업이다. 가능한 진단들을 나열하는 방식이 큰 차이를 만든다. 당신이 집안 보수 목록을 작성한다고 상상해 보라. 현관 난간에 페인트칠하기, 차고 청소하기, 방금 터진 지하실 수도관 고치기가 있다면 가장 먼저 할 작업을 무작위로 고르지는 않는다. 분명 "음, 가장 먼저 물에 잠긴 지하실을 해결해야겠군."이라고 하면서 우선순위를 정할 것이다.

목록의 맨 위에는 터진 수도관이나 가스레인지 위의 불과 같은 응급 사항이 위치하게 될 것이다. 중간 위치에는 중요하지만 긴급하지 않은 문제들 즉, 지붕의 구멍 수리하기, 왕개미 몰살시키기 등이 있을 것이다. 아래로 갈수록 위에 있는 다른 작업들이 해결될 때까지 기다릴 수 있는 작업들, 예를 들어 땜질, 미장, 페인트칠과 같은 일반적인 보수 작업을 놓을 것이다. 맨 위에 놓은 것이 반드시 발생할 가능성이 가장 클 필요는 없다는 점에 주목하라. 수도관 결함은 집안 곳곳에 페인트칠하고 미장해야 하는 일에 비해 아주 드물게 발생한다. 결과적으로 우리는 집안 보수 작업의 **안전 위계**(safety hierarchy)를 만들었다.

이것이 바로 우리가 감별진단할 때 필요한 것이다. 즉, 환자가 부적절하거나 완전히 잘못된 치료, 부정확한 예후, 사회적 오명, 부적합한 거주 형태와 같은 위험에 노출되는 것을 최대한 줄이기 위한 목적으로 가능한 진단들을 나열하는 것이다. 안전 위계 맨 위에 가장 시급하고 치료에 가장 잘 반응하며 가장 좋은 결과를 보일 것으로 예상되는 상태들을 위치시킨다. 즉, 안전한 진단이란 내 자신과 내 가족에게 해 주고 싶은 것이다. 만일 진단이 정확하고 치료가 효과적이라면 그러한 진단은 온전하게 정신을 회복시키고 위협적인 신체적 질병을 낫게 하며 생명도 구할 수 있다.

맨 아래에는 치료가 그다지 도움이 될 것 같지 않은 즉, 끔찍한 예후를 보이는 상태를 위치시킨다. 그

> **진단 원칙** : 폭넓은 범위의 감별진단들을 안전 위계에 따라 나열하라.

외의 모든 것들은 중간의 어딘가에 놓이게 된다. 숙련된 임상가들은 맨 위와 맨 아래에 무엇을 놓아야 하는지에 대해 서로 간에 상당한 합의를 보겠지만 중간에 위치할 진단들의 정확한 순서는 (아마도) 영원한 논쟁거리일 것이다.

이제 안전 위계 목록은 우리가 새 환자를 평가할 때마다 직면하게 되는 복잡계(카오스)로부터 일종의 질서를 만들어 내는 도구가 되었다. 또한 안전 위계를 이용하여 우리는 첫 번째 진단 원칙에 이를 수 있다. 표 3.1의 안전 위계에 따라 감별 진단할 항목들을 나열하라.

> **진단 원칙** : 신체적 장애 및 이에 대한 치료가 정신과적 증상을 유발하거나 악화시킬 수 있다.

여기서 또 다른 두 가지를 언급해야겠다. 안전 위계에는 2개의 추가적인 진단 원칙이 있다. 안전 위계의 맨 위에 놓은 진단이 신체 질환으로 인한 장애(표 9.1에서 이에 해당하는 여러 질환들을 확인할 수 있

> **진단 원칙** : 의사로부터 처방되거나 처방전 없이 살 수 있는 약물 모두를 포함하는 물질의 사용은 다양한 정신장애를 일으킬 수 있다.

표 3.1 보수적(안전한) 진단을 위한 위계

가장 바람직한(가장 위험하고, 치료 가능하며, 예후가 가장 좋은)
　　물질 사용 또는 의학적 질병으로 인한 모든 장애
　　재발성 우울증(recurrent depression)
　　조증(mania) 또는 경조증(hypomania)

중간 영역대
　　알코올사용장애(alcohol use disorder)
　　공황장애(panic disorder)
　　공포증(phobic disorders)
　　강박장애(obsessive-compulsive disorder)
　　신경성 식욕부진증(anorexia nervosa)
　　적응장애(adjustment disorder)
　　(알코올 이외의) 물질사용장애(substance use disorder)
　　경계성 성격장애(borderline personality disorder)

가장 덜 바람직한(치료하기 어렵고, 예후가 나쁜)
　　조현병(schizophrenia)
　　반사회성 성격장애(antisocial personality disorder)
　　후천성 면역 결핍 증후군(AIDS)과 관련된 치매(AIDS-related dementia)
　　알츠하이머치매(Alzheimer's dementia)

참고 : Adapted from Boarding Time: *The Psychiatry Candidate's New Guide to Part Ⅱ of the ABPN Examination* (4th ed.) by James Morrison and Rodrigo A. Munz, 2009, Washington, DC: American Psychiatric Press. Copyright 2009 by the American Psychiatric Association. Adapted by permission.

다)이거나 약물 사용의 효과로 인한 장애(표 9.2와 표 9.3 참고)임을 주목하라. 9장에서 이에 관해 더 이야기할 것이 많지만, 지금은 우선 이 두 유형의 상태가 우리가 만들 모든 감별진단 목록의 맨 위에 해당한다는 점에만 주의하자.

카슨에 관한 더 많은 것

실제적인 감별진단의 예를 들어 보기 위해 1장 처음에 제시했던 카슨의 사례로 돌아가 보자. 지금은 그의 우울증의 원인으로 가능한 것에 한정 지어 생각해 볼 것이다. 단축된 목록이더라도 DSM-5가 아닌 DSM-Ⅳ에 따라 계속 기분장애(mood disorder)라 일컫는 장애 가운데 몇몇 장애, 예를 들어 양극성장애, 주요우울장애, 기분저하증, 신체 질병 또는 약물 오용으로 인한 우울증, 계절성 정동장애 등을 감별진단에 포함시켜야 한다. 우울한 기분을 동반한 적응장애와 일부 성격장애도 포함될 수 있다. 상술한 바와 같이 우리는 가능성이 있다고 생각한 장애뿐 아니라 '거의 가능성이 없다'고 생각한 장애도 나열할 것이다. 그것을 모두 포함시키는 이유는 대개 정말 승산이 없는 장애가 맨 위에 오게 되므로 그것이 발생할 경우에 주의하여 이를 받아들이고자 하는 것이다. 그렇더라도 이러한 목록의 일부 상태들은 설득력이 조금 없어 보인다. 건강이 양호했다는 과거력을 고려할 때, 카슨의 우울증이 뇌종양이나 내분비 장애와 같은 신체 질병 때문일 가능성은 매우 적을 것이다. 한편 성격장애를 시사하는 어떤 증거도 제시되지 않았지만 그것의 부재에 대한 증거 또한 없었다.

  임상가로서 우리는 카슨의 감별진단을 위해 상당히 길고 복잡한 정신장애 목록과 씨름할 수 있지만 어떤 질서를 생성해 내기 위해 안전 위계를 사용할 것이다.

의학적 질병과 관련된 우울증 물질 관련 우울증	환자의 건강에 심각한 영향을 빠른 속도로 미칠 수 있는 치료 가능한 장애
양극성우울증 주요우울장애 계절성 정동장애 기분저하증	심각하지만 치료가 덜 긴급한 장애
적응장애 성격장애	만성적이고 특정한 치료가 없거나 예후가 나쁜 장애

표 3.2에 보다 흔한 정신장애들에 대해 감별이 필요한 진단들을 나열했다. 즉, 왼쪽 열에 나열된 각 장애에 감별 시 반드시 고려해야 할 진단(기준이 되는 장애와 적어도 하나의 진단 기준 혹은 특징을 공유하는 다른 정신장애 및 상태)을 '×'로 표시했다. 많은 경우에 유사성의 정도가 크고(예 : 기분저하증과 주요우울증), 일부 경우는 유사한 정도가 약하다(예 : 조현병과 주요우울증 — 주요우울증은 극심한 경우에만 정신병적 증상을 동반한다). 그렇지만 감별진단의 목적은 아무리 희박하더라도 모든 가능성을 나열하는 것이다. 신체적 원인과 물질 사용의 원인을 모든 곳에 포함시켰는데, 이는 이 표를 사용할 때마다 정신과적 증상의 중요한 원인들을 가장 먼저 고려할 수 있도록 상기시키기 위함이다.

물론 목록상의 진단들은 진단을 위한 정신적 씨름의 일부일 뿐이다. 당신과 당신의 환자에게 도움이 되려면 그것들을 감별해야 한다. 그 목표를 위해 3부에 전체적으로 포함된 감별진단 목록에 각 장애에 대한 간략한 정의를 포함시켰다. 두 번째 문제는 감별 목록의 진단들이 대개 '기성복'이 아니라는 점이다. 즉, 당신이 일정한 치수에 따라 이미 만들어져 있는 옷을 하나 골라 환자한테 얼른 걸쳐 보라고 할 수는 없다. 이는 특히 환자에게 다양한 종류의 증상(우울증, 조증, 정신병 등)이 있을 때 문제가 된다. 감별 목록은 상당히 많은 가능성을 포함하도록 커질 것이고, 의사 결정 나무를 1개 이상 탐색해야 할 수 있다. 다음 내용으로 넘어가 보자.

의사 결정 나무

의사 결정 나무(decision tree)는 사용자가 일련의 단계를 통해 하나의 진단이나 치료와 같은 목표에 도착하도록 안내하는 도구이다. 이것을 종이에 그렸을 때 거꾸로 뒤집혀 자라는 나무처럼 보일 것이다. 일련의 '예', '아니요' 질문에 답하면서 각 대답이 다음에 어떤 가지로 가야하는지를 결정한다. 이 개념을 표현하는 다른 흔한 방식으로 **알고리즘**(algorithm)이란 용어가 있다.

나는 생물학에서 처음으로 의사 결정 나무를 보았는데, 생물학에서는 낯선 식물의 정체를 알아내기 위해 의사 결정 나무를 사용한다. 그 책 전체가 세계 다양한 지역의 풀이나 나무 등 다른 야생의 정체를 밝히는 내용이었다. 이것을 알지 못했더라도 당신은 아마 일상생활에서 선택을 할 때 비슷한 방법을 사용해 보았을 것이다. 예를 들어 저녁을 어디서 먹을지 결정한다고 생각해 보자.

표 3.2 각 진단별 감별진단

아래 장애에 대한 감별진단 시 옆의 장애들을 고려하시오.	신체적 원인	물질 중독 및 금단	지적장애	자폐스펙트럼장애	섬망	치매	조현병	조현정동장애	조현양상장애	망상장애	주요우울증	기분저하증	조증	경조증	순환성장애	공황장애	광장공포증	특정공포증
지적장애	×	×	−			×												
자폐스펙트럼장애	×	×	×	−			×											
섬망	×	×			−	×	×	×	×	×	×				×			
신경인지장애(NCD, 치매)	×	×	×		×	−	×	×	×		×							
물질중독 및 금단	×	−			×													
조현병	×	×			×	×	−	×	×	×	×				×			
조현정동장애	×	×			×	×	×	−	×	×	×				×			
조현양상장애	×	×			×	×	×	×	−	×	×				×			
망상장애	×	×			×	×	×	×	×	−	×				×			
주요우울증	×	×				×	×	×	×	×	−	×	×	×				
기분저하증	×	×										−						
조증(제I형 양극성장애)	×	×					×	×	×	×			−	×	×			
경조증(제II형 양극성장애)	×	×					×	×	×	×			×	−	×			
순환성장애	×	×									×	×	×	×	−			
공황장애	×	×									×					−	×	×
광장공포증	×	×														×	−	×
특정공포증	×															×	×	−
사회불안장애	×			×			×				×	×					×	×
분리불안장애	×			×			×				×						×	×
강박장애(OCD)	×	×								×								×
외상후 스트레스장애(PTSD)	×	×			×						×							
범불안장애(GAD)	×	×									×						×	
신체증상장애	×	×					×	×	×									
신체형통증장애	×	×									×							
질병불안장애	×	×					×				×							×
신체이형장애	×										×	×						
해리성 기억상실	×	×			×	×												
해리성 정체성장애	×	×					×	×	×					×				
이인성/비현실감 장애	×	×					×	×									×	×
성기능부전	×	×									×							
성불쾌감	×						×											
변태성욕장애	×	×	×		×		×							×				
신경성 식욕부진증	×						×				×	×						
신경성 폭식증	×						×				×							
폭식장애	×										×							
수면-각성장애	×	×			×						×	×	×	×			×	
간헐적 폭발장애	×	×			×	×					×						×	
병적 도벽	×	×					×							×				
병적 방화	×	×	×		×		×							×				
도박장애	×													×				
발모광	×						×											
적응장애	×	×												×				
조현형 성격장애	×	×					×											
반사회성 성격장애	×	×									×							
경계성 성격장애	×	×									×		×	×				
자기애성 성격장애	×	×											×	×				
회피성 성격장애	×	×															×	×
강박성 성격장애	×	×																

표 3.2 각 진단별 감별진단(계속)

아래 장애에 대한 감별진단 시 옆의 장애들을 고려하시오.	사회불안장애	분리불안장애	강박장애	외상후 스트레스장애	범불안장애	신체증상장애	신체형 통증장애	질병불안장애	신체이형장애	해리성 기억상실증	해리성 정체감장애	이인성/비현실감 장애	성기능부전	성불쾌감	변태성욕장애	신경성 식욕부진증	신경성 폭식증	폭식장애
지적장애																		
자폐스펙트럼장애	X		X															
섬망																		
신경인지장애(NCD, 치매)																		
물질 중독 및 금단																		
조현병																		
조현정동장애																		
조현양상장애																		
망상장애			X					X	X									
주요우울증																		
기분저하증																		
조증(제I형 양극성장애)																		
경조증(제II형 양극성장애)																		
순환성장애																		
공황장애	X		X	X	X													
광장공포증	X		X															
특정공포증	X							X										
사회불안장애	−	X						X										
분리불안장애	X	−			X													
강박장애(OCD)	X		−		X			X	X									
외상후 스트레스장애(PTSD)				−														
범불안장애(GAD)	X	X	X	X	−	X		X										
신체증상장애						−												
신체형통증장애						X	−								X			
질병불안장애			X		X	X		−	X									
신체이형장애		X	X			X			−						X	X		
해리성 기억상실						X			X	−	X	X						
해리성 정체성장애						X			X	X	−	X						
이인성/비현실감 장애	X								X			−						
성기능부전						X							−					
성불쾌감														−	X			
변태성욕장애														X	−			
신경성 식욕부진증	X		X						X							−	X	X
신경성 폭식증																X	−	X
폭식장애																X	X	−
수면-각성장애						X			X									
간헐적 폭발장애																		
병적 도벽																		
병적 방화																		
도박장애																		
발모광			X															
적응장애			X															
조현형 성격장애																		
반사회성 성격장애																		
경계성 성격장애																		
자기애성 성격장애																		
회피성 성격장애																		
강박성 성격장애																		

표 3.2 각 진단별 감별진단(계속)

아래 장애에 대한 감별진단 시 옆의 장애들을 고려하시오.	간헐적 폭발장애	병적 도벽	병적 방화	도박장애	발모광	적응장애	조현형 성격장애	반사회성 성격장애	경계성 성격장애	자기애성 성격장애	회피성 성격장애	강박성 성격장애	인위성 장애	꾀병	정상적인 인지 감퇴	정상적인 애도
지적장애																
자폐스펙트럼장애																
섬망													X	X		
신경인지장애(NCD, 치매)													X	X	X	
물질 중독 및 금단																
조현병							X									
조현정동장애																
조현양상장애							X									
망상장애																
주요우울증						X										X
기분저하증																
조증(제 I 형 양극성장애)																
경조증(제 II 형 양극성장애)																
순환성장애									X							
공황장애																
광장공포증																
특정공포증																
사회불안장애											X					
분리불안장애									X							X
강박장애(OCD)						X										
외상후 스트레스장애(PTSD)						X								X		
범불안장애(GAD)						X										
신체증상장애																
신체형 통증장애													X	X		
질병불안장애																
신체이형장애						X					X					
해리성 기억상실													X	X		
해리성 정체성장애													X	X		
이인성/비현실감 장애																
성기능부전																
성불쾌감																
변태성욕장애																
신경성 식욕부진증																
신경성 폭식증									X							
폭식장애																
수면–각성장애																X
간헐적 폭발장애	−							X	X					X		
병적 도벽		−						X						X		
병적 방화			−					X								
도박장애				−				X								
발모광					−								X			
적응장애						−										X
조현형 성격장애							−	X	X	X						
반사회성 성격장애								−	X	X						
경계성 성격장애								X	−	X						
자기애성 성격장애							X	X	X	−			X			
회피성 성격장애							X				−					
강박성 성격장애								X		X		−				

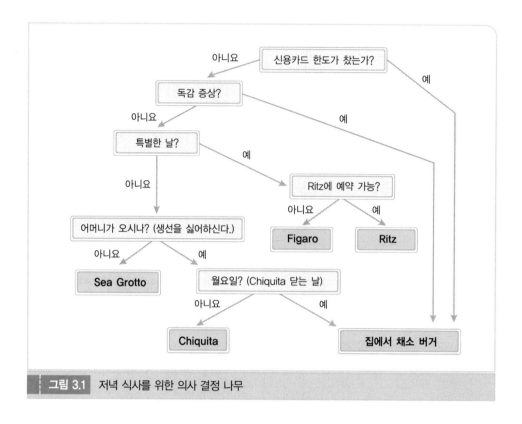

그림 3.1 저녁 식사를 위한 의사 결정 나무

"특별한 날에는 금전적 여유를 고려해서 정말 멋진 식사를 하고 싶어요. 예약할 수만
있다면 Ritz, 혹은 막 오픈해서 붐비지 않는다면 Figaro. 아니면 Sea Grotto도 갈
수 있어요. 어머니가 오시지 않는다면요. 어머니는 생선을 싫어하세요. 문을 닫는
월요일이 아니라면 타코를 먹으러 Chiquita에 갈 수도 있어요. 하지만 이 재채기가
독감으로 변한다면 대비책으로 집에서 먹을 채소 버거를 준비할 거예요."

이러한 선택지들을 거치기 위해 그림 3.1처럼 생긴 의사 결정 나무를 설정해 볼 수 있다.
물론 일단 결정을 내렸더라도 성공적인 식사를 위해 막판에 계획을 변경할 필요성이 있
음을 시사할 수 있는 새로운 정보에 대해 계속해서 촉각을 세우고 있어야 한다.

　의사 결정 나무는 연습용 차와 같다. 배울 때는 유용하지만 나중에는 없애거나 차고에
보관하게 된다. 환자에게 의사 결정 나무가 어떻게 사용되는지 보고 싶다면 11장으로 건
너뛰어도 된다. 11장에서 우리는 카슨의 진단을 더 탐색하기 위해 의사 결정 나무를 사용
할 것이다.

　다른 내용으로 이동하기 전에 잠시 쉬면서 지금까지의 진단 방법을 정리해 보자. 우리

는 증상과 징후를 **증후군**이라 불리는 친숙한 집합으로 통합하는 것을 배웠다. 다양한 원인의 가능성이 있기 때문에 환자에게 있을 수 있는 증후군들을 목록에 모은다. 이를 **감별진단**이라 부르고 이 진단들을 안전 위계에 따라 나열한다. 의사 결정 나무의 도움을 받아 그 안전 위계의 맨 위나 그 근처에서 잠정적인 진단을 찾을 수 있을 것이다.

4

자료의 취합

이제 환자에 대해 모은 모든 자료를 합쳐서 치료에 대한 지침을 제시하고 예후를 예측할 진단을 내릴 차례이다. 3부에서는 진단적 관심이 되는 구체적 영역에 초점을 맞출 것이고, 이 장에서는 초기 진단을 내릴 때 여러 실타래의 정보를 함께 엮는 방법의 기초를 다루겠다. 첫 번째 핵심 문제는 당신이 모은 여러 정보들의 상대적 가중치를 판단하는 것이다.

물론 때로는 모든 정보가 같은 방향을 가리킨다.

니드라는 78세의 미망인으로서 약 2년 전부터 기억력이 점점 나빠졌다고 그녀의 며느리와 아들이 보고했다. 처음에는 그저 물건을 잘못 둔 것처럼 보였지만 시간이 지남에 따라 그녀는 점차 방금 나눈 대화를 잊어버렸고, 가장 좋아하는 음식을 만드는 방법을 기억하지 못했으며, 가스레인지 불을 끄는 것도 수차례 잊었다. 생전 누구를 비난하는 말조차 하는 법 없이 항상 발랄하고 긍정적이던 사람이 이제는 시무룩하고 화가 나 보였다. 유일한 정신장애 가족력은 그녀의 어머니에게 있었다. 어머니는 인지 능력 감퇴 기간을 길게 겪었고 1차 진료의로부터 '노망(senile)'이라 진단받은 지 1년 만에 양로원에서 사망했다. 평가 시에 누가 아들인지를 가리키도록 했을 때 니드라는 손짓을 거부했고 그저 "빌어먹을 멍청이."라고 반응했다. 간호조무사가 방에 들어오자 악담을 하고 인종 차별적인 욕설을 중얼거렸다.

니드라는 세 가지 자료, 즉 최근 병력, 가족력, 현재의 정신상태검사(MSE)에 의해 알츠하이머 진단이 강력하게 시사된다. 일반 신체 검사와 혈액, 소변 검사 자료도 얻어야겠지만 다른 진단을 시사할 만한 것이 없었다.

그러나 환자의 자료들이 항상 이러한 만장일치를 보이는 것은 아니다. 다른 예로 러스티의 병력을 생각해 보자.

> 러스티는 23세와 28세, 두 번에 걸쳐 임상적 수준으로 우울했었다. 어머니가 말하길 그의 아버지는 오랫동안 '구제 불능의 알코올 중독'으로 지내왔지만 러스티는 매 삽화마다 항우울제 치료에 빠르고 완벽하게 반응했다. 삽화 사이의 몇 년 동안에는 투약이 필요 없는 것처럼 보였다. 막 재혼했던 36세 무렵 그는 세 번째로 우울해졌다. 그러나 이번에는 다른 점이 있었다. 과거 두 번의 삽화 동안 심한 말기 불면증을 호소했던 것과 달리 이번에는 '끝도 없이 피곤해했고' 하루에 12시간씩 잠을 잤다. 그의 1차 진료의는 러스티를 내과의에게 의뢰했고, 내과의는 그의 갑상선 기능이 심하게 저하되어 있다고 결론 내렸다. 유일한 약물 치료로 갑상선 대체 호르몬을 투여한 지 일주일 만에 러스티는 정상으로 돌아왔다.

러스티의 과거력은 하나의 이야기를 말해 주고, 그의 가족력은 또 다른 이야기를 들려 준다. 또한 세 번째 삽화에서는 증상에 미묘한 차이가 있었다. 어떤 경로의 정보가 다른 것과 일치하지 않을 때, 다양한 경로의 각 증거에 대해 얼마만큼의 가중치를 둘지 결정하는 것은 문제를 야기할 수 있다.

출처가 다른 정보들이 서로 일치하지 않을 때

출처가 다른 정보들 간의 갈등이 초래할 수 있는 혼란을 해결하는 데에는 다행스럽게도 여러 진단 원칙이 도움이 될 수 있다.

과거력이 현재의 상태보다 우세하다

임상가는 정확한 진단이 정신장애의 과거력에 상당히 좌우된다는 점을 항상 유념해야 한다. 망상을 예로 들어 보자. 제롬이 자신의 뇌에 스캐닝 라디오가 심어져 있다고 말한다면 이것은 실제로 무엇을 의미하는가? 물론 그가 조현병, 즉 우리가 일반적으로(때로는 잘못된 판단으로) 정신병적 증상을 고려할 때 처음 떠올리는 장애를 앓고 있을 수 있다. 그러나 망상은 물질사용장애, 신체 질환, 치매, 심지어 반사회성 성격장애에서도 발생할 수 있다. 또는 망상이 심한 기분장애의 증상일 수도 있다.

> 딕은 5년 전 급작스럽게 흥분하며 정신병적 증상을 보여 입원하게 되었다. 자신에게 신적인 치유의 능력이 있다고 믿었고, 거리를 배회하면서 휠체어를 탄 사람을 만나게 되면 자신의 손을 그 사람 머리에 올리고 기도했다. 몇 달간 입원 치료를 받는 동안 항정신병 약물을 투약했다. 퇴원한 다음에는 이른바 '정신병 후 우울증(postpsychotic depression)'이 진행되었다. 그는 심한 우울에 빠져 직장을 그만두었고 가족들과의 생활로부터도 거의 고립되었다. 나중에 그가 보고하기를, 이 기간 동안 몇 번이나 자살을 할 뻔했다고 했다.

그러나 딕은 완전하게 회복되었고 이전에 사직했던 것보다 더 좋은 자리를 구했다. 가족과도 다시 재결합하여 행복한 시간을 누렸다. 그러나 3년 뒤 시골에서 열린 어떤 회의에 참석하던 중 또 다시 갑자기 혼란스러워져서 모르는 이들의 집에 들어가기 시작했고, 놀란 주민에게 자신이 '예수의 진짜 형제'라고 알렸다. 그는 다시 입원하게 되었다. 새 정신과 의료진은 그를 제Ⅰ형 양극성장애로 진단하고 항정신병 약물과 리튬(lithium)으로 치료했다. 그는 10일 만에 회복했고 그 뒤에는 리튬만으로도 잘 지냈다.

딕의 정신상태검사는 조현병을 시사하지만 과거력 정보는 상당히 다른 그림, 즉 급작스런 발병(조현병은 대개 점진적으로 시작된다)과 완전한 회복(조현병의 경우 우리는 약간의 잔류 증상을 예상한다)을 보여 준다. 조현병이 있는 환자도 때로는 극도로 심하면서 길게 지속되는 우울증을 겪을 수 있지만 이러한 우울증은 제Ⅰ형 양극성장애에서 훨씬 더 전형적이다. 다시 말해 딕의 경우 많은 정신과 환자들과 마찬가지로 '제Ⅰ형 양극성장애'라고 소리치는 종단적 병력이 '조현병'이라고 속삭이는 듯한 정신상태검사보다 훨씬 더 중요하다. 질병의 경과를 진단의 근거로 사용하는 것은 프랑스의 정신과 의사 베네딕트 모렐에 의해 1852년에 처음 기술되었는데, 그는 조현병의 초창기 이름인 **조발성치매**(dementia praecox)란 용어를 처음 만들기도 했다.

망상의 진정한 의미를 알기 위해 우리는 환자의

> **진단 원칙** : 종종 환자의 과거력은 현재의 정신상태검사보다 진단에 대해 더 좋은 지침을 제공한다.

과거력 중의 많은 요소에 주목해야 하는데, 여기에는 신체 건강 문제, 정신장애의 가족력, 심한 우울증이나 조증의 유무가 포함된다. 얼마나 오랫동안 지속되고 있는가? 약물이나 알코올이 발생시킨 것 같지는 않은가? 투약에 의해 망상이 줄어드는가, 아니면 저절로 좋아졌다 나빠졌다 하는가? 이처럼 과거력에 대한 신중한 검토는 환청 이외의 많은 증상에도 적용된다. 우리는 이에 대해 2부와 3부에서 더 충분하게 논의할 것이다.

최근의 과거력이 먼 옛날의 과거력보다 우세하다

환자의 질병 경과 초기에 보고된 증상이 나중의 증거보다 훨씬 더 적은 진단 정보를 담고 있다는 사실에 주목해야 한다.

> 내가 외래에서 낸시를 처음 만났을 때 그녀는 겨우 16세였고 이 자리에 와 있는 게 전혀 내키지 않아 보였다. 하지만 그녀의 어머니는 진료 예약을 고집했는데 바로 낸시의 식욕 문제 때문이었다. 어머니가 말했다. "몸무게가 계속 줄고 있는데 음식을 깨작대기만 해요. 전 얘가 거식증(anorexia)일까 봐 걱정돼요. 길 아래쪽에 사는 줄리처럼요." 그러나 낸시는 자신이 뚱뚱하다는 생각은 안 한다고 하였다. 그녀는 "저는 제가 깡마른 편으로 보인다고 생각해요."라고 털어 놓았고, 그것이 치료를 중단하기 전 낸시가 마지막으로 말한 온전한 문장이었다. 그녀는 어머니에게 더 먹도록 할 테니까 자신을 괴롭히지 말아 달라고 이야기했고 그것이 그 이야기의 종결인 것처럼 보였다.
>
> 당시 나는 낸시에게 신경성 식욕부진증(anorexia nervosa)이나 다른 섭식장애(eating disorder)뿐만 아니라, 우울증과 물질 사용의 가능성도 있다고 생각했다. 또한 그녀의 증상은 그저 모든 청소년들이 성인이 되는 과정에서 경험하는 문제 중 하나의 표현 방식으로 판명날 수도 있었다. 나는 8년 뒤 식욕 상실과 7kg 가량의 체중 저하로 낸시가 혼자서 다시 나를 찾아온 어느 오후에서야 그 답을 알게 되었다. 이번에는 그녀 스스로 자신의 기분이 매우 저조하며, 그로 인해 은행원으로서 직무를 수행하는 데 어려움을 겪고 있다고 시인했다. 그녀의 약혼자에게는 안타까운 일이지만 성에 대한 그녀의 관심은 거의 바닥이었고, 심지어 자살 생각도 하고 있었다. 그녀의 문제는 분명히 심한 우울증이었다. 10대 때 그녀의 문제 역시 약화된 형태의 우울증이었을 것이 의심되었다.

진단 원칙 : 흔히 환자의 최근 과거력이 옛날의 과거력보다 더 정확하게 진단을 가리킨다.

오랜 경험이 있는 임상가는 불안 증상(예 : 범불안장애, 공황장애, 기분장애 등)이나 우울증(예 : 제 I

형이나 II형 양극성장애, 기분저하증, 적응장애 등)에 대해 비슷한 경험이 있을 것이다. 예전의 증상이 규명되면 새로운 증상은 진단을 변경하게 하고 치료에 영향을 미친다.

때로는 주변 사람들로부터 얻은 부수적인 과거력이 환자 스스로 보고한 것보다 더 우세하다

여기서 너무 흥분하지 말자. 물론 진단을 하는 데 있어 중요한 것은 환자가 임상가에게 말하는 것이다. 하지만 어떤 환자들은 자신의 장애에 대한 통찰이 부족하다. 예를 들면, 혼자 사는 나이 든 미망인은 자신이 얼마나 잘 잊어버리는지 깨닫지 못할 수 있다. 10대 소년은 갱 조직과 어울리는 것이 얼마나 문제가 되는지 알지 못한 채 성장할 수 있다. 어떤 사람은 가끔 이유 없이 거짓말을 한다. 최대한 정확하고 완전한 정보를 제공하려고 노력하는 환자조차도 가족력이나 어린 시절의 사회력에 대한 정보가 부족할 수 있는데 때때로 이것이 진단에 결정적인 영향을 미친다.

> 한 지방 대학의 생물학과 학생인 잭은 '우유부단함과 방향성의 상실'에 대해 호소했다. 그는 자신에게 조현병이 진행되고 있을까 봐 두렵다고 말했다. 그의 아버지가 조현병 진단을 받은 후 수년 전부터 입원 치료를 받고 있기 때문이었다. 나는 나중에 (잭의 동의 하에) 그의 어머니를 만났는데, 그녀는 잭이 자신의 친 자식이 아니며 여동생과 직장 상사와의 짧은 관계에서 생긴 아이라고 했다. 잭의 어머니는 여동생의 아이인 잭이 태어나자마자 입양했고, 한 번도 그에게 출생에 대한 진실을 말한 적이 없었다. 따라서 잭의 아버지가 받은 진단명은 잭의 질병과 생물학적으로 아무런 관련이 없었다.

> **진단 원칙** : 가능할 때마다 주변 사람들로부터 과거력을 얻어라. 때로는 이것이 환자 자신의 보고보다 더 정확하다.

징후가 증상보다 우세하다

여기서 징후(임상가가 환자에 대해 관찰한 것)와 증상(환자가 스스로 인식해서 임상가에게 말할 수 있는 것)의 기술적 정의에 대해 역설할 필요가 있다. 증상으로 인한 곤란에 대해 서로 다른 두 개의 해석, 즉 임상가의 해석과 환자의 해석이 있을 수 있다. 어떤 환자들은 임상가인 당신의 해석을 이해하지 못할 수 있고, 어떤 환자들은 당신의 뜻을 잘못 해석한 채 타인에게 전달하기도 한다. 다시 말해 징후는 더 객관적이며 때때로 환자의 실제 진단을 더 신뢰롭게 가리킬 수 있다.

당신도 아마 그런 일을 직접 겪어 봤을 것이다. 예를 들어, 외래 환자가 눈에 눈물이 조용히 차오르고 있음에도 임상가에게는 애인으로부터 버림받고 상처를 받은 것이 아니라고 부인할 수 있다. 더 충격적인 부인의 예로는 수척하게 여윈 신경성 식욕부진증 환자가 자신이 뚱뚱해 보인다고 주장하거나 조현병 환자가 환각을 부인하면서도 계속 불안해하며 실내 곳곳을 흘낏거리는 것을 들 수 있다.

> **진단 원칙** : 징후(임상가가 환자에 대해 관찰한 것)가 증상(환자가 임상가에게 이야기한 것)보다 진단으로 이끄는 더 좋은 길잡이가 될 수 있다.

이모젠은 신체화장애 환자로 응급실 이동용 침대에 누워 있었다. '완전 마비(complete paralysis)'로 인해 허리 아래로 움직일 수 없었지만, 태연하게 껌을 씹으며 간호사와 방금 있었던 미식축구 경기에 대해 이야기했다. 이러한 정서적 징후와 마비라는 신체 증상 간의 분리는 아름다운 무관심(la belle indifference) 또는 정서적 무감각의 고전적인 예이다.

위기로 인해 생긴 정보에 대해 주의하라

사람들이 갑작스런 난관을 겪을 때 이것은 세상과 그 안에 있는 자신의 모습을 바라보는 시각에 영향을 미칠 수 있다. 당신의 환자가 방금 해고를 당하였거나, 사별했거나, 애인으로부터 버림받았다고 하자. 그 결과로 느끼게 된 감정은 임상가에게 말하는 이야기 톤을 윤색할 수 있고, 심지어 오래 전에 겪은 경험에 대한 환자의 관점에도 영향을 줄 수 있다.

아파트에 도둑이 든 다음 날 질은 자신이 세상에서 제일 재수가 없는 사람이라고 불평했다. "저는 운이 좋아 본 적이 없어요."라고 그녀는 투덜거렸다. 그녀를 안 지 얼마 되지 않은 치료자는 그녀가 스스로에 대해 지니고 있는 부정적인 고정 관념을 다룰 수 있도록 돕기 위해서 인지 행동 치료 과정을 시작할 때라고 판단했다.

이것의 반대급부는 새로운 사랑의 기쁨과 같은 긍정적 경험 역시 현실에 대한 이해를 왜곡시킬 수 있다는 점이다.

객관적 자료가 주관적 판단보다 우세하다

때로는 임상가의 직관이 설명하기 어려워도 정확할 수는 있다. 그렇다고 해서 검증 가능한 정보보다 직관을 결코 우선해서는 안 된다는 것을 유념해야 한다. 새로 만난 환자와 이야기하면서 경험할 수 있는 '조현병 같은 느낌'은 오로지 증상과 징후를 찾아내는 철저한 조사를 촉진하는 데 이용되어야 한다. 내가 제일 싫어하는 경계성 성격장애는 임상가들이 충분한 평가 없이 자주 내리는 진단 중 하나이다.

> **진단 원칙** : 직관에 현혹되지 말 것. 진단의 근거로 먼저 객관적 자료를 택하라.

19세인 헨리의 느리고 조용한 말과 침착한 시선, 슬픈 표정은 면담자에게 그 순간 연민을 불러일으켰다. 그는 무엇이 불안 발작을 일으켰는지 모르겠다고 주장했지만 대화를 몇 분 정도 해 보자 그에게 공황장애가 있는 것 같았다. 아마 그것이 상당히 심한 주요우울 삽화를 가리고 있는 듯했다. 그러나 이러한 예상은 진료에 함께 온 그의 누나로부터 그의 과거력에 대한 정보를 더 얻게 되면서 산산이 부서졌다. 그녀는 동성애적 취향에 대한 스스로의 감정으로 인해 그의 정서적 고통이 점점 심해졌다고 말했다. 혼란스러움, 수치심, 그리고 동성애를 공포스럽게 생각하는 아버지가 격노할 것에 대한 두려움 때문에 그는 결국 누나에게만 이를 털어놓게 되었다. 누나로부터 추가적인 정보를 얻은 후 적응장애가 감별진단 목록의 제일 윗부분 가까이에 옮겨졌다.

가족력을 고려하라

지난 수십 년 동안 우리는 정신장애가 유전된다는 것을 알게 되었다. 실제로 20세기 후반의 많은 연구들은 우리가 매일 마주치는 증후군 중 대다수에서 강력한 유전적 요인이 존재한다는 사실을 입증했다. 8장에서 가족력과 관련된 문제들을 더 자세하게 다루겠지만 우선 예를 하나 들어 보자.

그랜트는 항상 조용하고 생각에 잠겨 있는 아이였지만, 15세가 된 지 얼마 지나지 않아 행동이 변덕스러워졌다. 그의 가족은 몇 달 동안 그가 사소한 좌절에 언어적인 분노 폭발을 보여도 참았다. 그는 적대적으로 변했고, 길거리에서 낯선 사람이 자신을 '비웃었다'고 생각하며 시비를 거는 일이 몇 차례 생겼다. 어느 날 방과 후에 그는 경찰에게 싸움을 걸고 말았다. 경찰은 그를 응급실에 데려갔고, 그곳에서 그랜트는 누가 봐도 환청에 대한 반응으로 보이는 혼잣말을 했다. 병동 휴게실에서는 두 번이나 공개적으로 자위 행동을 했다. 항정신병 약물 치료를 한 지 일주일이 지나도 별로 좋아지지 않자 치료자는 그가 조현병이 맞는지 의아해했다. 어느 자문의가 몇 년 전 그랜트의 삼촌이 급성 정신병을 앓았고, 이후 리튬을 사용하여 성공적으로 관리되고 있다고 언급했다. 기분조절제를 추가함으로써 그랜트의 정신병은 빠르게 호전되었다.

전체 치료 전략을 하나의 정보에 근거해 세우는 것은 현명하지 못하지만 환자의 가족력은 진단 과정에 유용한 이정표가 될 수 있다. 이 점에 대해서 8장의 말미에 어떤 단서를 달 예정이지만(그리고 이 진단 원칙의 수정된 형태를 제시하겠다) 지금은 여기에 제시된 바와 같이 이 원칙을 언급하고자 한다.

오컴의 면도날(절약의 원칙)로 단순화시켜라

14세기 영국의 철학자 윌리엄 오컴은 의료뿐 아니라 많은 분야에 적용되는 경제성의 법칙을 언급했다. 이는 의학적 진단의 핵심 원칙 가운데 하나로서 만약 어떤 것에 대해 두 가지 설명이 가능하다면 더 단순한 설명을 선택하라고 권고한다. 불필요한 개념을 '깎아 내기' 때문에 오컴의 면도날(Occam's razor),[2] 또는 절약의 원칙(principle of parsimony)이라고 알려지게 되었다.

제이콥은 47세였고, 응급실을 방문하여 두 가지 문제를 호소했다. 지독히 우울하며 환청이 들린다는 것이었다. 몇 달 동안 우울증으로 너무 괴로워서 자신의 한계에 다다랐음을 느낀다고 말했다. 그는 바로 2년 전 자살한 형 한스의 운명처럼 자신도 자살을 시도할까 봐 두려웠다. 제이콥은 식욕이 저하되었고 잠을 잘 못 잤다. 일상 활동에 대한 흥미를 거의 느끼지 못했으며(그는 열렬한 구식 총 수집가였고 원래는 골동품 전시회에 미쳐 있었다), 직장에서도 집중하기가 어려워 상사가 자신의 문제를 해결하도록 일을 좀 쉽게 했다고 말했다. 그는 자신이 직장 상사, 가족 모두를 실망시켰다고 생각했고, 엄청난 죄책감으로 인해 자신이 죽어 마땅하다고 느꼈다.

환청은 단 며칠 동안만 그를 괴롭혔다. 왼쪽 귀의 바로 뒤에서 소리가 들렸고, 소리의 원인은 알 수 없었지만 매우 생생했다. 낮 시간 내내 그리고 밤에도 긴 시간 동안 낯선 남자와 여자가 함께 그를 향해 '진짜 쓸모없는 사람'이라고 소리쳤고, 그에게 자신의 무기 중 하나를 '신이 계획한 목적에 맞게' 사용해야 한다고 말했다. 즉, 자신을 죽이라는 것이었다. 눈물이 넘쳐흘렀고, 그는 떨리는 입술로 "저는 정말 무서워요."라고 더듬거리며 말했다.

제이콥은 말하기 꺼려했지만 '가끔씩, 약간 과도

---

2. 역주 : 절약의 원칙(principle of parsimony), 경제성의 원칙(principle of economy)과 같은 말로 사용되며, 일반적으로 '존재자의 수를 불필요하게 늘려서는 안 된다'는 의미로 알려져 있다.

하게' 술을 마신다고 고백했다. 그러나 면밀한 질문을 통해 다음의 사항을 밝혀냈다. 그는 20년 동안 일주일에 양주 3/5병 정도를 마셔 왔고, 최근 6개월간 음주량이 거의 두 배로 늘었다. 일주일 전부터는 장염 때문에 너무 자주 토해서 어떤 것도 소화시키지 못하고 있었다 — 물론 알코올조차도. 이렇게 된 직후부터 그런 소리들이 계속해서 들리기 시작했다.

초심자는 제이콥에게 세 가지의 서로 다른 정신장애, 즉 주요우울증과 급성 정신병적 장애, 알코올 중독이 있다고 생각할 수 있다. 그러나 오컴의 면도날로 문제의 핵심까지 깎아 보자. 알코올사용장애에서 상당히 흔한 바와 같이 제이콥의 과도한 음주는 점차 심한 우울증을 유발했다. 신체적으로 문제가 생겼을 때(정말 장염이었을까, 아니면 그의 몸이 결국 너무 많은 알코올에 저항하게 된 것일까?) 그는 알코올 금단 증상을 겪게 되었고 환청을 들었다. 알코올 금단 상태에서 경험할 수 있는 환청은 조현병에서의 환청과 아주 유사하다. 따라서 오컴의 면도날에 따라 우리는 제이콥에게 하나의 기본적인 질병이 있고, 그 위에 다른 많은 증상과 두 가지 추가적 정신장애가 있는 것으로 가정할 수 있다.

절약적인 사고가 중요한 이유 중 일부는 이러한 사고가 우리로 하여금 하지 말아야 할 것을 이해하도록 돕기 때문이다. 예를 들어, 제이콥의 우울증은 일단 음주를 끊으면 아마 약해질 것이다. 항우울제 치료는 그의 몸에 더 많은 화학 약물로 부담을 주고, 그의 우울증이 약으로 다스릴 수 있는 독립된 질병이라는 생각을 강화할 수 있다. 알코올 사용으로 인한 정신병 진단은 장기간의 항정신병 약물 사용을 방지할 수 있다. 일단 제이콥이 알코올을 끊으면 환청은 수일 내 틀림없이 사라질 것이다.

얼룩말과 말

정신건강 분야의 종사자들이 학생들에게 들려 주는 격언이 있다. "만약 거리에서 말굽 소리를 들었다면 얼룩말이 아닌 말을 떠올리세요." 다시 말해 흔하지 않은 장애보다 흔한 장애를 만날 확률이 더 높다는 그리 놀랍지 않은 사실을 유념하고 진단적 사고를 이에 맞게 조정하라는 것이다. 이 유용한 격언은 진단 원칙이기도 하다. 하지만 이 원칙은 바르게 사용될 수도 있고, 잘못 사용될 수도 있다.

잘못된 방식은 이것을 진단 전략의 핵심 원칙으로 삼는 것이다. 경험에 따르면, 특히 우울증의 경우에 조심해야 한다. 우리 임상가들은 주요우울장애처럼 보이는 것을 너무 자주 직면하기 때문에 다른 경쟁적인 가능성들은 몰아내 버리는 경향이 있다. 보험으로 손

쉽게 변제할 수 있다는 이유로 임상가는 성격장애나 적응장애와 같이 보상을 덜 받는 다른 진단 대신 주요우울장애 용어를 사용하고 싶은 압박을 자주 경험한다. 어떤 연구자는 순수하게 통계적인 방식의 진단이(항상 주요우울증이라고 진단하라. 정신과 환자, 특히 외래의 경우 50% 이상이 주요우울증이다.) 절반 이상의 확률로 승리하는 전략이 될 수 있다고 상당히 진지하게 제안했다. 물론 우리가 환자를 위해 행하고 싶은 것은 항상, 아니, 가능한 한 거의 바르게 진단하는 것이다.

어떤 상태를 희귀하다고 판단하는 정도는 당신이 일반적으로 만나는 집단에 달려 있다. 당신이 정신 병원에서 일한다면 조현병이나 양극성장애가 있는 정신병적 환자가 당신 업무의 대부분을 차지할 것이다. 당신이 만약 외래 환자만 본다면 아마 불안장애나 경도에서 중등도의 우울증이 있는 환자들을 많이 만날 것이다. 마찬가지로(전혀 놀랍지 않게) 물질 사용 치료 시설에 있다면 약물에 의해 유발된 장애가 있는 사람들을 많이 볼 것이고, 재향 군인 병원에서 일한다면 외상후 스트레스장애(PTSD)가 있는 환자들을 많이 볼 것이다. 당신이 양로원에서 퇴행된 환자를 본다면 알츠하이머치매로 진단을 내리고 싶지 않을까? 하지만 진단을 내릴 때 당신이 만난 환자 집단 내에서 특정 상태가 흔하다는 것에 근거해서는 안 된다. 나는 퇴역 군인 가운데 우울증이 있는 환자를 보았고(물론 PTSD가 더 흔하다), 학생들 중에서도 양극성장애를 보았으며 — 전형적으로는 주의력결핍 과잉행동장애(ADHD)가 있다 — 노인 환자 가운데 우울증(또는 조증)이 있는 사례도 많이 보았다.

'얼룩말이 아니라 말' 원칙을 사용하는 더 바람직한 방식은 다른 가능성을 무시하지 않는 선에서 항상 흔한 진단을 고려하는 것이다. 예를 들어 (10장에서 논의하겠지만) 나는 감별진단 목록을 작성할 때 — 결국에는 마지막 관문을 통과하지 못할지라도 — 기분장애를 자주 포함시킨다.

어윈이 정신건강 클리닉에 왔을 때, 그는 6개월째 우울한 상태였다. 임상가가 생각하기에 그의 증상은 상당히 전형적이었다 — 수면 곤란, 식욕 저하(체중이 실제로는 몇 파운드 늘었지만), 자신이 실패한 것 같은 느낌, 부엌 리모델링 디자이너로서 업무에 대한 주의 집중의 어려움 등. 그는 자살에 대한 그 어떤 생각도 단호하게 부인했다. 그에게 정신과 진료를 제안한 것은 직장 상사였다. 어윈이 많이 괴로워 보였기 때문이었다. 그는 38세였으며 이전에는 정서적 곤란

> **진단 원칙** : 말은 얼룩말보다 더 흔하다. 더 흔하게 접하는 진단을 우선해서 선택하라.

을 겪은 일이 없었고, 술을 마시거나 약물을 사용하지도 않았다.

식욕 저하에도 불구하고 체중이 증가한 것이 수수께끼였다. 임상가는 우울증이 신체적 원인 — 갑상선기능저하증(hypothyroidism)이나 다른 내분비계 장애 — 때문은 아닌지 의심스러웠다. 만일을 위해 어윈은 1차 진료의에게 신체 검진을 받는 것에 동의했는데, 그는 1차 진료의를 '기억이 나지 않을 정도로 오랫동안' 만나 보지 않았다고 말했다. 그러는 동안 임상가는 어윈의 경우 기분장애의 원인이 신체 문제일 가능성이 매우 낮을 것이라 생각하고 인지 행동 치료를 시작했다.

흔하지 않은 장애로 진단하는 것은 상당히 매력적이어서 환자가 보이는 정신과적 증상에서 더 일반적인 원인을 무시하도록 당신을 유혹할 수 있다. 그러한 결론을 내리는 것(또는 보고하는 것)은 임상가를 그 순간 영웅의 지위에 오르게 하는 일종의 쿠데타이다. 그러한 진단도 가능하다는 사실을 항상 유념하는 것은 매우 중요하지만, 오컴의 면도날을 함께 사용하여 신중하게 진행하는 접근은 정확한 진단과 조속한 치료라는 이득을 가져온다. (어윈의 사례에서 임상가의 우려는 검진 결과에 우울증의 신체적 원인이 될 만한 소견이 없다고 밝혀졌을 때에 사라졌다.)

감별진단을 위해 자료 평가하기

위에서 논의한 원칙들을 일상적 진단에 적용하는 것이 힘들어 보일 수 있다. 그러나 아래의 단계를 따라가면 우리를 잠정적 진단으로 이끄는 감별진단 목록을 작성할 수 있고, 이러한 진단은 우리가 예후를 예상하고 치료를 권고하는 것을 돕는다. 나는 모든 진단 원칙을 한꺼번에 사용해야 하는 상태의 환자는 본 적이 없지만 다음의 구체적인 사례는 여러 진단 원칙이 함께 사용된 예를 보여 줄 것이다.

 에드나

에드나는 최근 약혼한 이후에 불안 삽화가 시작되었는데 이로 인해 장학금을 잃을까 봐 두려웠다. "기말 시험을 무사히 치를 수 있도록 발륨(Valium)을 처방받을 수 있을까요?" 그녀는 자신을 바라보는 임상가에게 애원했지만 "먼저 전체 그림부터 이해해야겠어요."라는 답변을 들었다. 약 몇 알로 고치기에는 이야기가 너무 복잡했다.

에드나는 그녀의 부모가 40대일 때 처음으로 얻은, 쾌활하고 다소 통통한 아기였다. 그녀의 어머니는 전문직과 강박장애 둘 사이에서 곡예를 하듯 오가고 있었고, 이 때문에 어린 에드나와 보내는 시간이 별로 없었다. 그녀의 아버지는 사업차 여행을 다녔고, 집에 오면 미약하게나마 남아 있는 맨 정신을 유지하기 위해 주로 여가 시간을 활용하여 단주회(alcoholics anonymous, AA) 모임에 참석했다. 그로 인해 에드나는 육아 전문가가 아닌 여러 가정부들에 의해 키워졌다. 대개 스스로 알아서 하도록 놔뒀기 때문에 그녀는 책과 TV를 친구 삼아 자랐고 따라서 사교 기술은 별로 없었다. 어려서부터 침울한 아이였고, 이러한 성향은 초경이 시작된 13세 때에도 나아지지 않았다.

에드나는 자신이 '이상할 정도로 수줍음이 많았다'고 보고했다. 실제로 고등학생이었던 시절 동안 그녀는 데이트를 단 한 번밖에 하지 않았다. 상대는 미식축구 2진 선수였는데 영화를 본 뒤 그녀와 성관계를 가지려 했다. "제가 미처 판단을 내리기도 전에 그가 속옷만 남기고 저를 벗겼어요. 저는 다시 옷을 걸쳤죠." 고교 시절을 거쳐 대학교 3학년 때까지 그녀는 공부에만 몰두했다. 졸업 전, 가을이 되자 그녀는 정치학과 최우수 졸업생으로 한 학기 일찍 졸업하게 되었다.

크리스마스 무렵 그녀는 어떤 청년을 만났다. 언제나 자신은 절대 결혼을 하지 않을 것이고 외모에도 별로 신경 쓰지 않는다고 피력했지만, 그해 룸메이트는 그녀에게 머리 다듬는 방법을 가르쳐 주고, 그녀가 거의 매일 수업에 입고 다니던 싸구려 청바지조차 불태워 버렸다. 새 옷과 립스틱이 효과가 있었는지 인기 없는 샌님처럼 생긴 그 청년이 그녀에게 열렬하게 구애했고, 두 번째 데이트에서 프로포즈를 받았다. 그녀는 그 자리에서 그를 받아들였다. "그때 너무 고마워서 그냥 '네'라고 말했어요." 그녀가 임상가에게 말했다. "진부하게 표현하자면 그날이 제 인생에서 가장 행복한 밤이었어요." 그와 동시에 진정으로 행복한 '마지막' 밤이기도 했다.

그 이후 에드나는 많은 시간을 불안해하며 보냈다. "저는 두려워요. 하느님은 아실 거예요. 숨이 가쁘고 심장이 너무 빨리 뛰어요. 그래서 가슴이 아파요." 그녀는 이틀 후 남자친구 제프리를 부모님에게 소개시킬 예정이었는데 생각만 해도 속이 메스꺼웠다. 공부를 하기 위해 밤을 지새우면서도 마지막 시험에 떨어져 1년 정도 학교를 더 다녀야 할지 모른다고 걱정했다. 또한 부모님이 제프리를 어떻게 생각할지도 걱정스러웠다. 다른 무엇보다 그녀는 결혼을 하고 가족에 대한 책임을 갖게 되는 것이 걱정이었다. 에드나의 표정은 염려스러웠지만 생기가 있었다. 한두 번 적절히 눈물을 보였지만 그 외에는 충분히 유쾌하게 이야기하면서 자신의 실상을 자유자재로 들려 주며 온전한 문장을 사용해 논리적으로 말했다.

평가가 끝날 무렵 에드나는 자신의 룸메이트가 임상가와 이야기하고 싶어 한다고 했다. 룸메이트인 앤으로부터의 정보는 간단했지만 중요했다. 앤과 함께 있을 때의 에드나는 괜찮아 보인다는 것이었다. 그녀가 불안에 허우적대는 것처럼 보일 때는 오직 제프리와 함께 있거나 그를 만나려 할 때뿐이었다. 가끔은 그에 관해 이야기를 할 때도 그렇다고 했다.

폭넓은 범위의 감별진단 목록을 만들기 위해 에드나의 과거력을 조사하는 방법을 제시했다.

1. 모든 감별진단에서와 마찬가지로 우선 의학적 문제나 약물 사용 문제가 있는지 질
   문한다(두 가지 진단 원칙을 이미 언급했고, 9장에서 더 다룰 것이다). 물론 의학적
   장애의 원인을 우선적으로 고려한다. 왜냐하면 의학적 장애가 너무 흔하기 때문이
   아니라 환자에게 악영향을 줄 잠재적 가능성과 효과적으로 치료될 가능성이 있기
   때문이다. 현재의 특정 물질 사용이나 물질 금단 모두로부터 불안이 유발되는 일은
   흔하다. 또한 에드나는 의사에게 발륨을 요청했었다.
2. 에드나의 주 호소가 불안이었으므로 표 12.1에 요약되어 있는 불안장애 스펙트럼을
   모두 검토한다. 증상의 경과 기간이 매우 짧긴 했지만 공황장애나 범불안장애
   (GAD)의 초기 단계일 수 있다. 그녀의 현 병력은 감별진단 목록에서 여러 가지 가
   능성을 시사한다.
3. 가족력에 대한 진단 원칙도 있다. 에드나의 어머니는 한때 강박장애(OCD)로 치료
   받았고 가계 내에 강박장애의 유전성이 흐른다. 이러한 장애의 존재는 에드나에게
   있을 진단들의 가능성을 시사한다. 유전적 연구는 특정 불안장애가 있는 환자에게
   바로 그 장애가 아닌 다양한 다른 불안장애를 가진 친인척이 있을 가능성이 높다는
   것을 반복적으로 보여 주었다. (DSM-5에서는 강박장애만을 다른 장에 두었지만
   강박장애에는 상당한 불안이 동반된다.)
4. 불안장애 목록에서 무엇을 포함시키고 싶지 않을까? 광장공포증(agoraphobia)에
   대한 증거는 전혀 없다는 것에 동의한다. 친구 없이 성장한 점이 무언가를 암시할
   수도 있겠지만 에드나는 공포증에 대해서는 아무것도 언급하지 않았다. 제프리의
   갑작스런 청혼이 에드나가 보인 증상에 선행되었지만, 그녀의 이야기를 외상후 스
   트레스장애(DSM-5에서 독립된 장을 갖게 된 DSM-Ⅳ의 또 다른 불안장애)로 해석
   하는 것은 비약일 것이다.
5. 우리는 초기 평가에서 얻은 정보의 여러 항목들 가운데 상당히 고립되었던 에드나
   의 아동기에 주목해야 한다. 이것은 회피성 성격장애의 가능성을 시사한다(그러나
   나중에 주요정신장애가 있는 상태에서 성격장애를 진단할 때의 주의점에 대해 경고
   하는 진단 원칙을 언급할 것이다). 그리고 이와 더불어 모든 젊은 여성들의 경우 신
   체화장애를 확실하게 감별해야 한다.
6. 정신상태검사(MSE)를 무시할 생각은 아니었다. 오히려 MSE의 구성 요소들은 진

단 평가 시 면담자를 유익한 정보가 많은 영역으로 이끄는 데 가장 도움이 되기도 한다. 에드나의 눈물은 우울증의 증거가 되고, 나는 우울증을 대부분 감별진단에 포함시킨다.

7. 또한 이 사례는 주변 사람들로부터 얻은 이차적 정보가 진단에 대한 논의를 돕는다는 중요하지만 자주 무시되는 원칙을 잘 보여 주고 있다. 에드나의 룸메이트가 준 정보는 에드나 스스로는 줄 수 없는 것처럼 보이는 어떤 것, 다시 말해 증상을 경험하는 시점과 선행 사건에 대한 시각을 제공하였다. '얼룩말이 아니라 말'이라는 진단 원칙은 우리에게 특히 일반 집단에서 흔하게 발생하는 진단을 고려해야 함을 상기시킨다. 여기에는 — 삶의 문제(problems of living)라고도 하는 — 상황적 문제도 포함된다.

에드나의 문제를 평가할 때 위에 기술한 사항들을 모두 고려해서 다음의 감별진단 목록을 검토하기 바란다(아래 진단들을 안전 위계에 따라 나열하고 최종적으로 최선의 진단을 결정하는 것은 연습 문제로 남겨 두겠다).

- 불안 증상을 동반한 적응장애(삶의 문제)
- 의학적 문제로 인한 불안장애
- 회피성 성격장애
- 우울장애
- 범불안장애(GAD)
- 강박장애(OCD)
- 공황장애
- 신체증상장애
- 물질 관련 불안장애

서로 모순되는 정보 다루기

수년간의 경험이 있는 임상가는 모순된 정보를 만났을 때 적합한 진단이 거의 본능적으로 떠오른다. 아래에 자세하게 제시된 또 다른 사례에서 볼 수 있듯이, 직관처럼 보이는 것은 대개 과거력에서 얻은 정보들이 서로 일치하지 않거나 MSE로부터 얻은 정보가 정신장애의 일반적인 경과에 부합하지 않을 때 이를 알아채는 것과 관련된다. 서로 모순되는 정보를 해결하는 것은 심령술의 문제가 아니라 실전 연습과 관계있는 것이다. 이를 하나의 진단 원칙으로 삼는 것을 강력히 지지한다.

 ## 토니

토니는 겨우 45세였지만 그의 복잡한 병력으로 인해 10년은 더 나이 들어 보였다. 그는 노숙자였고, 심하게 우울했으며, 주의 집중의 어려움과 저조한 식욕, 살인적인 불면, 직업 활동의 어려움, 반복적인 자살 사고 및 자살 시도로 고통을 받고 있었다. 한 번은 어느 외딴 지역에 차를 주차한 후 호스를 배기가스 출구에서 차 안으로 연결하여 시동을 걸고, 죽기 위해 그대로 누워 있었다. 그가 의식을 잃기도 전에 휘발유가 떨어져서 이 시도는 실패로 돌아갔다. 더 최근에는 빌린 권총을 머리에 겨누었다. 친구 몇몇이 그에게서 권총을 빼앗으려고 끼어든 덕분에 그는 무탈하게 다섯 발 모두를 천장에 쏘았다.

이 사건 때문에 그는 약물 치료를 받던 재향 군인 병원에 입원하게 되었다 — 그는 수년간 자신이 투약한 모든 항우울제 중 프로작(Prozac)이 가장 효과가 있다고 느꼈다. 병원에 있는 동안 토니는 주거 지원을 신청했는데 그는 이유도 모른 채 거절당했다. 이후 그는 병원에 스스로 비용을 지불하고 나갔으며, 나흘 후 자신이 320km 떨어진 또 다른 재향 군인 병원에 있는 것을 깨닫게 되었다. 그는 자신이 어떻게 다른 도시까지 이동해 왔는지 알지 못했고, 잃어버린 시간 동안 무슨 일이 있었는지 떠올리지 못했다. 처음부터 주민등록번호 같은 개인 정보를 떠올리지는 못했지만 자신의 이름은 매번 말할 수 있었다.

토니는 우울증 이외에도 수년 동안 간헐적으로 여러 목소리가 들렸다고 말했다. 여기에는 자신을 비웃는 어머니의 목소리와 죽은 형의 목소리도 있었다. '캐시'라고만 알고 있는 낯선 사람이 그의 이름을 분명하게 불렀고, 그는 이 소리를 들을 때마다 누가 있는지 보기 위해 돌아봤다. 현재의 평가가 있기 전 며칠 동안은 이런 목소리 외에 아무것도 듣지 못했다. 가끔씩 그는 30cm 정도 되는 사람이 서 있는 환시도 보았는데, 수년 전 오키나와에서 군복무를 할 때 그 사람을 처음 보았다. 또한 (아직 살아 계신) 어머니도 '만질 수 있을 만큼 매우 생생하게' 보였다. 때로는 어머니와 다른 사람들이 자신의 등 뒤에서 웃는 것을 느끼기도 했다.

면담 동안 토니의 기분 상태는 중간 정도였고 사고의 내용도 적절해 보였다. 그의 감정은 정상적이었고, 실패한 결혼 생활에 대해 이야기할 때는 눈물을 흘리기도 했다. 결혼에 대해 말하자면, 그는 20년 전 콜롬비아에서 온 어느 여성과 그녀의 자녀, 그녀의 어머니를 모두 합법적인 미국 시민으로 만들기 위해 그녀와 결혼했다. 아내의 근거 없는 고소와 법적 사기로 인해 그녀와 그녀의 가족이 토니의 집을 차지했고 그는 호텔방에서 살게 되었다. 그는 결국 자신의 모든 재산을 포기했고 어느 카지노로 떠나 그곳의 경비원이 되었다. 그는 알코올이나 마약을 무절제하게 사용한 적은 한 번도 없다고 주장했다.

　　아동기에도 토니는 항상 우울했다. 친구가 거의 없던 그는 놀이 친구를 지어냈는데, 여기에는 '톤토'라고 불렀던 고무 도마뱀을 포함해서 수많은 상상 속 놀이 친구가 있었다. 그는 발이 부러져 깁스를 했었던 당시에 그가 작은 아기였음에도 아기 침대의 보드를 발로 차서 뚫은 적이 있다고 했다.

분석

토니의 정보 일부는 서로 간에 모순되거나 일반 통념과 일치하지 않는다. 예를 들어 (다행이지만) 계획이 틀어진 반복된 자살 시도는 과장되고 진심이 아닌 것처럼 보인다. 불행한 결혼에 대한 응답으로 그는 태연히 운명을 짊어지고 떠났다. 어머니에 대한 환시는 일반적인 정신병에서보다 더 생생했다. 소인을 보는 것은 진전 섬망(delirium tremens)의 특징이지만 그는 알코올 사용을 부인했다. 그가 들었던 목소리 중 하나의 이름을 정확히 말했는데 이러한 것은 정신병에서 흔하지 않다. 정신병적 사람들은 괴로운 환청을 무시하려고 하는 반면 그는 매번 이야기하는 사람이 누구인지 보려고 고개를 돌렸다. 그의 주장에 따르면 둔주 같은 상태에서 자신도 알지 못하는 또 다른 재향 군인 병원으로 분명한 목적을 갖고 이동했다고 한다. (다른 사람들로부터 들은 것을 이야기한 것일 수 있지만) 아동기에 대한 그의 이야기 중 일부는 과장된 듯하다. 그는 '항상' 우울했고 자신의 요람을 발로 찼던 것을 회상할 수 있었다. 마지막으로 많은 고통과 슬픈 과거력에도 불구하고 면담 동안 그의 기분은 편안했으며 우울하지 않았다.

　　하나씩 천천히 생각해 볼 때 이러한 특징들은 특별할 게 없어 보일 수 있다. 하지만 전반적으로 보면 환자가 실제보다 자신을 아프고 도움이 필요한 사람으로 보여 주려 노력한다는 합리적인 의심을 갖게 한다. 이러한 임상적 그림은 거처를 제공받고자 하는 이차적 이득의 동기에도 부합하며, 임상가에게 액면 그대로의 이야기를 거부하고 진단 및 치료 권고를 위해 더 깊이 탐색할 임무를 부과한다.

꾀병

꾀병으로 진단해야 할 때, 나는 진단하기가 싫어진다. 물론 이를 거부하면 진단가로서의 의무를 이행할 수 없다. 하지만 일단 누군가에게 '꾀병 환자'라는 꼬리표가 붙게 되면 말썽의 소지가 있는 사람이 되어버려 그 사람을 거짓말쟁이가 아닌 다른 것으로 생각하기 힘들어진다. 어떤 환자가 이야기를 지어낸 것을 인정한다면, 그리고 내가 스스로의 생각을 절대적으로 확신할 수 있다면 나는 하나의 행동에 한정하여 진술할 것이다 — 둔주 상태에 대한 과거력은 조작되었다. 다시 말해, 그 사람을 꾀병 환자라고 부르는 것이 아니라 그러한 행동에 대해 '꾀병(malingering)'이라고 명명한다.

내가 이 용어의 사용을 꺼리는 이유는 서로 결부된 두 가지 사실 때문이다. 정신적 문제의 경우 꾀병임을 증명하기 매우 어렵고 이에 대한 타당한 기준이 없다는 점이다. 이러한 우려를 잘 보여 주는 환자 집단이 1996년 이스라엘의 비츠툼과 그의 동료들에 의해 *Military Medicine* 학술지에 보고되었다. 연구자들이 한 해 동안 '꾀병 환자'로 진단된 24명을 다시 진단했을 때 거의 모두에게 정신병, 정신지체, 기분장애와 같은 심각한 정신 병리가 있었다. 24명 가운데 3명을 제외한 나머지 모두가 군복무에 부적합하다고 판정받았다.

허위 신체 증상은 상대적으로 알아보기 쉽다. 조심스런 관찰을 통해 신장 결석이 있다고 주장하는 환자가 모래 몇 알을 소변 검체에 떨어뜨린 사실이나 지속되는 고열처럼 보이는 것이 사실은 환자가 커피를 휘저은 체온계를 사용한 것임을 밝힐 수 있을 것이다. 정서적 속임수는 탐지하기가 훨씬 더 어려운데 여기에는 기억상실, 외상후 스트레스장애, 정신병, 섭식장애, 사별, 우울증, 조증, 심지어 스토킹에 대한 보고도 포함된다. 나는 이후에 나오는 '경고 신호 인지하기' 부분에서 몇몇 경고 신호들을 제시하였다.

보험 사기와 같이 돈을 얻으려는 목적 외에도 다양한 동기가 허위 증상을 보고하게 할 수 있다. 어떤 환자는 사회적 의무(일, 자녀 부양 등)나 위험한 과업(특히 군복무 중)을 면하고 싶어 한다. 많은 임상가들이 의사의 처방이 필요한 약물을 팔거나 오용할 목적으로 통증을 가장하는 환자들을 만나게 된다. 어떤 사람은 정신 병원의 퇴원이나 자녀 양육권을 위해 실제 정신 증상을 최소화하는 '긍정 왜곡(faking good)'을 보일 수 있다. 잘 알려진 또 다른 동기로는 범죄에 대한 처벌을 피하기 위해 제한적인 지적 능력을 실제보다 축소시켜 보고하거나 정신 이상을 호소하는 것 등이 있다.

뻔한 꾀병으로 가장 유명한(그리고 거의 성공적인) 사례 가운데 하나는 1970년대 로스앤젤레스와 워싱턴 주에서 힐사이드 연쇄 교살 사건을 저지른 두 범인 중 한 사람인 케네스 비앙키에 관한 것이다. 평생을 고질적인 거짓말쟁이로 살아온 비앙키는 과거에는 허위 학위와 자격증을 가지고 자신을 심리치료자라고 소개했는데, 여기에는 있지도 않은 기관으로부터 받은 정신과 전문의 학위도 있었다. 비앙키는 체포되었을 때 제2의 인격인 스티븐을 만들어 냈고, 뻔뻔스럽게도 살해의 책임이 제2의 인격에게 있다고 주장

했다. ("계집애 하나 죽이는 것은 나한테 일도 아니다.") 이러한 연출이 꽤 설득적이어서
다중인격장애(multiple personality disorder, MPD) — 이제는 해리성 정체성장애
(dissociative identity disorder)라 불리는 — 에 능통한 일부 임상가들은 그가 정신병
적인 상태이고, 따라서 범죄에 대한 책임을 물을 수 없다고 결론지었다. 그러나 검찰이
정신과 의사 마틴 오른을 데려왔을 때 비앙키는 자신의 호적수를 만나게 되었다. 오른
은 그에게 다중인격장애는 모든 경우에 2개보다 많은 인격을 가진다고 (허위로) 말했
다. 그러자 몇 시간 만에 약속한 듯이 제3의 인격이 나타났다. 비앙키에게 속았던 임상
가 중 한 사람은 교도소 내 정신과 의사였는데, 나중에 '그들이 말하는 어떤 것도 믿을
이유가 없다'는 것을 알게 된 후 비앙키가 다중인격장애라는 생각을 철회하였다.

꾀병에는 정도가 있다. 가장 뻔한 경우의 환자들은 단순하게 꾸며내거나 실제 증상을
과장한다. 그러나 어떤 환자들은 증상의 실제 원인이 아님에도 그 증상을 자신이 알고 있
는 무엇인가에 잘못 귀인할 수 있다. 예를 들어, 환자는 불안 증상이 작은 산재 후 발생했
다고 주장하지만 실제로는 만성적인 것일 수 있다.

과거력과 행동이 그저 과장되었거나 처음부터 끝까지 모두 거짓말이더라도 임상가는
상당한 근거가 있는 감별진단 목록을 생각해야 한다. 여기에는 꾀병 외에도 인위성장
애 — 가장 유명한 것은 여러 병원들에서 잇따라 입원 치료를 받는 뮌하우젠 증후군
(Münchausen syndrome)이 있다 — 와 케네스 비앙키의 경우에서도 볼 수 있듯이 반사회
성 성격장애가 포함된다. 여러 신체화장애나 해리성장애가 있는 환자에게서도 무의식적
으로 과장하거나 꾸며낸 증상들을 볼 수 있을 것이다.

경고 신호 인지하기

환자의 정보를 액면 그대로 받아들여서는 안 된다고 경고 신호를 보내는 다양한 특징이 있다. 환자의 정보를 충분히 신뢰하기에 앞서 그것을 다른 정보 제공자들로부터 얻은 면담 자료와 과거의 의료 기록, 혈액 검사 결과와 비교해 보거나 혹은 더 허심단회한 논의라는 단순한 도구를 통해서라도 검증해야 한다. 특히 과거력과 행동상 주목해야 할 사항들을 아래에 특정한 순서 없이 나열하였다.

인지장애가 없는 상태에서의 기억 손상(memory loss in the absence of cognitive disorder) : 빈약한 기억, 즉 쉽게 지어낼 수 있고 증명하기 어려운 기억은 환자가 무언가를 숨기거나 얻으려 한다는 것을 어쩔 수 없이 드러낼 수 있다.

허점이 있는 기억상실증(spotty amnesia) : 개인 정보는 기억할 수 없다고 주장하면서 그날의 시사거리에 대한 기억은 보존될 수 있다.

극단적인 언어를 사용한 증상 기술(extreme language to describe symptoms) : 이러한 기술의 예로 "3일 만에 9kg이 줄었어요." "가끔씩 일주일 내내 한숨도 자지 않고 지내요." 등이 있다.

입원 환자의 범죄 행동(criminal behavior in a hospitalized patient) : 여기에 폭행, 직원이나 다른 환자와의 성관계, 마약 취급 등이 포함될 수 있다.

실패로 돌아가는 자살시도의 반복(repeated unsuccessful suicide attempts) : 많은 환자들이 삶을 마감하기 위해서 진심을 다해 다양한 노력을 기울이지만, 일부 환자들은 관심이나 동정을 얻기 위해 거짓으로 자살 시도를 가장하기도 한다. 문제는 이 둘을 분별하는 것이 항상 쉽지만은 않은 데에 있다.

일반적이지 않은 증상(unusual symptoms) : 여기서 '일반적이지 않다'는 것은 지나치게 극적이거나, 희귀하거나, 정도가 심해서 정신 병리의 일반적 범위를 넘어선 것을 의미한다. 환청에 대한 토니의 행동을 예로 들 수 있다(그는 실제로 존재하지 않는 소리가 들릴 때마다 매번 돌아봤다). 다른 예로 갑자기 시작되거나 끝나는 망상, 30cm 크기의 사람을 보는 환시, 간헐적이지 않고 지속적인 환각 경험을 특징으로 하는 조현병이 있다는 주장을 들 수 있다. 또는 해당 장애의 일반적인 경우보다 더 급작스런 발병 증상을 보일 수 있다(예 : 하룻밤 사이에 완전히 발병한 것처럼 보이는 망상). 여러 장애의 증상이 동시에 나타나는 것 역시 때로는 경고 신호가 될 수 있다. 물론 일부 환자들은 교과서를 충분히 읽어 정신장애의 전형적인 발현에 대해 알고 있을 수 있다.

전형적인 증상이 없을 때(absence of typical symptoms) : 예를 들어 우울한 사람들은 대부분 수면과 식욕 문제를 보일 것이다. 이러한 문제가 없을 때 의심해 봐야 한다.

이야기가 자꾸 바뀔 때(a story that keeps changing) : 정보를 지어내거나 과장하는 사람들은 자신의 이야기를 일관되게 유지하는 것이 어려울 수 있다.

다중인격(multiple personalities) : 해리성 정체성장애의 사례들이 지난 수십 년 동안 확인된 바 있다. 그러나 일부 사람들이 범죄나 환영받지 못할 행동에 대한 적발과 처벌을 면하기 위해 '번갈아가면서 나타나는 인격'을 만들어 낸다는 것 또한 입증되었다.

이차적 이득(secondary gain) : 증상이 금전을 얻거나 손해를 막도록 돕는다면 신중한 평가가 필요하다.

정신장애의 일반적 경과와 일치하지 않는 과거력(history that conflicts with the usual course of a mental disorder) : 예를 들어 10년 동안 꾸준하게 일을 해 온 환자가 조현병의 긴 과거력을 주장한다면 의심해 보아야 한다.

비협조적 태도(poor cooperation) : 검사나 면담 동안 질문에 대한 대답을 피하거나 노골적으로 거부하는 환자는 숨기려는 것이 있을 수 있다.

일치하지 않는 정서(incongruous affect) : 마비, 맹시와 같은 심각한 상황에 어울리지 않게 단조롭거나 심지어 쾌활한 정서를 일컬어 '아름다운 무관심(la belle indifference)'이라 하며, 이는 신체화장애가 있는 환자에게서 자주 볼 수 있다. 그러나 일부 조현병의 경우에도 바보 같거나 일치하지 않는 정서를 볼 수 있다.

대인관계 매너(interpersonal manner) : 일부 연구자들은 임상가들에 대하여 유쾌한 표정으로 대화를 주도하는 자기 주장적인 사람들을 잘 믿는 경향이 있다고 증명하였다. 환자의 이러한 특성이 근본적인 신뢰성에 대한 우리의 판단력을 압도하지 않도록 주의해야 한다.

기억, 인지, 지능 검사상 우연 이하의 수행(performance below chance on standard tests of memory, cognition, or intellect) : 무작위 응답도 우연 수준의 수행 결과를 낳게 하므로 우연 수준 이하의 득점은 계획이 필요하다. 일부 환자들은 노골적이며 뻔뻔스럽게 "2 곱하기 2는 5!", "산타 복장은 초록", "하루는 30시간이다." 등의 오답을 대기도 한다.

여러 지역에서의 입원 치료(hospitalization in many locations) : 고전적으로 뮌하우젠 증후군(Münchausen syndrome)이라 불리던 장애 — 이제는 인위성장애(factitious disorder) — 의 환자는 치료 기관을 이리저리 옮겨 다닌다.

정상적이고 적절한 치료가 효과 없을 때(normally adequate treatment that doesn't help) : 다섯 가지 항우울제와 인지 행동 치료, 전기 충격 치료 과정을 거쳤음에도 여전히 우울한 환자는 또 다른 약물을 시도하기보다 철저한 재평가를 해볼 만하다.

환자의 과거력에 내적 불일치가 있을 때(internal inconsistencies in the patient's history) : 예를 들어 사업 계약에 관해 이야기하는 환자가 복지 수당을 받는다면 다른 영역에 대해 더 신중하게 조사해야 한다.

5

불확실성 다루기

내가 아직 의대생이었을 때 교수님들은 다음과 같이 지적했다. 정신과 의사들 사이에서도 이견이 있으나, 잘 훈련받은 임상가라면 다섯 번 중 네 번은 한 차례의 면담만으로도 타당한 진단을 내릴 수 있으며, 나머지 한 번은 몇 시간씩 면담을 한다 해도 여전히 진단이 불확실할 수 있다고 말이다. 수십 년 동안 이러한 수치는 그다지 변하지 않았다. 이는 매주 새로 찾아오는 여러 환자들을 평가할 때 진단적 불확실성을 다루는 것을 반드시 배워야만 한다는 것을 의미한다. 이 장에서는 불확실성이 발생할 때 이를 다룰 수 있는 몇 가지 방법을 소개하고, 그 개념이 정확한 진단을 내리는 데 있어 어째서 그만큼의 가치가 있는지에 대해 설명할 것이다.

진단을 확신하기 어려운 이유

당신은 아마도 언젠가 진단 과정에서 모든 불확실성이 사라질 것이라고 기대할지도 모른다. 하지만 나는 그렇게 행복한 때가 오기까지는 매우 오랜 시간이 걸릴 것이라고 생각한다. 불확실성은 결코 피할 수 없기 때문이다. 즉, 충분한 정보를 얻을 수 없는 환자를 피하기는 거의 불가능하다. 알츠하이머치매와 같은 인지적 손상이 있는 환자가 스스로 면담에 협조하려 애쓴다고 할지라도 그들은 정작 중요한 사실을 기억하는 데 어려움이 있을 것이다. 또 친인척들이 이러한 환자들의 진단에 일조할 만한 필수적인 정보를 제공하기에는 너무 오랫동안 교류가 없었을 수도 있다. 편집증적인 사람, 또는 과거에 치료받았을 때 불쾌한 경험이 있었던 사람은 진단과 관련이 있는 정보를 드러내기 두려워할 수도 있다.

> 니겔이 대학 상담실에서 아직 수련 중인 젊은 여성 상담사에게 자신의 불안 및 우울증의 원인에 대해 처음으로 상담을 했을 때 그는 몹시 당혹스러웠다. 그가 자신의 약혼녀(그에게 평가를 권한 사람)와 함께 있을 때 계속 발기가 되지 않았다는 사실을 첫 회기 상담에서 젊은 여성 상담사에게 밝히는 것은 매우 어려운 일이었다.

어떤 환자들은 혹시 생길지 모르는 법적 문제(예 : 기소)로부터 자신이나 타인을 보호하려 할 수도 있다.

> 돈과 마약을 훔치려 이웃집을 파손한 혐의로 기소된 트레버에게 감옥에서의 면담이 진행되었다. 그는 자신에게 양극성장애가 있다고 주장했고, 문제의 그 사건이 전혀 기억이 나지 않는다고 말했다. 그는 임상가가 잠재적으로 그의 무죄를 입증할 수 있는 정신장애를 밝혀내거나 그의 주장을 반박할 수도 있는 추가적인 정보를 얻으려고 가족들과 접촉하는 것들을 모두 허락하지 않았다.

또한 자신의 과거력에 대한 정보를 제한하려 하는 환자들 중에는 인위성장애나 편집증적장애를 지닌 사람들도 있다. 그리고 어떤 사람들은 저마다 다른 이유로 진실을 말하지 않으려 한다.

우리는 가끔 이차적인 정보를 더 얻기 전까지 환자의 데이터베이스가 절대로 완성되지 않을 것이라는 것을 깨달을 때가 있다. 이러한 추가 정보는 보통 친인척에게서 얻어지지만 가끔은 과거의 의료 기록이나 과거에 환자를 담당했던 임상가로부터 얻기도 한다.

> 제프는 조증과 우울증을 오가는 기분 변동이 동반된 양극성장애의 병력이 있다. 그는 알코올을 과다 복용한 적이 있다는 사실을 부인했지만, 그의 전 부인인 루이스는 그가 술에 취해 인사불성인 모습을 종종 보았다는 내용의 음성 메시지를 나에게 보내 주었다. 이후에 한 이웃이 루이스에게 전화를 해서 제프가 소란을 피우고 있다고 말해 주었

다. 어느 날 저녁, 제프의 집을 방문했을 때 나는 그가 알코올과 코카인에 심하게 취해 있는 것을 직접 보았다. 나는 병원에 입원하도록 그를 설득했고, 이튿날 그는 결국 이제 까지 보인 모든 기분 변동이 약물에 취해 있는 동안 발생했었다고 자백했다.

임상가는 가끔 불충분한 정보에 대한 책임을 감당해야 한다. 자신이 평가를 끝내는 데 급급한 나머지 불안 증상에 대한 질문들을 누락했다면 중요한 진단을 간과할 위험이 있 다. 한밤중이라 졸리다는 이유로 두꺼운 환자 기록을 뒤지지 않는 임상가라면, 어떤 정신 병 환자가 지난해까지 비정상적인 뇌파를 보였으나 항경련제로 치료에 성공했었다는 사 실을 알아채는 데 실패할 수 있다. 나는 많은 진단 누락 혹은 부정확한 진단이 모든 관련 자료 수집과 활용에 실패하는 데서 비롯된다고 믿는다. 비록 이러한 믿음을 지지할 수 있 는 자료는 수년간 면담자들의 수행을 관찰해 온 내 개인적인 경력뿐이지만 말이다.

하지만 다른 한편으로는(역시나 생각했던 대로) 가끔 추가적인 정보가 진단을 더 혼란 스럽게 만든다. 만일 오랜 정신병 과거력이 있는 환자가 분명한 병식과 잘 조절된 정서 등 조현병에 전형적이지 않은 증상을 보일 때면 상황은 보다 단순하다. 반면 신체화장애 환 자가 여러 가지 질문들에 증상을 긍정하는 응답만 하는 경우 당신은 어느 진단도 배제할 수가 없게 된다. 그렇다면 이제 사실을 꼼꼼하게 살펴서 추려내고, 어떤 진단이 가장 적절 한지 결정하는 것이 문제일 것이다. 모순되는 정보원들이 어떻게 진단적 혼란을 야기하 는지에 대해 이미 4장에 기술하였다.

우리가 종종 언급하지 않는 쟁점은 폭발적으로 증가하는 최신 지견을 따라잡지 못하는 임상가이다. 그동안 많은 정신건강 전문가들이 조현병을 진단할 때 과학적 연구에 근거 한 최상의 기법보다는 자신의 임상적 직관으로만 진단하는 것을 보았다. 그러한 무책임 한 행위는 매우 끔찍한 일이다. 그래서 우리 대부분은 수련을 마치고 의료인으로서 독립 적인 경력을 시작하는 순간부터 계속해서 진단과 치료에 대한 최신 지견을 유지하기 위 해 열심히 논문을 읽고, 학회에 참석하고, 꾸준히 교육 평점을 쌓아야 한다. 정신건강 전 문가들은 이를 통해 자격을 유지할 수 있도록 제도화되어 있다.

물론 최상의 수련을 받고 최신의 정보를 지닌 임상가라 할지라도 개별 환자가 나타내 는 무수히 많은 증상의 조합은 그들을 혼란스럽게 만들 수 있다. 그중 어떤 사례들은 잘 알려져 있으며 심지어는 확립된 진단 기준으로 기술되어 있다. 흔한 예로 비전형우울증 (atypical depression)은 식욕과 수면이 보통의 우울증 사례에서 예측되는 것처럼 감소 하지 않고 오히려 증가한다. 그러나 다른 사례들은 아직 덜 알려져 있으며 확립된 진단 기준만을 엄격하게 적용하는 임상가는 정확한 진단을 놓칠 수가 있다.

드문 예로 코린의 사례가 있다. 그녀는 매일 술에 빠져 산다. 하지만 살면서 그것이 문제가 된 적은 한 번도 없었다. 그녀는 상속받은 재산을 가지고 평생을 독신으로 살았으며, 도우미가 그녀의 일을 관리해 주고 적당한 영양 섭취와 건강 관리를 받도록 돌보아 주었다. 만일 당신이 코린에게 알코올사용장애 진단을 내리는 데 있어 엄격한 진단 기준만을 고집한다면 그녀는 아마도 진단을 받을 수 없을 것이다.

요점은 기존의 확립된 진단 기준이 정신질환이 나타낼 수 있는 모든 증상을 다 포괄하지 못한다는 것과 많은 환자들이 특정 장애의 일반적인 특징과 일치하지 않는 증상들도 지니고 있다는 것이다.

아빈은 최근에 그가 다녔던 대학이 있는 인디아나 주에서 서쪽으로 이사를 했다. 35세인 그는 기분장애의 오랜 과거력이 있었고, 10대 초반에는 소독제를 마셔서 자살을 시도한 적이 있었다. 다행히도 소독제를 많이 마셔버리기 전에 구역질을 했고 그 부작용은 오래 지속되지 않았다. 그맘때쯤 그는 술을 처음 마셨다. 이에 물질 사용과 우울증의 기나긴 악순환이 시작되었다(12세 때는 마리화나와 암페타민을 시작했다). 그는 똑똑해서 학교 시험을 쉽게 치렀기 때문에 친구들과 함께 고등학교를 마칠 수 있었지만 19세에 첫 번째 조증 삽화를 겪었다.
　　아빈의 우울증은 항상 짧게 나타났다. 길어야 10일 정도 지속되었고 그중 절반은 조증의 폭발이 마구 뒤엉켜 있는 상태였다. 그의 기분이 가라앉았을 때와 고양되었을 때 둘 다 주요우울증과 조증 삽화 혹은 혼재성 삽화(우울 및 조증 증상의 혼재)의 진단 기준에 부합되었다. 그러나 그의 우울 삽화가 매우 짧아서 의사는 제Ⅰ형 양극성장애 진단을 내리지 않았다. 한 의대 실습 학생이 그의 사례를 발표했을 때 아빈은 "주치의 선생님이 내가 '달리 명시되지 않는 기분장애(mood disorder NOS)'라고 했어요."라고 말하며 실망한 모습으로 이렇게 물었다. "그런데 그게 무슨 의미죠?"

이러한 진단에도 불구하고 그의 기분은 기분 조절제(mood-stabilizing medication)에 의해 안정되기 시작했다. 숙련된 임상가들은 아빈과 같이 공식적인 진단 기준에 부분적으로 혹은 완전히 부합하지 않는 환자들을 셀 수 없이 보아 왔다. 일반적으로 치료는 환자가 진단 기준에 완전히 부합한다는 가정하에 진행되며 그것은 대체로 좋은 결과를 낳는다. 나는 다음과 같은 많은 전문 임상가들의 견해에 동의한다. 글씨가 작아서 대부분 간과되기 쉽지만 공식적인 진단 기준 세트(set)에 엄연히 명시되어 있는 문구이기도 하다. 이는 '진단 기준을 엄격한 구속 지침이 아니라 하나의 가이드라인으로 간주해야 하며, 임상가는 환자 개인의 상황을 모두 고려한 판단하에 진단 기준을 적용해야 한다'는 것이다.

또 어떠한 행동은 언뜻 보면 정신적 질병처럼 보이지만 실제로는 '정상'에 가깝다는 것을 인정해야 한다(다음 내용에 나올 '정상이란 무엇인가?'를 참고하라). 이러한 것들은 때때로 **정신장애와 혼동되는 것**이라고 불린다. 예를 들어, 많은 사람들은 보통 수준보다 더 강렬한 감정으로 다양한 상황에 반응할 때가 있다. 여기서 경고하고자 하는 것은 어떠한 행동이 유사 상황에서 우리가 보일 수 있는 행동과 다르다고 해서 그것을 과대 해석해서는 안 된다는 것이다. 다음과 같은 예시를 보라.

- 프란신은 대학 졸업반이다. 그녀가 보이는 불안은 범불안장애가 생겼다는 신호일 수도 있지만, 부모님의 이혼이나 자신의 졸업 시험이 임박한 것에 대한 정상적인 반응으로 볼 수도 있다. 때때로 불안은 완전히 정상적인 것이며 심지어는 아주 당연한 정서 반응이기도 하다.
- 약혼자와 헤어진 오스카의 강렬한 슬픔은 기분장애를 나타내는 감정일까? 개인적인 불행감을 반드시 비정상으로 볼 수는 없다.
- 16세의 위니는 쇼핑몰에 있는 가게 몇 군데에서 반복적으로 물건을 훔친다. 물론 그녀에게 병적도벽 문제가 있을 수도 있다. 하지만 물건을 훔치는 행동이 억지로 한 행동이라면 어떤가? 가령 학교 친구들이 그녀의 낙태 사실을 종교적으로 엄격한 그녀의 부모님에게 말해버린다고 협박했기 때문이라면? 어떤 행동의 일부가 특정 진단의 가능성을 시사할 수는 있지만 그것만으로 진단을 확정할 수는 없다.
- 고든은 학교의 최대 라이벌과 큰 경기가 있는 날, 상대팀의 색깔로 된 옷을 입었다. 그는 스스로 사회적 반감을 얻으려 했고 여지없이 관심을 받고 싶어 했다. 그러나 이러한 행동이 어떠한 진단을 충족시키는 것은 아니다. 개성을 드러내고 주목을 받고자 하는 욕구는 성장 과정의 일부이자 인간 조건의 보편적인 측면이다.
- 샌디는 학교에서 유급을 당한 뒤 음주운전으로 체포될 정도로 술과 마약을 많이 한다. 지극히 흔하게 찾아볼 수 있는 이러한 행동은 물질사용장애의 전조 증상인가, 아니면 단순히 불량한 패거리와 어울려 다니는 행동인가?

진단적 불확실성 해결하기

이전에 강조한 것처럼 새로운 환자와의 첫 면담에서 진단이 내려질 수 있는 경우는 80% 정도에 그친다. 여기서는 진단 비율을 높일 수 있도록 도와주는 몇 가지 기법을 제공한다.

우리가 진단 과정에서 장애물을 만날 때마다 추가적인 정보를 찾고 싶은 충동이 드는 것은 당연하다. 의심을 해결하기 위해 필요한 구체적 사항들에 초점을 맞춘 추가적인 환자 면담은 때때로 성공적일 것이다. 또 친인척, 친구 및 이전의 주치의와 같은 다른 정보원 혹은 이전의 의료 기록을 통해 중요한 정보를 얻을 수도 있다. 그러나 어떤 과거력은 단지 혼동만을 주고 치료를 시작하기에 적합한 때를 놓쳐버리게 한다. 그렇기에 우리는 가능한 진단들을 잠정적인 감별 목록으로 정리하는 데 도움을 주는 단서들을 찾아내야 한다.

정상이란 무엇인가?

나에게 이메일을 보내는 사람들로부터 다음과 같은 불평을 자주 듣는다. "교과서와 진단 매뉴얼은 무엇이 정상인지를 알려주지 않아요."

이것은 정말 옳은 지적이다. 우리는 비정상이라는 말을 쓰는 데 너무 익숙하기 때문에 때때로 우리가 믿는 것에 근거하여 무엇이 정상인지에 대한 정의를 쉽게 내려버린다. 이는 미국 연방 대법원 판사인 포터 스튜어트가 포르노그래피를 정의할 때 "눈으로 보면 알 수 있다."고 말한 것만큼 그것을 모호한 범주로 간주하는 것과 다름없다. '목수의 형틀'이라는 의미의 라틴어 *norma*에서 유래한 **정상**(normal)이라는 말은 평균의(average), 건강한(healthy), 일반적인(usual), 이상적인(ideal)이란 의미를 지니고 있다. 한편 위와 같이 정상을 정의하는 방식은 모두 각각의 문제점들을 지니고 있어서 이런 문제가 있는 것이 정상이라고 말할 수 있을 정도이다. 우리가 정상을 '평균적인' 것으로 정의한다면 그것은 약간의(경미한) 결함이 있는 정도를 의미할 것이다. 왜냐하면 정신장애를 지닌 성인들이 너무 많기 때문이다. 정상이 '건강한', 즉 질환이 없는 것을 의미한다면 일반인의 거의 절반은 정신적으로 정상이라고 할 수 없을 것이다. 만약 '일반적인' 것을 정상으로 정의한다면 술을 전혀 마시지 않는 사람들은 비정상으로 간주될 것이다. '이상적인' 것이 정상이라면 정상(normality)은 우리가 열망할 수는 있어도 결코 도달할 수 없는 것이 될 것이다.

우리는 환자를 만나 각각의 질병 혹은 일련의 질병군을 고려하여 그때그때 결정을 내려야 하는 상황에 처해 있다. 그 예로 물질 오용을 진단할 때는 이를 사교적인 음주, 기분 전환을 위한(정상이라고 볼 수 있는) 약물 사용, 처방 약물의 적절한 사용과 감별해야만 한다. 이러한 이유로 인해 정상으로 간주하되 질병과는 구분해야 하는 몇 가지 상태에 대해서 특별한 용어를 만들기도 한다. 성인 반사회성 행동이라는 용어는 반사회성 성격장애의 특질이 없는 보통의 범죄자들에게 사용된다. 연령과 관련된 인지 감퇴(age-related cognitive decline)는 치매가 아닌 사람들도 겪는 문제라서 이러한 문제가 있더라도 중년기를 무사히 넘길 수 있다. 사별로 인한 슬픔도 한 예가 될 수 있는데, 사람들 대부분은 자기 자신이 사별을 겪지 않길 바라며 타인이 언젠가 우리를 대신해서 겪게 될 문제라고 생각한다.

　다음 목록에 몇 가지 정신과적 상태와 증상, 그리고 그것들과 감별해야 하는 정상적인 상태를 함께 제시하였다. 우리가 때때로 '흔한', '보통의', '항상'이라는 단어를 정상을 의미하는 부호로 사용한다는 것에 주의하라. 이는 어떤 행동에 대해서 '무엇이 정상인가?'에 대한 정의가 다소 왜곡되어 있다는 흥미로운 시사점을 준다. 그 예로는 보통의 좀도둑질(병적 도벽과 구분), 흔한 범죄(반사회성 성격장애와 구분), 그리고 자기의 이익을 위한 통상적인 방화 행위(병적 방화와 구분) 등이 있다.

정신 병리	정상
정신병	꿈, 가상의 놀이 친구, 기시감(deja vu), 잠들거나 잠에서 깰 때 발생하는 환각
우울증, 조증	일상생활에서 경험하는 흔한 슬픔과 기쁨
공황발작	현실적 위험(달리는 트럭, 거센 급류, 터널 붕괴 등)을 피할 수 있도록 도와주는 적응적인 두려움
공포증	당황하게 되거나(말을 더듬는 사람이 느낄 수 있을 만한) 스스로 자신을 돌볼 수 없게 되는(신체가 마비된 사람이 느낄 수 있을 만한) 것에 대한 현실적인 염려
사회불안	무대공포증 혹은 마이크공포증, 그리고 임상적으로 중요한 고통이나 손상을 야기하지 않는 보통의 수줍음
강박 사고, 강박 행동	미신, 공항으로 출발하기 전에 난로가 꺼졌는지 보려고 다시 확인하는 것
병적인 걱정	해고되었을 때 집세를 내거나 자녀를 대학에 보내는 것에 대해 걱정하는 것과 같은 타당한 염려
신체화, 건강염려증	명백한 신체장애에 대한 염려
해리	백일몽, 몽상, 공상
상습적인 도박	프로 도박 혹은 오락을 위한 내기
자신의 성 정체성 부인	선머슴 같음, 연극에서의 역할 연기, 우리의 문화적 고정 관념에 완전히 들어맞지 않는 크로스 젠더 행동
변태성욕	성적 흥분을 고조시키기 위한 판타지의 활용
성격장애	상대방에게 약간의 짜증만을 유발하는, 심지어 본인에게는 매력으로 느껴지는 성격이나 성격 특질

과거의 행동

나는 미래 행동의 가장 좋은 예측 요인이 과거의 행동이라는 뻔한 말을 진단 원칙으로 삼아 왔다. 이는 일반적으로 삶의 여러 영역에 적용되지만 진단을 내리는 데 있어 특별히 가치 있는 말이다. 어떤 증후군이나 증상들을 수개월 혹은 수년간 앓았던 환자라면 먼 미래에도 같은 문제를 보일 가능성이 높다. 다음은 그 예이다.

> 경찰은 네드를 응급실로 데려갔다. 그는 40대 중반쯤 되어 보였다. 그날 오후 그는 쇼핑몰 중심가의 입구를 막아서고 있다가 경찰에게 붙잡혔다. 네드는 알루미늄 호일로 만든 헬멧을 쓰고, 사람들에게 "거대한 유성이 태평양 북서부로 접근하고 있다!"라고 소리치는 중이었다. 유성이 충돌하면 모든 생명체가 전멸할 것이라고 하면서 말이다. 그는 매우 빠르게 말했고, 그의 과대 사고(그의 전 부인이 록펠러 가문의 일원이었다거나, 다가오는 선거의 결과를 자신이 통제할 수 있다는 등의 이야기)는 논리적인 연결 고리 없이 뒤죽박죽되어 있었다. 이후 그의 주머니에서 나온 쪽지에 적혀 있는 전화번호들을 통해 그가 수년간 만성적인 정신병을 앓았다는 것이 밝혀졌다. 이를 통해 평가를 하는 임상가에게는 조현병이 가장 가능성 있는 진단이 되었다.

> **진단 원칙** : 미래 행동의 가장 좋은 예측 요인은 과거의 행동이다.

해당 장애에 부합하는 더 많은 증상이 있음

당신은 특정한 증후군에 부합하는 증상을 많이 지니고 있는 환자가 증상을 적게 지닌 사람에 비해 진단을 내리기 더 쉬울 것이라고 생각할 수 있다. 어느 정도는 맞는 생각이다. 나는 일반적인 우울 증상 중 6개 혹은 7개의 증상을 지닌 사람이 있다면 확실한 우울증으로 진단할 것이다. 하지만 이러한 진단 원칙을 활용하는 데 있어서 어떤 증상은 다른 증상에 비해 훨씬 더 큰 가중치를 지닌다는 것을 기억하라. 그 예로 환각과 망상 증상은 조현병을 강하게 시사하지만, 휘청거리고 돌아다니거나 중얼거리는 것은 그렇지 않다. 밤새 깨어서 안절부절못하고 돌아다니거나 중얼거리는 것은 글이 써지지 않아 슬럼프에 빠진 작가들이 하는 행동이기도 하다.

> **진단 원칙** : 특정 장애에 해당하는 증상이 더 많을수록 당신이 고려하고 있는 진단의 가능성은 높아진다.

또한 심각한 증상을 지녔다는 사실이 반드시 특정 장애가 있다는 것을 의미하지는 않는다는 것에 주의하라. 이 책의 2부에서는 그에 대한 예로, 자살 사고가 있는 많은 사람들의 주 진단이 꼭 임상적인 우울증은 아니라는 것을 보게 될 것이다.

해당 장애의 전형적인 특징이 있음

환자가 특정 장애에서 나타날 것으로 예상되는 증상들 혹은 다른 특징들을 가지고 있다면 당신은 아마 그 장애를 가능성 있는 진단으로 강력하게 고려하고자 할 것이다. 업무 및 여가 활동(성행위 포함)에 대한 흥미 상실, 집중력 곤란, 식욕 상실, 불면증은 주요우울증을 강하게 시사한다. 다른 상태를 나타내는 증상이 전혀 없다면 당신의 진단은 보다 확실해질 것이다. 그 예로 세레나가 현재 환각을 호소하고 있더라도 당신이 조증을 시사하는 그녀의 다양한 신체적 호소와 증상들의 오랜 병력을 알았다면 아마 조현병은 마음에 덜 드는 진단이 될 것이다.

> **진단 원칙** : 특정 장애의 전형적인 특징은 당신이 고려하고 있는 진단의 가능성을 높인다. 비전형적인 특징이 존재할 때는 대안적인 진단을 찾아보아라.

치료에 대한 과거의 전형적인 반응

치료에 대한 반응은 다루기 힘든 문제이다 — 어떠한 증상을 지녔든 많은 환자들은 가짜 알약에도 호전된다. 심지어 그들이 그것이 가짜 알약이라는 것을 알고 있어도 말이다. 그러나 때때로 치료에 대한 반응은 진단에 대한 단서를 준다. 만약 조현병으로 간주되었던 어떤 환자의 초기 삽화가 기분 조절제로 완전히 호전된다는 것을 안다면 당신은 그의 실제 진단이 기분장애라고 강하게 의심할 것이다.

> **진단 원칙** : 특정 장애의 치료에 대한 과거의 전형적 반응은 당신이 고려하고 있는 진단의 가능성을 높인다.

'진단 미정'이라는 용어의 가치

찾아낸 모든 과거력을 기록하고, 정신상태검사(MSE)로부터 각각의 단서를 찾아내고, 친인척과 친구들을 면담하고, 구할 수 있는 모든 기록들을 참고한 이후에도 당신은 여전히 확정적인 진단을 내놓지 못할 수 있다. 하지만 괜찮다. 어떤 환자의 경우에는 즉각적인 진단이 불가능하며, 그중 일부는 수개월 혹은 수년 동안 진단이 명확하지 않을 수도 있다는 사실을 아는 것이 중요하다. 모든 경우에 대해 당신은 이 책에서 제시된 가장 강력한 표현 중 하나인 진단 미정(undiagnosed)을 사용할 수 있다.

> **진단 원칙** : 진단에 대해 확신을 할 수 없을 때는 언제든지 '진단 미정'이라는 용어를 사용하라.

이는 농담이 아니다. 진단 미정은 내가 늘 선호하는

진단적 용어이다. 나는 이를 안전밸브라고 생각한다. 이는 성급하게 결론을 내리지 않고도 무언가 잘못되었다는 것을 인정할 수 있게 해 준다. 즉, 우리가 생각을 멈추게 하는 지점이 되는 것이다. 이는 조현병, 알츠하이머치매, 반사회성 성격장애처럼 추후에 사실이 아닌 것으로 밝혀졌을 때 그 사람에게 해를 입힐 수 있는 진단을 내리는 것을 예방해 준다. 이것이 더욱 중요한 이유는 이제는 보험 회사, 고용주, 법률 집행 기관, 그리고 환자들 스스로가 의료 기록 검토에 대한 권리를 더 많이 행사하고 있기 때문이다.

진단 미정은 정확히 들어맞지 않는 자료에 주의를 기울일 수 있게 해 준다. 임상가가 그것을 기록한다면 '이 환자는 아마도 정신장애가 있는 것 같다. 아직 어떤 장애인지는 확신할 수 없지만….' 이라는 의미이다. 이 진단 원칙을 활용함으로써 스스로에게 정직할 수 있고 그 정직을 타인들에게 보여 줄 수 있게 된다. 환자의 차트나 기록에 있는 진단 미정이라는 라벨을 볼 때마다 생각을 다시 해야 한다. '나는 지난 시간 이후로 어떤 추가적인 정보를 얻어냈는가? 이 환자와 현재 관련이 있을 수 있는 질환에 대하여 나는 무엇을 알아냈는가?' 그 답이 계속 '아직은 충분하지 않다.' 라면 진단 미정을 해결하기 위해 추가적인 정보 조사를 해야 한다.

어떤 임상가들은 불확실성을 인정하기 싫어한다. 그것이 환자들의 신뢰를 떨어뜨리는 것인가? 나는 자신이 알고 있는 지식에 제한이 있음을 환자에게 솔직하게 인정하는 것이 임상가에 대한 신뢰를 높일 가능성이 많다고 생각한다. 또한 비현실적인 기대를 줄이는 것은 치료 과정에서 예측하지 못한 어려움이 발생했을 때 소송의 가능성을 낮출 수 있을 것이다. 진단 미정은 위험성이 큰 부적절한 치료로 성급하게 뛰어드는 것을 막아줄 수 있다(예 : 당신이 무엇이 문제인지 모른다고 인정하는 경우라면 아마도 쉽게 전기 경련 치료를 권하지는 않을 것이다). 그리고 이는 환자가 어떤 실험적인 임상 시험에 참가하는 것을 확실하게 막아 준다.

나는 진단이 개인적인 과시를 위한 수단이 아닌 팀 스포츠라고 생각해 왔다. 진단 미정은 한 팀에 있는 다른 임상가들이 그 환자에 대해 깊이 생각할 수 있도록 주의를 환기시킨다. 이는 일반적으로 환자들이 한 번에 많은 임상가들을 만나게 되는 기관에서 특별히 중요하다. 개업한 경우에도 임상가들이 전문 분야에 따라 환자들을 서로 의뢰하며 전화상으로 환자에 대해 의논하곤 하는데, 이러한 경우에 환자에게 해를 끼칠 수 있는 성급하고 부정확한 진단을 내릴 가능성이 더 높아진다. 참신한 안목을 가진 사람이라면 자신이 놓쳤던 정보를 알아내거나 그것들 사이의 연결 고리를 만들어 내면서 진단 미정이라는 라벨에 반응할 것이고, 추후에 증상이 추가적으로 나타났을 때 확실한 진단을 내릴 수 있을 것이다. **진단 미정**은 우리에게 임상가로서 불확실성에 주목하도록 한다. 그 개념 없이는 우리가 여전히 아무것도 모른다는 사실조차 알아채지 못하는 상태가 될 수도 있을 것이다.

솔직히 말해서 나이를 먹고 경험을 쌓게 될수록 스스로의 진단 능력에 대해 너무 자신하게 되는 것은 아닐지 더 걱정이 된다. 이는 내가 강의와 집필 활동을 통해 **진단 미정**을 강조하는 이유 중 하나다. 마지막 주의점은 다음과 같다. **진단 미정**은 특정 장애의 공식적인 진단 기준을 충족하지는 않는 장애에 대해 DSM-5가 제시하는 **명시되지 않은 어떤 장애**(unspecified X disorder)보다 조금 더 안전하다. 이는 명시되지 않은 어떤 장애라는 진단이 최종 결론이라는 인상을 줌으로써 더 이상의 탐색을 멈추게 할 수 있기 때문이며, 따라서 나는 가급적 명시되지 않은 어떤 장애라는 진단을 피하려고 한다.

왜 진단을 내리지 못하는가?

불확실성을 다루고자 시도하는 것은 좋은 출발이기는 하나 단순히 추가적인 정보를 모으는 일보다 훨씬 더 복잡하다. 특정 환자의 진단에 혼란을 주는 요소들의 예를 다음에 제시하였다.

- 어떤 사람들은 진단의 타당성을 입증할 만한 전형적인 증상을 충분히 보여 주지 않는다. 환자의 질병 경과상 너무 초기라서 전형적인 증상이 아직 생기지 않았을 수도 있다. 하지만 시간이 이 문제를 해결한다 하더라도 임상가들은 환자에게 합리적인 치료 계획을 세우는 데 여전히 어려움을 겪을 수 있다. 이 문제는 다음과 같은 질문을 제기한다. 진단을 내리려면 그 사람의 증상이 전형적인 환자에 얼마나 가까워야 하는가? 질병이 안전 위계(표 3.1)의 아래쪽에 위치할수록 진단이 내려지기 전에 더 많은 수의 증상과 더 많은 전형적 증상을 필요로 한다.
- 어떤 환자들은 너무 많은 증상을 가지고 있어서 혼란이 발생한다. 이 경우 단순히 추가적 탐색이 필요한 것일 수도 있으나 많은 증상들을 선별하는 것은 시간과 노력이 드는 일이다. 그저 가장 그럴듯한 근사치에 도달하려는 유혹에 저항하라.
- 어떤 환자들은 드문 특징을 보인다. 우울증의 비전형적 특징은 이미 특수한 진단 기준으로 명시되어 있기는 하나, 진단 기준을 문구 그대로 따르고자 고집하는 임상가는 이러한 비전형적인 증상을 보이는 환자를 보면 당황할 수 있다.
- 어떤 환자의 병은 아직 학계나 임상 장면에서 확인되지 않은 것일 수 있다. 이런 경

우는 거의 없지만 그렇다고 꼭 불가능한 것은 아니다. 지금 우리에게 알려진 주요 장애가 수십 가지(그 변종은 수백 가지)나 되는 것에 비해 1900년대 초기의 교과서에서는 겨우 몇 가지의 장애만 다루어졌다. 그동안 새로운 장애들은 각기 어디에서 부턴가 나타났으며, 또 정체를 드러내려고 기다리는 또 다른 질병들이 여전히 남아 있을 것이다. DSM의 매 판마다 추후 연구를 위하여 여러 가지 새로운 장애에 대한 연구 기준이 부록으로 제시되어 있다.

- 어떤 정서적 · 행동적 특성은 증상으로 인정되지 않고, 특정 장애의 범주로 함께 묶이지 않을 수 있다. 그래서 범주 대신에 차원적 진단 기준이 필요하다. 성격이 그 예가 될 수 있다. 그동안 많은 척도들을 가지고 각 개인(환자 혹은 일반인)의 성격을 평가하는 다양한 검사들이 고안되어 왔다. 그리고 이러한 척도들의 분포상에서 이탈된 패턴을 보이는 경우를 바로 **성격장애**(personality disorder)라고 부르고 있다. DSM이 오랫동안 사용해 온 구식 체계를 DSM-5가 결국 그대로 채택하기 전까지 DSM-5 위원회는 차원적 성격 진단을 고려했었다. 이 격렬한 논쟁은 끝이 보이지 않는 상태로 계속되고 있으며, 추가적인 개정을 위해서는 모두가 분발해야 한다. 그러나 정신 병리의 어떤 측면에 있어서는 기존의 것과 다른 진단 시스템이 병리를 더 잘 설명할 수 있다는 것을 명심해야 한다.

- 마지막으로, 진단을 내릴 필요가 없는 환자들이 있다. 이들은 실제로 병이 있어서가 아니라 혹시 병일까 봐 두려워 도움을 구하는 사람들이다. 이러한 두려움이 그들의 삶에 문제가 있기 때문이라면, 이들에게 정신장애가 **없다**는 진단을 내리는 것은 실제 환자들에게 정확한 정신장애 진단을 내리는 것만큼 중요하다. 다시 말해 진단을 채택하거나 배제하는 능력은 임상가가 활용할 수 있는 가장 강력한 도구 중 하나이다. 심지어 안전 위계에서 더 아래쪽으로 내려가는 진단조차도 불확실한 것을 더 이상 두려워할 필요가 없다는 안도감을 줄 수 있다. 물론 임상가에게 있어서 환자에게 다음과 같이 말하며 기쁨을 함께하는 것보다 더 좋은 것은 없다. "실제로 정신과 질병을 나타내는 어떠한 징후도 없습니다. 당신은 단지 보통 사람들이 가끔씩 겪는 일을 겪고 있을 뿐이고, 우리는 그것을 함께 해결해 나갈 수 있습니다."

> **진단 원칙** : 환자에게 정신과 진단을 내려서는 안 되는 경우가 있음을 고려하라.

아래 제시된 내용은 내가 과거에 경험했던 사례이다. 여기서 진단을 미루기로 한 몇 가지 이유를 지지하는 증거를 찾아 보기 바란다.

비키

비키는 겨우 20세밖에 되지 않았지만 '평생 지속된 우울증'을 호소하였다. 그녀는 과거에 자살 시도를 해서 정신 병원에 두 번 정도 입원을 했다. 첫 번째 시도는 10세 때 엄마의 항우울제를 과다 복용한 탓이었다. 현재는 시부모가 노인 주거 지구로 곧 이사를 가는데 그러면 더는 비키의 딸을 돌보아 줄 수 없게 되어 걱정이다.

비키는 지난 3년간 적어도 여섯 가지의 항우울제를 시도하며 약물 치료를 받았다. 최근에 그녀는 벤라팍신(venlafaxine)을 하루 300mg씩 복용했다. 병원에서 몇 주 전에 이 약을 두 배의 용량으로 복용하라고 지시했을 때 그녀의 기분은 오르락내리락하기 시작했고 양극성장애로 재진단을 받았다. 그리고 이후에는 두드러기 부작용 때문에 약물 복용을 중단했다. 그녀는 면담에서 일주일 정도 기분이 우울하고 이후 2~3일간은 '고양된 상태'가 이어진다고 설명했다. 이는 그녀에게는 '거의 정상인 상태'를 의미하는 것처럼 보였다. 그녀가 조증에서 전형적으로 나타나는 과대감, 빠르게 흘러가는 사고, 과잉 활동성 등의 증상은 부인했기 때문이다. 심지어 우울했을 때는 다른 일로 주의가 딴 데로 돌려지는 것이 오히려 더 나았다고 보고했다 ─ "나는 그나마 일할 때 웃을 수 있어요."

그녀는 또 몇 년간 끔찍한 수면 문제를 겪어 왔다고 다음과 같이 호소했다. "약물을 두 배의 용량으로 복용해도 전혀 잠을 못 자고 밤새 깨어 있어요." 그녀는 잠을 제대로 자지 못해서 일과 활동에 집중하기가 어려웠고, 돈이 필요해서 동시에 시작한 두 가지 직업을 유지할 수 없을까 봐 걱정했다. 체중 감소는 없었음에도 불구하고 식욕은 떨어졌다.

비키는 오랫동안 자기 머릿속에서 무엇인지 알 수 없는 목소리를 들었다. 그 목소리들은 자기들끼리 '대화'를 나누었고 가끔은 그녀에 대해 험담을 하였다. 때로는 마치 텔레비전 프로그램을 보는 것처럼 '다른 누군가와 이야기를 나누는 것 같은' 자신을 볼 수 있었다. 이러한 경험을 겪고 나서 그녀는 몇 가지 항정신병제 치료를 시도했고, 최근에는 지프라시돈(ziprasidone)을 복용하기 시작했다. 그러나 그녀는 괴롭힘을 당하거나, 감시를 당하거나, 쫓기거나, 다른 피해를 받고 있다는 느낌은 부인했다.

비키의 상태는 지난 6개월간 더 악화되었다. 이러한 증상 악화는 그녀가 지불해야 할 많은 청구서들을 포함하여 현재 닥친 여러 문제들에 의해 촉발되었는데 여기에는 병원비도 포함되었다. 또한 그녀는 3년간의 결혼 생활 동안 남편과 많이 다투었다. 이러한 불화의 이유 중 하나는 그녀가 두 가지 직업을 갖고 있었던 탓에 부부의 업무 일정이 전혀 맞지 않아 서로를 볼 시간이 거의 없기 때문이었다. 게다가 그녀는 시어머니만큼 아이를 잘 돌보아 주고 돈도 많이 안 드는 다른 베이비시터를 찾다가 지쳐버렸다.

정서적 어려움 외에도 비키는 섬유 근육통, 갑상선 기능 저하증, 천식으로 진단을 받았다. 그러나 이러한 신체 증상은 신체화장애 진단을 내리기에는 충분치 않았다. 그녀가 어렸을 적 부모님은 모두 술을 많이 마셨으며 아버지는 정신 지체(당시에는 그렇게 불렀다)와 분노 폭발 문제가 있었던 언니를 치료해 주려 하지 않았다. 그녀의 직계 혹은 방계 가족 내에서 다른 정신과 질병의 가족력은 없었다. 그러나 비키가 8세였을 때, 엄마가 가장 아끼는 외삼촌이 술에 취한 상태에서 그녀를 침대로 데려가 잠옷 속으로 그녀를 애무했던 일이 있었으며 비키는 이 일을 부모님께 들킬까 봐 오랫동안 두려워했다.

비키는 실제 나이에 비해 더 나이 들어 보였고 약간 과체중이었다. 그녀는 밝은 색깔의 블라우스와 바지를 편하게 입은 깔끔하고 단정한 모습으로 면담 중에 조용히 앉아 있었다. 팔 위쪽으로는 상처가 아문 딱지처럼 보이는 붉은 자국이 많이 있었다. 그녀는 그 자국에 대해 '너무 불안해서' 스스로 반복하여 피부를 뜯은 것이고, 손목에 있는 얇고 흰 흉터는 10대 초기에 스스로 칼을 이용해 그었던 자국이라고 자백했다. 그녀는 명료하고 일관성 있게 이야기를 하였고 기분 상태는 중간 정도 되어 보였으며 사고 내용에도 적절해 보였다. 자신이 자랐던 캘리포니아의 도시에 대해 이야기할 때는 얼굴이 환해졌다 — "언젠가는 다시 돌아가고 싶어요." 자살 사고가 비록 이전의 그녀에게는 '변함없는 동반자'였지만 지금은 그런 생각을 갖고 있지 않다고 하였다.

분석

비키는 우울증 병력이 '평생 지속된' 것이며 '전혀 잠을 못 자고 밤새 깨어 있었다'고 증상을 과장되게 설명하였다. 그래서 단일 진단을 내리기에는 맞는 기준이 거의 없었다. 그녀는 우울하다고 주장했지만 그녀의 기분이나 정서 모두 현재는 우울하지 않았다(이때 우리는 모순되는 정보에 대한 진단 원칙을 적용해야 한다). 양극성장애 진단을 내리기에는 조증 증상이 너무 약하고 기간도 짧았다(즉, 진단 원칙인 '전형적 특징'을 충족시키지 못했다). 몇 가지 정신병 증상(환각)을 호소했으나 망상이나 정동, 발화의 이상과 같은 조현병의 다른 어떤 징후도 나타나지 않았다. 팔뚝의 상흔에 대해서는 추가적으로 피부 뜯기 장애(excoriation disorder)에 대한 가능성을 DSM-5에서 확인할 수 있다. 이 외에 그녀와 남편에게 관계의 문제가 있다는 증거가 있었다. 이는 밀려 있는 빚, 자해의 과거력과 더불어 그녀에게 성격장애가 있는지에 대한 의문을 갖게 만들었다. 그러나 나는 다음 장에서 논의하게 될 내용과 같이 주요 정신과적 진단의 가능성 앞에서 성격 진단을 너무 빨리 내려버리지 않는 것을 훨씬 선호한다. 비키의 다양한 항우울제 시도는 성과가 없었다. 물론 이는 그저 그것들이 적절한 치료약이 아니었다는 것을 의미할 수도 있다. 그러나 이러한 몇 번의 시도 이후 그녀의 '우울증'이 치료에 대한 전형적인 반응과 관련된 진단 원칙에 얼마나 강하게 위배되었는가를 생각할 필요가 있다. 이런 모든 사항 이외에도 그녀가 개인적인 위기의 한복판에 서 있을 때 클리닉을 방문했다는 점에 주목해야 한다. 앞에서 이미 언급된 진단 원칙에 따를 때 그녀의 정보를 평가하는 데 있어 더 신중할 필요가 있다. 요컨대, 나는 비키의 명확한 진단에는 다가가지 못했다. 현재로서는 **진단 미정**이라는 용어가 우리에게 훨씬 더 나을 것이라고 생각한다.

제언

진단 미정이라는 용어가 꼭 최근에 나타난 것은 아니다. 1864년에 처음으로 옥스퍼드 영어 사전에 이 용어가 등장했지만, 오늘날의 미국 정신의학회의 전신인 미국 의학심리학회에서 '진단되지 않는 정신병(psychosis no diagnosed)'을 의미하는 데 처음으로 사용한 때는 1917년이다.

다중 진단

아론은 우울증, 환청, 수면 문제, 과음, 불안 삽화 등의 증상이 너무 심각했다. 그래서 자신만의 락 밴드를 결성하겠다는 꿈을 이루기는커녕 본업인 컴퓨터 프로그래머의 업무도 제대로 할 수가 없었다. 그의 사례에 대해 추후 더 자세하게 논의하겠지만 우선 다음의 질문에 대해 생각해 보자. 자신이 아론을 담당한 임상가라면 그에게 몇 가지의 병이 있다고 진단할 것인가? 한 가지인가, 아니면 다섯 가지인가?

　다중 진단을 위해서는 해당 장애가 같은 시점에 나타나야 한다고 생각할 수도 있지만 반드시 그렇지만은 않다. 이것은 단지 다중 진단의 난해한 측면 중 하나일 뿐이다. 한 예로 어떤 장애를 지닌 사람들은 (좋은 예로 사회불안장애가 있다) 우울증이나 공황발작과 같은 증상이 나타나기 전에는 치료를 받으러 오지 않는다. 이 장에서는 위와 같은 사례들을 모두 정리해 보고, 진단가들이 한 번에 한 가지 이상의 진단을 택하거나 혹은 배제할 때 무엇을 고려해야 하는지에 대해 논의할 것이다.

동반이환이란 무엇인가?

누군가 다중 진단을 받는 경우, 이를 **동반이환**(comorbidity)이라고 부른다. 어떤 임상가는 동반이환이 동시에 나타나며 뚜렷하게 구분되는 두 가지의 장애를 지닌 모든 환자들

> 진정한 동반이환은 개인이 여러 개의 독립된 진단을 받은 경우를 말한다.

에게 적용될 수 있다고 생각하지만, 대부분의 임상가들은 진정한 동반이환이라면 진단 간에 서로 인과적 관련성 또한 있어서는 안 된다고 여긴다. 마치 감기에서 기침과 재채기는 공존 증상(comorbid)이지만, 다운증후군(Down syndrome)의 전형적 얼굴 특징과 지적장애를 공존 증상이라고 말할 수는 없는 것과 같다(왜냐하면 이 두 가지 결과는 공통된 병리적 과정에서 비롯되었기 때문이다). 이와 유사하게 알코올사용장애와 알코올 중독은 보통 함께 나타나고 동일한 기저의 과정에 기인하기 때문에 동반이환이라고 부르지 않는다.

비록 어떤 질병들이 빈번한 동반이환을 보일지라도 이들 질병 간의 관계는 단순히 여러 증상을 공유하는 관계일 수도 있다. 그 예로 최근의 연구자들은 사회불안장애와 회피성 성격장애가 어떻게 연관되어 있는지에 대한 질문에 대해 치열하게 논쟁해 왔다. 어떤 사람들은 두 장애가 단지 통계치상에서의 변형일 뿐이라고 주장하고 또 다른 사람들은 두 장애가 자주 함께 나타나지만 서로 뚜렷하게 구분되는 상태라고 주장한다. 나는 신체증상장애와 연극성 성격장애(histrionic personality disorder)의 경우도 위와 유사한 사례에 해당된다고 본다.

좁은 의미의 정의를 사용할 경우 21세기에서 정신장애를 지닌 환자들은 동반이환에 대한 막대한 위험을 안게 된다(이후 내용 중 '동반이환율' 참고). 어떤 개별 질환들의 경우에는 동반이환율이 50%를 훨씬 웃돈다. 1990년대 초에 15~54세를 대상으로 실시한 미국 국가 동반이환율 조사 연구 결과에 따르면, 과거 언젠가 적어도 한 가지의 장애를 겪었던 사람은 전체 모집단의 48%나 되었으며, 27%는 두 가지, 14%는 세 가지 이상의 장애를 겪었다고 보고했다. 간단한 수치 비교를 통해 한 가지 장애를 겪었던 사람들의 절반 이상이 적어도 또 한 가지의 추가적인 장애를 겪었다는 사실을 알 수 있다. 또한 성인에게 진단되는 모든 정신과 질병 중 거의 절반이나 되는 질병들이 전체 인구의 14%에 집중되어 나타난다고 볼 수 있다. 이러한 정신과적 질병의 막대한 집중은 모든 정신건강 전문가들이 다중 진단을 채택(혹은 배제)하기 위해 부지런히 감별해야 한다는 점을 강력히 시사한다. 하지만 다중 진단을 모두 파악하기란 쉽지 않은 일이다. 관련 연구들에서는 비구조화된 임상 면담을 실시하는 전문가들이 내리는 진단의 개수가, 모든 근거를 체계적으로 검토하는 구조화된 면담에 의해 확인된 경우보다 훨씬 적다는 것이 반복해서 밝혀진 바 있다.

왜 동반이환을 찾아내야 하는가?

환자의 잠재적인 병에 대해 온전한 그림을 완성했다는 만족감을 갖는 것 이상으로 공병하는 장애를 찾아내는 것이 매우 중요하다.

동반이환율

환자 집단의 동반이환율은 일반 인구를 대상으로 한 조사에서보다 더 높게 추정된다. 그 이유는 쉽게 알 수 있다. 정신과적 평가를 받으러 오는 대부분의 사람들은 적어도 한 가지 장애를 보이는데, 평가 과정 중에 하나 이상의 추가적인 장애가 발견될 가능성이 높다. 동반이환율을 높이는 다른 요인은 DSM이 오랜 시간에 걸쳐 모든 배제 원칙들을 완전히 삭제해 왔다는 것이다. 그 예로 현재 대부분의 불안장애는 기분장애와 함께 진단될 수 있지만 이전에는 이것이 허용되지 않았다.

1. 동반된 장애의 진단은 치료 영역을 결정하는 데 도움을 준다. 만일 당신이 진단적 그림에서 일부분을 잃어버렸다면 그 부분은 아마 치료의 측면에서도 소홀히 다루게 될 것이 분명하다. 아론의 알코올 오용이 발견되지 않았더라면 그는 전반적인 치료 효과를 나타나게 하는 데 필수적인 물질사용장애 치료를 받을 수 없었을 것이다. 또 하나의 조언은 다음과 같다. 나는 아론처럼 조현병과 물질사용장애를 지닌 사람들이 치료팀 사이를 왔다 갔다 하는 것을 여러 번 보았다. 정신과 의료진은 환자를 물질사용장애 치료팀으로 보내지만 그 치료팀에서는 그에게 정신병적 장애가 있다는 이유로 거절해 버린다. 어느 한쪽을 치료받기 위해서는 다른 쪽이 먼저 치료되기를 기다려야 하니 아론의 상황은 그야말로 진퇴양난이다. 그는 두 가지 문제 모두를 동시에 치료받아야 하며, 이는 빠르고 완전한 진단에 달려 있다. 두 가지 추가적인 조언은 다음과 같다. 첫째, 한 가지 진단은 다른 진단에 대한 치료 과정에 영향을 미칠 수 있다. 특히 서로 작용을 방해하는 약물에 대해 잘 고려해야 한다. 둘째, 환자에게 신체적 장애(예 : 당뇨)가 있다면 이는 정신과 약물에 의해 악화될 수 있다.

2. 이는 전반적으로 예후에 대한 문제를 야기한다. 불안장애가 동반된 제 I 형 양극성 장애를 지닌 환자는 증상이 주로 어릴 때 발생하여 더 오래 지속된다. 전통적인 기분 조절제에 잘 반응하지 않고, 자살 위험이 높으며, 단순 양극성장애 환자에 비해 삶의 질이 더 낮은 경향이 있다. 다중 진단의 상호 작용을 성공적으로 예측하기 위

해서는 가장 먼저 다중 진단이 존재하는지를 파악해야 한다.

3. 2차적 장애를 고려하는 것은 미래의 합병증에 주의할 수 있게 해 준다. 예를 들어 당신의 환자가 양극성장애를 지니고 있다면 물질 사용에 대해 각별히 예민하게 주의를 기울여야 한다. 현재 환자에게 해당 문제가 있다는 근거가 없다고 해도 그래야 한다. 킬과 동료들이 2003년에 발표한 연구에 의하면, 신경성 식욕부진증이 있는 여성들 중 연구 초기에는 술을 마시지 않았던 이들이 7~12년의 시간이 지난 후에는 알코올 중독을 가지게 되었다고 한다.

4. 크루거와 같은 연구자들은 동반이환이 기저의 공통된 정신 병리를 시사하는 것이라고 제안했다. 연구가 이를 밝혀낸다면 우리는 서로 분리된 개별 진단에 초점을 맞출 것이 아니라 각 병리의 기저를 이루는 핵심을 찾아내야 한다.

동반이환 파악하기

추가 진단을 언제 내릴지 결정하는 것은 항상 쉽지만은 않은 일이다. 이런 결정은 완전한 자료 수집에 달려 있기 때문에 임상가는 진단 기준에 대한 지식과 질병의 원인 및 결과에 대한 이해를 넓혀야 한다. 핵심 질문은 이것이다. 주요 진단이 내려진 이후에도 여전히 설명되지 않은 문제가 남아 있는가? 그 예로 아론의 정신과 병력에 대해 좀 더 자세히 알아보도록 하자.

 아론

아론이 클리닉에 왔을 때 그는 코에 한 피어싱 때문에 곤경에 처해 어쩔 줄 몰라하고 있었다. 그는 정신건강이 악화되면서 컴퓨터 프로그래머로 일을 하는 데 크게 지장을 받았다. 현재 32세인 그는 7년 전에 한 차례 급성 정신병 삽화를 겪었고 조현병으로 진단을 받았다. 처음에는 할돌(Haldol)로 시작하여 나중에는 리스페달(Risperdal)로 치료를 받았다. 증상은 대체로 호전되었지만 아직도 '정부'에서 나온 누군가가 자신이 컴퓨터 바이러스를 만들어 내는지 감시하고 있다는 두려움은 여전히 남아 있었다. 그럼에도 불구하고 그는 실리콘 밸리에서 일을 지속할 수 있었다. 최근 그는 새로운 주치의의 제안에 따라 자신이 '얼마나 버텨낼 수 있는지를 알아보기 위해' 약물 복용량을 줄였다. 한 달 넘게 약물 용량을 이전의 절반으로 줄이자 "조심해라." 혹은 "저 의사들을 믿지 마라. 그들은 자기가 무엇을 하고 있는지를 모른다."와 같은 내용의 환청이 재발했다. 주치의는 즉시 리스페달 용량을 이전 수준으로 증량했고 이내 환청은 사라지기 시작했다.

아론의 정신병은 호전되었지만 기분 조절에는 여전히 문제가 있었다. 그는 오래 전에 몇 주간 정신 병원에서 보냈던 시간을 기억했고 약물 부작용의 재발을 두려워했다. 정부에 대한 반복적인 생각은 집중력을 분산시켰고 결국 하루 업무 중 일부만 겨우 해낼 수 있었다. 그는 취미 생활(덴마크 우표 수집)에도 흥미를 잃었고, 우표 동호회에도 나가지 않았으며, 전문 학술지나 취미 관련 잡지는 펼쳐 보지도 않은 채 쌓아 두었다. 그는 식욕이 거의 정상으로 유지되고 있다고 생각했으나 체중은 감소했다.

아론은 정부 요원이 자신의 이메일을 검열한다고 걱정하느라 며칠씩 잠을 이루지 못했다. 이전에도 그랬듯 그는 수면제 대신 술을 마시기 시작했다. "대체로 블러디 메리[3]를 마셨어요. 그래도 토마토 주스가 조금이나마 건강에 좋을 것 같아서요. 하지만 많이 마셨어요."라고 그는 자백했다. 그는 재택근무를 했지만 숙취가 심해 아침이면 일을 제대로 시작하지도 못했다. 그의 부모는 그가 술을 마시는 것에 대해 자신들이 얼마나 걱정하고 있는지 이야기했다. 정신과 전문가에게 다시 치료를 받으러 돌아가기 직전에 그는 '차라리 죽는 게 낫지 않을까?'라고 생각하기 시작했다.

분석

아론의 조현병 진단을 지지하는 증거는 매우 뚜렷했다. 그는 항정신병 약물에 전형적으로 잘 반응하는 환각과 망상(전형적 증상)의 오랜 병력을 가지고 있었다(이는 과거의 행동과 관련된 진단 원칙을 충족한다). 약물 용량을 줄였을 때 증상이 재발했으며(치료에 대한 전형적 반응과 관련된 진단 원칙에 주목하기) 지금은 기분 저하, 집중력 상실, 섭식 및 수면 문제, 자살 사고 증가 등 다른 증상을 보이고 있다. 그의 주 진단인 조현병은 이러한 증상들 전체를 다 설명하지 못한다. 그래서 그의 잠정적인 진단은 조현병 그리고 우울장애를 모두 포함하는 것으로 확장되어야 한다. 꼭 두 가지 문제 중에서 하나를 선택해야 할 필요는 없다.

이번에는 시간이 흐를수록 조현병 증상 악화를 가속화시켰던 음주 문제에 대해 생각해 보자. 음주량이 충분히 많았기 때문에 그 자체만으로도 아론 자신과 그의 부모 모두는 많이 불안해했다. 만약 그에게 조현병이 없었다 할지라도 아마 음주 문제를 해결하기 위해서는 치료가 필요했을 것이다. 비록 물질 사용은 많은 정신장애에 동반되는 것이지만 이 사실은 각 진단 기준 내 어디에도 명시되어 있지 않다. 아론은 알코올 의존 상태로는 보이지 않았으나(그가 알코올에 내성이 생겼다거나 금단을 겪었다는 증거가 없다) 술을 오용하고 있다는 것은 분명했다. 어떤 전문가들은 조현병과 기분장애가 있는 환자 중 물질 사

---

3. 역주 : 보드카와 토마토 주스를 섞은 칵테일이다.

용을 하는 사람은 의존을 덜 보인다고 주장한다. 음주 문제로 사회적 문제를 겪을 수는 있지만 내성이나 금단은 보이지 않는다는 것이다. 나는 DSM-5에 근거하여 아론에게 얼마나 많은 문제가(즉, 진단 기준이) 나타나느냐에 따라 중등도 혹은 심도의 알코올 사용장애 진단을 내리고자 했다. 아론의 추후 재평가와 치료에 대한 또 다른 문제뿐만 아니라 이 진단은 내 마음속에 확립되어 있었다.

하지만 이것만이 전부일까? 수면-각성장애(sleep-wake disorder)의 가능성은 어떠한가? 이 문제는 그리 확실하지 않다. 불면증은 우울증의 진단 기준에 속한다. 그러나 진단적 매뉴얼은 기존의 불면장애(insomnia disorder) 진단 또한 포함하고 있다. 불면증이 단독으로 평가되고 치료되어야 할 만큼 충분히 심각할 경우에는 이 진단을 내릴 수 있을 것이다. 어떤 환자들은 수면 문제가 그들이 지닌 다른 증상 때문에 생긴 것이라고 하면서 기저에 있는 질병을 대수롭지 않게 여기거나 무시해 버리는 식으로 수면 증상을 다룬다. 하지만 나는 아론의 수면 문제가 독립적인 진단을 내릴 만한 수준에는 이르지 않았으므로 네 번째 정신과 진단은 내리지 않으려 한다. 아마 다른 문제들이 제대로 조절되기만 한다면 불면 증상은 해결될 가능성이 높을 것이다.

이제 동반이환 진단을 내릴 때 무엇을 고려해야 하는지 요약해 보자.

1. 증상들이 주요 진단에 의해 설명되는가? 그렇지 않다면 추가 진단을 고려한다.
2. 추가 진단으로 어떤 이점을 얻을 수 있는가? 그 진단이 해당 장애가 환자의 안녕에 위협을 주고 치료가 필요하다는 점을 알리는 데 도움을 줄 수 있는가? 그것은 질병 경과에 영향을 미치는가?
3. 제안된 추가 진단이 당신이 고려하고 있는 동반이환 장애의 진단 기준을 충족하는가?

> **진단 원칙**: 환자가 보이는 증상이 하나의 장애로는 충분히 설명되지 않을 때 다중 진단을 고려하라.

동반이환으로서의 성격장애

성격장애에 대해서는 추후 16장에서 다룰 것이다. 그 전에 한두 개의 중요한 점을 짚고 넘어가려고 한다.

환자가 협조적이며 몇 가지의 2차적인 정보들이 있을 경우에 성격장애 진단은 그다지 어렵지 않다. 물론 당면한 문제가 성격적 측면뿐일 때에 그렇다(하지만 장담하건대 그런 경우는 자주 있지 않다). 그러나 환자에게 중증의 다른 정신장애가 있는 경우에는 성격을 평가하기가 상당히 어렵다. 조현병의 급성 삽화나 심한 기분장애와 같이 심각한 사례인 경우에 특히 더 그렇다. 우울증, 조증에서의 과대감, 정신병, 극심한 불안, 물질 사용 등은 성격장애 진단을 암시하는 주관적이고 미묘한 증상들을 효과적으로 가려 준다.

> **진단 원칙** : 환자가 심한 주요 정신장애를 증상을 보이고 있을 때는 성격장애 진단을 내리지 않도록 하라.

　　그러나 이러한 논쟁의 이면에는 다음과 같은 경우가 있다. 성격장애 진단을 받은 적이 있는 많은 심각한 환자들이 결국에는 성격장애가 **없는** 것으로 밝혀져서 심각한 증상이 호전되고 나면 성격장애 증상이 사라지는 것처럼 보인다는 것이다. 2002년 파바와 동료들은 성격장애 공병 진단을 받은 주요우울장애 환자들 중 다수가 프로작으로 치료를 받고 난 후에는 더 이상 성격장애 진단 기준을 충족하지 않았다고 밝혔다. 이에 대한 견해를 압축적으로 표현하면 다음과 같다. 우리가 다른 정신과적 문제를 겪고 있는 환자들에게 성격장애를 진단할 때는 특별한 주의를 기울여야 한다. 그리고 다른 장애의 여러 증상이 최소한으로 줄어들 때까지 기다려야 한다. 그때는 성격장애 증상을 좀 더 쉽게 파악할 수 있게 되고, 증상을 미리 오해석할 가능성도 줄어들 것이다. 나는 이러한 사항이 하나의 진단 원칙으로 간주될 만큼 중요하다고 생각한다.

동반이환 진단에 있어 고려해야 할 추가 요소

환자의 인구학적 특성은 환자의 장애가 다른 어떤 장애와 공존할 것인지와 관련이 있다. 남성의 경우, 여성에 비해 훨씬 흔하게 나타나는 알코올 중독의 가능성을 추가로 고려해야 한다. 마찬가지로 신경성 식욕부진증과 폭식증은 여성에게서 더 흔하다. (8장의 표 8.2에 성차가 제시되어 있다.) 그리고 환자의 가족에게서 발병했던 것으로 확인된 장애에 대해서도 당연히 주의를 기울여야 한다.

　　또 다른 주의 사항은 물질 사용을 포함하는 이중 진단과 관련된 것이다. 2002년의 연구에서 하일리그와 동료들은 환자들이 3주라는 짧은 기간 동안만 물질 사용을 중단해도 기분장애나 불안장애와 같은 공병 문제가 상당히 줄어든다고 보고했다. 비록 이러한 결과는 추가로 입증되어야 할 필요가 있기는 하지만, 우리 임상가들이 물질 사용 문제에 있어 성급하게 동반이환 진단을 내리면 안 된다는 것을 시사한다.

동반이환 장애의 순서 정하기

임상가가 환자의 다양한 공존 질환을 밝혀내고 나서 그중 어떤 장애를 첫 번째 목록에 놓을지 결정하는 것이 환자에게 실제로 중요한 영향을 미칠까? 실제로는 자주 그렇다.

임상가는 가끔 환자에 대해 잘못된 인상을 가지고 첫 번째 진단이 가장 중요한 것이라는 논리하에 그 진단에만 특별한 주의를 기울이기 쉽다. 심지어 환자가 가진 다른 모든 병리의 기저를 이루는 원인에 대해서는 간과할 수도 있다. 여러 개의 진단이 기록되는 순서는 치료와 예후에 있어서도 중요한 함의를 지닌다. 맨 위에 기록된 진단은 환자가 추가 평가를 위해 다른 임상가를 찾아갔을 때 그것이 우선적으로 고려되어야 한다는 사실을 강하게 피력한다. 그래서 단지 특별한 주의를 표시하려는 목적이라면 진단 목록의 순서를 정할 다양한 방법을 더 생각해 볼 필요가 있다.

한 가지는 환자의 안녕에서 가장 중요한 진단을 첫 번째 목록으로 올리는 것이다. 이 전략의 구체적인 예시를 살펴보기 위해 앞에서 나온 아론, 즉 우리가 최종적으로 세 가지 독립된 진단(조현병, 주요우울장애, 알코올사용장애)을 내려야 한다고 결정했던 환자의 사례로 돌아가 보자. 그가 재평가를 받았을 때 죽는 게 더 낫다는 생각을 하기 시작했으므로 치료의 시급성에 따라 우리는 우울증을 첫 번째 목록으로 결정할 수 있을 것이다. 그 다음 순서에는 아마 조현병이, 마지막으로는 알코올사용장애가 올 것이다. 이러한 전략의 분명한 문제점은 어떤 진단의 치료가 더 시급한 것인지 알기 어렵다는 데 있다. 예를 들어 아론의 상황과 관련하여 자살 행동은 조현병 및 물질 사용과도 연관이 있을 수 있다. 그의 자살 사고가 증가하는 것이 단지 우울증에만 관련되어 있다고 누가 말할 수 있을까?

두 번째 전략은 환자에게 여러 진단을 적용했을 때 임상가의 확신이 큰 순서대로 진단의 목록을 정하는 것이다. 더 불확실한 진단일수록 목록의 아래쪽에, 다시 말해 아주 확실해 보이는 진단보다 아래에 둔다. 물론 이 전략은 당신이 진단의 신뢰도에 따라 순위를 매기는 스스로의 능력에 대해 확신하고 있음을 시사한다. 아론의 사례에서 나는 조현병 진단을 내렸던 것에 확신이 있었다. 그뿐만 아니라 그가 기분장애를 지니고 있다는 것과 알코올 사용장애에 있어서도 확신이 있었다. 다시 원점으로 돌아왔다. 진단에 대한 확신이 드는 순서대로 진단 목록을 구성하는 것은 대체로 여러 동반이환 진단보다는 감별진단을 생각하는 데 있어서 더 효과적이다.

또 다른 방법은 여러 장애들의 기저 원인이 되는 '장본인'으로 보이는 진단을 첫 번째 목록에 두는 것이다. 이 방법은 진단의 원인과 효과를 확신할 수 있는 경우 상당히 효과적이다. 아론의 경우 조현병 진단이 맨 위에 위치한다는 데 대부분 동의할 것이다. 흔히 그렇듯이 그의 알코올 사용은 만성 정신병의 자가 치료로서 이해될 수 있다. 그러나 능숙한 임상가들도 무엇이 환자의 우울증을 유발했는지, 즉 그것이 스트레스, 상실, 약물 효과

등에 의한 것인지 아니면 그저 갑자기 나타난 것인지에 대해서 서로 다른 의견을 보일 것이다. 아론의 사례에서는 정신병이 우울증을 유발한 것일까? 어떤 임상가들에게는 이러한 질문이 힘든 작업이 될 것이다.

반면 한 가지 병이 다른 병보다 시간적으로 더 늦게 시작된 것인지를 결정하는 것은 상대적으로 쉬운 일이다. 처음으로 발생한 병이 진단 목록의 첫 번째로 고려되고, 나중에 시작된 병이 두 번째 혹은 더 나중으로 고려된다. 기분장애가 첫 번째 진단인지 두 번째 진단인지에 대한 질문은 환자와 임상가에게 가장 빠르고 효과적인 치료 과정을 안내하는 데 도움을 줄 수 있다. 이 전략에 의하면 아론의 진단 목록에서는 조현병이 분명 첫 번째 순서가 되고, 그 다음이 우울증, 음주 문제가 될 것이다.

나는 앞에서 제시한 모든 것을 고려하여 다중 진단 시 가장 위급하고, 치료가 용이하고, 분명한 진단을 첫 번째 목록에 두어야 한다는 내용의 진단 원칙을 제시했다. (이는 우리의 진단적 탐색의 출발점에서 제시한 진단의 안전 원칙과 비슷해 보이지만, 그 요점은 진단의 종착점에 다다랐을 때도 다시 고려할 만한 충분한 가치가 있다.) 가능하다면 다중 진단 목록은 시간순으로 제시되어야 한다. 다음에 간략한 예를 제시하였다.

> 애니가 시카고 교외에 있는 집에서 도망쳐 나왔을 때는 겨우 16세였다. 샌프란시스코에서 거의 2년 동안 노숙자 생활을 한 후 그녀는 머무를 장소가 필요해서 또 악화된 정신 상태를 치료하기 위해 위기 관리 거주 시설에 지원했다. 한 임상가는 그녀가 1년 넘게 상당히 많은 코카인을 마셨다는 것에 주목했고, 다른 임상가는 2개월의 우울증 병력에 대해 주의를 기울였다. 최근 그녀는 자주 울곤 했고 미래에 대한 무망감을 보고 했으나 자살 사고는 부인했다.

> **진단 원칙** : 가장 위급하고, 치료가 용이하고, 분명한 진단을 다중 진단 목록의 첫 번째로 배치하라. 그리고 가능하면 진단을 시간순으로 제시하라.

우울증은 명백히 애니가 코카인을 사용하고 나서 한참이 지난 후에 시작되었기 때문에 (코카인 사용장애를 통제함으로써 우울증을 다루는 것이 가능할 수 있다) 그녀를 담당한 두 임상가 모두 코카인사용장애를 첫 번째 진단으로, 기분장애를 두 번째 진단으로 제시했다. 그들은 애니가 약물을 하지 않은 상태에서 정신 상태를 재평가할 수 있을 때까지 항우울제 처방을 보류하기로 했다.

동반이환 간 상호 연관성

표 6.1은 어떤 진단이 흔히 함께 발생하는지를 보여 주는 차트이다. 할 수 있다면 그들이 얼마나 자주 연관되는지 보여 주는 백분율을 제시했겠지만, 관련 연구들은 전반적으로 서로 상이한 수치를 보여 주고 있기 때문에 아쉬운 대로 'x' 표시만 해 놓았다. 어떤 장애들은 상당히 새롭거나 드물게 발생하기 때문에 아직까지 신중하게 연구되어 왔고, 이는 차트상의 특정 장애들이 다른 장애들에 비해 훨씬 낮은 동반이환을 보이는 이유를 설명해 준다. 3부에서는 장애들 간의 구체적인 연관성에 대해 추가 제언을 할 것이다.

연관의 강도와 관련하여 주의할 사항은 다음과 같다. A 장애가 B 장애를 빈번하게 동반한다고 해서 그 반대의 경우도 그러한 것은 아니다. 그렇기에 이 표는 한 방향으로만 읽혀져야 한다. 먼저 맨 왼쪽 열에서 당신이 관심 있는 장애로부터 시작하여 행을 가로질러 읽으면서 연관성을 찾으면 된다. 이는 일반 인구의 유병률 및 장애의 상대적인 빈도에 근거한다. 그림 6.1의 벤다이어그램에서는 A 장애가 발견될 때 대부분 B 장애도 나타나는 경우가 많지만 이와 달리 B 장애는 자주 단독으로 발병한다는 것을 보여 준다.

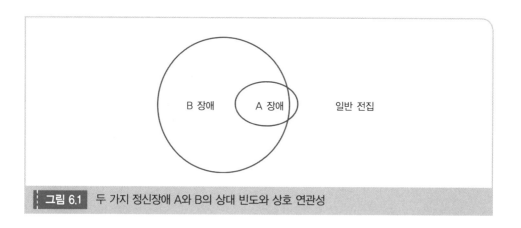

그림 6.1 두 가지 정신장애 A와 B의 상대 빈도와 상호 연관성

표 6.1 진단별 동반이환 목록

옆의 진단은 아래 진단과 동반이환을 보일 가능성이 높다.	섬망	신경인지장애(치매)	물질중독 및 금단	조현병	조현양상장애	망상장애	주요우울증	기분저하증	조증(제 I 형 양극성장애)	공황장애	광장공포증	특정공포증	사회불안장애	강박증	외상후 스트레스장애	범불안장애	신체형장애	질병불안장애	신체이형장애	어떤 불안장애이든 해당
신경인지장애(NCD, 치매)	X	−																		
물질중독 및 금단			−	X			X		X						X		X			
조현병			X	−						X					X					
조현정동장애			X																	
망상장애						−	X								X				X	
주요우울증				X			−	X		X					X					
기분저하증				X			X	−												
조증(제 I 형 양극성장애)				X					−	X				X						
경조증(제 II 형 양극성장애)				X						X				X						
순환성장애				X			X													
공황장애				X			X			−	X	X	X	X	X	X			X	
특정공포증				X			X					−								X
사회불안장애				X			X						−							X
강박장애(OCD)							X			X		X	X	−						
외상후 스트레스장애(PTSD)				X			X		X	X	X	X	X	X	−	X				
범불안장애(GAD)				X			X	X		X		X	X	X		−				
신체형장애				X			X			X							−			
신체형통증장애				X			X													X
질병불안장애							X											−		X
신체이형장애						X	X							X	X				−	
인위성장애				X			X													
해리성기억상실				X			X													
해리성정체성장애				X			X													
이인성/비현실감장애				X			X												X	X
성기능부전							X			X	X	X			X					
변태성욕장애																				
성별 불쾌감							X													
신경성 식욕부진증							X								X					
신경성 폭식증							X	X												X
폭식장애	X				X		X											X		
간헐적 폭발장애							X		X											X
병적 도벽							X													X
병적 방화							X													
도박장애							X													
발모광							X								X					X
편집성 성격장애			X	X	X		X					X			X					
조현성 성격장애				X	X		X													
조현형 성격장애				X	X	X	X													
반사회성 성격장애			X				X										X			X
경계성 성격장애			X				X												X	
연극성 성격장애							X										X			
자기애성 성격장애			X																	
회피성 성격장애							X						X							
의존성 성격장애							X													X
강박성 성격장애												X	X	X		X				

표 6.1 진단별 동반이환 목록(계속)

옆의 진단은 아래 진단과 동반이환을 보일 가능성이 높다.	신경성 식욕부진증	신경성 폭식증	간헐적 폭발장애	병적 도벽	병적 방화	도박장애	발모광	적응장애	편집성 성격장애	조현성 성격장애	조현형 성격장애	반사회성 성격장애	경계성 성격장애	연극성 성격장애	자기애성 성격장애	회피성 성격장애	의존성 성격장애	강박성 성격장애	지적장애	투렛장애
신경인지장애(NCD, 치매)																				
물질중독 및 금단												X	X							
조현병									X	X	X									
조현정동장애									X	X	X		X							
망상장애									X	X						X				
주요우울증	X	X											X							
기분저하증													X	X	X	X	X			
조증(제 I 형 양극성장애)	X	X																		
경조증(제 II 형 양극성장애)	X	X											X							
순환성장애																				
공황장애																				
특정공포증																				
사회불안장애		X														X				
강박장애(OCD)	X															X	X	X		X
외상후 스트레스장애(PTSD)																				
범불안장애(GAD)																				
신체형장애												X	X	X						
신체형통증장애																				
질병불안장애																				
신체이형장애																				
인위성장애													X							
해리성기억상실																				
해리성정체성장애	X												X							
이인성/비현실감장애													X			X			X	
성기능부전																				
변태성욕장애																				
성별 불쾌감																				
신경성 식욕부진증	–												X							
신경성 폭식증		–											X							
폭식장애																				
간헐적 폭발장애			–																	
병적 도벽		X		–																
병적 방화					–															
도박장애						–						X	X		X					
발모광	X						–												X	
편집성 성격장애									–	X	X		X		X	X				
조현성 성격장애									X	–	X		X			X				
조현형 성격장애									X	X	–		X			X				
반사회성 성격장애						X						–	X	X	X					
경계성 성격장애		X											–							
연극성 성격장애													X	–	X	X		X		
자기애성 성격장애	X								X				X	X	–					
회피성 성격장애									X	X	X		X			–		X		
의존성 성격장애								X					X	X		X	–			
강박성 성격장애																		–		

7

진단 확인하기

2부와 3부로 넘어가기 전에 잠시 멈춰 다른 사례를 읽으면서 앞의 내용을 되새겨 보자. 이미 언급된 다양한 요점들에 대한 지속적인 논의를 위해 앞서 제시되었던 많은 사례들보다 더 상세한 사례를 자료로 제공하고자 한다.

 베로니카

봄 방학이 끝난 직후 베로니카는 부모님에게 이끌려 클리닉에 왔고 평가를 받게 되었다. 그들이 클리닉에 오게 된 이유는 어느 날 아침 베로니카가 샤워를 마친 뒤 어머니와 마주치면서였다. 베로니카의 어머니인 하퍼 여사는 "딸은 항상 헐렁한 스웨터와 바지만 입어요. 그래서 나는 걔가 얼마나 말랐는지 알아채지 못했어요."라고 말하며 손수건으로 눈물을 닦아냈다. "항상 더 잘 먹겠다고 약속을 했었는데 이젠 완전히 앙상해 보여요. 키가 168cm인데 겨우 40kg도 채 나가지 않잖아요."

"완전히 막대기가 따로 없잖아!" 그녀의 아버지는 주먹으로 의자 팔걸이를 쳤다.

베로니카는 움찔했지만 수긍하려 하지 않았다. "나한테는 아무 이상이 없어요." 아울러 덧붙였다. "내 몸무게 말고는요."

베로니카의 아버지가 담당의를 향해 다음과 같이 말했다. "이제 당신이 판단을 내려 보시오. 딸아이는 병원에 입원을 해야 합니다."

"나는 완전 땅딸보에 뚱뚱이야! 게다가 나는 성인이라고! 아빠가 나를 병원에 집어넣을 수는 없어." 베로니카의 눈에 눈물이 고였고, 그녀와 아버지는 서로 담당의에게 도움을 구하는 눈빛을 보냈다. 베로니카의 어머니는 남편을 노려보며 팔로 딸을 감싸 안았다. 방 안의 분위기는 분노로 가득 찼다.

베로니카의 특이한 섭식 행동은 중학교 3학년 때 여성 잡지에서 셀룰라이트에 대한 기사를 접한 이후부터 시작되었다. 그녀는 그때부터 갑자기 자기가 뚱뚱해질까 봐 두려워하며 계속 불규칙적으로 다이어트를 해 왔지만 여태껏 이렇게까지 살이 많이 빠진 적은 없었다. 그녀가 고등학교에 다닐 때 부모님은 그녀가 자주 식판에서 음식을 어떻게 덜어냈는지 알게 되었다.

그동안 그녀의 어머니는 '배가 고프지 않다' 거나 '학교에서 스트레스를 받았다' 거나 혹은 '생리 중이어서 그렇다' 는 딸의 변명을 무비판적으로 수용했다. 그러나 그녀의 아버지는 지나칠 정도로 걱정했다. 베로니카가 어렸을 때 아버지는 딸이 앞에 있는 음식을 다 먹을 때까지 식탁에 앉아 있게 했다. 한번은 베로니카가 잠들 시간까지 자기 그릇에 담긴 음식에 손도 대지 않은 채 토라져 앉아 있던 적도 있었다. 시간이 지남에 따라 그녀는 부모님의 통제에서 벗어나는 법을 알게 되었다. 그것은 음식을 부랴부랴 먹고 욕실로 달려가서 토해 버리는 것이었다. 처음에는 숟가락이나 손가락을 써야 했지만 나중에는 자기 마음대로 토하는 법을 터득하게 되었다고 말했다. 구토하는 소리는 변기 물을 내리는 소리로 숨길 수 있었다고 했다.

고등학교 2학년 때 베로니카는 식욕을 조절하기 위해 약을 먹기 시작했다. 그 전에 학교를 중퇴한 여자아이 두 명이 베로니카에게 암페타민을 알려 준 것이다. 그 약은 살을 빼는 데 효과가 있었지만 약을 먹을 때 생기는 '초조한 기분' 때문에 몇 주도 못 가 끊게 되었다. 그녀는 이내 설사약에도 잠시 도전해 보았지만 마찬가지로 얼마 못 가 중단했다. "그건 그냥 구역질이 났어요, 웩."

베로니카는 어린 시절에 매우 활동적이고 약간 덜렁대는 아이였다. 책을 읽어 줄 때나 가장 좋아하는 '세서미 스트리트' 같은 TV쇼를 볼 때조차도 그랬다. 지능은 높았지만 저학년 때는 수업 시간에 집중하기 어려웠다. 2, 3학년 때 선생님들은 그 당시에 불렸던 진단명인 주의력결핍장애가 있는지 평가받아 보기를 권했지만 그녀의 아버지는 거절했다. 의료 과실 소송 전문 변호사인 그는 "내 아이를 돌팔이 의사들에게 치료받게 할 수는 없어."라고 말했었다. 하지만 지금은 자신이 그때 완전히 잘못 생각했었다는 것을 인정했다. 당시에 분명한 조치가 필요했었다.

베로니카는 가끔 우울증에 대해 호소했다. 몇 년 동안 크리스마스 전후로 늘 기분이 좋지 않았다고 말했다. "아마도 내가 무신론자이기 때문인가 봐요. 나는 종교적인 것들을 전부 다 아주 싫어하거든요." 그리고 봄이 시작될 무렵이면 항상 다시 기분이 좋아지는 것 같았다고 이야기했다. 그녀는 우울한 겨울철에는 피로감을 느꼈고, 평소보다 잠을 많이 잤으며, 성적이 떨어질 정도로 주의 집중에 어려움이 있었다. 또한 운동에 대한 흥미가 저하되어 억지로 수영장까지 가는 것도 쉽지 않았다. 하지만 이상하게도 밥은 더 많이 먹었고 '암울한 겨울'

이 올 때마다 왜 항상 체중이 늘어나는 건지 몰라 그로 인해 스트레스를 받았다고 했다. 그녀의 어머니는 "우울증이 다이어트에 대한 생각을 없애 버리나 봐요."라고 추측했다.

지난 겨울, 베로니카의 주치의는 항우울제를 처방했다. 그녀는 3주 이내에 수면이 정상으로 돌아왔고 학교에서도 다시 열심히 공부하게 되었다. 하지만 음식은 여전히 먹으려 하지 않았다. 그녀는 기분이 '매우 좋아졌고' 규칙적인 운동을 할 수 있을 정도로 회복되었다고 기뻐했다. 또 자신이 정상이라고 생각하는 정도까지 몸무게가 돌아왔다고 담당의에게 말하였다. 그녀는 정말로 배가 고프지 않다고 했으나 음식에는 상당히 관심을 보였다. 음식 레시피가 수백 가지나 컴퓨터에 저장되어 있다고 자랑스럽게 이야기할 정도였다. 실제로 요리를 하지는 않았지만 요리에 대해 떠올리는 것을 좋아했고 일주일치 메뉴를 짜는 데 이를 활용하기도 했다.

베로니카는 상당한 체중 감소에도 불구하고 자신은 매우 건강하다고 주장했다. 그녀는 충분히 활동적이었고 매일 수업 전에 90분 동안 수영을 했다. 공부하느라 바빠지기 전인 연초에는 여자 배구팀에서 활동을 했다. 스키도 열심히 탔고 매일같이 슬로프에 올랐다고 했다. 그런데 남동생이 중간에 끼어들어 "누나는 너무 말라서 몸이 마치 스키 폴처럼 보였다."고 말했다. 몇 개월 전부터는 생리가 멈췄다. 지난주에 가족 주치의를 만나러 갔을 때 갑상선 기능이 정상 이하의 수준이라는 것을 알게 되었다. 체중 문제 외에 다른 신체적 증상은 머리카락이 빠지는 문제뿐이었다. (이번엔 다른 언급이 없었는데도 그녀는 남동생이 있는 쪽을 노려보았다.) 지금 남아 있는 머리카락은 이전보다 더 가늘어 보였다.

그녀는 험난했던 저학년 시기 이후, 학교를 다니는 내내 열심히 공부해서 A+ 학점을 받았다. 시험에서 풀지 못한 수학 문제가 있으면 정답을 제대로 알아낼 때까지 복습을 했고, 생물학 과목에서 추가 점수를 받기 위한 과제를 하느라 엄청난 시간을 들였다. 고학년 때는 과학박람회의 학생 조직 위원을 맡기로 되어 있었는데 결국에는 자기가 '다 망쳐 버려서' 비웃음을 사지 않을지 두려워 미리 포기해 버렸다. 그녀는 사실 수년간 자신감이 없었다고 했다. 고등학교에 다니는 동안 그토록 성실하게 생활했던 것은 부분적으로나마 부모님이나 선생님들의 비판을 피하기 위해서였다고 인정했다. 학교 밴드에서 수석 연주자가 되기 위해 클라리넷을 매일 꼬박 한 시간씩 연습한 적도 있었고, 합창단에서 활동하며 학교 오페레타[4]의 주인공을 두 번 정도 맡기도 했다. 한번은 무대 의상의 치마를 옆으로 길게 잘라 합창단 남학생들의 관심을 사려 한 적도 있었다.

베로니카의 언니는 대학교에 다닐 때 폭식증이 있었는데 지금은 결혼 후 임신을 하여 먹는 것에 상당히 신경을 쓰고 있다. 베로니카의 아버지는 간헐적으로 우울증을 겪었다고 했다. 그러나 과거 로스쿨 시절에는 "가끔씩 스스로 매우 강인해져서 무엇이든 할 수 있을 것처럼 의기양양해졌고, 마치 손가락 끝을 마주치면 그 사이에서 불꽃이 일어날 것 같은 느낌을 받

---

4. 역주 : 희극적인 주제의 짧은 오페라이다.

았다."고 말했다. 그가 기분장애로 진단받았던 적은 없지만 그의 아버지(즉, 베로니카의 할아버지)는 사업 실패로 우울증에 빠져 40대 초반에 자살했었다. 베로니카의 어머니는 물건이 순서대로 말끔하게 정렬되어 있는 것을 좋아한다고 말했다. "나는 아마도 강박증 성향이 있는 게 아닌가 해요."

현재 19세, 대학교 2학년인 베로니카는 친한 친구가 한 명뿐이라고 했는데 그 친구 또한 체중 문제를 가지고 있었다. 그녀는 "다른 사람들과 있을 때는 불편해요."라고 말했다. "나는 사람들을 대할 때 불안해요. 왜냐하면 사람들은 분명 내가 얼마나 뚱뚱한지 알아챌 거라는 생각이 들기 때문이에요." 그녀는 법적인 문제나 신체적 혹은 성적 학대의 과거력에 대해서는 전부 부인했다.

베로니카는 개인적으로 담당의에게 아직도 자신이 집에서 가족들과 함께 사는 것에 대해 다음과 같이 불평을 했다. "부모님은 내가 학교 기숙사에서 지내는 것을 신뢰하지 않았어요." 그녀는 미첼 말고는 남자친구를 거의 사귀어 보지 않았다. 그들은 육체적 파트너로 잠깐 만났지만 그는 결국 베로니카를 버렸다. 미첼이 그녀의 섭식 문제에 대한 이야기를 들었는데, 그녀가 여전히 계속 말라가는 모습을 보면서 겁을 먹었기 때문이었다. 하지만 그녀는 별로 신경을 쓰지 않았다. 사실 그녀는 여태까지 —음식에 대한 생각을 떨쳐내 주지도 못하는— 성행위에 흥미를 느껴본 적이 없었다. 그저 옅은 미소를 남기며 "난 그냥 잉글리시 머핀을 생각하면서 거기 누워 있었을 뿐이에요."라고 말했다.

베로니카에 대한 논의

베로니카의 사례는 다양한 정보를 담고 있다. 그것은 현재의 질병에 대한 과거력, 의학적 과거력, 아동기까지 거슬러 올라가는 개인력 및 사회적 과거력, 몇 가지 가족 역동뿐만 아니라 정신장애의 가족력, 베로니카의 현재 정신상태검사(MSE) 등이다. 우리는 환자와의 면담, 가족으로부터 얻은 2차적인 정보 등 다양한 수단을 활용하고, 여기에 이용 가능한 의료 기록과 심리 검사 등을 추가하여 환자에 대한 정보를 확충한다. 경우에 따라 학교 상담사, 성직자, 사회복지사의 보고도 활용된다.

감별진단하기

먼저 증후군의 근거를 수집하기 위해 베로니카의 전체 과거력을 평가하여 넓은 범위의 감별진단을 포함시켜야 한다. 섭식장애는 당연히 진단 목록의 상단에 위치한다. 신경성 식욕부진증이 유력하지만 그녀는 빈번하게 폭식과 하제 사용을 반복했기 때문에 신경성 폭식증도 고려할 수 있다. 우울증의 증거 또한 발견된다. 시간의 경과나 다른 특징에 따라서 기분저하증(dysthymia)이나 — DSM-5에서는 이를 지속성 우울장애(persistent depressive disorder)라고 부른다 — 주요우울증 진단 중 하나에 해당될 수 있다. 그녀는 때때로 성마름과 과활동성을 보였기에 (근거가 다소 부족하기는 하지만) 감별진단 목록에 양극성장애도 덧붙여야 한다. 젊은 여성에게서 나타나는 몇몇 신체 증상은 신체증상장애를 시사하는데 이는 한 가지 진단으로 많은 증상을 설명할 수 있기 때문에(오컴의 면도날 — 절약의 원칙을 적용할 때) 어떤 면에서는 꽤 매력적인 진단이다.

물질 사용에 대해서도 언급해야 하지 않을까? 한때 베로니카는 살을 빼려고 암페타민을 시도한 적이 있다. 이러한 의학적 상태가 기분장애와 섭식장애를 모두 유발할 수 있는지에 대해 생각해 보아야 한다. 뚜렷한 체중 감소와 더불어 생리가 멈춘 것이 갑상선 기능 저하증과 같은 주요 내분비계 장애와 관련 있을 가능성도 있을까? 이 또한 함께 고려하는 것이 좋겠다. 베로니카가 얼마 전에 1차 진료의를 만나고 온 점을 감안하면 심각한 체중 감소가 만성 체력 소모성 질환에 의한 것일 가능성은 희박하지만 그래도 진단에 완벽을 기하기 위해서 한 번쯤 언급할 필요가 있다. 그녀는 음식에 대한 생각에 몰두해 있었고 메뉴들을 집에 모아 두었기 때문에 강박증을 조금은 고려해야 한다. 또한 사례 전체에 걸쳐 알 수 있었던 사실은 그녀가 사람들과 어울리는 데 어려움이 있었다는 것이다. 그래서 감별진단 목록에 성격장애도 함께 덧붙이는 것이 좋을 것이다.

감별진단 목록에 있는 많은 문제들 중 어떤 것들은 근거가 불충분한데도 이를 전부 진단으로 고려한다는 것은 억지스러워 보일 수 있다. 하지만 이에 대해 생각하지 않고서는 절대로 정확한 진단을 내릴 수 없다는 것이 자명한 사실이다. 감별진단이 많다고 해서 그 진단이 전부 높은 가능성을 지닌다는 것을 의미하지는 않는다. 오히려 이는 전체 맥락에서 그다지 승산이 없어 보이는 진단들을 상기하게 해 준다. 가끔은 그중에서(별로 고려하지 않았던 감별진단 중에서) 정답을 찾을 때도 있을 것이다. 우리는 가능한 한 처음에는 선택을 보류하려 하기 때문에 그다지 가능성이 높아 보이지 않는 장애도 일단은 목록에 포함시켜야 한다.

위의 모든 것을 고려한 이후 베로니카에게서 생각해 볼 수 있는 감별진단을 표 7.1에 제시했다. 위쪽에 있는 다섯 가지의 문제를 주의 깊게 살펴보길 바란다. 이는 안전 원칙에 따르면 우리가 우선적으로 고려하는 진단들은 아니다. 그러나 환자의 치료와 전반적인 안녕을 위해 가장 먼저 확인해 봐야 할 문제들일 수도 있다.

감별진단 걸러내기

다음 단계는 우리가 처음에 고려했던 많은 감별진단들 중 몇 가지 장애를 목록에서 제외 시키는 것이다. 나는 숙련된 임상가가 복잡한 환자에 대해 어떻게 생각해 나가는지 자세히 설명하려고 했었다. 하지만 당신이 언젠가 경험 많은 임상가가 되었을 때 이러한 개별 단계들은 아주 매끄러운 과정, 즉 진단 상황에서 퍼즐을 짜 맞추는 데 몇 분이 아니라 몇 초 밖에 걸리지 않는 과정으로 녹아들게 될 것이다. 다음 내용을 읽기 전에 베로니카의 진 단에 대해 당신과 내 생각을 서로 비교해 보고자 한다면 먼저 표 7.1의 내용을 가지고 스스로 감별진단을 내려 보는 것도 좋을 것이다.

논의는 먼저 우울증이나 불안에서 시작할 수 있다. 실제로 그림 11.1과 12.1의 의사 결정 나무를 모두 적용할 수 있다. 우리가 무엇을 먼저 고려했는가와 상관없이 항상 진단 목록의 위쪽에는 주요한 정신과적 증상을 유발할 수 있는 의학적 문제 혹은 물질 사용 문제의 가능성을 기록해야 한다. 갑상선 기능 저하는 우울증과 식욕 부진을 유발할 수 있다. 하지만 계절성 갑상선 기능 저하증은 흔하지 않다. 당연히 심한 체중 감소 문제에 대해서는 심각한 의학적 상태를 항상 고려해야 한다. 그러나 여기선 베로니카의 1차 진료의가 그녀는 체중 감소 문제 말고는 건강 상태가 꽤 좋았다고 이야기한 것에서부터 논의를 시

표 7.1 베로니카의 감별진단 목록

갑상선 기능 항진증으로 인한 기분장애
물질 관련 기분장애
의학적 상태(예 : 에이즈, 암)로 인한 체중 감소
물질 사용으로 인한 체중 감소
암페타민 사용장애
신경성 식욕부진증
신경성 폭식증
양극성장애
주요우울장애
신체증상장애
기분저하증
강박증
사회불안장애
주의력결핍 과잉행동장애
명시되지 않는 성격장애

작할 수 있다. 생리가 멈춘 것과 성욕이 감소한 것 말고는 다양한 신체 증상을 전혀 호소하지 않았기에 신체증상장애의 가능성은 별로 없어 보인다. 하지만 안전을 기하기 위해 해당 문제의 증상들을 검토해 볼 것이다(9장에서의 논의를 참고하라).

우울증, 불안 증상, 식욕부진증은 암페타민 중독 및 금단과 관련 있는 것으로 잘 알려져 있지만(표 9.3 참고) 현재 가능한 정보에 의하면 (1) 베로니카가 물질을 사용했던 것이 살을 빼고자 하는 갈망의 결과이지 원인은 아니며, (2) 이제 그녀는 더 이상 물질 사용을 하지 않는다. 게다가 연중 특정 시기에만 암페타민을 사용했다거나(이는 기분 변화를 설명해 줄 수도 있다) 암페타민을 사용했을 때만 살이 빠졌다는 사실을 지지하는 근거도 없다. 그럼에도 진단에 완벽을 기하기 위해서는 물질 사용 여부를 확인할 수 있는 혈액 검사나 소변 검사를 해 볼 필요가 있다.

우울증과 불안에 대한 의사 결정 나무에서 의학적 원인과 물질 사용의 원인론을 배제했으니 이제 베로니카의 여러 가지 기분 증상에 대해서 좀 더 탐색해 보도록 하자. 어떤 증상은 비전형적인 특성(수면과 식욕 증가)을 보이지만 10대에는 이러한 비전형적 증상들이 꽤 자주 관찰된다. 이전의 치료에 대한 반응은(이는 진단 원칙이었음을 기억해 보라) 독립적인 기분장애 진단을 시사한다. 기분 증상이 매년 거의 같은 시기에 재발했다는 사실은 계절성 기분장애의 가능성을 강하게 보여 준다(다른 진단 원칙으로 '미래 행동의 가장 좋은 예측 인자는 과거의 행동이다'가 있다). 이와 같이 진단 목록을 구성하게 되면 앞으로 임상가가 매년 겨울에 증상이 재발하는 것에 대해 주의할 수 있도록 그에 따른 예방적 치료를 제공해 줄 것이다. 지난 몇 년간 나타났던 우울 증상은 그 지속 기간이 상대적으로 짧았기 때문에 기분저하증은 배제하였다.

베로니카의 높은 활동 수준과 좋은 기분을 조증 증상으로 간주해야 하는가? 아버지에게 경조증의 가능성이 있었던 점을 관련지어 생각해 볼 수는 있어도 위와 같은 해석은 설득력이 떨어진다. 그래도 그녀와 가족은 추후 양극성장애 증상을 겪을 가능성에 대해서 반드시 경계를 하고 있어야 할 것이다. (2005년 케네디와 동료들의 연구에서 여성이 남성보다 양극성장애를 더 많이 겪을 뿐만 아니라 여성 양극성장애 환자들에게는 첫 번째 삽화가 우울증으로 나타날 가능성이 더 높다고 보고된 바 있다.) 또한 감별진단 목록에 사회불안장애를 포함시키기는 했지만 베로니카는 다른 사람들을 피하지는 않기 때문에 진단 기준에 충족되지 않는다. 목록 아래쪽에 있는 다른 불안장애나 강박증과 연관된 공황발작, 강박 행동 등에 대한 증거도 없었다. 그녀는 어렸을 때 주의력결핍 과잉행동장애(ADHD) 증상이 있었으나 당시의 증상은 임상적인 수준이 아니었으며 현재는 ADHD의 특징을 보이고 있지도 않다.

이번에는 신경성 식욕부진증에 대해 주의 깊게 생각해 보아야 한다. 베로니카 스스로는 자신의 섭식 행동에 문제가 있다는 것을 완강히 부인했기 때문에 이렇게 상충되는 정보를 평가하기 위한 두 가지 원칙을 활용해야 한다. 첫째, 뼈만 남아 삐쩍 마른 몸매와 높은 활동 수준으로 관찰되는 징후가 그녀 스스로 증상이 없다고 보고하는 것보다 더 중요하다. 둘째, 베로니카의 과거력에 대한 자기 보고보다 그녀의 식생활과 체중에 대한 부모님의 보고가 더 우세하다(2차적으로 얻은 과거력이 자기 보고보다 우세하다). 이 모든 자료를 고려할 때 베로니카의 사례는 여러 진단 중 신경성 식욕부진증에 완벽하게 맞아 떨어진다는 것을 알 수 있다.

마지막으로 성격장애는 어떠한가? 표 6.1은 섭식장애와 빈번하게 자주 나타나는 성격장애들을 보여 준다. 베로니카는 면담 당시에 회피성 성격장애나 연극성 성격장애를 시사하는 몇 가지 증상을 지니고 있었다. 하지만 성격장애에 대한 진단 원칙에 따라 성격 문제는 먼저 신경성 식욕부진증에 대해 적절한 치료를 한 뒤에 재평가되어야 한다. 현재로서는 상기한 성격적 특질이 있다는 정도만 언급하고자 한다.

잠정적인 진단

주의 깊은 가지치기 작업을 통해 다음과 같은 잠정적인 진단 목록이 만들어졌다.

- 신경성 식욕부진증
- 재발성 주요우울장애(계절성 패턴과 비전형적 특징을 보임)
- 성격장애에 대해서는 진단 보류되며 회피성 및 연극성 성격 특질이 있음

베로니카의 공병 진단의 순서를 정하는 것은 그리 어렵지 않다. 두 가지 주요 진단인 신경성 식욕부진증과 주요우울증에 대해서만 고려하면 된다. 많은 연구를 통해 우리는 대부분의 신경성 식욕부진증 환자의 예후가 그리 좋지 않다는 것을 알고 있다. 약 4분의 1 정도가 회복되고 절반 정도는 10년 추적 시 상당한 호전을 보이지만, 나머지는 지속적으로 병을 앓게 되며 약 15~20% 사이의 사망률을 보인다는 연구도 있다. 주요우울증 또한 자살의 가능성을 가지고 있지만 베로니카의 우울증은 계절성 패턴을 보였으며 면담 당시에는 우울하지 않다고 했고 치료에도 잘 반응했다. 그녀의 기분장애에 대해서는 추후에

다룰 시간이 많이 남아 있기에 기분장애 진단은 그보다 더 위급한 신경성 식욕부진증 다음으로 놓아도 안전할 것이다. 또한 지난 수년간 신경성 식욕부진증은 거의 항상 우울증에 선행하여 나타났다.

대부분의 환자에게 있어 성격장애 진단은 마지막에 붙여진다. 현 시점에서의 정보로는 베로니카의 성격 문제에 대해 위에서 언급했던 말을 다시 바꿀 이유가 없으며, 이것이 진단 미정(undiagnosed)이라는 더 없이 유용한 용어보다도 좀 더 정확할 것이다. 그러나 그녀의 담당의는 더 확정적인 진단을 내리는 데(혹은 이 모든 고려 대상에서 성격 문제를 제외시키는 데) 도움이 될 만한 추가적인 정보를 얻기 위해 계속 주의를 기울여야 한다.

우리가 쉽게 간과하는 문제들

잠정적인 진단을 내리게 되더라도 다음과 같은 질문에 계속 주의를 기울여야 한다. 아직도 부족한 정보가 있는가? 다시 말해 추가 증상, 가족력 등이 환자가 보고한 과거력과 차이가 있는가? 상대적으로 덜 흔하게 나타나지만 그래도 가능성이 있는 진단을 간과하지는 않았는가? 다른 추가적인 동반이환을 고려해야 하는가? 이에 임상가들이 자주 간과하는 문제에 대해서 아래에 간략하게 언급하여 후에 이를 기억하는 데 도움을 주고자 하였다.

- 에이즈(HIV와 AIDS) : 물론 많은 감염성 질환이 정신과적 증상을 유발할 수는 있지만(표 9.1 참고) 현재는 에이즈가 주로 횡행한다.
- 물질 사용 : 알코올, 불법 약물, 처방 약물과 관련된 문제는 임상가들이 성인 환자를 평가할 때는 쉽게 놓치지 않으나 노인, 청소년, 심지어 소아 환자에게서도 나타날 수 있는 문제이다.
- 조현양상장애 : 이 개념은 단순하다. 임상가의 평가 시 환자의 증상이 이후에 조현병이 될 수 있을 것처럼 보이지만 조현병 진단을 확신하기에는 시간이 충분히 지나지 않은 경우에 해당한다. 이 주제에 대해서는 13장에서 더 자세히 논의할 것이다.
- 지적장애와 경계성 지능 : 많은 임상가들이 지적장애를 매우 자주 간과한다. 하지만 100명 중 적어도 3명에게서 지적장애가 나타난다는 사실을 기억해야 한다. 그중 일부는 정신과를 방문하는데, 지적장애로 정신과를 방문하는 이들의 대부분은 주의를 요하는 다른 정신질환을 지니고 있을 것이다. 이때 당신은 지능(IQ)이 낮은 사람

들이 가진 특징을 다른 종류의 병리에 의한 것이라고 잘못 판단할 수도 있다. 그 예로는 주요 정신질환이 없을 때에도 나타나는 경직되어 있는 정동, 뚜렷한 집중력 부족, 정신병적인 수준은 아닌 환각, 직장 및 사회생활의 만성적인 어려움 등이 있다.

- **신체증상장애** : 임상가들은 신체증상장애가 상당한 고통을 유발하는데도 이를 잘 고려하지 않는다. 추후 9장에서 이에 대해 충분히 논의할 것이다.

- **정신과적 질병이 없음** : 솔직히 이러한 '진단'이 자주 쓰이는지 아니면 잘 쓰이지 않는지는 아직 모르며 이 주제에 대한 연구도 그리 많지 않다. 그러나 이러한 경우는 빈번하지는 않을지라도 분명 있으며, 평가를 받으러 찾아오는 사람이 실제로는 정신질환 혹은 그와 관련된 문제조차 없는 경우가 있다는 것을 강조하고 싶다. 환자에게 이보다 더 좋은 소식은 없을 것이다. 정신과적 질병과 정상을 구분하는 경계선이 항상 명확하지는 않기 때문에 임상가들은 수많은 비병리적 특성을 질병으로 오해하기도 한다. 사회 기관과 마찰이 있는 사람(예 : 징병에 대항하는 양심적 병역 거부자), 개인의 사회적 역할에 부합하지 않는 사람, 불행감과 같은 강렬한 감정을 느끼는 사람 등이 그 예이다. 이미 '정신과적 질병이 없음'에 대해서 진단 원칙을 기술한 바 있다.

- **진단 미정** : 이는 임상가가 수행해야 하는 조사의 방향과 관련하여 편견 없는 추가적 사고와 탐색의 필요성을 내포하는 훌륭한 용어라는 점을 다시 언급하고 싶다.

- **사회적 · 환경적 문제** : 우리는 환경적 혹은 사회적 문제가 진단과 치료에 영향을 미칠 수 있다는 것을 자주 잊어버린다. 이러한 문제의 대부분은 개인력과 사회력의 맥락에서 일어난다. 여기에는 환자의 가족(예 : 부모가 조현병을 지닌 환자를 보살필 수 있는가?), 당면한 사회적 상황(예 : 정신과적 질병 때문에 환자가 차별을 경험하는가?), 교육, 취업, 주거, 재정적 원조, 보건 의료에의 접근성, 형법 및 민법상의 문제 등이 모두 포함된다. 물론 많은 사람들이 동시에 여러 가지 문제를 지니고 있을 것이다. 그 예로 루퍼트는 인터넷 기업으로 많은 돈을 벌었으나 음주 문제로 사업, 건강, 가족의 지원을 다 잃고 결국 홀로 살면서 파산하게 되었다.

대부분의 사회적 · 환경적 문제는 빈곤, 대인관계 파탄, 법적 구속 등 개인의 손실과 관련된 부정적인 문제일 것이다. 그러나 때로는 정반대의 문제도 있다.

미국의 독립 전쟁 중 영국의 왕이었던 조지 3세는 급성 정신병으로 치료가 필요했다. 영화 조지 왕의 광기에서 볼 수 있듯이 그는 영국의 최고 권위자였기 때문에 정신과 입원 치

료를 받도록 하는 것은 ─ 그의 하인들은 말할 것도 없고 ─ 주치의에게도 어려운 일이
었다.

위의 사례와 유사하게 정치인이나 기업의 회장과 같이 강한 권력이나 권위를 지닌 자리에 있는 사람들에게 높은 사회적 지위는 어느 정도 치료를 방해하는 요인이 될 수 있다. 정신건강 영역에서 높은 교육 수준은 대부분 긍정적인 요소로 여겨지지만, 심리학 수련을 받은 적이 있는 경조증 환자라면 숨기기 어려운 정신 병리도 교묘하게 감추는 방법을 얼마든지 알고 있을 수 있다.

- 강점 : 환자의 환경적 · 사회적 문제를 논하는 것의 이면은 환자의 강점을 논하는 것이다. 예를 들어 레니는 우울, 부모의 사망, 해외 콜센터의 실직 등 여러 가지 큰 곤경을 겪었다. 그러나 그는 탄탄한 교육을 받았으며, 성격이 좋고, 지지적인 가족들도 있다. 임상가가 잠재적으로 가치 있는 자원들에 주의를 기울이도록 도와줌에도 불구하고 위와 같은 강점들을 찾아내는 작업은 애석하게도 제대로 이루어지지 않고 있다. 환자의 강점을 평가하는 것이 진단의 필수적인 영역은 아니라고 할지라도 전문가들은 그렇게 해야 할 필요가 있다.
- 전반적 기능 평가(global assessment of functioning, GAF) : 환자에게 고통이나 일상생활의 방해를 유발하는 증상의 정도를 평가할 수 있게 해 주는 GAF가 있다. 아쉽게도 DSM-5에서는 이를 완전히 제외했지만 그렇다고 방법이 없는 것은 아니다. 본인이 저술한 *DSM-5 Made Easy*에 GAF 전체 사본을 수록했다. 그것의 유용성만큼이나 모순되는 사실이 있다. 우리가 실제로는 아무것도 측정하지 않는다는 것이다. 하지만 우리는 GAF를 이용해서 환자의 기능 수준에 대해 가장 최선의 추정을 내리고 이에 수치(1~100)를 부여하게 된다. GAF는 '최선의 추정'이라는 불확실성을 전제로 환자의 질병이 그들의 삶, 그리고 그들과 연관된 사람들의 삶에 어느 정도로 영향을 미치는지 확인하는 데 그 가치가 있다.

과잉 진단의 문제 및 우리가 남발하는 진단들

한편으로는 제반 정황이나 진단 기준이 부합하지 않거나 아예 다른 진단이 필요한 상황에서도 임상가들이 무척 자주 내리는 진단들이 몇 가지 있다. 여기서는 그중에서 세 가지

를 언급하고자 한다.

- **조현병** : 이는 특히 북미 임상가들에게 상당히 과잉 진단되는(혹은 진단되었던) 문제
  이다. 한두 세대 전에 수행된 횡단적 연구에서 미국의 정신과 의사들이 유럽의 정신
  과 의사들에 비해 조현병 진단을 훨씬 많이 내린다는 사실이 밝혀진 바 있다. 이러
  한 관행은 여전히 문제가 되고 있을까? 관련된 연구에서는 미국의 임상가들이 진단
  기준 적용이 이전보다 더 엄격해졌음에도 불구하고 여전히 과잉 진단을 내린다는
  사실을 보여 주고 있다. 몇 년 전 학회에서 원로 임상가들이 망상 없이 환각 증상만
  보였던 젊은 여성들의 사례에 대해 리뷰를 한 적이 있다. 질병 기간이 한 달 미만으
  로 짧고 영적 존재의 강림이 흔히 나타나는 문화적 배경을 지니고 있음에도 불구하
  고 그녀들에게 조현병 진단이 거리낌 없이 무비판적으로 내려졌다. 조현병 진단은
  환자의 예후에 있어 큰 불이익을 가져다 줄 수 있기 때문에 신중한 연구에 기반한
  진단 기준에 의거하여 진단을 내려야 한다.
- **해리성 정체성장애** : 이 역시 다른 어느 곳보다도 미국의 임상가들에게 훨씬 더 자주
  채택되는 진단이다. 이전에 다중인격장애(MPD)로 불렸던 이 진단은 많은 영화 제
  작자들의 이목을 끌었다(영화로는 악몽, 이브의 세 얼굴 등이 있다). 이 진단을 내리
  기 전에 모든 임상가들이 명심해야 할 질문은 이것이다. "나의 특정한 전공이나 흥
  미, 관심사에 과도하게 영향을 받은 것은 아닌가?" 우리는 모든 상황에서 자신의 특
  별한 흥미나 관심사를 발견하려는 경향에 주의해야 한다. 그렇지 않으면 시간이 흐
  를수록 점점 더 많은 환자들을 그 경계, 즉 개인적인 흥미나 관심사의 범위 내에서
  판단하게 되어 버린다. 나는 오래 전에 피암시성이 매우 높아서 치료자의 영향을 잘
  받는 대학생 엠마를 치료한 적이 있다. 그녀는 내가 여름 방학일 때는 다른 의사에
  게 치료를 받게 되었는데, 그 의사는 MPD 환자에 대해 많은 논문을 낸 사람이었다.
  엠마가 여름 방학을 끝내고 가을이 되어 내게 다시 왔을 때 그녀는 여름 방학 동안 2
  개의 새로운 정체성을 발달시켰다.
- **경계성 성격장애** : 이는 실제로 진단이 필요한 경우보다 계속해서 훨씬 더 많은 진단
  이 내려지는 장애이다. 경계성 성격장애에 대해서는 오랜 기간 동안 많은 연구가 이
  루어져 왔고, 환자들을 만나온 내 개인적인 경험상으로도 이 장애가 존재한다는 확
  신이 있다. 그러나 이와 동일하게 확신하는 바는 경계성 성격장애 진단을 받는 환자
  들 다수가(아마도 대부분이) 사실은 진단에 부합하지 않거나 혹은 추가적인 다른 문

제를 지니고 있다는 것이다. 우리는 가끔 우리가 싫어하는 사람들에게 이 진단을 갖다 붙이곤 한다 — 그 예로 상사나 시댁, 처가 등의 인척들이 있다. 너무 많은 임상가들이 그저 진단 미정으로 해 두어도 좋은 상황에서 굳이 자신의 불확실성을 덮기 위해 경계성 성격장애를 '쓰레기통' 범주로 활용하는 것이 염려된다. 다른 모든 성격장애와 마찬가지로 경계성 성격장애 역시 적어도 두 가지 정보원으로부터 얻은 충분한 정보를 바탕으로, 환자의 성인기 전체에 걸친 증상 경과에 대한 철두철미한 평가에 기반하여 진단이 내려져야 한다.

사례 개념화를 통해 진단 확인하기

평가를 완료하고 마음속에 적당한 진단을 내린 후에 정신과적 사례 개념화(mental health formulation)를 활용하여 신속하게 진단의 타당성과 완전성을 확인해 볼 것이다. 이는 자신이 내린 진단이 환자에 대한 모든 관련 정보와 질병 발생의 이론을 제대로 다루었는지 확인하는 데 도움을 줄 수 있다. 사례 개념화는 환자의 과거력, 다양한 증상(또는 관련된 부정적 측면들), 가능한 원인들, 감별진단, 그리고 환자의 중요한 강점들을 요약하는 짧은 글로 표현된다(물론 길이는 아무래도 상관없지만 나는 짧은 길이를 권한다). 당신은 이 요약문을 환자를 정신과적 평가에 의뢰한 다른 임상가뿐만 아니라 환자와도 공유할 수 있다. 사실 나는 이 마지막 단계를 강력하게 권한다. 왜냐하면 이 과정은 환자를 통해 환자에 대한 당신의 생각에서 오해나 불일치를 반영하는 내용에 대해 바로잡을 기회를 제공하기 때문이다. 또한 환자가 수락할 경우, 환자의 가족에게 임상가의 평가 내용을 이해시키는 데도 도움이 될 수 있다. 결국에 사례 개념화는 당신의 치료 계획이라는 조각 작품에 쓰일 원석인 것이다.

평가와 치료에 있어 전통적인 접근 방식은 **생물심리사회 모형**(biopsychosocial model)이며, 이는 모든 환자에게 현재의 종합적 증상(symptomatology)에 영향을 미치는 가능 요소들에 대한 정보를 세 가지로 구체화한다. **생물학적** 영역에는 유전자 유전, 신체 발달, 소아기 질환, 과거의 신체적 손상이나 질환, 수술, 환경의 독성 요소 등의 자료가 해당한다. **심리학적** 영역에서는 인지, 정서, 행동, 의사소통, 대인관계, 개인이 역경(때로는 성공)에 대처하는 방식을 포함한다. **사회적** 영역은 개인이 가족, 문화적 집단, 다양한 기관(예 : 학교, 종교 기관, 다양한 행정 체제 등)과 어떻게 상호 작용하는지를 나타내며 이러한 지지망의 이용 가능성과 활용 능력도 포함한다.

궁극적인 정신 질환을 유발하는 데 있어 생물심리사회 영역 각각이 다른 영역들과 상호 작용을 하는 것으로 알려져 있기에 진단적 사례 개념화에서 각 영역은 모두 탐색되어야 한다. 이 장을 시작할 때 우리가 만났던 베로니카의 평가 사례에 근거하여 다음과 같이 사례 개념화 샘플을 제시한다.

베로니카 하퍼는 19세의 대학생이며 지난 5년간의 신경성 식욕부진증 과거력이 있다. 그녀의 체중은 40kg 정도로 연령 및 신장 대비 정상 체중의 최소치보다 25%나 더 적게 나갔지만 자신이 뚱뚱해 보인다고 믿고 있었고 살찌는 것을 두려워했다. 그녀는 체육을 좋아했으며 강도 높은 수영 스케줄을 소화했다. 5개월 전부터는 생리가 멈췄다. 이전에 잠깐 하제와 암페타민을 시도한 적이 있으나 몇 년 전부터는 저체중을 유지하기 위해 열량 섭취만 제한하고 있다.

그녀는 수년에 걸쳐 12월에 시작하여 봄이 되면 저절로 호전되는 겨울철 우울증을 겪었다. 그 증상에는 기분 저하, 수면 증가, 피로감, 식욕 증가, 흥미 저하, 집중력 저하 등이 있었지만 자살 사고는 없었다. 지난 겨울에는 항우울제 치료로 증상이 빠르게 호전되었다. 저체중과 경도의 갑상선기능저하증을 제외한 다른 신체 건강은 양호했다.

베로니카는 극도로 말랐다는 것만 빼면 면담에 협조적이며 의욕적이고 쾌활한 젊은 여성이었다. 그녀는 명료하고 조리 있게 말했으며 망상, 환각, 공포증, 공황 발작, 강박 행동과 강박 사고 — 음식, 요리, 조리법에 대한 지속적인 관심을 제외하고 — 는 부인했다. 기분 상태는 정상적인 수준의 불안정성을 보였고 사고 내용에도 적절했다. 하지만 그녀는 명백하게 신체 소모적인 상태였음에도 스스로 과체중이라고 믿는 등 병식이 거의 없었고, 자신의 섭식 행동에 대한 판단력이 부족하여 건강에 해로운 결정을 내렸다.

그녀의 주요 진단인 신경성 식욕부진증의 원인으로는 유전(어머니가 몇 가지 강박 증상을 지니고 있는 것으로 보였으며 언니는 폭식증이 있었다), 사회적 요인(서구 사회에서는 항상 날씬함과 미를 결부시킨다), 아버지로부터 가해지는 통제에 저항하려는 심리적 욕구 등이 있다. 계절성주요우울장애는 부분적으로는 가족력의 영향으로(아마도 아버지에게 양극성장애의 기분장애 과거력이 있는 것 같다), 또 일부는 또래들에게서 경험하는 거절감의 고통에 의한 것으로 설명된다. 베로니카의 주요 강점에는 높은 지능, 근면성, 그리고 통제적이지만 딸에 대해 — 그들의 방식으로는 — 염려하는 지지적인 부모님이 있다.

재진단의 가능성 고려하기

임상가는 실수를 하고 환자들은 변한다. 이것이 우리가 진단을 재고할 필요성이 있는지에 대해 항상 경계하고 있어야 하는 이유이다. 하지만 새로운 정보를 접했을 때 진단을 재조정하는 것에 대해서는 그다지 이야기되고 있지 않다. 우리는 그러한 변화의 가능성에 대해 항상 고려해야 한다. 그러나 다음과 같은 특정 상황에서는 재진단을 위한 장치를 반드시 가동시켜야 한다.

1. 당신의 새로운 환자가 이전에 이미 내려졌던 진단을 가지고 오는 경우이다. 이러한 상황은 임상가들에게 일종의 함정이 되는데 이는 진단적 재평가가 필요하다는 신호를 준다. 불행히도 모든 임상가들이 과학적 진단을 내리는 것은 아니며, 오래된 방식이지만 그리 좋지 않은 직감이나 편견으로 환자의 운명이 결정되는 경우가 너무 많다. 새로운 환자와 치료를 시작하는 출발점은 환자의 온전한 과거력을 검토하고 정신 상태를 재평가할 수 있는 이상적인 지점이다. 당신이 오래된 진단을 그대로 받아들여서 치료를 시작해 버린다면 나중에 이를 되돌리는 것이 훨씬 어려울 것이다.

2. 당신이 내린 진단으로 설명되지 않는 증상들이 여전히 남아 있는 경우이다. 그 예로 우울증이 있는 불안증 환자, 망상이 있는 우울증 환자, 그리고 다시 원점으로 돌아와 불안을 호소하는 정신병 환자 등이 있다. 각 사례들에서 단일 진단이 모든 증상을 아우를 수 있기는 하다. 그러나 한편으로 이러한 사례들은 모든 해당 증상들이 치료에 충분히 반응하는지를 확신하기 위해 계속 주의 깊게 살펴야 한다는 것을 나타낸다.

3. 환자가 현재의 진단으로는 설명되지 않는 새로운 증상을 보이는 경우이다. 우울증을 치료했는데 환자가 이후에 조증 증상을 나타냈다면 당신은 무엇을 해야 할지 분명 심각하게 재고하게 되었을 것이다. 그러나 치매 환자가 우울해지는 경우는 어떠한가? 혹은 PTSD 환자가 먹는 것을 중단했다면? 만일 새로운 증상이 현재의 진단에 잘 부합한다면 그것은 정말 좋은 경우다. 하지만 그러한 경우가 아니라면 새로운 자료를 오래된 도식 안으로 넣어 버리려는 유혹에 힘써 저항해야 한다. 우리는 환자에 대해서 계속해서 사고의 유연성을 발휘할 필요가 있으므로 더 이상 타당하지 않은 진단에 부적절하게 매달려서는 안 된다.

4. 적절해 보이는 치료에도 불구하고 환자가 여전히 증상에서 빠져나오지 못하고 있는

경우이다. 물론 치료 자체에 문제가 있을 수도 있지만 당신이 자기도 모르게 잘못된 진단으로 치료를 해온 것은 아닐까? 예를 들어 익명의 중독자 모임(Narcotics Anonymous)에 성실하게 참석하지만 기저의 우울증은 숨겨온 환자에게 코카인 사용 진단만을 내리는 경우가 있을 수 있다.

5. 증상의 호전에도 불구하고 환자의 직업 혹은 가족 상황이 악화되는 경우이다. 그 예로 멜리사는 행동 치료를 통해 공황발작은 감소되었으나 남편과의 다툼과 상사의 비판적 평가가 더 늘어났다고 했다. 임상가는 그녀의 과거력을 재검토하고 정신 상태를 재평가하여 이차적 우울증이 있다는 것을 알아냈다. 다른 환자들에게 이러한 상황은 성격장애의 존재 여부를 재평가할 수 있는 시점이 되기도 한다.

6. 당신이 마침내 환자의 친인척, 배우자, 중요한 타인 등을 만나게 된 경우이다. 여기서 이차적 과거력, 새로운 가족력, 당신의 잠정적인 진단을 수정할 수 있는 다른 정보를 얻을 수 있다. 그게 아니더라도 최소한 이러한 정보를 통해서 이전의 진단이 타당한지 확인할 수 있는 새로운 시각을 갖게 될 것이다.

7. 의학적인 검사 결과는 새로운 단서를 줄 수 있다. 때때로 갑상선 호르몬 수치나 영상 검사에서의 이상은 해당 문제만 없었더라면 잘 지낼 수 있었을 것으로 보이는 환자들을 재평가하는 계기가 된다.

8. 전에 알려지지 않은 새로운 질환이 나타난 경우이다. 물론 새로운 장애들이 모두 그렇게 자주 나타나는 것은 아니다. 하지만 언젠가 연습 삼아서 DSM의 관련 부록을 살펴보고, 얼마나 많은 장애들이 미래의 개정판에 포함될지에 관해 연구되고 있는지 한번 보길 바란다. 내가 마지막으로 확인했을 때는 여덟 가지가 있었는데, 지금은 열두 가지도 넘게 늘어났다. 그리고 더 많은 장애들이 차례를 기다리고 있다. 최근에 제안된 것으로는 신체보전정체성장애(body integrity identity disorder)가 있다. 이는 자신의 건강한 신체 부위가 제거되어야 한다는 생각에 사로잡히는 극히 드문 상태로서, 의사에게 자신의 다리를 절단해 달라고 요청한 남자의 사례가 있다 (2005년 3월자 뉴욕 타임스에 수록). 이러한 장애는 많은 흥미를 불러일으키기에는 충분하지만, 과연 후대에도 계속 남아 있을까? (영화 사업자들이 말하는 대로 그 관심이 오래갈까?)

9. 한편으로는 그저 진단에 대한 책을 열심히 들추어 보는 것만으로 당신이 특정 환자에게 고려하지 못했던 실제 진단을 떠올릴 수 있게 될 수도 있다.

진단을 변경하는 것과 관련된 문제

당신이 새로운 정보를 얻거나 치료 과정에서 다른 문제가 나타났을 때, 현재의 잠정적 진단을 재고하거나 완전히 새로운 진단을 내려야 할 것이다. 그렇게 하는데 실패하는 것은 상황에 따라 매우 치명적일 수 있다(이후에 나오게 될 '긍정 오류'를 참고하라). 아래 몇 가지 제안들은 진화하는 진단의 늪을 지나며 자신의 길을 발견할 수 있는 방법에 대한 것이다.

- 성급하게 반응하지 말라. 특히 환자가 안정되어 있고 건강하다면 조심스럽게 진행해야 한다. 정말 긴급한 상황이 아니라면 갑작스러운 조치는 문제를 명료화하기보다 오히려 뒤죽박죽으로 만들 수 있다. 심지어 많은 심사숙고에도 불구하고 완전히 실패로 끝날 수도 있다.

  > 캔디라는 젊은 여성은 양극성장애로 진단 내려진 적이 있는데, 기분 조절제인 리튬과 전기 경련 치료에도 불구하고 점점 정신병적 증상이 증가했다. 거의 2년이 지난 후에야 나는 마지못해 그녀의 진단이 조현병이라고 생각하기 시작했다. 그녀는 항정신병 약물로 다소 호전이 되었지만 여전히 증상이 남아 있었고, 직업을 유지하지 못했으며, 남편과 이혼했다. 결국에는 연락이 끊겼는데 몇 년이 지난 후에야 우연히 만나 이야기를 나누게 되었다. 그녀는 다른 주치의에게 새로운 기분 조절제로 치료를 받고 있다고 하였으며 완전히 회복된 것으로 보였다.

- 새로운 정보를 신중하게 재평가하라. 그리고 정보의 내용과 출처를 모두 믿을 수 있는지를 고려하라. 그것이 당신이 이미 알고 있었던 정보와 얼마나 들어맞는가? 우리가 이미 논의했던 진단 원칙들은 새로운 소식을 평가하는 데 도움이 될 수 있다.
- 진단을 변경함으로써 일어날 수 있는 결과는 무엇인가? 뛰어오르기 전에 어디로 내려올 것인지를 반드시 알아야 한다. 치료에 당연히 변화가 있겠지만 그 예후는 어떠할 것인가? 환자의 가족은 어떻게 반응할 것인가?
- 도움을 구하라. 정신과적 진단은 외로운 작업이 될 수 있는데 조언자의 새로운 시각은 가끔 당신의 진단적 사고 과정에 새로운 방향을 제시해 줄 수 있다. 까다롭고 혼동되는 환자에 대해 함께 논의할 수 있는 사람이 있으면 생각을 정리하는 데 도움이 된다. 나는 여러 학회에서 가장 가치 있는 것이 여러 임상가들로 하여금 자신이 다루기 어려운 진단적 문제에 대하여 새로운 통찰을 얻기 위해 발표하는 자리라고 생

각한다.

- 성공적인 결과를 확신하는 데 도움을 줄 수 있는 모든 객관적 정보를 재고하라. 심리학적 · 의학적 검사들이 이러한 종류의 자료에 포함된다.
- 당신의 생각을 공유하라. 새롭게 발견한 사실, 진단을 변경할 필요성에 대한 당신의 견해, 그리고 이 모든 것이 치료에 어떤 영향을 미치는지를 환자에게 — 만일 가능하다면 가족에게도 — 충분히 알리라. 모든 사람들에게 상황을(특히 당신이 진단에

긍정 오류

긍정 오류(false positive), 즉 진단이 부정확한 것으로 드러나는 경우는 충분히 문제가 되기 때문에 우리는 그것을 여러 차례 논의해야 한다 — 반대로 부정 오류(false negatives)는 진단이 내려졌어야 하지만 그러지 않은 경우를 말하는데, 이 또한 매우 치명적이어서 그 결과는 불 보듯 뻔하다. 다음은 긍정 오류를 피해야 하는 이유이다.

- 어떤 정신의학적 진단은 당사자에게 낙인(stigma)이 된다. 반사회성 성격장애와 조현병은 신중한 연구와 완전한 확신 없이 진단을 내려서는 안 된다. 사회적 비난이 없다고 해도 정신과적 진단을 받았다는 것만으로도 자존감이 손상되고 개인적 책임감이 저하될 수 있는 문제가 역시 여전히 남아 있다.
- 잘못된 진단을 쫓아가는 동안 더 정확한 다른 진단을 무시해 버릴 수 있다. 긍정 오류는 당신이 조사 단계에서 다음 행동에 대해 깊이 생각해야 할 때 거짓된 안도감을 줄 수 있다.
- 긍정 오류는 치료에 있어 두 가지 영향을 미칠 수 있다. 하나는 불필요한 치료를 조장한다는 것이고, 하나는 실제로 요구되는 치료를 지연시킨다는 것이다. 그 결과로 발생하는 금전적 비용(예 : 보험 지출, 업무 시간의 낭비 등)은 말할 것도 없다.

긍정 오류 진단은 우리가 진단 기준을 각 증상에 배타적으로 사용할 때 특히 범하기 쉽다. (증상을 열거하는 것은 쉽다. 하지만 맥락을 이해하는 것은 정말 어려운 일이다.) 진단 매뉴얼은 어느 정도 다중 진단을 장려하기 때문에 과잉 진단을 조장할 수도 있다.

긍정 오류 진단의 결과로 고통을 겪었던 환자들의 사례는 우리로 하여금 신중하게 추적하고 근거를 재고할 필요성을 상기시킨다. 2005년 오팔 페티는 텍사스 주립 정신 병원에서 51년을 보내고 나서 사망했다. 그녀는 경계선 지능인 것 같았으며 10대 때부터 이상한 행동을 하기 시작했다. 우선 그녀는 춤을 추고 싶어 했지만 기독교 근본주의자인 부모님은 이를 허락하지 않았다. 교회의 악령 쫓기 의식으로 이 문제를 해결하는 데 실패하자 그들은 그녀를 정신 병원에 입원시켰다. 그녀는 조현병으로 진단되었고 67세까지 감금 시설에 수용되었다. 임상가들이 그녀를 대신해 증언을 하였으며, 그녀가 처음 입원했을 때는 정신병적 우울증이 있었으나 이후 곧 회복되었다는 결론이 내려졌다. 마침내 먼 친척이 그녀를 풀어 달라고 요청했고, 그녀는 남은 20년의 생을 자기 집에서 정신병과 귀신들림이 전혀 없는 상태로 살았다.

제1부 진단의 기초

어느 정도로 확신이 없는지를 포함하여) 이해시키는 것보다 치료에 순응하도록 하는 더 좋은 방법은 거의 없을 것이다. 나는 허심탄회하게 이야기할 것을 권한다. 그러나 이러한 과정은 더 이상의 정서적 외상(트라우마)으로 이어지지 않게 긍정적으로 표현되어야 한다.

PART 2
진단의 구성 요소

8

환자의 종합적 이해

만약 현재 조증 증상을 보이고 있고 제Ⅰ형 양극성장애 과거력을 지닌 환자가 찾아 온다면 진단은 거의 확실할 것이다. 하지만 (1장의) 카슨과 그가 호소한 우울증의 경우, 지난번 그가 내게 연락하여 증상이 변화하는 중이라고 말한 사실이 진단에 다른 영향을 미칠까? 물론 정답은 '그렇다'이다. 카슨의 사례는 우리가 정서와 행동을 이해하는 데 개인의 환경적·역사적 정보가 중요하다는 사실을 알려 준다. 이 견해는 2005년 미국 정신의학회지 사설에서 강조되었다. 이는 훌륭한 임상적 작업은 증상에 대한 일상적인 진단적 체크리스트를 넘어서 ─ '한참 넘어서'라고 말하고 싶다 ─ 모든 정신과적 과거력과 사회력을 포함해야 한다는 점을 강조한다.

가능한 모든 정보를 수집해야 하는 또 다른 이유는 정신과적 질병으로 진단 내릴 수 없음에도 불구하고 자신이 정신과적 질병을 지닌 게 아닌지 걱정하는 일반 환자들을 안심시키기 위해서이다. 예를 들어 톰은 결혼 생활이 파탄에 이르렀고, 그의 상사는 톰이 초과 근무를 하지 않으면 회사에 지장이 생길 것이라고 말하고 있다. 톰의 스트레스와 불편감은 톰으로 하여금 뭔가 더 근본적인 것이 잘못되어 정신적인 붕괴에 임박한 것이 아닌지 걱정하게 만들지도 모른다. 여기서 총체적인 개인력은 두 가지 역할을 수행한다. 톰에게 정신장애가 없다는 것과 그가 다양한 삶의 문제를 가지고 있다는 것을 모두 지적해 주어야 한다는 것이다. 톰이 경험하는 것과 같은 문제를 다루는 것은 종종 (긴급할 수는 있지만) 어떤 진단 가능한 질병보다는 덜 구체적이다. 따라서 우리가 직장 스트레스나 결혼 문제와 같은 맥락 의존적인 진단을 내릴 때는 정서의 급격한 변동에 대한 보다 구체적인 원인들을 확실히 배제하길 원한다.

물론 정신과적 문제를 지닌 환자들조차 종종 부수적이고 정신과적 문제와 관련없는 문제를 가지는데, 우리는 이를 다루어야만 한다.

현재 37세인 도로시는 지난 15년간 조현병으로 치료를 받아 왔다. 그녀는 영문학 전공으로 대학을 졸업했지만, 얼마 되지 않는 장애인 수당과 동네 슈퍼마켓에서 식료품을 포장하고 카트를 운반하는 아르바이트를 통해 벌어들인 수입으로 생계를 유지하고 있다. 그녀는 국가에서 보조하는 만성 장애인 시설에서 룸메이트와 함께 생활하고 있으며, 스스로 물건을 구매할 수 있고 은행 카드와 돈을 관리할 수도 있다. 항정신병 약물 덕분에 10년 이상 입원하지 않은 채 지내고 있음에도 불구하고 그녀는 심각한 문제에 닥친 것 같은 느낌을 받고 있다. 도로시의 룸메이트인 자넷은 일도 하지 않고 집을 청소하지도 않으면서 자신(과 도로시)의 돈을 볼링, 비디오 게임, 피자 주문 등에 써 버리고 있다. 도로시에게 사회생활이란 존재하지 않는다. 자넷은 도로시에게 소리를 지르고 그녀를 괴롭혔다. 자넷 같은 게으름뱅이에게 초대할 친구가 없는 것은 너무나 당연했다. 도로시는 혼자 모든 청소를 해야 했다. 도로시는 자신이 자넷에게 이용당하고 조종당한다고 느꼈지만 이러한 문제를 해결하기 위해 할 수 있는 게 아무것도 없다는 사실 때문에 무기력감을 느끼고 있다. 그녀는 시설 입소를 기다리는 사람들이 많다는 사실을 알고 있었고, 만약 자넷에 대해 불평하면 자신은 쫓겨나고 더 순응적인 사람이 입주하게 될까 봐 두려웠다.

관리라는 실용적인 측면은 차치하고서라도 누군가에 대해 모든 것을 안다는 사실은 흥미롭고 값진 일이다. 더 많은 관심이 라포를 형성하고, 라포는 (양측에서) 공감을 증진시키며 협력을 촉진한다. 이러한 모든 이유 때문에 나는 종종 '개인력과 사회력'이라는 주제 하에 설명되는 광범위한 정보와 환자 가족에 대한 구체적인 정보를 고려하는 것이 전적으로 중요하다고 생각한다. 이 장에서 우리는 정신과적 과거력이라는 이름의 거대한 구성 요소인 배경 정보의 여러 항목들을 탐색할 것이다. 배경 정보는 우리가 환자의 증상을 이해하고 진단하는 데 영향을 미칠 수 있다. 이러한 자료를 쉽게 참고할 수 있도록 표 8.1에 간략히 정리해 두었다.

표 8.1 개인력 및 사회력의 개요

아동기

어디에서 태어나고 양육되었는가?

부모 모두에게 양육되었는가?

형제의 수와 형제 서열은?

부모가 원했던 아이였다고 느꼈는가?

만약 입양되었다면 어떤 상황이었나?

가족 내부와 외부의 스트레스 요인은?

부모 및 형제와의 관계는?

가족 중 다른 어른이나 아이들이 있었나?

어릴 때 건강은 어땠나?

최종 학력은?

학업, 행동, 징계 문제는?

친구의 수와 교우 관계의 질은?

처음으로 연애를 시작한 연령은?

성적 또는 신체적 학대 여부와 구체적인 내용은?

성적 발달은?

취미나 흥미는?

어린 시절의 종교는?

이혼, 사별에 의한 상실 경험은?

가족력

가까운 친척의 정신과적 가족력은?

부모, 형제, 자녀 및 기타 친척들과 현재 관계는?

성인기

현재 누구와 살고 있는가?

재정적 원조의 유형 및 출처는?

노숙자였던 적이 있는가?

현재 (사회적) 지지망(예 : 가족, 단체)은?

결혼한 횟수는?

결혼, 이혼, 별거의 문제는?

친 자녀 및 입양 자녀의 수, 연령, 성별은?

평생 동안 일한 직장의 수는?

이직 이유는?

군복무 중 분과, 직위, 징계 문제는?

참전 경험은?

민법적 문제가 있거나, 구금된 적이 있거나, 폭력 문제가 있었나?

현재의 종교와 참여 여부는?

여가 활동 단체 혹은 취미는?

성적 선호도 및 적응은?

처음 성 경험을 한 나이와 구체적인 내용은?

자살 시도를 한 방법, 물질 남용과의 관련성, 그 결과는?

성격적 특질과 생애 동안 지속된 행동 패턴의 증거는?

현재의 성생활은?

성병이 있는지?

물질 남용의 유형, 양, 기간, 결과는?

아동기

로랜드는 40대 초반부터 회계사로 일해 왔다. 그는 성인기 내내 시큰둥한 태도로 친밀한 관계를 형성하는 데 어려움을 겪어 왔다. 나는 그와의 첫 만남을 통해 그의 초기 개인력 중 일부를 알게 되었다. 그는 2살 때 어머니를 여의었고 두 명의 자녀를 둔 이모 밑에서 자랐다. 로랜드는 적절한 의식주를 제공받았지만 가족 내에서 전혀 소속감을 느끼지 못했다. 크리스마스가 되면 사촌들은 예쁘게 포장된 선물을 받았지만 로랜드는 포장도 되지 않은 토큰을 받았다. 또 어떤 해에 사촌들은 엔진이 달린 낙하산 제작 장난감 세트를 선물 받았지만 그는 밀어서 움직이는 작은 장난감 트럭을 선물 받았다.

케슬러와 그의 동료들이 2005년에 수행한 연구의 결과, 전체 정신과적 질병 중 절반은 14세 전에 시작된다는 점이 강조되었다. 그러나 환자의 아동기 정보 중 대부분은 진단으로 이어지지 않고, 그보다는 '성격 형성 경험'이라 일컬어지는 것에 대한 일반적인 이해에 더 많은 영향을 미칠 것이다. 성격 형성 경험은 물론 알 만한 가치가 있다. 하지만 때로는 아동기 시절의 정보가 현재 증상을 설명하는 데 도움이 될 수 있다. 환자가 사랑, 성공과 같은 긍정적인 경험이나 좌절, 실패와 같은 스트레스에 반응할 때, 부모나 다른 친척들을 모방한다는 것은 아마 사실일 것이다. 로랜드의 열악한 아동기 — 그의 친척들은 해리 포터 속 끔찍한 숙모와 삼촌의 모델이 될 수 있었을 것이다 — 는 그 스스로 일생 동안 거절당하고 고립되었다고 인식하게 만들었다.

초기 관계

환자는 어떤 유형의 아동이었는가? 외향적이었나? 내향적이었나? 조용했나? 진중했나? 과시적이었나? 따돌림을 당한 경험은 향후 만성 정신병이나 성격장애로 이어질 수 있다. 타인들과 함께 있는 것을 항상 불편해하는 사람은 알코올 중독의 위험성을 지닌다. 종종 나이가 더 많은 아동이 자신보다 어린 형제자매들을 책임져야만 할 때가 있는데, 이는 그들의 아동기 경험 그 자체는 물론이거니와 청소년기 관계 형성 기회에도 영향을 미친다.

졸리가 자신의 인생에서 여섯 동생들의 '어린 엄마'로 지내 온 것은 확실히 두드러진 특징이다. 그녀는 성인기에 자녀 양육의 책임 문제로 결혼 생활이 실패할 때까지 계속해서 남편에게 많게는 동시에 7명의 아이들을 돌봐 달라고 설득했다.

부모(과도하게 개입했나? 거리가 있었나?), 형제자매, 가족 내외의 타인들과의 상호 작용 방식에 대한 정보는 졸리처럼 정신과적 장애가 없는 사람들에게 특히 의미가 있을 수 있다.

아스퍼거장애를 가진(DSM-5에서는 자폐스펙트럼장애란 새로운 범주에 포함) 환자의 초기 사회적 발달은 빈약한 눈 맞춤, 연령에 적합한 또래 관계의 결여, 또래 및 가족과의 관계 형성 실패로 특징지어질 수 있다. 타인의 감정과 경험을 이해하고 공감하는 능력의 결함은 성인기까지 이어진다.

아스퍼거장애를 지닌 오드리는 최근 발달장애를 지닌 버트라는 청년과 교제하게 되었다. 두 사람이 각자의 가족들과 추수 감사절을 보내고 있을 때 오드리는 버트에게 전화해서 그를 사랑한다고 말했다. 버트와 그의 부모님이 반복적으로 그만하라고 했지만 오드리는 계속해서 전화를 걸어 총 11번의 통화를 했다.

상실

관계에서의 파국이 아동기에는 특히 더 힘들 수 있다.

술을 전혀 마시지 않던 전도사 아버지가 가족의 곁을 떠났을 때, 타일러는 그저 12살짜리 어린아이에 불과했고 이후 20년간 아버지에게 매우 분개했다. 그는 치료 회기에서 "난 항상 그게 약물을 복용하기 시작한 중요한 원인이라고 생각했어요. 난 단지 그 늙은이에게 화가 났어요. 나는 내내 그에게 벌을 주고 있다고 생각했어요."라고 말했다.

그렇게 연관 짓는 기제가 모호하긴 하지만 아동기에 부모를 사망으로 상실하는 경험은 때때로 성인기에 발병하는 우울증에 영향을 미칠 수 있다. 또한 연구들은 부모의 이혼, 별거가 주요우울장애, 범불안장애와 관련이 있음을 보여주었다. 14세 이전에 아버지를 잃은 경험은 성격장애의 위험을 증가시킨다.

교육

규율적이고 학업적인 다양한 문제가 이후의 행동 문제와 관련되어 있다.

21세 더들리가 술에 취해 자기 집 근처의 아파트에서 도둑질을 한 것이 작년에만 벌써 세 번째였다. 그를 기소한 지방 검사보는 "그는 첫 번째 보호 기간 3개월간 아무것도 배우질 못했습니다. 그는 명백한 사회병질자입니다."라고 말했다. 피고 측 변호인으로 참석한 임상가는 더들리가 모범적인 학생이었고, 고등학교도 우수한 성적으로 졸업했으며, 작년에 음주를 시작하기 전까지는 법적인 문제가 전혀 없었다는 점을 강조했다. 반사회성 성격장애의 정의 자체에 초기 품행장애가 포함되는데 더들리는 그렇지 않다는 점이 강조되었으며, 임상가는 그 대신 알코올사용장애라는 진단명을 제안했다. 판사는 이 제안을 받아들여 더들리를 재활 시설에 입소시켰다.

물론 반사회성 성격장애가 싹트기 시작한 사람이 징계를 받지 않고도 학교생활을 했을 가능성이 있다고 추측할 수 있다. 그러나 나는 그런 사례를 단 한 번도 본 적이 없다. 당신은 또한 지적장애와 치매, 혹은 학습장애와 ADHD를 감별할 때도 교육력을 활용할 수 있다.

성생활과 학대

아동기의 막바지에 이르면서 성적 자기(sexual self)가 깨어나고 이를 탐험하는 시기가 다가온다. 많은 성인 환자들은 성적 자기의 시작과 관련된—기억에 남는—경험을 가지고 있을 것이다.

> 15세 때 조세핀의 신체적 발달은 그녀의 판단력을 앞질렀다. 조세핀과 그녀가 오래 사귄 남자친구는 본인들도 아직 어린 상태에서 부모가 되었다. 그들은 창피함을 느꼈고, 교육받을 기회를 잃었으며, 결국 청년기를 음주, 우울, 이혼으로 마감하게 되었다.

많은 아동의 성생활은 공격과 배신으로 시작되는 무척 어두운 이야기다. 아동기의 성적 학대는 고통스럽지만 많은 성인기 정신과적 장애의 신호가 되기 때문에 반드시 탐색해야 한다. 여기에는 신경성 식욕부진증, 우울증, 알코올 중독, 조현병, 해리장애, 신체화장애, 성격장애(특히 경계성 성격장애), 공황장애, 품행장애가 포함된다. 이처럼 다양한 진단적 스펙트럼을 보일 수 있기 때문에 사람들은 아동기 성적 학대가 지니는 구체적인 효과보다는 이러한 경험이 여러 유형의 정신 병리 발달로 이어지는지에 대해 궁금하게 된다. 잠재적인 원인이나 결과에도 불구하고 나는 두 가지 방식으로 상관관계를 활용한다. 즉, 아동기 학대 경험이 있는 사람을 만날 때 상기한 장애들 중 하나를 고려한다. 그리고 환자가 상기한 장애들 중 어떤 장애를 갖고 있을지 모른다고 생각될 때는 언제든 학대와 관련된 힌트를 확인하는 데 조금 더 많은 신경을 쓴다.

성인기의 삶과 생활환경

당신은 한 성인의 현재 생활 정보로부터 진단과 기본적인 사실에 대해 알려 주는 다양한 지표를 발견할 수 있다. 새로운 환자를 평가할 때 고려하는 쟁점 중 일부를 다음에 기술하였다.

표 8.2	성별 우세성이 나타나는 장애들	
남성 우세		**여성 우세**
알코올사용장애		신경성 식욕부진증
기타 물질사용장애		불안 및 관련 장애(강박장애 제외)
반사회성 성격장애		신경성 폭식증
인위성장애		해리장애
변태성욕		병적 도벽
도박장애		주요우울
병적 방화		신체화장애

연령 및 성별

연령과 성별이라는 환자의 기본적인 특징이 진단적 인상에서 매우 중요하다. 예를 들어 (새로운 DSM-5 신체증상장애에서는 확신할 수 없지만) DSM-Ⅳ의 신체화장애는 거의 전적으로 여성(특히 젊은 여성)에게서 발견된다. 이는 환자 이름이 여자 이름일 때는 신체화장애를 강력히 고려하면서도, 남자 이름일 때는 거의 고려하지 않는 이유이기도 하다. 한편 주로 젊은 남성, 특히 수감 중인 젊은 남성에게서는 반사회성 성격장애를 접할 수 있을 것이다. 소수의 주요 장애들(조현병, 양극성장애, 강박장애)은 성별 간에 차이가 **없지**만, 대부분의 정신과적 장애들은 특정한 성별에 편중되어 있다. 표 8.2는 그 목록 중 일부를 포함하고 있다.

성생활과 결혼 생활의 어려움

성적 관심의 변화(기복)는 기분장애에서 흔한 증상이지만 상황에 부적절한 성적 행동은 치매에서부터 물질 사용에 이르는 다양한 장애들과 관련된다. 특히 낮은 성적 관심은 전형적으로 신체화장애에서 나타난다.

세상이 많이 변하여 많은 혼전 연애 경험이나 혼외정사도 너무 흔해져서 과거와는 달리 스캔들의 축에도 끼지 못하게 되었다. 그럼에도 불구하고 저자는 한 번 이상 결혼에 실패한 사람에게서는 성격장애가 있을 가능성을 의심한다. 환자가 조증이라는 명백한 증거가 없음에도 부적절하게 유혹적인 태도를 보일 때 특히 성격장애일 가능성을 면밀히 평가하며, 환자가 유혹하려는 대상이 임상가인 경우에는 더욱 그렇다.

조현병 환자들 대부분은 과거에 독신인 경향성이 있었으나 오늘날 치료가 향상되고 보호 시설에 입소시키는 관행이 급격히 줄어들면서 이러한 경향성은 더 이상 사실이 아니게 되었다. 그러나 조현성 성격장애 환자들은 정의상 타인과의 성관계에 거의 관심을 보이지 않는 경향이 있다.

현재 환경

사람들은 다양한 생활환경 속에서 살아간다. 저자는 홀로 살아가는 많은 사람들을 알고 있고, 때로는 끔찍하다고 여겨지는 환경에서 살아가는 사람들도 알고 있다. (어떤 남자에게 어디에 사는지 물었을 때 그는 "예전에 머물던 곳은 냉장고였어요."라고 대답했다.) 하지만 대부분의 사람들은 가까운 친구와 이웃들이 주는 사랑과 안전 속에서 더 나은 삶을 살고 있다. 이것이 정신건강 평가에서 단지 질환의 진단만을 고려해서는 안 되는 이유이다. 당신은 또한 환자의 사회적 지지 체계가 조증이나 우울 증상을 평가할 수 있을 정도의 기민함을 유지하고 있고, 새로운 음주 및 기타 물질 사용의 증거를 예의 주시하며, 행동이나 감정을 완화시키는 데 중요한 약물 복용을 중단할 경우 임상가에게 알려 주기 충분한지에 대해 반드시 판단해야 한다.

수년 전 나는 아파트에 혼자 살면서 물질 사용을 극복한 한 청년을 만났다. 그에게 지지 체계에 대해 물었을 때 그는 슬프게도 정신건강 의료인과 치료 집단만을 언급할 수 있었다. 이런 환자에 대한 예후는 친구와 가족으로부터 안정적인 지지를 받고 있다고 느끼는 환자에 대한 예후보다 덜 낙관적일 수밖에 없다. 그리고 지지 체계에서의 변화는 끔찍할 수 있다. 가령 광장공포증 환자의 경우 배우자나 친구가 죽거나 이사를 가게 되면 전혀 외출할 수 없게 될 수도 있다. 물론 관계의 질은 관계의 수만큼 중요할 수 있다. 조현병 환자들에게 제멋대로 소리를 지르고 비난하는 매우 감정적인 가족이 있는 경우 병이 재발하기 쉽다는 사실은 잘 알려져 있다. 정확한 자료가 있는 것은 아니지만 홀로 자녀를 양육하고 있거나, 재정적 궁핍과 싸우고 있거나, 이혼의 위기에 놓인 사람들이라면 누구든 긴장감에 사로잡혀 더 큰 취약감을 느끼게 되는 것이 당연하다.

환자가 사는 장소도 평가와 관련될 수 있다. 전형적인 예는 치매 환자가 친숙한 환경에서 새로운 다른 환경으로 이사를 간 후 악화된 지남력 상실에 압도되는 경우이다. 뱀을 무서워하지만 평생 도시에 살았던 사람은 시골로 이사 가기 전까지는 증상이 전혀 없을 수 있다. 시간이라는 환경적 요인도 진단과 관련될 수 있다. 1장에서 언급되었듯이 카슨은 규칙적으로 가을이나 겨울에 우울 증상을 보이다가도 봄에는 회복되곤 했다.

직업 및 재정적 원조

재정적 원조를 제공하는 것을 차치하더라도 직업은 우리가 스스로를 사회의 생산적인 일원으로 인식할 수 있게 해 준다는 점에서 자존감의 기초가 된다. 직업의 종류와 그에 대한 근로자의 시각은 여러 진단적 가능성을 시사한다. 숙련된 사서였지만 환청, 망상이 생긴 뒤에 수년 전부터 대형 백화점의 잡역부로 일하게 된 일사는 조현병 환자들이 직업적 계층에서 하향 이동한다는 사실의 예시를 제공한다. 또한 닉은 물질 사용과 관련된 유사한 예시를 제공한다.

> 나는 기지 넘치고 총명한 닉이라는 남성에게 지금 하고 있는 가구 배달 일을 어떻게 시작하게 되었는지 질문했다. 그는 자신이 예전에는 꽤 괜찮은 컴퓨터 수리공이었지만 맥주를 너무 좋아해서 반복적으로 운전면허가 정지되었다고 말했다. 결국 면허가 취소되자 그는 더 이상 정규적인 직업을 가질 수 없게 되었다. 그는 "가구 나르는 일은 다른 사람들이 매일 아침에 나를 데리러 오고, 일을 마친 뒤에는 데려다 준다는 게 가장 좋아요. 그러니까 내가 매일 밤 12팩의 맥주를 마셔도 끼어들 게 없는 거죠."라고 말했다.

오랫동안 실직한 경험은 몇 달 또는 몇 년간 무언가가 심각하게 잘못되었다는 신호이다. 종종 그 '무언가'는 정신병, 물질 사용, 또는 제Ⅰ형 양극성장애이다. (비록 장애 수당은 조현병과 같은 심각하고 만성적인 질병을 암시하지만, 나는 장애 수당을 모으는 신체화장애, 물질사용장애 환자들도 알고 있다.) 숨길 수 없는 또 다른 유형은 전형적으로 반사회성 성격장애에서 나타나는 반복적인 해고와 갑작스러운 퇴직 등 변화가 많은 직업력이다. 하지만 부유한 유명 인사조차 직업과 관련된 행동의 결과에서 자유로울 수 없을지 모른다. 뉴욕 제트팀 동창회에 참석한 전(前) 챔피언십 쿼터백 조 나마스는 카메라 앞에서 리포터에게 두 번이나 키스하고 싶다고 말했다. 이는 그의 알코올 재활 시설 입소를 촉구하는 계기가 되었다.

재향 군인 전문 병원에서 근무한 오랜 경험은 나에게 군복무 경험이 있거나 소방관, 경찰관으로 일한 적이 있는 사람들에게 특히 주의를 기울여야 한다는 사실을 가르쳐 줬다. 이런 전문 직업 자체에 내포된 위험은 그들이 드러내는 불안 증상이 무엇이든 간에 PTSD 때문일 수 있음을 경고한다. 따라서 이런 증상들이 있을 경우 심리적 외상의 증거를 조심스레 살펴봐야 한다. PTSD 환자들은 우울장애와 물질사용장애를 동반할 가능성이 높다.

법적 문제

체포된 적이 있거나 유죄 판결을 받은 적이 있는 환자들을 만날 때는 진단 기준에 법적 문제들이 포함되어 있기 때문에 반사회성 성격장애, 품행장애, 물질사용장애를 우선적으로 떠올릴 것이다. 하지만 법 집행관들은 종종 변태성욕(특히 소아성애증과 관음증)이나 충동 통제(간헐적 폭발장애, 병적 도벽, 병적 방화, 도박장애 — 어쨌든 현재까지 머리 뽑기는 불법이 아니다)를 포함한 대부분의 장애에 관심을 둘 수 있다. 극심한 조증 상태에 있는 환자의 판단력은 법적 갈등을 야기하기에 충분할 만큼 오류가 있을 수 있다. 조현병 환자들은 가끔 폭력, 심지어는 살인을 저지르기도 한다.

가족력

비록 표준적인 진단 체계에서 가족력을 진단 기준으로 활용하고 있지는 않지만 대부분의 정신과적 장애에는 가족력이 있다. 사실 수천 건의 연구들은 거의 모든 정신과적 장애가 최소한 부분적으로는 유전을 통해 세대 간에 전달될 수 있다는 사실을 증명했다. 이는 정신과적 질병의 과거력을 지닌 친척이 있을 때 그러한 가족력으로 인해 환자가 그와 동일한 장애를 지닐 수 있다는 신호로 여겨지는 이유이다.

> 34세의 성직자인 마크 신부는 2년간 바티칸의 기록 보관소에서 일해 왔다. 어느 날 오후, 그는 1세기 전에 작성된 라틴 문서 속에서 우연히 사도(使徒) 마크의 말을 발견했다. 그는 "문득 그 언급이 나를 의미한다는 것이 분명해졌어요."라고 말했다. 이후 며칠간 그는 자신이 두 번째 재림 예수라는 암시를 깨달았고 그럴수록 점점 더 초조해졌다. 다른 성직자들에게 자신이 발견한 내용에 대해 보고했을 때 이는 상당한 논란을 일으켰다. 머지않아 그는 진정제를 맞은 채 두 명의 건장한 수사들과 동행했고 치료를 위해 미국으로 돌아갈 것을 재촉받았다.
>
> 첫 번째 평가 때 마크 신부는 여전히 과대망상이 있었고 자신이 세상을 구할 운명이라는 내용의 환청을 듣고 있었다. 그의 남동생이 전형적인 제 I 형 양극성장애로 수년간 치료를 받아 왔기에 그도 우선 리튬으로 치료를 시작했다. 증상은 급격히 완화되었다. 자신이 아팠다는 사실에 대해 완전한 병식을 갖게 된 뒤에 그는 직무를 할 수 있게 되었다. 그러나 다시 바티칸에 파견되지는 못했다.

마크 신부와 유사한 가족 패턴은 기분장애 외에도 다양한 정신과적 장애에서 발견될 수 있다. 여기에는 조현병, 여러 불안장애(특히 공황장애, 공포증, 범불안장애), 알코올 중독 및 기타 물질 사용, 신체증상장애, 알츠하이머치매, 신경성 식욕부진증 및 신경성 폭식증, 성격장애와 그중에서도 특히 잘 알려진 반사회성 성격장애가 포함된다. 심지어는 부적절한 시간(예 : 운동하는 도중)에 갑자기 잠이 드는 기면증 환자들도 강력한 유전력을 지닌다.

평가 시 가족력을 사용하는 데 대한 강력한 세 가지 주의 사항을 전하고자 한다. 첫 번째는 어떤 가족 구성원의 진단이 다른 가족 구성원의 진단에 영향을 주기가 매우 쉽다는 사실이다. 이는 내게도 일어난 일이다. 따라서 나는 환자의 친척이 지닌 증상이 의미하는 진단 쪽으로 판단이 기울지 않도록 훨씬 더 많은 주의를 기울여야 한다는 사실을 알고 있다. 연구자들도 이런 문제에 대해 잘 알고 있다. 그래서 '무정보 평가(blind evaluation)'라는 연구 방법, 즉 한 임상가가 환자를 평가하고, 환자의 진단을 모르는 다른 임상가가 환자의 친척에 대한 정보를 얻어 해석하는 방법을 개발한 것이다. 물론 당신이 진단을 내릴 때는 그럴 만한 여유가 없을 수 있다. 따라서 당신은 '편견이 임상적 판단에 영향을 주지 않도록 특별히 더 조심해야 한다' 는 사실을 염두에 둬야 할 것이다.

두 번째 주의 사항은 많은 환자나 가족들이 친척과 연결 지은 진단이 오해로 인한 것이거나 명백히 잘못되었을 수 있다는 점이다. 진단의 출처는 진단을 오해한 환자 혹은 더 솔직하게 말해 임상가의 실수에 의한 것일 수 있다.

> 우울증 환자인 줄리아는 자신의 할아버지가 조현병으로 입원한 적이 있다고 말했다. 줄리아의 어머니에게 얻은 추가적인 정보를 통해 줄리아의 할아버지가 특별한 '지적 능력' 을 가지게 된 것으로 의심되는 기간이 세 번 정도 있었다는 사실을 알 수 있었다. 그는 생각의 파동으로 인류 역사의 흐름을 변화시킬 수 있다고 믿었다. 각각의 삽화가 끝난 뒤 그는 점차 정상적인 삶으로 돌아왔고 버스 운전기사 일도 다시 할 수 있었다. 할아버지에게 이미 붙여진 진단명이 있었음에도 — 내가 얻은 정보에 따르면 — 그의 정신병은 만성적이라기보다는 일화적이었다. 그래서 제 I 형 양극성장애가 더욱 의심되는 진단이었다. 이는 줄리아의 조증을 예방하기 위한 치료가 제공되어야 한다는 사실을 시사했다.

> **진단 원칙** : 가족력은 진단 내리는 것을 도와줄 수 있다. 하지만 때로는 보고를 신뢰할 수 없기 때문에 임상가들이 각 가족 구성원을 다시 진단하기 위해 노력해야 한다.

요점은 가능한 한 언제든지 당신이 한 친척의 진단을 독립적으로 평가할 수 있도록 이용할 수 있는 모든 정보를 얻어야만 한다는 점이다. 이는 우리가 이미 4장에서 언급했던 가족력에 대한 진단 원칙을 수정할 필요가 있음을 시사한다.

세 번째 경고는 다음과 같다. 가족력의 **부재**는 우리에게 그 환자에 대해 아무것도 말해 주지 않는다. 여기에는 적어도 두 가지 이유가 있다. 과거력이 잘못된 것일 수 있다. (정보 제공자가 정보를 잊어버렸거나 숨겼을 수 있고, 환자가 입양되었거나 가족력에 대해 모를 수 있다.) 하지만 아무리 좋은 정보라고 해도 주요 정신과적 질병을 지닌 환자들의 부모, 자매, 자녀 중 약 10%만이 동일한 질병을 지닌다. 이것이 바로 많은 환자들에게 정신과적 질병을 지닌 것으로 알려진 가까운 친척이 없는 이유이다. 따라서 가족력이 있다는 사실은 작은 조짐으로 여겨질 수 있지만 조짐이 전혀 없을 때조차 어떻게든 바람은 불어올 수 있다는 사실을 알아차려야 한다.

9

신체적 질병과 정신과적 진단

신체적 질병이 정신과적 증상을 야기하거나 악화시키는 데 핵심적인 역할을 할 수 있다. 만약 이러한 사실을 잊는다면 우리가 내린 진단이 환자의 건강은 물론 삶까지 위험에 빠뜨릴 수 있다.

 제임스[5]

베트남전에 참전했던 나는 베트남에 착륙한 당일 아침에 스스로 꽤 잘하고 있다고 생각했다. 나의 상상 속 미래에는 한밤중의 박격포 공격과 훼손된 시체들이 놓여 있었다. 베트남에 도착한 첫날 몇 시간 동안 나는 야전 취사장의 위생 상태를 점검하고 응급 치료소를 세우는 지루한 일상 속에 있었고 자중하면서 기운을 차리려고 했다. 하지만 오후가 가까워지면서 안절부절 못하기 시작했고 나중에는 완전히 신경과민(jittery) 상태가 되었다. 무시할 수 없을 정도로 매우 강렬한 불안과 엄청난 피로감이 결합되어 아무 행동도 할 수 없게 되는 등 가장 공포스러운 증상들이 나타났다. 나는 심장이 너무 빠르게, 세게, 불규칙하게 뛰고 있다는 사실을 알아챘다. 그늘 아래에 서 있었음에도 숨을 쉬기 어려웠고 이마에는 땀이 흥건했다. 방탄조끼와 쇠로 된 헬멧을 쓰고 의료용 주머니와 M-16 총을 든 상태에서 나는 주저앉고 말았다.

내가 미쳐가거나 어떤 압력에 굴복하고 있는 것일까? 아니면 다른 무언가가 있는 것일까?

----

5. 역주 : 저자의 사례이다.

나는 이 주변에서 유일하게 의학적 권위를 지닌 사람이었기 때문에 갑작스러운 불안의 증거를 찾기 위해 벌벌 떨면서도 그날 했던 활동들을 검토했고 결국 원인을 발견했다. 나는 베트남에 착륙하기 전에 지급하는 식염제를 먹지 않았었다(사실은 젊음의 교만으로 거절했다). 그 결과 급성 전해질 결핍이 발생한 것이다. 물통 하나에 식염제를 타서 마시면서 다시는 그러지 않기로 맹세했다. 그리고 몇 분 안에 공황 발작이 가라앉기 시작했다.

베트남에서의 겪은 경험은 정신건강 진단 분야에서 신체적 건강과 질병의 중요성을 명백하게 보여 준다. 우리가 만약 이를 구성 요소로 염두에 두지 않으면 이러한 요인들은 환자의 질병을 이해하는 데 오히려 방해물이 된다. 정신과적 장애와 관련된 신체 증상을 명심하기 어렵기 때문에 내과 의사도 간호사도 아닌 정신건강 전문가들은 때때로 이런 문제에 직면해 의기소침해질 수 있다. 하지만 신체 증상이 환자에게는 매우 중요하기 때문에 모든 분야의 임상가는 정신과적 진단 시 신중하게 신체 증상을 확인해야 한다. 이는 진단 원칙이라는 위상을 부여할 정도로 중요한 것이다.

어떻게 신체적 장애와 정신과적 장애가 관련되는가?

신체적 건강과 정신건강이 서로에게 미치는 영향은 복잡하지만 한 단계씩 나아가면 그 관계가 쉽게 이해될 수 있다.

신체적 장애가 정신과적 증상을 야기할 수 있다

데릭에게 간질성 발작이 발생했을 때 전기 자극이 그의 뇌 도처에 흘렀다. 이는 고양된 느낌과 함께 책상 위에 놓인 사탕 병이 보이는 환시를 유발했다. 뇌전증 환자들은 이 외의 다른 환각 경험도 할 수 있다. 일부는 우울해지기도 하며 생각 및 발화에 어려움이 생기거나 기시감(Déjà vu)이 발생하기도 한다. 데릭처럼 종양, 다발성 경화증과 같은 뇌 병리를 지닌 환자들은 기분 변화를 경험할 수 있다. 사실 많은 신체적 질환이 정신과적 장애와 유사한 증상들을 만들어 낸다.

작가 이언 매큐언은 소설 **토요일**에서 헌팅턴병의 초기 단계인 어느 동네 건달에 대해 묘사했다. 일순간 백스터의 기분은 양극성장애 환자와 거의 유사하게 끓어오르는 분노에서 우울 및 달아오르는 행복감 사이를 오갔다. 흥미진진한 대단원에서 신경외과 의사인 주인공이 수술로 백스터의 뇌 혈종을 제거했고, 차라리 죽기를 원했을지도 모르는 환자의 생명을 구했다.

의학적 신화 때문에 실제로는 갑상선이나 아드레날린 이상이 있는 환자가 수년간 조현병이나 우울증으로 오진된 채 치료를 받기도 한다. 1978년 홀과 동료들이 수행한 연구는 이러한 이야기의 실체를 보여 준다. 658명의 환자 중 9%가 정신과적 증상을 야기할 수 있는 의학적 장애가 있었다. 우울, 혼돈, 불안, 기억력 저하가 가장 자주 나타나는 문제들이었다. 가장 빈번한 신체적 원인에는 감염, 폐 질환, 갑상선 질환, 당뇨, 혈관 질환, 간 질환, 중추 신경계 질환들이 포함되었다. 거의 대부분의 환자와 내과의들이 이러한 의학적 질병에 대해 알지 못하고 있었다.

한 세대도 더 지났지만 우리는 여전히 정신과적 증상을 야기하는 신체 질병을 정확히 진단하지 못한다. 2002년 코란과 동료들이 수행한 연구에서 289명의 환자들 중 3명이 탐지되지 않은 갑상선 기능 저하증이었는데 그중 1명은 정신과적 증상이 발생했고 2명은 정신과적 증상이 악화되었다. 연구자들은 이미 진단된 신체 질병으로 인해 6명에게 정신과적 증상이 발생했고 8명은 정신과적 증상이 악화되었다는 사실도 발견했다. 이들의 신체 질병은 물질 금단, 알코올성 치매, 간질성 정신병, 뇌진탕 후 장애, 심근경색증에 이르기까지 다양했다.

신체 질환이 현재의 정신과적 증상을 악화시킬 수 있다

신체 질환이 근본적인 원인은 아니더라도 심장병, 물질 사용, 에이즈가 이미 심각한 정신과적 질병을 지닌 환자들의 증상을 얼마나 더 악화시키는지는 알기 쉬운 일이다.

> 글로리아는 양극성장애의 우울 삽화에서 회복되자마자 부신 기능 부전에 의한 에디슨병이라는 사실을 알게 되었다. 그녀는 "내가 그 사실을 듣자마자 다시 우울해 졌다는 것을 프로이트의 이론으로 설명해서는 안 된다."며 애통해했다. 그의 주치의는 동의하면서도 "신진대사 질환이나 감염 질환의 생리적인 효과가 정신과적 증상을 직접적으로 야기할 수 있다는 사실을 잊지 마세요. 그건 내분비계 문제가 해결되면 당신의 기분도 좋아질 수 있다는 걸 의미하니까요."라고 지적했다.

의학적 장애의 치료가 정신과적 증상을 야기할 수 있다

대부분의 약물은 부작용이 있으며 부작용 중 일부는 정신과적 증상을 포함할 수 있다. 예를 들어 정신병은 가끔 관절염, 감염, (위에 나온 글로리아의 사례처럼) 부신 기능 부전, 루푸스, 천식 등 다양한 질병에 처방되는 아드레날 스테로이드 복용으로 인해 발생할 수 있다. 사실 정신과적 장애의 치료를 포함해 현재 사용되는 약물 대다수는 하나 이상의 정신과적 증상을 야기할 수 있다.

신체장애와 정신과적 장애는 독립적인 상태일 수 있다

신체 질병이 정신과적 증상을 야기하거나 악화시키지 않을 때조차 우리는 신체 질병을 인식하고 이를 환자들에게 설명해야 한다. 환자의 정신과적 장애에만 집중한 나머지 그와 독립적으로 존재하는 의학적 질병과 관련된 증상들을 알아차리기까지 오랜 시간이 걸리는 경우가 쉽게 발생한다. 그러므로 모든 새로운 증상에 대해 우선 '신체 상태가 이 문제를 야기할 수 있나?' 라는 생각을 해야 한다는 것이 진단 원칙이 된다.

미지의 영역

우리가 아직 그 의미를 이해하지 못하는 어떤 신체적 발견들이 있다. 예를 들어 우리는 수십 년간 조현병 환자들의 뇌심실이 간혹 확장되어 있다는 사실을 알아냈다. 확장 정도가 심하지 않고 모든 환자에게서 발견되지는 않기 때문에 이러한 발견이 개별 환자를 진단하는 데 사용할 수 있을 정도로 강력하지는 않다. 뇌심실 확장이 무엇을 의미하는지는 모르지만 이것은 사실이다. 또 다른 예가 있다. 최근 연구자들은 공황장애 환자들의 뇌에 신경 전달 물질인 세로토닌 수용기의 수가 감소해 있다는 사실을 보고했다. 이것이 무엇을 의미하는가? 다시금 지식은 이해에 선행한다.

시간이 약이라는 말처럼 시간이 흐르는 것 자체로 좋은 진단가가 될 수 있다. 오늘날 우리가 이해하지 못하는 사실들은 종종 시간이 지나 새로운 증상이 발견되거나 오래된 증상들의 의미가 명확해지면서 분명해지곤 한다. 단순히 기다리는 것 외에도 시간이 의학적 질병과 정신과적 증상 간의 관계를 해결하는 데 도움을 주는 방법에는 여러 가지가 있다. 가령 정신과적 증상과 의학적 질병이 동시에 시작되거나 환자의 정신과적 증상이나 정서적 증상이 의학적 질병이 완화된 후에 나아지는 것이 그 예가 된다.

> 루푸스가 악화되고 신부전증이 발병했을 때 실비아는 우울해졌다. 그녀는 식욕이 저하되었고 쇠약해졌으며 무기력해졌다. 투석을 시작한 뒤 우울 증상들은 사라졌다. 캘리포니아로 짧은 여행을 떠난 동안 연속 2회의 투석을 놓쳤고 또 다시 그녀의 기분이 가라앉기 시작했다.

만약 상기한 것과 같은 시간의 도움을 받을 수 없다면 흔히 의학적 상태와 관련될 수 있는 정신과적 증상들을 의심해야 할지도 모른다. 이러한 목적을 달성할 수 있도록 표 9.1에 60개의 질병과 관련된 정신과적 증상을 목록으로 정리해 두었다. 표 9.1은 내가 저술한 *When psychological problems mask medical disorders*에서 차용한 것으로서 정신과적 증상과 관련될 수 있는 의학적 상태에 대해 아주 자세히 설명하고 있다. 이 표의 목적은 임상가들이 정신과적 증상을 야기할 수 있는 다양한 의학적 상태에 기민해지게 하는 것이다. 표의 두 번째 열을 참고하여 일반 인구 내에서 각 의학적 상태의 상대적인 빈도를 확인할 수 있을 것이다.

> 흔한(C : Common) : 대부분 성인의 친구나 지인 중 최소 1명은 현재 이러한 의학적 상
> 　　　　　　　　　 태이거나 미래에 이런 상태가 될 수 있다. 유병률은 1/200이다.
> 빈번한(F : Frequent) : 마을이나 소도시에서 1명 이상이다. 유병률은 1/10,000이다.
> 흔치 않은(U : Uncommon) : 대도시나 작은 주에서 1명 이상이다. 유병률은
> 　　　　　　　　　 1/500,000이다.
> 드문(R : Rare) : 유병률이 1/1,000,000이다.

상기한 빈도는 의학적 상태가 정신과적 증상을 얼마나 자주 야기하는지를 의미하는 것이 아니라는 사실에 주의하라. 빈도는 단순하게 이용할 수 있는 자료가 아니다. 여기서 좋은 소식은 우리가 이런 의학적 상태를 자주 접하지는 않는다는 것이며, 나쁜 소식은 상대적인 희귀성이 우리를 안심하게 만든다는 점이다. 우리가 기민성을 유지하지 않는 한 증상들을 오해석할 수 있는 위험이 있다.

　역으로 어떤 신체 증상들이 종종 정신과적 장애와 관련될 수 있는지를 아는 것도 중요하다. 뒤에 나올 '정신과적 장애와 흔히 관련되는 신체 증상'의 내용이 그중 일부를 다루고 있다.

정신과적 증상에 신체적 원인이 존재한다는 증거

징후, 증상, 개인력 정보들이 기저의 신체 질병을 시사할 수 있다. 만약 당신이 1989년 호니그와 동료들이 유럽 정신의학회지에 게재한 논문과 다른 출처에 기초해 내가 대략적으로 정리한 이러한 특성들을 접하게 된다면 추가적인 검사(신체 검사, 혈액 검사, 영상 연구)를 수행해야 한다. 특히 환자가 다음과 같은 상황일 때 정신과적 증상에 신체적 원인이 있을 가능성이 높다.

표 9.1 정신과적 증상을 야기할 수 있는 일부 의학적 상태

	상대적 빈도[a]	우울	조증	불안	공황	강박증 유사 행동	불안정한 정동	금단	긴장증	불면	과다 수면	환청	망상	이인증·해리	기시감	판단력 저하	자살 사고	PTSD 증상	홍조	클리버-부시
							정서 및 행동 증상													
부신 기능 부전	U	X		X					X			X	X				X			
후천성 면역 결핍증(AIDS)	F	X	X	X			X					X	X				X			
고산병	U				X					X		X	X			X				
근위축성 측색 경화증	U	X																		
항이뇨제 과잉	F											X	X							
뇌농양	U																			
뇌종양	F	X	X				X					X	X	X	X					
암	C	X		X	X													X	X	
암양종	F																			X
심장 부정맥	C			X																
뇌혈관 질환	C	X	X	X			X			X		X	X			X	X			
만성 폐쇄성 폐 질환	C	X		X	X					X		X				X				
울혈성 심부전증	C	X		X	X					X		X								
효모균증	F		X									X								
쿠싱병	F	X	X	X						X		X	X			X				
청각장애	C			X								X	X							
진성 당뇨병	C	X		X								X	X							
뇌전증	C	X	X						X			X	X			X				
섬유 근육통	C	X		X	X															
두부 외상	C	X	X	X						X		X								
포진상 뇌염	U			X					X			X								X
호모시스틴뇨증	U								X											
헌팅턴병	U	X	X				X					X	X							
부갑상선기능항진증	F	X		X			X		X			X	X			X				
고혈압성 뇌 장애	F											X								
갑상선기능항진증	C	X		X	X		X			X		X								
부갑상선기능저하증	U	X		X		X	X	X				X	X							
갑상선기능저하증	C	X					X					X	X			X				
신부전	F	X								X		X				X	X			
클레인펠터 증후군	F	X										X								
간부전	C	X				X	X													
라임병	F	X		X						X		X	X							
메니에르병	F	X		X								X								
폐경기	N	X		X						X										
편두통	C	X																		
승모판 탈출증	C			X	X															
다발성 경화증	F	X	X				X									X				
중증 근무력증	F			X																
신경 피부병	F	X		X																
정상 뇌압 수두증	F	X							X			X	X							
파킨슨병	F	X		X																
펠라그라·홍반병	R	X		X					X			X								
악성 빈혈	C	X	X										X							
크롬친화세포증	U			X	X														X	

표 9.1 정신과적 증상을 야기할 수 있는 일부 의학적 상태(계속)

	정서 및 행동 증상																			
	상대적 빈도[a]	우울	조증	불안	공황	강박증 유사 행동	불안정한 정동	금단	긴장증	불면	과다 수면	환청	망상	이인증·해리	기시감	판단력 저하	자살 사고	PTSD 증상	홍조	클리버-부시
폐렴	C			×	×															
포피리아	U	×	×	×						×		×	×							
수술 후 상태	F	×		×								×	×							
월경 전 증후군	C	×		×			×			×	×									
프리온병	R			×			×						×							
진행성 핵상 마비	U	×		×			×													
단백질 에너지 결핍증	C	×											×							
폐 색전증	F				×															
류머티스 관절염	C	×										×								
검상적혈구증	F																			
수면 무호흡	C	×		×								×								
매독	U		×									×	×			×				
전신 감염	C			×	×	×						×								
루푸스	F	×										×								
티아민 결핍증	F			×																
윌슨병	U	×							×			×						×		

참고 : Adapted from *When psychological problems mask medical disorders* by James Morrison, 1997. New York: Guilford Press. Copyright 1997 by The Guilford Press. Adapted by permission.

[a] 상대적인 빈도 : C-흔한, F-빈번한, U-흔치 않은, R-드문, N-정상

	인지적 증상								성격 증상							
	상대적 빈도[a]	기억력 손상	지남력 손상	경도인지장애	섬망	치매	부주의	느려진 생각	지적장애	과민성	무감동	탈억제	익살맞음	충동성	집요함	공격성	우원증
부신 기능 부전	U	×			×					×	×						
후천성 면역 결핍증(AIDS)	F	×	×	×	×	×	×	×		×	×						
고산병	U	×	×		×					×							
근위축성 측색 경화증	U					×											
항이뇨제 과잉	F				×					×							
뇌농양	U	×						×									
뇌종양	F	×				×			×		×	×		×			
암	C				×												
암양종	F																
심장 부정맥	C				×												
뇌혈관 질환	C					×					×	×	×	×			
만성 폐쇄성 폐 질환	C	×			×	×	×				×						
울혈성 심부전증	C			×	×												
효모균증	F		×			×					×						
쿠싱병	F	×			×	×	×				×						
청각장애	C																
진성 당뇨병	U				×												
뇌전증	F							×								×	

(계속)

표 9.1 정신과적 증상을 야기할 수 있는 일부 의학적 상태(계속)

	상대적 빈도[a]	기억력 손상	지남력 손상	경도인지장애	섬망	치매	부주의	느려진 생각	지적장애	과민성	무감동	탈억제	익살맞음	충동성	집요함	공격성	우원증
		인지적 증상								성격 증상							
섬유 근육통	U	X		X			X	X									
두부 외상	U	X	X		X	X	X	X		X	X	X		X		X	
포진상 뇌염	F																
호모시스틴뇨증	U				X				X								
헌팅턴병	F	X			X					X	X	X				X	
부갑상선기능항진증	C	X			X		X	X		X	X						
고혈압성 뇌 장애	F	X	X		X			X									
갑상선기능항진증	C				X					X							
부갑상선기능저하증	C	X	X		X	X				X							
갑상선기능저하증	C	X					X	X	X	X	X						
신부전	C	X			X	X	X										
클레인펠터 증후군	F								X							X	X
간부전	F				X		X			X							
라임병	C	X															
메니에르병	F																
폐경기	N						X			X							
편두통	C							X		X							
승모판 탈출증	C																
다발성 경화증	F	X			X												
중증 근무력증	F	X															
신경 피부병	F				X				X								
정상 뇌압 수두증	F	X			X											X	
파킨슨병	F				X												
펠라그라 · 홍반병	R		X		X					X	X						
악성 빈혈	C	X			X					X							
크롬친화세포증	U																
폐렴	C				X												
포피리아	U		X														
수술 후 상태	F		X		X		X										
월경 전 증후군	C				X					X							X
프리온병	R	X			X	X	X										
진행성 핵상 마비	U				X												
단백질 에너지 결핍증	C			X							X						
폐 색전증	F				X												
류머티스 관절염	C																
검상적혈구증	F								X								
수면 무호흡	C	X	X	X			X			X							
매독	U	X		X	X					X							
전신 감염	C		X		X												
루푸스	F		X		X	X											
티아민 결핍증	F	X	X		X		X					X					
윌슨병	U				X					X		X					

참고 : Adapted from *When psychological problems mask medical disorders* by James Morrison, 1997. New York: Guilford Press. Copyright 1997 by The Guilford Press. Adapted by permission.

[a] 상대적인 빈도 : C-흔한, F-빈번한, U-흔치 않은, R-드문, N-정상

정신과적 장애와 흔히 관련되는 신체 증상

어떤 신체 증상은 실제로 정신과적 장애의 진단 기준으로 사용된다. 또 다른 신체 증상은 정신과적 장애가 존재할지 모른다는 신호로 여겨진다. 여기에서는 정신과적 장애를 지닌 환자로 밝혀질 가능성이 있는 일부 신체 증상들에 대해 논의하고자 한다.

수면

수면 장애는 많은 진단에 포함되기 때문에 가장 흔히 접하게 되는 신체적 문제다. 진단 매뉴얼에 수면과 관련된 여러 가지 구체적인 문제들이 정신과적 장애로 열거되고 있으나 당신은 일부 사례들에서 동의하지 않을 수 있다. 물론 나도 그렇다. 기면증은 뇌전증만큼이나 신경학적인 장애이고, 불면증에 대한 정신건강의학과의 권리는 분명 가정의학과보다 덜 강력하다. 하지만 많은 정신과 환자들이 수면에서의 어려움을 호소한다. 수면 문제가 발견될 때는 항상 그 잠재적인 진단적 중요성에 대해 조심스럽게 고려해야만 한다.

카슨의 사례에서 사실로 드러났듯이 수면 문제는 가장 흔하게 기분장애를 나타낼 것이다. 주요우울증이나 기분저하증에서는 불면, 때로는 과다 수면(지나친 수면)이 자주 나타나서 각각의 진단 기준 중 하나로 여겨진다. 전형적으로 수면욕이 감소된 불면증을 경험하는 조증 환자들은 이것이 문제라는 사실을 부인할지 모른다—"이렇게나 할 일이 많은데 왜 자느라 시간을 낭비해야 하죠?"

또한 수면 문제는 범불안장애(GAD)의 진단 기준 중 하나로서 GAD 환자들은 불면증이나 개운하지 않은 수면을 호소할 수 있다. 수면 문제는 PTSD, 급성 스트레스장애의 과각성 기준 중 하나다. 또한 불면증(inability to sleep)이나 과도한 졸림은 종종 물질 또는 알코올 중독이나 금단 증상으로 나타난다. 조현병을 초기에 알려 주는 힌트 중 하나는 하루 종일 자지 않고 방 안을 서성거리는 것일 수도 있다.

식욕

식욕에서의 변화는 아마 정신과 환자들이 수면 문제 다음으로 가장 흔히 호소하는 신체적 문제일 것이다. 종종 체중 감소 · 증가를 동반하는 음식 섭취량의 감소 · 증가가 우울증의 진단 기준으로 여겨진다. 신경성 식욕부진증 환자들은 간혹 체중 감소로 생명에 심각한 위협이 올 때까지 점점 더 적게 먹을 것이다. 하지만 이들은 단지 살찌는 것에 대한 공포 때문에 식욕이 없어졌다는 사실을 인정하지 않을 수 있다. 한편 신경성 폭식증은 앉은 자리에서 초콜릿 케이크 한 판이나 사탕 한 상자를 다 먹을 정도로 엄청난 양의 음식을 먹는 것과 관련된다.

공황 증상

공황의 신체 증상들에는 가슴 통증, 오한, 숨 막히는 느낌, 어지럼증, 심계 항진, 메스꺼움, 감각 마비 또는 —내과의들이 이상 감각이라 부르는— 얼얼함, 발한, 숨 가쁨, 떨림 등이 포함된다. 이러한 증상들은 광장공포증, 특정공포증, 사회불안장애를 포함한 심각한 불안장애 환자들이 경험할 수 있다. GAD 환자들은 과도한 피로감, 근긴장, 수면 문제를 호소할 수 있다. 종종 불법적인 물질의 사용이나 금단 기간 동안에 동일한 불안 증상들이 나타날 수 있다.

기타

우울한 사람들에게는 피로감 혹은 감소되거나 증가된 정신 운동성 활동이 전형적인 반면 조증인 사람들은 과도하게 활동적이게 된다. 조증 환자들은 성에 과도한 관심을 갖게 될 수 있으나 우울한 환자들은 성에 대한 관심을 잃을 수 있다. 진단 매뉴얼 대부분의 장에서 성적 흥분, 성교 통증, 발기 불능과 관련된 문제들을 언급하고 있다.

- 정신과적 질병의 첫 삽화를 겪고 있다. 신체적 원인들이 (정신과적) 장애를 재발시킬 가능성은 적다.
- 40세 이상이다. 나이가 들수록 주요 의학적 질환의 발병 가능성이 높아진다.
- 최근에 출산을 했다. 출산 후 호르몬의 변화가 정신과적 증상을 만들어 낼 수 있다.
- 최근에 주요한 의학적 질병을 앓았다. 가령 당뇨병의 저혈당 삽화가 불안 발작을 야기할 수 있다.
- 처방받은 약이나 일반 의약품을 복용했다. 이 단서는 만약 투약을 시작하자마자 정신과적 증상이 발생했다면 더 확실해질 것이다.
- 신경학적 증상을 경험했다. 여기에는 신체 편측의 위약감, 무감각 또는 따끔거림, 서툴러짐, 보행 곤란, 떨림, 불수의적 움직임, 두통과 어지럼증의 악화, 몽롱 또는 복시, 시야 일부에서의 맹시, 발화 및 기억 문제, 의식 소실, 느려진 생각, 친숙한 물건을 인식하거나 지시에 순응하는 것의 어려움 등이 포함된다.
- (10% 이상의) 심한 체중 저하가 있다. 식습관이 특이하다(특히 차와 토스트만 먹거나 파스타와 맥주만 먹는 등 다양성이 극히 제한적이다). 또는 **자기 방임**(self-neglect)을 보인다. 상기한 문제들이 비타민 부족에 의한 증상들을 야기할 수 있다.
- 내분비계, 심장, 신장, 간, 폐, 신경계 등에서의 심각한 의학적 질병을 겪은 과거력이 있다.
- 최근 (의식 소실을 동반한) 두부 손상이 있거나 낙상한 적이 있다. 경미한 두부 손상조차 뇌진탕 후 증상이나 기타 의학적 장애들과 관련될 수 있다.
- 최근에 낙상, 영양실조, 기타 신체적 문제를 명백히 암시하는 알코올 또는 물질 오용력이 있다.
- 당뇨, 헌팅턴병, 기타 신진대사 및 퇴행성 질환과 같은 유전적 장애의 가족력이 있다.

- 의식 수준의 변화, 사고(思考)에서의 손상, 환청 이외의 환각 증상, 명료한 의식 상태 사이에서 정신과적 증상이 나타난 적이 있다.
- 발열, 몽롱, 무릎이나 복부의 부기, 황달 또는 가슴 통증과 같은 심상치 않은 신체 증상이 있다.
- 효과가 있을 수밖에 없는 치료에도 불구하고 해결되지 않는 정신과적 또는 행동적 증상이 있다.
- 아직 내과의가 평가하지 않은 의학적 건강 악화의 증거가 나타난다.

신체화 장애 : 특수 사례

각각의 진단적 구성 요소들은 중요하지만 어떤 것은 다른 것보다 더 큰 중요성을 지닌 것으로 보인다. 신체화장애는 DSM-Ⅳ에서 기술된 것처럼 전적으로 신체적 증상들로 구성되는 정신적인 상태다. 신체화장애는 전체 모집단 중 1%로 흔하기는 하지만 이러한 사실이 임상가들의 진단 결정 과정에서 종종 간과되곤 한다. 11장과 12장의 사례 병력(case history)에도 수록되어 있긴 하지만 여기서는 신체 증상과 관련된 측면만 다루고자 한다.

내 생각에 DSM-5는 신체화장애에 대해 진로(進路)를 잘못 잡았다. DSM-5에서는 이 장애를 **신체증상장애**로 다시 이름 붙이고, 그 범주에 DSM-Ⅳ에서 정의되었던 통증장애, 건강염려증의 일부 구성 요소, 감별불능성 신체형장애를 포함시켰다. 이러한 재정립으로 인해 6개월 이상 과도한 건강 염려를 동반한 신체 증상이 하나만 있어도 진단이 가능해졌다. 이 책에서 내내 주장하듯이 나는 더 엄격한 DSM-Ⅳ의 신체화장애 진단 기준을 계속 사용하기를 조언하고 싶다.

신체화장애에서 문제가 되는 점은 환자가 지닌 바로 그 증상들이 한꺼번에 나타나지 않기 때문에 증상들이 매우 많을 수 있으며, 다양하고, 가지각색이라는 점이다. 환자들이 치료를 요청하게 만들거나 사회적 · 직업적 · 개인적 기능을 저해할 수 있는 여러 증상들은 다음과 같다.

- 머리, 등, 복부, 무릎, 사지, 가슴, 직장과 같은 신체 부위에서의 다양한 통증 증상 또는 성관계, 월경, 배뇨 등의 신체 기능과 관련된 통증
- 메스꺼움, 복부 팽창, 구토, 설사, 음식 과민증과 같은 위장계 증상
- 성에 대한 무관심, 발기 및 사정의 어려움, 불규칙적인 월경 주기나 과도한 월경, 임

신 중 구토를 포함하는 성적 증상

- 빈약한 균형 및 조정력, 근육의 약화 및 마비, 목 안의 덩어리, 실성증, 배뇨 정체, 환각, 무감각, 복시, 실명, 귀먹음, 발작, 치매(또는 기타 해리 증상들), 의식 소실을 포함하는 가성 신경학적 증상들(해부학적 또는 생리적 기전이 없는 증상들)

환자들이 증상을 꾸며낸 것이 아니라는 사실에 주의하는 것이 특히 중요하다. 이들은 정말로 자신이 아프다고 생각한다. 전형적인 패턴은 처음과 그 다음에 나타난 증상이 의사들을 만날수록 두드러진다는 것이다. 이러한 패턴은 환자에게 중요한 것이 아픔의 유형 그 자체보다는 아픔의 과정이라는 것을 의미한다. 신체화장애는 감별진단에서 매우 중요하면서도 잊히기 쉽기에 이를 진단 원칙으로 기록해 두고자 한다. 11장 코니의 사례에 이 장애가 더 자세히 설명되어 있다.

> **진단 원칙** : 증상들이 일치하지 않거나 치료 효과가 없을 때는 언제나 신체증상(신체화)장애를 고려하라.

최초의 진단적 평가 시 다음과 같은 점을 주의해야 한다. (1) 신체증상장애 환자들은 전형적으로 다양한 신체 증상을 호소한다. (2) 이들은 종종 기분장애나 불안장애 증상들도 지니고 있다. (3) 이들이 호소하는 증상은 대부분의 환자에게 효과가 있는 치료에 잘 반응하지 않는다. (4) 만약 증상이 호전되면 새로운 증상이 갑자기 발생한다. 상기한 요인들은 모두 일반 의료인이 때때로 이 환자들을 참지 못하고 다른 곳으로 의뢰해 버리는 이유이기도 하다. 정신건강 전문가가 주의를 기울일 때쯤 이 환자들은 이미 다른 과의 많은 의사와 치료자로부터 의료적 처치를 받으며 치료진도 좌절하고 그들 자신도 손해를 봤을 수 있다.

진단에 신체 증상 활용하기

신체 질환이 정신과적 증상의 원인은 아니지만 어떤 영향을 줄 때 이를 즉시 찾아내는 것은 매우 중요하다. 가령 불안 증상들은 다양한 내과적 질병에 기인한 것일 수 있다.

여러 달 동안 커플 상담을 진행한 뒤 밀트와 마조리의 치료자는 마조리가 매우 예민해졌다는 점에 주목했다. 그녀의 손은 확연히 떨리고 있었으며 그녀는 의자에서 일어나 앞뒤로 왔다 갔다 했다. 다른 사람들은 옷을 꽁꽁 싸매 입고 있는 1월이었는데도 치료실이 너무 덥다며 불평했다. 체중 감소에 대해 논의하던 도중 치료자는 그녀에게 1차 진료의에게 평가받아볼 것을 권유했다. 검사 결과, 갑상선 기능이 중등도로 항진되어 있었다.

마조리가 보인 것과 같은 신체장애들은 효과적으로 치료될 수 있지만 간과될 경우에는 심각한 문제가 될 수 있다. 이에 대해 나는 다음과 같이 생각한다.

1. 일반적인 의학적 상태에 대한 정보가 모든 평가의 일환이라는 사실을 명심하라. 여기에는 환자로부터 얻은 자료뿐만 아니라 입원 및 의학적 정밀 검사 결과도 포함되어야 한다.
2. 환자가 최근에 일반적인 의학적 평가를 받아본 적이 있는지 확인하라. 만약 환자에게 주치의가 없다면 소개해 주고 반드시 종합 평가를 받아보기를 권고하라. 이는 앞서 '정신과적 증상에 신체적 원인이 존재한다는 증거'에서 제안된 의학적 질환의 지표 중 어떤 것이든 눈에 띌 경우에 특히 중요하다.
3. 신체화장애에 친숙해져라. 신체화장애를 의심하지 못하면 절대로 신체화장애를 진단할 수 없을 것임이 명백하다. 신체화장애는 굉장히 만연해서 간과할 위험을 감수하기에는 너무 중요한 함의를 지닌다.
4. 모든 환자의 감별진단 목록 맨 위에 신체장애를 놓아라. 그 가능성이 진단 과정에서 잠깐 동안만 고려되는 것이라고 해도 다음 환자, 그 다음 환자는 그럴 가능성이 있다는 점을 계속해서 명심하라. 당신의 경계심은 결국 보상받을 것이다.

물질 사용 및 정신과적 장애

알코올, 마약, 처방전이 필요한 약물, 일반 의약품과 같은 화학 물질의 사용이 정신과적 증상을 유발할 수 있다. 만약 어떤 물질을 사용하기 시작한 뒤 정신과적 증상이 생겼고, 물질 사용을 중단한 뒤 정신과적 증상이 완화되었다면 인과 관계는 더 강력해질 것이다. 또 인과 관계는 환자가 물질을 사용할 때마다 정신과적 증상이 발생했거나, 각 발병 시 똑같은 증상이 나타났거나, 물질 사용 전에는 그런 정신과적 증상이 없었을 때 훨씬 강력해질 것이다. 나는 이미 물질 사용과 정신과 장애의 중요한 관계에 대해 진단 원칙이라는 위상을 수여했다.

이 원칙은 마약에 국한되지 않는다. 가령 프로 선수부터 고등학교 선수에 이르는 많은 운동선수들의 아나볼릭 스테로이드 사용이 최근 엄청난 관심을 받고 있다.

19세인 에프레인 마레로는 축구를 하면서 몸을 키우기 위해 고등학교 때부터 합성 보디 빌딩 스테로이드를 투여해 왔다. 부모님은 이 사실을 알고 그만두라고 사정했다. 스테로이드 복용을 중단했으나 그는 급속히 깊은 우울감에 빠져들었고, 2005년 **뉴욕 타임 스**에 보도된 대로 침실에서 총을 쏴 스스로 목숨을 끊었다.

당신은 환자가 사용하는 (합법적이든 아니든) 모든 물질에 대해 기록해야만 하며, 각 증상이 언제 시작되었고 각 물질이 언제 처음 사용되었는지에 대해 주목해야 한다. 정신 과적 증상을 발생시킬 수 있는 약물의 종류 중 일부를 기록한 표 9.2와 알코올 및 기타 물질 남용의 정신적·행동적 효과를 기록한 표 9.3을 참고해 이 정보들을 비교하라.

표 9.2 정신과적 증상을 발생시킬 수 있는 약물의 종류(또는 이름)

	불안	기분	정신병	섬망
진통제	X	X	X	X
마취제	X	X	X	
알코올 중독 치료제		X	X	
항불안제		X		
항콜린제	X	X	X	
항경련제	X	X	X	X
항우울제	X	X	X	X
항히스타민제	X		X	X
항고혈압제 및 심혈관제	X	X	X	X
항균제		X	X	X
항파킨슨제	X	X	X	
항정신병제	X	X		X
항궤양제		X		
기관지 확장제	X			X
화학 요법			X	
코르티코스테로이드	X	X	X	X
위장약			X	X
히스타민 길항제				X
면역 억제제				X
인슐린	X			
인터페론	X	X	X	
리튬	X			
근이완제		X	X	X
NSAID[a]			X	
경구 피임약	X	X		
갑상선 대체제	X			

[a] NSAID : 비(非)스테로이드성 진통 소염제

표 9.3 물질 중독 증상들

		물질 중독								물질 금단					
		알코올·진정제	대마	각성제a	카페인	환각제	흡입제	마약성 진통제	펜시클리딘	알코올·진정제	대마	각성제a	카페인	담배	마약성 진통제
사회적	사회적 기능 손상			X											
	부적절한 성생활	X													
	사회적 위축		X												
	대인 관계 예민성			X											
기분	불안정한 기분	X													
	불안		X	X		X				X	X				X
	다행감		X	X			X	X							
	둔마된 정동, 냉담			X			X	X							
	분노			X							X				X
	불행감, 우울					X		X		X	X	X	X		X
	과민성										X		X	X	
판단	판단 손상	X	X	X		X	X	X	X						
	공격성, 호전성						X		X						
	충동성								X						
수면	불면, 잠을 못 이룸				X					X	X	X		X	X
	악몽									X	X				
	과다 수면, 졸림											X			
활동 수준	공격성	X								X					
	불안, 행동 증가			X	X			X	X	X		X			
	지칠 줄 모름				X										
	쉼 없음				X					X			X		
	활동 감소, 지체			X				X	X			X			
기민성	주의, 집중 감소	X						X					X	X	
	혼미 또는 혼수	X		X			X	X	X						
	시간을 느리게 자각		X												
	혼동			X											
	과각성			X											
지각	관계, 피해 사고					X									
	지각 변화					X									
	단기 환각 및 착각					X				X					
	이인증, 비현실감					X									
	미칠 것 같은 공포					X									
자율 신경계	입 마름		X												
	동공 수축							X							
	동공 확대			X		X									X
	발한			X		X				X	X				X
	모발 기립														X
근육	근무력			X			X								
	근수축				X										
	근육통												X		X
	근경직								X						

a 코카인이나 암페타민 같은 물질

(계속)

표 9.3 물질 중독 증상들(계속)

		물질 중독								물질 금단					
		알코올·진정제	대마	각성제[a]	카페인	환각제	흡입제	마약성 진통제	펜시클리딘	알코올·진정제	대마	각성제[a]	카페인	담배	마약성 진통제
신경학계	근긴장 이상, 운동 장애			X											
	안진	X					X		X						
	떨림				X		X			X	X				
	몽롱					X	X								
	복시						X								
	반사신경 손상						X								
	발작			X						X	X				
	무감각								X						
	두통										X		X		
위장계	속 불편함(GI upset)				X										X
	오심, 구토			X						X			X		X
	복통									X					
	식욕 증가·체중 증가		X									X		X	
	식욕 감소·체중 저하			X							X				
운동	운동실조증	X	X			X	X								
	불안정한 보행, 보행 문제	X					X		X						
	상동증			X											
	무기력						X								
	불명료 언어, 구음 장애	X					X	X	X						
심혈관계	부정맥			X	X	X									
	느린 심박 수			X											
	빠른 심박 수	X		X	X	X				X	X				
	고혈압, 저혈압			X					X						
전반적	기운 없는 호흡			X											
	가슴 통증			X											
	어지럼증						X								
	안구 충혈		X												
	오한			X											
	발열														X
	기억력 저하	X						X							
	신경과민, 자극 민감성				X										
	장황한 발화				X										
	초급성 청각								X						
	상기된 얼굴				X										
	빈뇨				X										
	피로감											X	X		
	눈물, 콧물														X
	하품														X

[a] 코카인이나 암페타민 같은 물질

다시 한 번 1장의 카슨의 사례로 돌아가 우리가 2부에 이르기까지 개관한 진단의 구성 요소들을 사용해 그를 평가해 보라. 우리는 그의 현 병력과 어머니가 만성적으로 우울했다는 내용의 가족력, 개인력 및 사회력, 곧 멀리 이사를 가야 한다는 사실을 평가에 활용했다. 이러한 정보들은 그에게 닥친 비극의 배경을 전체적으로 이해하는 데 필수적이다. 우리가 사용한 정보는 그와 그의 아내에게서 얻은 것이었고, 우리는 과거 우울 삽화가 겨울과 봄에 발생했다는 기억을 뒷받침하기 위해 지난 의무 기록도 찾아봤다. 이 모든 것을 해냈지만 아직 논의해야 할 한 가지 중요한 구성 요소가 남아 있다. 바로 현재의 정신 상태이다. 다음 장에서 이에 대해 살펴볼 것이다.

10

진단 및 정신상태검사

여기 진단이라는 퍼즐의 마지막 조각이 있다. 일반적으로 정신상태검사(MSE)는 검사 당시의 그 사람이 어떻게 생겼고, 어떻게 느끼며, 어떻게 행동하는지에 대해 단순히 서술하는 것이다. 그러나 환자가 보여 주지 않는 특성도 중요할 수 있다. 예를 들어 1장에 나온 카슨의 MSE는 분명히 우울, 극심한 공포감, 눈물, 주의 집중의 어려움, 걱정, 유기된 느낌을 나타내고 있었지만 환청이나 망상은 없었다. 다른 경우 실제 가능성이 있다고 여겨질 진단을 배제하는 데 도움을 주는 상기한 발견들을 관련된 음성적 소견 (pertinent negatives)이라 일컫는다. 관련된 음성적 소견은 나중에 질문되어야 할 뿐만 아니라 임상가의 서면 기록을 통해 충실하게 보고되어야 한다.

관련된 음성적 소견에 주목하는 것에 더하여 MSE가 중요하긴 하지만 그저 어떤 한 시점에서 본 환자의 순간적인 인상에 불과하다는 사실을 명심해야 한다. 다른 진단적 구성 요소들을 간과하면서까지 MSE에서 관찰된 증상을 지나치게 강조하고 싶은 유혹이 생길 수 있는데 임상가들은 때때로 이런 유혹에 굴복한다(다음에 나올 'MSE가 과대평가되는가?'의 내용을 보라.).

외모

MSE의 대부분은 질문이 전혀 필요하지 않으며 단순히 일상적인 대화를 관찰하는 것만 요구된다. 이 장과 다음 두 장('기분, 정서'와 '발화의 흐름')의 거의 모든 자료들이 이러한 범주에 속한다.

전반적인 외모

전반적인 외모에 대한 정보는 비전문가가 볼 때조차 분명할 것이다. 환자의 외모만으로 진단할 수는 없겠지만 그래도 외모는 어떤 가능성을 암시할 수 있다. 마크 트웨인이 말했듯이 옷이 날개다. 예를 들어 누더기에 기이하고 더러운(또는 전반적으로 단정하지 못한) 복장을 한 성인이라면 조현병, 다른 정신병, 치매, 물질 사용에 의해 심각한 영향을 받았

MSE가 과대평가되는가?

비록 MSE가 진단에서 중요한 부분이자 데이터베이스이긴 하지만 과대평가되고 있지는 않을까? 나는 그럴 수 있다고 생각한다. 전통적으로 MSE는 진단적 검사의 맨 마지막 부분에 위치하지만 많은 임상가들은 시작부터 MSE를 한다. 진단에 대한 과학적 연구들은 임상가들이 단일하고 강력한 증상에 기초해 지나치게 성급한 결론으로 비약할지 모른다는 사실을 보여줘 왔다. 이는 우리가 정말 극적인 증상은 오직 하나의 진단만을 의미할 것이라고 잘못 가정하기 때문이다. 예를 들어 환청과 망상이 있다면 조현병일 것이라는 식으로 말이다.

우리는 한 가지로만 해석할 수 있는 정신과적 증상은 아마 없을 것이라는 사실을 잊어 버린다. 심지어 자신이 (임신하지 않았는데) 임신했다고 믿는 것과 같은 구체적인 단일 증상조차 조증, 우울증, 치매, 물질 사용 등 다양한 장애에서 발견될 수 있다. 버지니아 울프를 생각해 보자. 그녀는 일생에 걸쳐 최소 다섯 번 자신이 심각한 죄를 지었고 일적인 측면에서 무가치하다는 망상을 수반한 급격하고도 심한 장애를 앓았다. 그녀는 차마 스스로는 묘사할 수 없을 정도로 두려운 환청을 듣기도 했다. 하지만 털 달린 코트 주머니 속에 돌을 집어넣고 강에 들어가 목숨을 끊었던 마지막을 제외하고는 몇 주 혹은 몇 달 안에 완전히 회복되었다. 이 예시의 교훈은 정신 상태 증상들이 특정 진단으로 이어지는 것이 아니라 의사 결정 나무에 들어가야 한다는 것이다.

MSE는 진단에서 유일한 중요 요인이 아니며 '가장 중요한' 요인은 더욱 아니다. MSE 정보는 대개 진단을 확정짓거나 기각하지 않는다. 대부분의 경우 종단적인 평가가 횡단적인 모습에 비해 더 큰 진단적 가치를 지닌다. MSE의 역할은 주목할 필요가 있는 가능성을 경고하는 신호를 만드는 것이다. 따라서 당신은 환자의 과거력과 가족, 과거 의무 기록, 이전 임상가로부터 획득한 모든 정보의 맥락 안에서 환자를 평가해야만 한다.

을 가능성을 고려할 수 있다. 만약 환자가 청소년이나 아동이라면 고려 사항은 더 넓어질 수 있다. 물론 과도하게 마른 경우 신경성 식욕부진증을 의미할 수 있으며 환자가 젊은 여성일 때 더욱 그렇다.

예전에 평가했던 한 외래 환자는 내가 아는 가장 불안한 사람 중 한 명이었다. 첫 번째 단서는 더글라스와 악수를 하는 순간 느꼈던 오른쪽 손바닥의 부풀어진 근육 덩어리였다. 그는 자신이 제도사이며 펜이 어디 도망이라도 갈까 습관적으로 꽉 움켜잡는다고 말했다. 수년에 걸쳐 그 근육은 손을 움켜쥘 때의 긴장 때문에 더 커진 것이다.

주의의 수준

환자가 얼마나 기민한가? 만약 졸려하거나 부주의 또는 섬망이 있다면 아마도 의학적 장애나 물질 사용 문제와 관련되어 있을 수 있다. 주의의 연속선상에서 그 극단은 과잉경계로서 이런 환자들은 마치 어떤 음성이나 위험의 출처를 찾아내기라도 하려는 것처럼 자주 방 안을 두리번거린다. 과잉경계는 PTSD를 시사하지만 종종 정신병에서 발견되는 피해망상과도 관련된다. 이는 부인과 함께 상담을 받고는 있지만 마음은 명백히 다른 곳에 가 있는 레스터 같은 사람에게서 아마 더 자주 나타날 것이다. 그는 계속해서 시선을 움직이면서도 방 안의 누구와도 눈 맞춤을 하지 않았고, 상담 과정에 집중하지 못하고 있음을 드러내듯이 자주 "네? 아, 죄송해요."라고 말했다. 나는 그를 보며 고등학교 시절 매해 봄에 야구 코치가 가르쳤다기보다는 단순히 수행한 것에 불과했던 윤리 수업을 떠올렸다. 그는 수업 내내 야구장 너머의 창밖을 응시했다. (학생들이 느꼈듯) 다른 곳에 있고 싶은 것이 확실했다.

주의 지속 능력은 전형적으로 아동과 청소년에게서 발생하는 ADHD와 관련된 것으로 유명하지만 성인에게도 영향을 준다는 사실이 밝혀지고 있다. 부주의하고 가만히 있지 못한다고 평가된 자녀의 부모에게도 ADHD가 진단되는 경우가 여러 차례 있었다.

활동량

환자의 활동 수준은 진단의 중요한 지표가 될 수 있다. 가장 흔히 관찰되는 것은 증가된 운동 활동으로서 다리를 떨거나 손을 자주 비트는 것은 단순한 불안 또는 도망가고 싶은 욕구를 의미할 수 있다. 비정상적인 신체 움직임은 오래되어 현재 덜 사용되는 프롤릭신(Prolixin)이나 할돌(Haldol)과 같은 항정신병 약물을 사용하고 있다는 지표가 될 수 있으므로 정신병적 장애에 대해 의심해 봐야 한다. 파킨슨병에서 자연적으로 발생할 수 있는 전형적인 '환약말이 떨림'도 상기한 약물에 기인해 발생할 수 있다. 입술, 입, 팔의 불수의적 움직임을 의미하는 **지연성 운동 이상**(tardive dyskinesia)과 가만히 앉아 있지 못하는 **좌불안석증**(akathisia)이 이러한 약물과 관련된 운동장애이다. 표 9.3에 물질 오용과 관련된 운동 행동의 일부가 기록되어 있다.

정신과 환자들에게서는 과도한 움직임이 흔히 발견되지만 때로는 치매나 극심한 우울증 환자들에게서 거의 얼어붙은 것처럼 움직임 없는 표정이 관찰될 수 있다. 오늘날에는 전형적으로 완전한 부동(immobility)을 의미하는 긴장증은 드물다.

기분, 정서

우리는 **기분**(mood)을 '어떻게 느끼는지'로, **정서**(affect)를 '어떻게 느끼는 것처럼 보이는지'로 정의할 것이다. 기분과 정서의 세 가지 특성인 유형(type), (주어진 시간 내의 변화 정도인) **불안정성**(lability), **적절성**(appropriateness)에 대해 간략히 논의해 보자.

우리는 기분을 진단적인 것으로 생각한다. 즉 행복감을 조증으로, 슬픔을 주요우울이나 기분저하증과 동일시한다. 하지만 우리들 역시 다른 어떤 질병의 지표 없이도 이런 감정을 경험해 보지 않는가? 사실 누군가의 감정 상태는 진단에 큰 영향을 미치지 않는다. 분노(또는 이와 유사한 적대감), 불안, 수치심, 기쁨, 공포, 죄책감, 놀람, 역겨움, 짜증은 정신과적 장애에서 발생할 수 있는 감정이지만 대부분의 경우에는 무척 정상적인 감정이다. 정상적인 기분에 대해 우려하는 환자들은 종종 단순하게 안심시켜 주는 것만으로도 위안을 얻을 것이다.

기분의 과도한 불안정성은 보다 정확한 진단적 추론을 내릴 수 있게 할지도 모른다. 예를 들어 (웃다가 울고 그 반대가 됐다가 갑자기 명백한 이유 없이 격노하는 등) 기분이 자주 극단을 오가는 사람들에게는 신체화장애, 조증, 치매를 고려해야 할 것이다. 갑작스러운 분노 폭발은 종종 뇌 감염이나 종양과 같은 의학적 상태를 나타낸다. (감소된 불안정성과 같이) 정서에 거의 변동이 없는 경우 파킨슨병, 극심한 우울증, 조현병, 치매를 시사할 수 있다.

기분의 세 번째 특성은 기분과 사고 내용 간의 적절성이다. 조안과 면담할 때, 그녀는 최근 어머니가 돌아가신 일에 대해 이야기하면서 소리 내어 웃었다. 정서와 내용 간의 부적절성은 조증, 그리고 DSM-5에서는 사라졌으나 이전에 **와해형**(disorganized)이라 불렸던 유형의 조현병이라는 두 가지 가능성을 떠올리게 한다. 조안은 정신병 삽화가 있었고 완전히 정상으로 회복될 때까지 오랫동안 지속되는 우울감이 있었으므로 명백하게 제 I 형 양극성장애가 시사되었다. 당신은 또한 신체증상장애 환자가 마비, 실명과 같은 현재의 신체적 문제에 대해 말하

면서도 이런 심각한 상황에서 예상되는 걱정을 보이지 않는 것과 같은 형태의 부적절한 기분을 접할 수도 있다.

우울증은 MSE에서 가장 자주 언급되는 기분 증상이다. 우울증은 흔하고 위해 가능성과 치료에 대한 반응성이 크기 때문에 모든 신규 환자는 물론 많은 기존 환자들에 대해서도 우울한지 살펴보아야 한다. 우울 그 자체는 진단 원칙으로 여겨지기에 충분할 만큼 중요하다. 물론 항상은 항상 다소 과장된 표현이지만 우울은 매우 흔하고 중요하면서도 종종 놓치기 쉽기 때문에 강조되어야 한다.

발화의 흐름

발화의 흐름이 여러 잠재적인 진단의 단서가 될 수 있지만 우선 알아둬야 할 점은 보통 전혀 병리적이지 않은 우리의 발화 대부분에도 별난 점이 있다는 것이다. 예를 들어 '알다시피…', '아무튼…', '있잖아, 설마…' 와 같은 말버릇, 핵심에 들어가기 전에 여러 인생사를 결부시키는 것과 같은 우원적 발화(circumstantial speech), 너무 산만해서 의사소통 시 거의 당신을 미치게 만드는 발화 등이 있다.

가장 잘 알려진 유형의 실제적인 발화 병리는 이완된 연상(loose association) 또는 탈선(derailment)이라 불리는 것이다. 이완된 연상은 생각의 일관성이 무너질 때 발생하며, 이때 하나의 사고는 명백히 관련되지 않은 다른 사고로 미끄러져 간다. 단어들의 호응은 이해할 수 있다 하더라도 방향은 종잡을 수가 없다. 그 결과, 환자에겐 의미 있을지 모르나 다른 사람들에게는 의미가 전달되지 않는 비논리적인 발화나 서술이 나타난다. 다음에 극단적인 예가 있다.

> "나는 잉글리시 홍차를 영국인이 마신다는 사실을 발견했다. 인도 옥수수가 미국 음식인 것처럼 조개 수프도 다르지 않다. 하지만 영국에는 왕, 여왕, 왕자가 있다. 앤 공주는 영국인과 결혼했다. 이제 약물은 사고(事故), 아픔, 화상 환자들, 나같이 필름이 끊기고 현기증이 나는 데 도움을 준다. 유럽의 진실, 사실 일본에도 차가 있다. 미국도. 고맙다."

이완된 연상과 덜 흔한 다른 발화 패턴(지리멸렬함, 신조어, 보속성, 음송증)은 흔히 조현병의 특징으로 여겨지지만 조증과 치매에서도 발생할 수 있다.

누군가 질문에 얼마나 빨리 반응하는가에 대하여 반응 잠복기(latency of response)라고 부르는데 반응 잠복기의 편차가 매우 큰 경우 종종 기분장애가 시사된다. 아주 긴 잠재기는 극심한 우울증의 특징인 반면, 질문을 채 끝마치기도 전에 대답하는 것과 같이 짧아진 잠재기는 조증에서 자주 발견된다. 언어 빈곤(poverty of speech)의 경우 환자는 자발적으로는 전혀 또는 거의 말하지 않는데 이 또한 우울증이나 조현병을 시사할 수 있다.

사고 내용

현 병력을 얻는 과정에서 당신은 흔히 사고 내용으로 여겨지는 자료들 중 대부분을 이미 접했을 것이다. 이러한 정보의 함의는 꽤 직접적이다.

당신이 어떻게 규정하든지 간에 망상과 환각은 거의 정신병을 의미한다. 하지만 망상의 종류는 정신병의 유형을 정의하는 데 도움이 될 수 있다. 영향망상, 피해망상, (외부에 있는 누군가의 영향에 따라 행동하게 되는) 피동망상, (환자에 대한 언급이 발생하는) 관계망상, 사고 통제, (전파 등으로 생각이 전송된다고 느끼는) 사고 전파는 종종 조현병, 특히 DSM-5에서 모든 아형을 제거하기 전에 우리가 편집형이라 불렀던 조현병을 시사한다. (심각한 병에 걸려서) 건강이 좋지 않다는 망상이나 죽음에 대한 망상은 조현병 또는 극심한 우울증에서 나타날 수 있다. 과대망상을 지닌 환자들은 자신이 위대한 힘을 지니고 있거나 신 또는 마돈나(둘 중 하나)와 같은 유명한 존재가 됐다고 믿는다. 이는 주로 조증에서 흔하지만 조현병에서도 나타날 수 있다. 죄책망상은 우울증이나 망상장애를 시사하는 반면 자신이 궁핍해졌다는 내용의 망상은 최고도의 우울증을 나타낸다.

기분이 개인의 망상 내용과 얼마나 잘 부합하는지를 의미하는 기분 일치성(congruence)에도 주목하라. 예전에 산후 정신병적 조증(postpartum manic psychosis)으로 치료했던 한 여성에게 왜 그렇게 행복하고 만족스러워 보이는지 묻자 그녀는 '우리 집 구유 안에 아기 예수님이 있다'는 것을 알기 때문이라고 대답했다. 이런 기분 일치적 망상은 보통 기분장애를 나타낸다. 반면 조현병의 망상은 자신이 제이 레노의 아들이며 기후를 변화시킬 수 있다고 믿었던 청년이 그랬듯이 종종 기분과 불일치한다. 과대망상에도 불구하고 그는 자신의 정신적 상태가 직장 생활을 유지하거나 정상적인 사회적 생활을 영위하지 못하게 방해한다는 사실을 알았고 그 결과 심하게 우울해졌다.

진전 섬망, 치매, 뇌종양, 독성 효과, 발작과 같은 의학적 장애나 물질사용장애에 기인한 정신병에서는 어떤 종류의 환각도 나타날 수 있다. 조현병에서의 환각은 대개 환청의 형태로 나타나지만 일부는 환시를 보거나 드물게는 다른 종류의 환각이 나타날 수도 있다. 잠에서 막 깨어나거나 잠이 들 때 발생하는 생생한 꿈 같은 상태(의 환각)를 각각 각성 환각(hypnopompic hallucination), **입면 환각**(hypnagogic hallucination)이라 부르는데 이는 무척 정상적이다. 착각의 일종인 기시감, (자신의 종교적·민족적 배경의 우월성에 대한 믿음과 같은) 지배 관념, 극단적이거나 오래 지속되지 않는 이인증 역시 정상적이라 할 수 있다.

공포증이나 강박 사고, 강박 행동은 자주 특정 불안장애나 강박장애의 신호로 여겨지는데 이때 두 가지 일반적인 쟁점을 염두에 둬야 한다. 첫째, 일반적인 불안과 같은 경미한 불안 증상은 흔하며 전혀 비정상적이지 않다는 것이다. 둘째, 12장에서 논의하겠지만 때로는 기저에 도사린 우울증을 완전히 무시한 채 극적인 공포증이나 강박 행동에 초점을 맞추는 임상적인 경향성이 있다는 것이다.

끝으로 자살, 살인, 기타 형태의 폭력에 대한 사고를 언급해야 할 것이다. 자살사고는 우울증을 자주 시사하는데 성격장애(특히 경계성 성격장애), 물질 사용, 조현병에서도 나타날 수 있다. 만약 폭력과 관련된 생각들이 적어도 어떤 정신과적 장애를 나타낸다면 대개 앞서 언급된 세 가지 장애들 중 하나일 것이다. 하지만 폭력과 살인은 오랜 범죄 활동에서 더욱 흔하다. 영화 대부를 떠올려 보라.

인지 능력과 지적 자원

추론, 수학적 능력, (공통점이나 차이점을 알아차리는 것과 같은) 추상적 사고는 주로 개인의 학력과 타고난 지능에 달려 있다. 그러므로 지적장애나 자폐스펙트럼장애와 같은 발달장애들에서 이러한 능력들에서 현저한 결함이 있다. 또한 이러한 능력들은 치매, 조현병, 기분장애와 같은 심각한 정신과적 질병에 의해 흐려질 수 있다. 이해, 유창성, 명명, 반복, 읽기 및 쓰기에서의 문제는 모국어 사용자가 아니어서 문제가 예상되는 경우가 아니라면 신경학적 평가의 필요성을 시사한다.

때때로 지남력의 결함이 나타나는데 대부분의 경우 이는 섬망이나 치매 같은 인지장애를 시사한다. 가끔씩 정신병 환자가 자신이 5차원의 화성에서 왔으며 이름은 '조그'라고 주장할 수 있으나 이럴 때는 망상적이라고 말하지, 지남력이 상실됐다고 말하지는 않는다. 단기 기억 손상은 치매, 섬망, 정신병, 기분장애, 단순한 불안을 시사할 수 있다.

병식 및 판단력

환자의 병식으로부터 획득할 수 있는 특정한 진단적 정보의 양이 압도적인 정도는 아닐 것이다. 정신과적 장애에 대한 병식의 부족은 종종 정신병을 시사하지만 치매, 섬망 환자에게서도 흔하며 심지어 알코올 중독에서도 나타날 수 있다. 또한 당신은 심각한 기분장애, 해리성 정체성장애, 신경성 식욕부진증, 신체이형장애 증상이 너무 심해 강박 행동을 비합리적이라고 생각하지 않는 강박증의 사례에서와 같이 정신병과 연결 지을 수 없는 진단들에서도 병식이 부족한 경우를 접할 수 있다.

병식과 판단력은 또한 누구도 비정상으로 여기지 않을 요인들에 크게 의존한다. 그중 하나는 환자의 연령이다. 10대 초반의 아동들은 자신의 행동과 감정에 대한 관점이 부족하고 심지어 후기 청소년기까지 자신이 한 행위의 결과를 이해하는 능력이 완전히 발달되지 않는다. 이런 이유 때문에 2005년 미국 대법원이 미성년자에 대한 사형을 금지한 것이다. 성인의 병식과 판단력도 어느 정도는 타고난 지능, 학력, 미신이나 편견과 같은 문화적 이슈의 영향을 받는다.

병식처럼 판단력도 정신병이나 섬망의 영향을 받을 수 있다. 또 어떤 성격장애든지 병식에 영향을 미칠 수 있지만(우리 중 어느 누가 성격에 결함이 있다는 사실을 받아들이겠는가?) 판단력은 특히 경계성 성격장애나 반사회성 성격장애와 같이 더 심각한 성격장애에서 취약하다.

2부의 결론으로 당신은 환자를 정확히 진단하기 위해 당신이 필요로 할 모든 정보에 대해 통찰력을 얻게 되었다. 이 정보는 1부에서 이미 다룬 진단적 수준에서 사용하는 원 자료이다. 하지만 당신이 전부 안다고 생각하더라도 재평가를 요구하는 새로운 정보에 대해서는 늘 마음의 준비가 되어 있어야 한다.

PART 3

진단 기법 적용하기

우울증과 조증 진단하기

비록 DSM-5에서는 우울장애와 양극성장애로 나누었지만 나는 여러 가지 이유로 3부를 기분장애라고 칭하며 시작하겠다. 아마 정신건강 환자에게 발생하는 주요 질병 중 가장 중요한 것이 기분장애일 것이다. 이 장애는 안전 위계 중에서 거의 최상위에 근접해 있고, 모든 진단가들에게 수련이나 경험의 정도에 관계없이 가장 복잡하며 도전이 되는 장애이다. 나는 진단에 대해 강의할 때마다 일단 기분장애를 이해한다면 나머지 다른 진단들은 식은 죽 먹기가 될 것이라고 설명한다.

기분장애에는 다양한 어려움이 있다.

1. 임상가는 반드시 주요우울장애(다양한 하위 유형과 비전형성, 멜랑콜리아 및 계절성과 같은 명시자)와 기분저하증, 우울 삽화와 양극성장애를 포함한 수많은 우울증 후군을 고려해야 한다.
2. 우울한 기분의 반대에는 조증과 그의 변형(경조증, 혼재성 상태, 순환성장애의 고양된 상태)이 있다.
3. 일단 진단을 내리면 기분장애와 다른 조건들, 그리고 다른 장애들과의 공병에 대한 문제를 반드시 고려해야 한다.
4. 우울은 사별과 그 외의 상실들, 삶의 문제, 적응장애와 겹쳐지는 부분을 공유한다.

자살을 합리적 행동으로 볼 것인지, 치료 가능한 질병으로 볼 것인지에 대한 문제도 있다(이 장 마지막에 나오는 '자살이 합리적일 수 있는가?'의 내용을 보라).

우울증후군

정신장애는 핵심에 닿을 때까지 껍질을 벗겨내고 또 벗겨내야 한다는 점에서 때로는 양파와 비교되기도 한다. 임상적 우울증의 증후군은 또 다른 면에서도 양파와 같다. 빨간색, 노란색, 하얀색, 진주색, 버뮤다, 왈라왈라(노스웨스트에서 흔히 생산됨), 스캘리언 등 양파에는 다양한 종류가 있다. 각 유형은 고유의 특성에 따라서 다르게 사용된다. 따라서 당신은 독특한 특성을 먼저 밝혀야 한다. 표 11.1에는 간단한 정의와 더불어 이 장에서 고려해야 할 유형이 나열되어 있다. 또한 여기에 제시된 예시 외에 이후의 장에 있는 우울과 관련된 다른 장애들도 볼 수 있을 것이다. 읽기를 끝낼 무렵 당신은 어떤 종류의 우울증이 있는지 확실히 알게 될 것이다.

 켄트

비교적 복잡하지 않으며 전형적으로 우울해 보이는 남성의 예로 시작해 보자.

켄트는 신체적으로는 건강했음에도 '정신적인 영역에서 처져 있는 것'에 주목한 1차 진료의에 의해 평가가 의뢰되었다. 교육과 훈련을 받은 전자공학자인 켄트는 캘리포니아의 실리콘밸리에서 일하며 성공적인 7년을 보냈다. 그는 기업의 사다리에서 더 높이 올라가기 위해 지역 대학의 MBA 프로그램에 등록했고, 졸업을 위한 수업이 하나만 남았을 때 폭발적인 닷컴(.com) 거품이 줄어들면서 직장을 잃게 되었다. 수천 명의 동료들은 다른 직장을 찾았다. 그는 면접자에 말한 것처럼 마침내 '대학을 전혀 졸업한 적이 없는' 처남과 함께 자동차 판매라는 다른 일을 얻기 전까지 의기소침한 채로 8개월 동안 분주히 뛰어다녔다.

켄트는 지위를 상실한 것과 산호세에 있는 비싼 집의 모기지 비용을 내야 한다는 압박으로 인해 몇 달 동안 우울감을 호소했다. 하지만 첫 면담 동안 그의 아내는 켄트가 해고 몇 주 전부터 불면증과 식욕 감소 문제를 갖고 있었다고 알려 주었다(그는 아내가 생일 선물로 준 플라이 피싱 장비에 대해서도 큰 열의를 보이지 않았다). 그는 가족들을 충분히 부양할 수 없다는 죄책감과 직장에서의 활동을 방해하는 에너지, 집중력 부족에 대한 고통을 표현했다. 그는 자살 사고에 대해 부인했지만 아내는 그가 몇 주 전에 죽든지 살든지 상관없다는 말을 했다고 이야기했다.

켄트는 정신병적 증상 혹은 이전의 정신질환 삽화를 경험한 적이 없으며 정신장애의 가족

표 11.1 우울증의 감별진단 목록과 간략한 정의

- 다른 의학적 상태로 인한 우울장애 : 신체적 질병이 우울증을 유발할 수 있으며 주요우울장애의 진단 기준을 충족하지 않는다.

- 물질 관련 우울장애 : 알코올, 불법 마약, 약물 등이 우울 증상을 유발할 수 있으며 주요우울증의 정의를 따르지 않는다.

- 주요우울장애, 단일 삽화 또는 반복 삽화 : 몇 주 또는 그 이상 동안 환자는 우울감을 느끼거나 인생을 즐기지 못하며 섭식과 수면 문제, 죄책감, 기력 저하, 주의 집중 곤란, 죽음에 대한 생각을 지닐 수 있다. DSM-5에서 조증이나 경조증 삽화는 없어야 하지만 사별은 배제 기준에 더 이상 포함되지 않는다.

- (제 I 형 또는 제 II 형) 양극성장애, 가장 최근의 우울증 삽화 : 환자는 조증 또는 경조증 병력을 지니며 최근 우울해져 있다.

- 멜랑콜리아 양상 동반 주요우울장애 : 이것은 이른 아침에 깨어나고 식욕과 체중 감소, 죄책감, 일상적으로 즐거울 수 있는 일에도 더 좋은 기분을 느끼지 못하는 것으로 특징지어지는 주요우울증의 특별한 유형이다.

- 비전형적 양상 동반 주요우울장애 : 특정 증상이 일반적으로 주요우울증에서 경험하는 것과는 반대 양상으로 나타나며, 식욕 증가, 체중 증가, 과도한 수면이 이에 해당한다.

- 계절성 패턴 동반 주요우울장애 : '계절성 기분장애'로 알려진 이러한 상태에서 환자는 한 해의 특정한 시간, 특히 가을이나 겨울에 주기적으로 우울해진다.

- 주산기 발병 동안 주요우울장애 : 여성의 임신 기간 동안 또는 출산 후 한 달 이내에 주요우울증으로 발전하는 경우이다.

- 기분저하증(지속성 우울장애) : 이러한 환자들은 주요우울장애의 증상을 덜 심각한 수준에서 몇 년 동안 지속적으로 보이며 정신병이나 자살 사고는 지니지 않는다.

- 사별 : 친지나 친구가 사망했을 때 몇 주 또는 몇 달 동안 우울 증상을 보인다. 만일 이러한 증상이 DSM-5의 우울증 진단 기준을 충족시킨다면 반드시 우울증 진단이 내려져야 한다.

- 우울감 동반 적응장애 : 어떤 사람들은 삶의 스트레스에 대한 반응으로 우울 증상을 보이기도 한다.

- 기분장애 동반 신체증상장애 : 의학적으로 설명되지 않는 다양한 신체적 증상을 호소하는 방대한 이력을 지닌 환자에게서 종종 우울감, 심지어는 조증 증상이 발견되기도 한다.

력도 없었다. 10년 전 대학 시절 술을 마시기는 했지만 그 이후로는 술에 손도 대지 않았다. 그는 걱정이나 불안한 감정도 부인했다. 그에 따르면 '단지 우울한 것' 뿐이었다.

분석

여기에서는 우울증에 대한 의사 결정 나무의 번호화된 단계를 사용하여 저자가 켄트의 기록을 어떻게 생각하는지에 대해 제시하였다(그림 11.1). 그는 양극성장애를 시사하는 조증이나 경조증 과거력이 없었다(1단계). 그의 기분은 끔찍했지만 1차 진료의는 그가 신

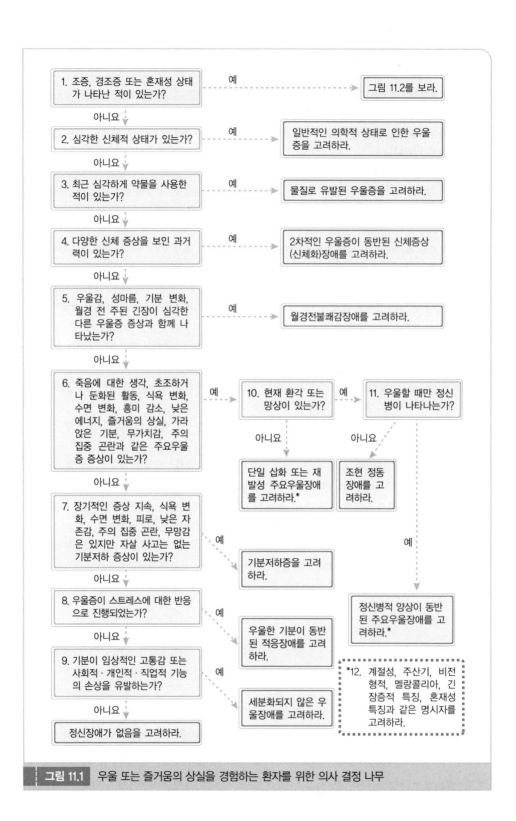

그림 11.1 우울 또는 즐거움의 상실을 경험하는 환자를 위한 의사 결정 나무

체적으로 건강하다고 알려 주었다(2단계). 그는 술을 마시거나 마약을 사용하지 않았고(3단계), 과거력상 여러 가지 신체 증상도 없었으며(4단계), 여성도 아니었다(5단계). 6단계에서 그가 몇 가지 전형적인 주요우울증 증상을 지니고 있다는 것을 주목할 수 있다. 정신병적 증상의 부재(10단계)는 우선 주요우울장애를 고려하도록 한다. 별표(*표시)는 12단계로 향하도록 해 주며 진단 가능한 다양한 명시자를 상기시켜 준다. 켄트는 멜랑콜리아나 비전형적인 형태의 증상은 지니지 않았고(표 11.1) 긴장증적이거나 산후도 아니었기 때문에 현재 임상적 우울증이라는 용어로 가장 자주 사용되는 주요우울장애의 단일 삽화를 지녔다고 말할 수 있을 것이다.

존재 유무에 관계없이 이러한 결론에 도달하도록 돕는 몇 가지 진단 원칙에 대해서도 이야기해 보도록 하자. 우리는 켄트의 부인에게서 나온 부수적인 병력에 상당히 의존했으며, 이것은 우울증이 시작될 당시 켄트 자신이 보고한 병력보다 더욱 정확한 것으로 확인되었다. 그의 오래된 음주력은 최근 10년 동안의 금주 생활로 극복되었다. 그가 결혼 생활을 잘하고 있다는 사회적 상황은 그의 진단에 있어 성격장애가 어떤 역할을 할 가능성이 거의 없음을 보여 준다. 그리고 어쨌든 우리는 주요 정신장애의 유의미한 가능성이 있다 하더라도 그것의 진단을 피하고자 한다. 흔한 진단인 주요우울증 진단을 어렵게 하는 특이한 증상은 없었다(얼룩말이 아니라 일반적인 말이었다).

제언

개인적인 의견이지만 주요우울증의 진단은 큰 단점을 갖고 있다. 정확하다는 환상을 심어 주기는 하지만 실제로 우울증은 많은 원인을 갖고 있다는 사실이다. 그것들이 하나의 명칭으로 포괄되기 때문에 우리는 매우 다른 환자들이 마치 동일한 질병을 갖고 있는 것처럼 보는 경향이 있으며, 이것이 모두에게 비슷한 치료(항우울제 약물)를 하도록 부추긴다. 물론 많은 환자들이 표준적인 치료에 잘 반응하기도 한다. 그러나 이 책을 읽는 동안에는 상황에 따라 항우울제 약물보다 다른 치료가 제의되어야 하는 '주요' 우울증 환자들을 발견하게 될 것이다.

 마릴린

일단 적절한 감별진단과 의사 결정 나무를 염두에 두면 진단 과정은 다음의 환자처럼 상대적으로 간단해진다.

대학원에서 문화인류학을 전공하는 23세 마릴린은 기니에서 빠르게 사라지고 있는 삼림 지역 원주민 언어의 발음을 4개월 동안 관찰하고 기록하는 일에 지원했다. 3주 전 그녀와 다른 두 학생은 강사를 따라서 아프리카로 떠나기로 일정을 잡았고 학장과의 만남을 요청했다. 그녀는 "제 생각에는 이번 여정의 설렘과 활동이 지난 몇 년 동안 갖고 있던 우울증을 버릴 수 있게 도와줄 수 있을 것 같아요."라고 고백했다. 그녀는 아직도 수면과 식욕 감소의 문제를 갖고 있었고 '대부분의 시간 동안' 기분도 매우 처져 있었다. 이후 학장은 임상가 친구에게 자문을 받았고 이러한 정보에 대해 이야기하며 조언을 구했다. 대답은 예상 밖이었다. 임상가는 "지금 당장은 이야기할 수가 없네."라고 답했다. "충분한 정보를 갖고 있지 못하다."라는 말도 덧붙였다. 나중에 면담을 통해 밝혀진 부분은 다음과 같다.

마릴린의 우울증은 그녀가 15세였을 때 가볍게 찾아왔다. 그녀는 예쁘고 똑똑했으며 배구에서도 실력을 인정받았다. 거의 모든 과목에서 A학점을 받았지만 고등학교에는 잘 적응하지 못했다. 그녀는 고등학교 2학년까지 학자나 운동선수가 되기 위해 필요한 무엇도 가지지 못한 것처럼 느껴졌다. 친한 친구는 몇 명 있었지만 사회적으로 필요한 수준에는 이르지 못할 것에 대해 자주 걱정하곤 했다.

미혼모 한인 여성에게서 태어난 마릴린은 생후 일주일 만에 입양되었다. 그녀의 부모는 모두 대졸자였다. 어머니는 격주로 발간되는 잡지에 글을 실었고, 아버지는 커다란 동부 해안 도시에 있는 지역 채널의 뉴스 앵커로 수년 동안 일을 해 왔다. 그들에게는 학교에서도 뛰어났으며 전문적인 직장 생활을 막 시작한 두 명의 친딸들이 있었다.

마릴린은 '대부분의 시간 동안, 심지어 다른 사람과 함께 있을 때에도' 슬픔과 외로움을 느꼈다고 인정했다. 비록 자존감이라고 할 만한 것이 거의 없다는 것은 인정했지만 학업에서의 흥미와 집중력은 좋았다. 자살에 대한 생각도 전혀 해 본 적이 없었다. 어떠한 약물 사용에 대해서도 전적으로 부인했고(처방을 받거나 처방전이 필요 없는 약물도 포함) 마릴린이 참여한 전화 면담에서 어머니도 이에 동의했다. 그녀는 또한 마릴린이 심각한 의학적 장애를 가진 적이 없다고 하며 "감기에도 걸리지 않았어요."라고 이야기했다.

분석

마릴린의 병력을 바탕으로 그림 11.1에 있는 의사 결정 나무의 1~5단계를 빠르게 넘어갈 수 있다. 마릴린은 — 진단을 정당화할 정도로 충분한 것은 아니지만 — 주요우울증의 몇 가지 증상들을 갖고 있었다(6단계). 대체로 가벼운 장기간의 증상은 기분저하증에 가까운 것처럼 보인다(7단계). 이것이 주요 진단으로 고려되어야 할 것이다.

마릴린의 학장이 자문받은 임상가가 말한 것처럼 종합적인 평가의 필요성을 인식하는 것이 중요하다. 종단적인 정보 없이 마릴린이 보이는 모습은 어떤 장애에도 특정적이지 않았다. 가족력 진단 원리에 따라 그녀의 생물학적 부모님에 대한 정보가 도움이 될 수 있다. 그러나 가족력의 진단은 기차에 비유하자면 종착점보다는 출발점을 결정할 때 더욱 유용하다. (물론 입증되지는 않았지만) 물질 사용에 대해 안심해도 괜찮다는 어머니의 믿음에도 불구하고 물질 사용이 암시될 경우에는 객관적인 검사(소변 또는 혈액)가 반드시 고려되어야 한다. 마릴린의 우울증이 해외에서 하게 될 장기간의 과제를 예상하면서 이에 대한 반응으로 악화되었다고도 생각할 수 있으며 이것은 우울 기분 동반 적응장애를 제안할 수도 있다. 하지만 이러한 결론은 안전한 진단 원리에 모순될 수 있다. 임상가는 반드시 더욱 치료가 용이하고 구체적인 진단을 먼저 고려해야 한다.

마릴린의 장애에 대한 논의에서 물질 사용과 의학적 장애를 빠르게 제외하기는 했지만 이는 앞으로도 이것에 대해 무신경해도 된다는 것을 의미하는 것은 절대 아니다. 문제는 이것들이 보통 환자의 문제 깊숙이 있어서 50번 동안 분별하지 않고 무시할 수 있었다 하더라도 비극이 51번째에 돌아올 수도 있다는 것이다. 이 책의 나머지를 통틀어 만약 "…를 안전하게 제외할 수 있습니다."라는 말이 나온다면 그것은 논의의 목적 때문에 입증되었을 때에만 받아들일 것을 의미하는 것이다. 새로운 환자를 평가할 때마다 항상 신체적·화학적 원인들을 조심스럽게 고려해야 한다.

제언

지속성 우울장애로도 불리는 기분저하증은 적어도 1900년대 초 에밀 크레펠린에게 거슬러 올라갈 수 있다. 긴 역사에서 배워 왔음에도 우리는 아직까지 가볍지만 널리 퍼져 있는 현대의 우울증이 기분장애군의 어디에 부합하는지에 대한 오래된 논쟁을 되새기고 있다. 물론 기분저하증과 주요우울증 사이의 증상 차이는 분명하고, 우울증과 비슷한 기분저하증을 묘사하기 위한 다른 용어들도 수년간 사용되어 왔다. 임상가들은 기분저하증 환자에게서 성격적인 측면으로 보이는 만성적 무기력과 낮은 자존감에 오랫동안 주목해 왔다. 하지만 DSM-5는 더 이상 우울성 성격장애를 '추후 연구를 위한' 부록에 포함하고 있지 않다. 한때 커다란 실망이나 다른 외부적 자극에 대한 반응으로 나타나는 우울증을 설명하던 용어인 신경증적 우울증(neurotic depression)을 오늘날에는 거의 마주치지 않는다. 이러한 오래된 생각과 대조를 이루는 최근의 몇몇 연구들은 기분저하증 환자에게 양극성장애 가족력이 있다는 것을 발견했다.

기분저하증은 일반적인 성인 인구 중 대략 6%로 매우 흔하게 나타나며 아동과 청소년에서도 발견될 수 있다. 기분저하증을 지닌 사람들이 주요우울증을 지닌 사람들보다는 전반적으로 기능 손상이 덜하지만 그럼에도 그들 자신과 가족들은 무거운 부담을 감당해야 한다. 어떤 저자들은 이러한 환자들에 대해 자신이 지닌 에너지를 일에 쏟아 버리고 사람과의 관계에 대한 에너지를 거의 남겨 놓지 않는 경향이 있다고 기록했다. 그래도 좋은 소식이 있다. 다른 종류의 많은 우울증과 마찬가지로 기분저하증은 진단만 정확하게 내려지면 표준적인 항우울제 치료에 효과적으로 반응한다는 것이다.

 티모시

지금까지 접한 장애들은 다양한 강도로 대체로 전형적인 우울 증상에 수반되는 것들이었다. 하지만 증상에만 완전히 의존하는 것은 진단적 과정과 환자를 모두 위험에 빠트릴 수 있다. 다음의 예는 횡단적인 증상뿐 아니라 개인력 내에서 진단을 찾는 것이 얼마나 중요한지 보여 준다.

> 30대 후반의 저널리스트 티모시는 주요 언론사에서 수단의 전쟁을 다루었다. 긴급 수혈을 받고 얼마 지나지 않아 그는 C형 간염에 감염되었으며 인터페론(Interferon)을 시작했다. "며칠 지나지 않아 감기에 걸린 것 같은 느낌이 시작되었어요. 근육통, 지속적인 피로감, 속 쓰림. 그리고 두 시간 이상은 잠을 잘 수가 없었고 지친 상태로 깨어났어요." 하지만 식욕 문제는 부인하였고 자살에 대해서도 생각해 본 적이 없다고 하였다. 심지어 성욕 역시 정상적으로 유지되었다.
>
> 미국으로 새로 발령을 받은 티모시는 새로운 환경에서 접하게 되는 상대적으로 따분한 이야기들에 짜증이 났다. 그는 보고서에 집중하는 것이 어렵다고 불평하고 건강에 대해 곱씹어 생각하기 시작했다. 그의 불면증과 주의력 감퇴에 주목한 내과 의사는 그가 우울증 상태에 있다고 결론을 내리고 프로작(Prozac) 처방을 시작하였다. 티모시는 "그 약에 좋은 점이 없었던 것은 아니었지만 차라리 사탕을 먹어도 될 뻔했어요. 12주가 지나 더 나빠지지는 않은 것처럼 느껴졌지만 더 좋아지지도 않았다는 것 역시 분명해요." 약물에 대한 질문에 있어서도 티모시는 어떤 형태든지 알코올이나 담배를 금지하는 자신의 종교에 따르고 있다는 점을 강조했다.
>
> 티모시와 그의 아내는 이전에 불임을 둘러싼 결혼 생활 문제로 치료사를 찾아간 적이 있었다. 의사는 그에게 상담을 의뢰해 주었다. '아무 성과 없는 8주' 동안 티모시는 일해야 하는 시간에 인터넷 서핑을 했고, 인터페론 치료의 정신적 영향에 대해 설명한 블로그를 보게 되었다. 그는 인터페론 치료를 받는 환자의 3분의 1이 심각한 우울증으로 이어진다는 것을 알게 되었다. 그는 나중에 "나는 매우 화가 나면서도 동시에 안심이 되었어요. 약물의 부작용에 대해 미리 경고해 주지 않은 것에 대해 심각하게 화가 나면서도 한편으로는 치료 가능한 원인을 찾은 것에 대해 기뻐했어요."라고 했다.
>
> 그는 간염이 나으면서 인터페론을 중단하였고 며칠 되지 않아 우울증도 완전히 회복되었다.

제 3부 진단 기법 적용하기

분석

조증 또는 경조증 병력의 부재는 그림 11.1의 1단계를 지나가도록 해 주지만 간염 그 자체가 티모시의 우울증을 유발했는지 여부에 대한 고려가 필요하다(2단계). 전형적으로 C형 간염 환자들은 식욕 저하, 체중 감소, 피로감을 호소하지만 우울감은 포함되어 있지 않다. 그의 우울증이 인테페론에서 시작했다는 사실은 3단계로 넘어갈 수 있게 도와준다. 그곳이 멈추어야 하는 단계이다. 항상 물질 사용 병인론을 반드시 고려해야 한다는 중요한 진단 원칙이 우리에게 필요한 전부라고 할 수 있다. 티모시는 우울증을 유발하는 것으로 알려진 약물을 복용했다. 여기에서 의사 결정 나무 접근의 이점을 볼 수 있는데 이는 우리를 안전하고 정확한 진단으로 곧바로 인도해 준다. 덜 조심스러운 임상가는 적응장애라고 단정하거나, 명시되지 않는 우울장애라는 소위 '쓰레기통' 진단을 내릴지도 모른다.

제언

'최근의 심각한 약물 사용'은 지나친 알코올 또는 불법 마약의 사용만을 일컫는 것으로 가정하기 쉽다. 티모시의 경험은 그렇지 않은 경우를 나타낸다. 처방받거나 처방이 필요 없는 약물 역시 정신적 증상을 유발할 수 있다. 그의 우울증이 인터페론을 중단한 지 수일 내에 반응했다는 사실은 결정적이지는 않더라도 강력한 증거가 된다. 그것을 재복용하는 것만이 진단을 확정할 수 있었으나 티모시는 인터페론을 복용해 보자는 생각에 당연하게도 냉담한 반응을 보였다. 그럼에도 불구하고 우리는 우울증의 원인을 발견했다는 것을 확신할 수 있다. 다발성 경화증, 백혈병, 림프종, 흑색종과 같은 다양하고 심각한 상태에 사용되는 약물처럼 인터페론 역시 불안, 섬망, 정신병과 같은 증상들을 유발할 수 있다. 물론 이것은 단지 표 9.2에서 언급된 기분장애를 유발할 수 있는 다양한 종류의 약물 중 하나일 뿐이다.

　인터페론이나 다른 약물들이 정서적인 증상을 일으키는 데 왜 이렇게 오랜 시간이 걸리는 것일까? 우울증이 요구하는 최종적인 공통 경로에 이르기 위해서는 약물이 먼저 뇌의 효소나 신체적인 변화를 유발할 만큼 효과적인 혈액 수준에 도달해야 한다. 마찬가지로 코르티코스테로이드(corticosteroid)를 사용해서 정신병적 증상을 유발하는 데에도 며칠에서 몇 주가 걸릴 수 있다. 핵심 요점은 이것이다. 몇 주 동안 투약 중인 환자가 최근에야 증상이 발달한 경우라도 이것이 정신장애를 유발했을 가능성을 간과해서는 안 된다.

🧩 아네트

다음의 일화는 하나의 증상 세트에 대한 손쉬운 설명을 받아들이기 전에 넓은 범위의 감별진단을 고려하는 것의 가치를 강조하고 있다.

아네트는 항공사에서 근무하는 19년 동안 항상 165cm, 53kg의 호리호리한 체형을 유지해 왔다. 그녀는 괴로워하면서 1차 진료의에게 이야기했다.

"지난 6개월 동안 거의 7kg이나 체중이 늘었어요. 7kg! 저는 뚱뚱해요! 매우 우울하고 항상 울고 싶은 기분이에요." 그리고 아네트는 자신이 이야기하는 것을 증명이라도 하는 듯 눈물을 닦아내며 "그리고 제 얼굴이요, 항상 부어 있어요."라고 말했다.

그녀의 1차 진료의는 그녀가 잠드는 것을 어려워하고 취미 활동(그녀는 피아노를 치고 인형을 수집했다)을 할 때의 즐거움이 '거의 없는' 상태가 되었다는 것을 알게 되었다. 아직까지 죽고 싶다는 마음은 없었다.

비록 '조증과 같이 정반대의 기분'을 경험한 적은 없었지만 이전에 항공사에 취직을 하고 몇 년 후 우울했던 적이 한 번 있었다. 그녀는 당시의 증상이 오히려 조금 더 나빴다고 생각했다. 그녀는 여행사의 주기적인 비수기 동안 짧은 시간만 일을 했고 거의 4년간 같이 살았던 남자에게 버림을 받았다. 당시 주치의는 '상황적 우울증'이라는 진단을 했고 항우울제를 처방해 주었다(그녀는 어떤 약이었는지는 기억하지 못했다). 그녀는 몇 개월 내에 나아졌다.

아네트에게는 정신장애를 지닌 친척들이 없었고 알코올을 지나치게 많이 마시거나 마약을 사용한 적도 전혀 없었다. 아네트의 주치의는 그녀가 여자인 것 치고 굵은 콧수염이 나 있는 것과 턱에 몇 가닥의 수염이 얽혀 있는 것을 알아차렸다. 아네트는 "요즘 들어 이러기 시작했어요. 마치 뭔가 나한테 잘못된 것들만 원하는 것 같아요. 나는 그것들을 뽑으려고 해 왔지만 요즘에는 그냥 신경 쓰지 않아요."라고 말했다.

24시간의 소변 표본 분석을 통해 코르티코스테로이드가 증가된 것이 밝혀진 후, 주치의는 그녀가 부신의 양성 종양에 의해 유발되었을 수 있는 쿠싱증후군(Cushing's syndrome)을 갖고 있다고 말해 주었다.

분석

아네트를 진단하는 길은 간단하고 짧았다. 고양된 기분에 대한 부인을 통해 그림 11.1의 1단계를 지나쳐 심각한 의학적 상태에 대한 질문에 도달했고(2단계) 곧바로 해답을 얻었다. 그녀의 주치의가 신체적 검사를 통해 의심한 쿠싱증후군에서는 전형적으로 체중 증가(팔다리가 아니라 특히 몸통에), 달덩이처럼 둥근 얼굴, 신체적 약화, 체모의 증가가 나타난다. 이후 검사를 통해 아네트의 부신이 스테로이드를 과다 생산한다는 것이 확인되었다. 천식이나 류머티즘과 같은 질병에 처방되는 스테로이드 약물도 쿠싱증후군에 도움이 될 수 있다. 그러나 일반적으로 부신 또는 두뇌에 위치한 '마스터 분비선'이라고 불리는 뇌하수체의 종양과 더 많이 관련되어 있다. 우울증 — 때로는 심각한 부분을 차지하는 — 이 흔히 나타나는 결과이지만 불안, 섬망, 심지어 정신병과 같은 결과들도 유발할 수 있다. 물론 의사 결정 나무에서 이 단계에 이르면 기저의 의학적 상태가 치료될 때까지 아네트가 지닌 우울증의 원인에 대한 탐색은 중단될 수 있다.

진단 원칙의 사용은 때때로 서로 상충될 수 있기 때문에 다소 까다롭다. 치료를 통해 해결된 아네트의 이전 우울증 병력은 현재의 진단을 주요우울장애로 호도할 수 있다. 다행스럽게도 현재의 이력이 이전 병력에 우선하여 올바른 진단을 내렸다. 흔한 증상(예 : 얼룩말이 아니라 말) 역시 흔한 장애인 재발성 기분장애로 이끌었을 수 있지만 의사 결정 나무의 안내를 따라 신체적 장애를 먼저 살펴보는 원칙이 우리가 올바른 진단에 이르게 해주었다.

제언

표 9.1에 신체적 질병과 우울증을 유발할 수 있는 다른 조건에 대한 긴 목록이 제시되어 있다. 물론 이것들 중 일부는 매우 희귀하지만 전체적으로 이것들을 양손에 가득 움켜쥐는 것 — 가능한 많이 알고 있는 것 — 이 전문적인 경험을 쌓는 데 유익하다는 것을 합리적으로 예측할 수 있을 것이다. 다른 임상가들이 놓칠 수도 있는 것을 자세히 살펴보고 있다고 자신을 안심시키기 위해서라도 이것을 배워 두는 것이 도움이 될 것이다.

 로버트

단일 진단이 선호되지만 그것이 언제나 가능한 것은 아니다. 어떤 우울증 환자들에게서는 적어도 두 가지 진단이 요구된다.

로버트는 10대였을 때 수학에 매우 큰 관심이 있었다. 고등학교 1학년 때 육아 도우미를 해서 번 돈으로 가장 간단한 전자계산기 하나를 샀다. 그것은 기본적인 연산만 가능한 것이었지만 그는 자신만의 방식으로 제곱근 수치를 계산하는 데 사용했다. 그 후로 학교의 아이들은 그를 '제곱근'이라고 불렀다.

　제곱근이라는 별명의 로버트는 조용했지만 외톨이는 아니었다. 그는 과학 클럽에 참석했고 자신이 과학란에 기고했던 신문사에 친구들이 있었다. 과학 박람회에 참석해서 그가 '2류'로 부르는 대학으로부터 장학금을 받기도 했다. 대학에서 높은 학점을 받고 3년 만에 수학과 학위를 취득하는 순항 끝에 보험 회사에서 보험 계리사로 일했다. 그는 후회 어린 웃음을 보이면서 말했다. "저는 회계사가 되는 것을 꿈꿨어요. 하지만 회계사로서의 삶을 갖지는 못했어요."

　　로버트가 기억하는 한 그는 대부분 '약간 슬프고, 약간은 불쾌한 기분'을 느껴 왔다. 수면과 식사는 평균적이었고 일에서도 충분히 잘 집중할 수 있었다. 하지만 그는 낮은 활력에 대해 자주 불평했고 미래에 대해 절대로 크게 기대할 것이 없다고 말했다. 매주 금요일이면 직장에 도넛을 가져갔지만 이러한 행동은 절대 진정한 우정을 얻을 수 있을 것처럼 보이지는 않았다. 그는 만성적으로 낮은 자존감과 동기의 부족 때문에 결혼을 하지 못한 것이라고 믿었다. 여자 친구가 있을 때도 있었고 성적인 흥미나 능력도 '적절'했지만 그저 짧은 관계만을 가질 뿐이었다.

　　지금 56세가 된 로버트는 직업적으로 성공했지만 그가 걱정하던 개인적인 삶은 점점 더 참담해졌다. 그와 면담을 한 정신건강 전문가에게 전해 들은 바는 다음과 같다. "낮에 일을 하는 동안에는 활력을 모두 끌어 모을 수 있어요. 하지만 일단 집에 도착하면 무너져 버리죠. 저는 저녁을 차리지 않아요. 먹는 것에 정말로 신경을 쓰지 않아요. 삶과 죽음은 더 이상 중요하지 않아요. 단지 잠을 자고 싶을 뿐이에요. 그것마저 잘 하지 못해서 밤의 절반은 깬 채로 누워 있어요. 최근 몇 주 동안 모든 것이 끝나버리거나 내가 끝나기를 바랐어요."

　　임상가는 로버트가 알코올을 오용하거나 불법 마약을 한 적이 없다는 점에 주목했다. 그는 최근 1차 진료의로부터 신체적으로 건강하다는 문서도 받았다. 로버트는 반대 방향으로의 기분 변화에 대해서 말할 때에도 "아니요, 차라리 그랬으면 좋겠네요."라고 비웃으며 부인했다.

분석

로버트의 상태를 진단하기 위해서는 의사 결정 나무에서 두 가지 경로가 요구된다. 1~5단계의 성전에 경의를 표한 후에(1~5단계를 지나간 후에) 그가 오랫동안 지닌 낮은 기분과 자기 비난이 6단계에서 '예'라고 응답하기에 충분할 정도로 심각하거나 수많은 증상(추가 언급―여기에 있는 진단 원칙을 확인하라)을 포함하지 않는다는 사실에 주목할 수 있다. 하지만 그의 성인기를 통틀어 보면 기분저하증 진단을 받기에 충분해 보인다(7단계).

　　이제 나머지를 더욱 자세히 살펴보자. 로버트가 최근에 보인 급성 삽화에는 우리로 하여금 의사 결정 나무에서 다시 시작하도록 하는 설명되지 않은 증상들이 추가되었다. 이때 불면증의 시작, 죽음에 대한 바람, 흥미의 감소는 6단계에서 '예'라는 응답을 얻을 수 있다. 정신병적 증상 없이(10단계) 주요우울장애라는 두 번째 진단에 다다를 수 있다.

　　이것들을 어떻게 나열할 수 있을까? DSM-5 이전에는 진단 원칙에서 치료가 가장 많이 필요한 장애를 처음에 놓았다. 로버트의 사례에서 그것은 아마 주요우울증이 될 것이다.

하지만 DSM-5는 실제 이러한 과정을 조금은 단순화했다. 지속성 우울장애(기분저하증)를 위한 새로운 기준에서 '간헐적인 주요우울 삽화, 현재 삽화를 동반하는 경우'라는 어색한 이름의 명시자를 내놓았다. 이것이 명시자를 가진 단일 진단을 내리도록 해 주었고 "여기 만성적으로 우울한 기분과 치료가 필요한 더욱 심한 증상 악화를 모두 보이는 환자가 있습니다."라고 말하고 있다.

제언

임상가들은 때로 이러한 두 가지 우울장애의 조합을 **이중우울증**(double depression)이라는 용어로 부른다. 이것이 진단되지 않고 넘어갈 수 있다는 사실에도 불구하고 이 조합은 생각보다 더욱 빈번하게 발생한다. 어떤 원칙도 한 정신장애를 가지는 것이 다른 정신장애로부터 개인을 보호할 수 있다고 말하지는 않는다. 어떤 환자들은 치료를 통해 두 장애 모두에서 증상의 호전이 지속되는 것을 경험하고 있음에도 불구하고 대개는 주요우울증이 치료된 후에 기분저하증 증상이 남아 있을 수 있다.

두 가지 진단을 지닌 대부분의 환자는 조현병이나 알코올 중독과 같이 진단적 매뉴얼의 서로 다른 두 장애를 지니는 경우가 많다. 하지만 이중우울증의 증상은 하나의 큰 질병으로 보일 수도 있다. 아마도 그것이 우리가 보아야만 하는 방식일 수 있다. 맥컬로프와 동료들의 2003년 연구는 장기간 지속되는 우울증의 다양한 유형을 지닌 환자들(만성적인 주요우울증, 이중우울증, 삽화 사이의 완전한 회복이 없는 재발성의 주요우울증, 기존의 기분저하증에 덧붙여진 만성적인 주요우울증) 사이에 차이점이 거의 없다는 것을 발견했다. 이러한 각각의 용어들은 단지 심각도에 대한 다른 표현일 뿐이며 만성적인 우울증이 완전히 회복되는 일 없이 때로는 악화되고 때로는 호전되는 스펙트럼상에서 하나의 장애일 수 있다. 어쨌든 DSM-5의 출현으로 장기적인 우울증을 지닌 환자를 단일 진단 용어 내에서 생각할 수 있게 되었다.

무엇이라고 부르는가에 관계없이 진짜로 알고자 하는 것은 '어떻게 이중우울증을 치료해야 하며 예후는 어떠한가?'이다. 수많은 연구들은 이중우울증(편의를 위해 이 용어를 계속 사용할 것이다)을 지닌 환자들이 회복하기 어려운 것만큼 증상이 지속되고, 사회적 생활이 손상되고, 여전히 다른 장애와도 높은 공병률을 지니며, 경조증 삽화를 지닐 가능성이 높다는 것을 제안했다. 이중우울증은 항우울제 약물에 더하여 인지 행동 치료가 필요할 가능성이 높은 것으로 보인다.

(다시) 카슨

마지막으로 매 가을 또는 겨울에 주기적으로 우울증이 발생하고 봄이면 회복되는 대학원생 카슨을 다시 만나 보자. 나는 그의 가족이 낯선 지역으로 이사를 가고, 그가 가족과 친구들로부터 멀어질 것이라는 예상 때문에 고통스러울 때 면담을 했다. 우리는 그를 1장의 시작에서 만났으며 3장에서 그의 감별진단에 대해 논의했다.

분석

이사라는 주제와 관련된 카슨의 가장 최근 스트레스에 대해 먼저 생각해 보자. 카슨이 조증이나 경조증, 최근의 약물 사용, 신체적 장애가 없다는 것은 1~5단계를 넘어가도록 해준다. 그가 현재 상대적으로 증상을 거의 갖고 있지 않다는 것은 6단계를 지나치도록 해주는 반면 짧은 기간 나타나는 처진 기분은 기분저하증에서도 '아니요'라는 답을 얻을 수 있게 한다(7단계). 명백하게 스트레스와 관련된 그의 상태(8단계)는 우리를 우울 기분 동반 적응장애로 이끌어 준다. 우리는 다른 진단인 주요우울장애의 계절성 유형에 도달하기 위해 12개의 명시자를 지닌 의사 결정 나무를 다시 살펴보아야 할지도 모른다. 당시는 여름이었고 적응장애의 가능성이 가장 높았기 때문에(적응장애만이 즉각적인 관심을 요구했기 때문에) 우리는 그것을 목록의 첫 번째에 놓을 것이다.

제언

나는 사람들이 처음으로 인과 관계를 살피는 것에 대해 학습한 이후로 자신이 느끼는 기분에 관해 어떤 사건들을 탓하기 시작했는지 궁금증을 가졌다. DSM의 폐해로 이전에 반응성(reactive)이라고 불리던 우울증의 유형이 거의 시야 밖으로 사라져 버렸는데 이것은 진짜 스트레스의 원인이 무엇인지 합의하지 못하는 우리의 무능함으로 생긴 희생양이다. 한 임상가가 선행 스트레스라고 보는 것이 다른 임상가에게는 무관한 사건이 될 수 있다. 나는 수련 과정에 있을 때 자신의 개에게 벼룩이 있다는 것을 알게 된 후 우울해진 환자에 대한 보고서에 경악한 적이 있다. 반응성우울증의 개념은 공식적으로 생물학적 원인에 근거한 주산기 발병 동반(with peripartum onset)이라는 기분 명시자와 카슨을 괴롭히는 적응장애 안에만 들어가 있다.

두 가지 이유로 적응장애를 우울증의 감별진단에서 상당히 아래쪽에 배치했다(표 11.1을 보라). 적응장애는 다른 기타 장애에 비해 훨씬 덜 정의되어 있고 과학적인 후속 자료의 지지도 훨씬 적다. 그럼에도 불구하고 어떤 정신과 환자 인구에서 성인의 10%는 적응장애로 진단된다. 이것이 잘못된 것일까? 관련된 자료는 전혀 없으나 나는 적응장애가 반드시 기타 적절한 가능 진단이 없을 경우에만 사용되는 배제 범주가 되어야 한다고 믿는다. 따라서 만일 어떤 사람의 증상이 주요우울장애를 충족한다면 그것을 적응장애로 불러서는 안 된다. 또한 연구에서 사랑하는 사람의 죽음이 다른 스트레스 요인과 다르다는 결과를 발견하지 못했기 때문에, 사별은 원래 주요우울증 진단 기준을 충족시키지 못하는 배제 요인이었으나 DSM-5에서는 이러한 기준을 제외시켰다.

적응장애 진단은 신체적 질병의 위협, 부모님의 결별, 직장에서의 심한 변화와 같은 심각한 스트레스 요인에 의해 급격하게 진행된 반응에 적합할지 모른다. 하지만 진단이 확실할지라도 몇 가지 위험성을 지니고 있다. 적응장애라는 진단명이 환자에게 주는 오명은 상대적으로 덜하지만 자살 행동 및 심할 경우 실제 자살과도 관련될 수 있다. 아마 가장 심각한 위험성은 상황이 저절로 풀리도록 그대로 두라고 암시하는 것이다. 심장 마비나 환자의 집을 태워 버린 화재의 근본적인 원인을 다루기 위해 당신이 할 수 있는 실제적인 일들은 많지 않다.

카슨이 당시 주요우울장애를 충족하지는 않았기 때문에 이전에 그를 치료했던 임상가와 나는 이 최근의 삽화가 학업에서의 새로운 프로그램, 곧 아버지가 된다는 부담감, 멀고 잘 알려지지 않은 새롭고 낯선 곳에서의 정착과 같은 다양한 스트레스에 대한 반응일 뿐이었을 가능성이 높다는 것에 동의했다. 우리는 카슨과 이것에 대해 이야기했다. 다음날 그는 기력을 회복하고 아내와의 새로운 생활을 위해 떠났다. 이 사례는 우리가 위기에 대한 반응으로 나타나는 증상에 반드시 신중해야 한다는 진단 원칙을 강조한다. 이러한 증상은 일시적이며 환자의 전반적인 상태를 나타내는 것이 아닐 수도 있다.

안드레아

6월의 어느 날, 텍사스에서 남편이 출근한 후 다섯 명의 아이에게 아침을 먹이고 욕조에 물을 받아 한 명씩 익사시킨 어머니 안드레아 예이츠가 있다. 안드레아는 자신이 지닌 질병의 세부 사항과 그 여파를 세심하게 관련지은 수잔 오말리의 책, 당신 거기에 혼자 있나요?(*Are You There Alone?*)에서 스스로 자신의 정보를 제공했다. 여기에 제시되는 모든 정보는 공식적인 녹취에서 가져온 것이다.

그녀가 다섯 번째 아이(그녀의 유일한 딸)를 임신했을 무렵, 여러 임상가들은 안드레아에 대해 자신들이 경험한 가장 취약한 환자라고 밝혔다. 그녀의 증상은 마치 심각한 정신병리라는 교과서의 요약본을 읽는 것처럼 보였다. 그녀에게는 뚜렷하게 감소된 발화량[때로는 **사고의 결핍**(poverty of thought)이라고 불린다], 제한된 주의폭, 저조한 기분, 나쁜 엄마가 되는 것에 대한 망상적 죄책감 등이 있었다. 그녀는 시시때때로 울었고, 제한된 범위의 정서, 무가치한 느낌, 무망감을 가졌다. 넷째 아이를 출산하고 4개월 후 두 번째로 병원에 입원했을 때는 거의 벙어리가 되었다. 퇴원 한 달 후에는 칼로 자신의 목을 그으려고 했다.

마지막으로 다섯 번째 아이를 임신한 동안 잠시 나아졌지만, 출산 후에 새로 태어난 아기를 돌보고 다른 아이들을 홈스쿨링 시키면서 증상은 다시 심각하게 나빠졌다. 그녀는 먹지도 말하지도 않았으며 불면증은 악화되었다. 긴 시간 동안 그저 허공을 바라보기만 했다. 그녀는 사탄의 상징(숫자 666)이 그녀의 머리 꼭대기에 써 있다고 믿었고 그것을 지우기 위해 두피를 문질렀다.

안드레아의 성장 과정은 평범했고 특별할 것도 없었다. 알코올이나 약물을 오용한 적도 없었고 신체적으로 건강했다. 그러나 그녀의 오빠는 양극성장애 진단을 받았다.

그녀는 체포된 후 교도소에 있는 정신과 의사에게 "나는 사탄이다."라고 말했고, 자신이 어떻게 아이들을 돌보는지 감시하기 위해 자신의 집에 카메라가 설치되어 있다고 설명했다. 그녀는 자녀들에 대해 "내가 악하기 때문에 그들도 정의롭지 못하다."고 믿었다. 그녀는 다양한 환청도 들었다. 감옥의 구내전화를 통해 사탄의 목소리가 전달되었고 영화 오 형제여 어디에 있는가?(O Brother, Where Art Thou?)에 나오는 인물의 목소리, 오리와 테디 베어, 말 등에 올라탄 사람의 소리가 방을 둘러싼 사방의 시멘트벽에서 쏟아져 내리는 것을 들었다.

정신과적 증언과는 상충되게 안드레아는 텍사스 법에 따라 옳고 그름을 분별할 수 있다고 판단되었고(그녀가 사리 분별을 할 줄 몰랐다는 것은 논외로 하더라도) 살인죄로 판정되었다. 그녀는 사형 판결을 면할 수 없었다.

분석

안드레아가 양극성장애를 지녔는지의 여부가 아직 명확하지 않기 때문에(그때는 분명히 아니었다) 그녀를 위해 사용해야만 하는 두 기분장애의 의사 결정 나무(그림 11.1과 나중에 제시될 그림 11.2) 중 어떤 것은 약간의 문제를 보일 수 있다. 적어도 감옥에서 그녀를 본 임상가는 그녀가 양극성장애를 지녔다고 믿었고, 이 판단은 그녀의 오빠가 받았던 양극성장애 진단에 의해 부분적으로 지지되었다(가족력 진단 원칙). 하지만 그녀의 재판에서 이전의 조증이나 경조증에 대한 뚜렷한 증거가 없었기 때문에 그림 11.1을 고수하기로 하겠다. 우리의 정보는 그녀가 심각한 우울증 증상을 매우 많이 갖고 있다는 것에 동의하며 우리를 빠르게 6단계로 데려온다. 10단계에서는 현재의 환청과 망상에 대해 '예'라고 분명하게 말할 수 있다. 그녀가 우울하지 않은 다른 때에 정신병 증상을 보였다는 정보는 어디에서도 발견할 수 없었기 때문에(11단계) 정신병적 양상을 동반한 주요우울증이라는 진단을 내릴 수 있다. 이제 12단계는 다른 추가적인 명시자에 대해 질문한다. 그중 하나가 주산기 발병 동반이다. 최종 진단은 산후정신병적우울증이 된다(그림 11.2를 사용했더라도 역시 이 진단에 도달했을 것이다).

여러 정신과 의사들은 그녀의 정신병에 초점을 맞추고 안드레아가 조현병 또는 조현정동장애의 한 형태를 갖고 있는 것으로 진단했다. 그들은―정신병을 지닌 심각한 우울증으로 우리를 이끌어 준―그림 13.1에 제공된 정신병 의사 결정 나무를 활용하는 것이 더 좋았을 것이다. 달리 말해 이 임상가들이 체계화된 접근을 사용했다면 그녀는 적어도 재판에서 정확한 진단을 통한 이득을 얻을 수 있었을지 모른다.

안드레아의 우울증은 이전의 산후우울증 병력, 우울증에서 전형적으로 나타나는 증상이 과도하다는 점에서 어떤 조짐을 나타내고 있었다. 이 한 문장 안에는 세 가지 진단 원칙이 담겨 있다. 안드레아가 지닌 망상의 특성 또한 적절한 진단에 이르는 데 도움을 준다. (1) 망상이 기괴하지 않았다―각각은 가능한 것이었다. 카메라는 그녀의 집에 설치될 수 있고, 상징도 신체 어딘가에 쓰였을 수 있다. (2) 기분과 조화를 이루었다―심각한 우울증을 지닌 사람과 일치했다. 각 특징은 모두 정신병적 기분장애에서 전형적이며 조현병에 비해 기분장애에 더 부합한다. 감별 목록에서는 기분장애 진단의 가능성이 충분히 탐색되기 이전에 그것을 무시할 수 있는 조현병을 가장 위험한 진단으로 마지막에 배치하고자 한다.

안드레아 예이츠의 이야기에서 우리는 흔한 또 다른 딜레마를 알아차릴 수 있다. 최후의 비극에 앞서 그녀는 항정신병 약물(할돌)을 통해 성공적으로 치료되었다. 그녀가 이 치료에 잘 반응하는 것처럼 보였다는 사실로 몇몇 임상가들에게 주 진단이 기분장애가 아닌 조현병이 되어야 한다고 설득할 수 있다. 하지만 이러한 결론은 그녀의 병력 및 그녀가 보인 증상과 대치된다. 이 사례는 다시금 의사 결정 나무와 안전 지향 감별진단의 중요성을 나타내 준다.

제언

임신기는 주요우울증 진단을 변경할 수 있는 특별한 상황 중 하나이다. 여러 연구들은 많은 임산부들이 최대 15%까지 주요우울장애 진단을 충족하는 증상을 지닐 수 있다고 제안했다. 이것은 아이를 출산하며 가벼운 증후군을 경험하고 10일 정도 후에 사그라지는 '산후우울감(baby blues)'과는 상당히 다르다. 여성이 삶의 다른 시기보다 임신기에 우울증에 더 취약한지 여부는 아직도 분명하지 않다.

왜 이러한 감정 상태가 발생하고 때로는 실제 정신장애로까지 진행되는지에 대해서 누구도 알지 못한다. 출산기에 발생하는 다양한 호르몬 변화가 여성의 신체에서 큰 역할을 하는 것은 분명하지만 특정한 메커니즘은 아직 확인되지 않았다. 임신기의 정신적 어려움이 우울증에 제한되지 않는다는 것은 잘 알고 있다. 안드레아의 비극적 경험처럼 산후의 사건이 양극성장애를 유발할 수 있으며 대략 1,000명 중 1명은 증상이 정신병적 수준에 도달한다. 이러한 정신병을 경험한 환자의 재발률은 심각하다(다음 임신의 25% 정도). 만일 안드레아의 임상가가 산후우울증이 처음 나타났을 때 재발하기 매우 쉽다는 것을 인식하고 강조했다면 모든 비극을 피할 수 있었을지도 모른다(전하는 바에 따르면 찰스 디킨스의 아내는 열두 번이나 산후우울증을 겪었다고 한다). 좋은 소식은 이렇게 엄청나게 충격적인 경험이 예방될 수 있다는 것이다. 하지만 그 전에 그것이 반드시 평가되고 정확하게 진단되어야 한다.

시간이 흐를수록 강박장애(아이에게 해를 가하는 내용의 강박 사고)와 외상후 스트레스증후군(때로는 여성이 아이의 양육을 거부할 정도) 등의 기타 정신장애들이 출산 후에 확인되고 있다. 어떤 이들은 실제로 아이를 출산한 뒤 불안이 감소하는 것을 경험하기도 하지만 어떤 여성의 경우에는 공황장애로 이어지기도 한다.

조증과 그 변형

한 환자는 "조증은 우울증보다 더 나빠요. 적어도 우울증은 바닥이 있고, 알다시피 거기에서 더 나빠질 수가 없잖아요. 하지만 조증은 한계가 없는 하늘이에요. 추진력을 잃을 때까지 그저 계속 올라가고 또 올라가는 거죠. 그러다가 추락해 버리고요."라고 말했다. 바닥에 대해서는 반박할지도 모르지만 조증에 천장이 없다는 것을 부인할 사람은 아무도 없다.

병리적인 기분의 상승 신호는 새로운 의사 결정 나무와 감별진단에서의 여러 변화를 필요로 하는 완전히 새로운 진단 스펙트럼이다. 치료와 예후를 위한 이러한 진단들의 함의는 엄청나다. 이에 대해 고려할 때는 반드시 환자의 최근 병력뿐 아니라 과거력과 가족의 병력에 대해서도 단서를 찾아야 한다. 조현정동장애라고 불리는 정신병의 한 유형이 기분장애와 차별적인 부분을 형성할 수 있는데 13장까지는 이에 대한 논의를 연기하도록 하겠다. 표 11.2는 조증과 이의 변형에 대한 감별진단을 제시하고 있다.

표 11.2 조증과 변형의 감별진단 목록 및 간략한 정의

- 다른 의학적 상태로 인한 양극성장애(bipolar disorder due to another medcal condition) : 신체적 질환이 조증 또는 경조증을 유발할 수 있다.

- 물질로 유발된 양극성장애(substance-induced bipolar disorder) : 알코올, 불법 마약, 약물 등이 조증 또는 경조증을 유발할 수 있다.

- 조증(mania) : 몇 주 또는 그 이상 동안 환자는 고양감이나 짜증을 느끼고, 과대감을 느끼고, 몹시 말이 많아지며, 과잉활동성을 보이고, 산만해진다. 판단력 부족으로 사회생활 및 업무상에서 문제를 야기하고 종종 입원 치료를 받게 된다. 조증 삽화가 있는 환자는 제 I 형 양극성장애로 불리며 이들 대부분은 주요우울증 삽화도 지닐 수 있다.

- 경조증(hypomania) ㅡ 제 II 형 양극성장애 : 환자는 조증과 상당히 비슷한 증상을 갖고 있지만 덜 심각하다(정신병이나 입원의 필요성이 없다). 주요우울 삽화와 격렬하지 않은 조증을 지닌 환자에게 제 II 형 양극성장애를 갖고 있다고 한다.

- 혼재성 상태(mixed state) : 어떤 환자는 조증과 주요우울증 모두의 증상을 지니는 혼재된 양상의 삽화를 보인다.

- 순환성장애(cyclothymic disorder) : 환자는 조증 또는 경조증으로 판단될 정도로 심각하지는 않은 반복적 기분 변동을 경험한다.

 허버트

조증의 대표적인 증상들은 잘 알려져 있는 바와 같이 전형적이다. 또한 완전한 회복이 뒤따르는 질병의 전형적 양극성 패턴은 우리가 명확하게 알 수 있다. 하지만 임상가들은 아직도 끔찍할 정도로 자주 진단을 놓치며 어떤 환자들을 단극성 주요우울증이나 조현병, 기타 정신병적 장애로 진단한다.

약사로 근무한 지 6년이 되었을 때 허버트는 로션 한 병을 사 갔던 여성과 바람을 피웠었다. 아내는 그의 외도를 절대로 알지 못했지만 정작 그는 과거의 그 기억에 빠져 움직일 수 없었고 항상 죄책감을 느꼈다. 그 일은 제일 먼저 ㅡ 현재 제 I 형 양극성장애로 불리는 ㅡ 병으로 고통 받던 아버지를 떠올리게 했다. 조증일 때의 아버지는 술을 매우 심하게 마셨고, 아내와 어린 허버트 모두에게 신체적인 폭력을 가했다.

30세가 되자 허버트의 죄책감은 끓어 넘쳤다. 그가 몇 달 동안 사고 싶어 했지만 살 형편이 안 되어 못 샀던 앤티크 막자와 막자사발을 생일 파티에서 부인이 선물로 주자 그는 눈물을 펑펑 흘렸다. 며칠이 지난 후 그는 직장에 전화를 걸어 아파서 쉬겠다고 했다. 하루 종일 침대에 누워 있으며 대부분의 시간 동안 잠을 잤다. 일어났을 때는 자신이 아내에게 했던 '속임수'들에 대해 반추했다.

그는 성병에 전염되었을까 봐 걱정했다. 그의 주치의는 무시해도 될 정도의 확률이라고 이야기했지만 그는 여전히 염려를 떨쳐 버릴 수 없었다. 그는 또한 성기의 크기에 대해서도 걱정했다. 하루에도 몇 번씩 목공용 자로 길이를 재며 '성기를 키워 보세요!' 라고 권유하는 스팸 메일을 여러 번 클릭했다. 거식증, 체중 감소(3주 만에 4.5kg), 잦은 눈물, 그리고 마침내 이라크에서 권총을 밀반입하여 자신에게 쏘는 생각 등 추가적인 증상들이 늘어갔다. 결국 그는 약물 복용을 시작하기로 동의했다. 그리고 일주일 만에 개선되기 시작하여 한 달 내에 직장으로 돌아갔다.

가끔 여전히 성병을 염려하기는 하지만 허버트의 상태는 2년 동안 좋게 유지되었다. 그리고 다시 생일이 돌아오자 그는 성관계에 대해 생각하기 시작했다. 그는 빠르게 말하기 시작했고 며칠 내에 웅대한 생각을 발전시켰다. 그는 점점 자신이 작가 윌리엄 포크너가 환생한 것이라고 확신했고, 요크나파토파 카운티의 사람들이 추가적으로 하는 일을 다루는 '첫 번째 장' 을 여러 개 쓰기 시작했다. 그는 심지어 며칠 동안 밤늦게까지 퓰리처 상 수상 소감을 쓰기도 했다. 하지만 그를 강제로 병원에 데려가기 위해 방문한 두 명의 경찰관은 하필 그의 고등학교 졸업반 친구들이었다. 그들은 좋았던 시절을 회고하고 최근의 삶에 대해 이야기했다. 그의 친구들은 헤어질 때에도 허버트를 남겨둔 채 여전히 낄낄거리며 농담을 나눴다. 마침내 아내가 그를 내쫓았고, 그는 자신의 캠핑용 자동차로 거처를 옮겼다.

분석

환자의 현재 기분이 우울하다고 해도 어떠한 조증 또는 경조증 과거력이 우리를 양극성 영역에서 시작하도록 한다는 점을 유념해야 한다. 의학적 문제나 물질 오용의 부재는 고양되고, 확장되거나, 짜증스러운 기분의 환자를 위한 의사 결정 나무에서 1~3단계를 지나가도록 해 준다(그림 11.2). 이후 4단계는 9단계('예')와 11단계('예'), 그리고 12단계를 거쳐 제 I 형 양극성장애를 진단하도록 해 준다.

만일 허버트가 30살일 때 평가했다면 아마 조증의 병력을 발견하지 못하고 제 I 형 양극성장애보다 주요우울증으로 진단했을 수 있다. 최근의 병력이 과거의 병력을 우선하도록 한 진단 원칙에 박수를 보내자! 하지만 어떤 측면에서 양극성장애 환자의 우울 삽화는 조증이나 경조증을 한 번도 보이지 않은 환자의 것과는 다르다. 양극성우울증을 지닌 환자들은 과다 수면과 기분 불안정성, 정신운동 지연을 더 많이 보이는 경향이 있다. 또한 양극성우울증은 비교적 어린 연령에서 상당히 갑작스럽게 시작된다. 물론 병력을 후향적으로 검토하였을 경우에만 이러한 요소가 두드러진다. 하지만 이전의 임상가들은 허버트의 아버지가 지닌 조증 병력에 따라 양극성의 가능성을 경고해야만 했다. 첫 우울 삽화를 보인 환자는 이러한 특징을 보이지 않을 수 있기 때문에 확실한 조증이나 경조증 증상의

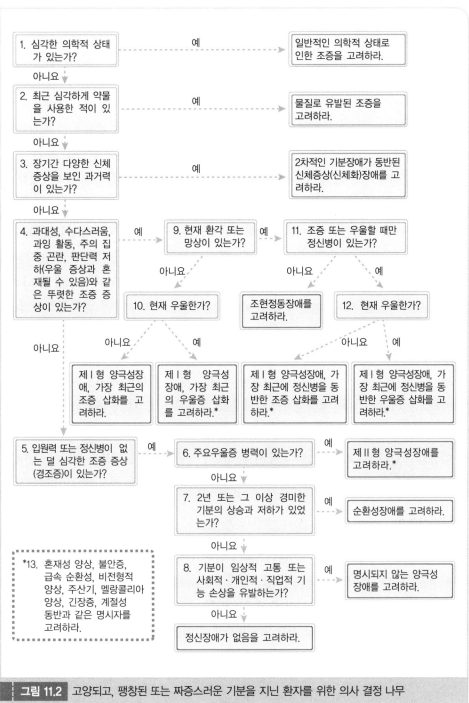

1. 심각한 의학적 상태가 있는가? —— 예 ——→ 일반적인 의학적 상태로 인한 조증을 고려하라.

아니요 ↓

2. 최근 심각하게 약물을 사용한 적이 있는가? —— 예 ——→ 물질로 유발된 조증을 고려하라.

아니요 ↓

3. 장기간 다양한 신체 증상을 보인 과거력이 있는가? —— 예 ——→ 2차적인 기분장애가 동반된 신체증상(신체화)장애를 고려하라.

아니요 ↓

4. 과대성, 수다스러움, 과잉 활동, 주의 집중 곤란, 판단력 저하(우울 증상과 혼재될 수 있음)와 같은 뚜렷한 조증 증상이 있는가? —— 예 ——→ 9. 현재 환각 또는 망상이 있는가? —— 예 ——→ 11. 조증 또는 우울할 때만 정신병이 있는가?

아니요 ↓ (9번 아래)
아니요 ↓ (11번 아래) | 예 (11번 오른쪽)

10. 현재 우울한가?   조현정동장애를 고려하라.   12. 현재 우울한가?

아니요 ↓ (4번) | 아니요 ↓ / 예 (10번) | 아니요 / 예 (12번)

제Ⅰ형 양극성장애, 가장 최근의 조증 삽화를 고려하라. | 제Ⅰ형 양극성장애, 가장 최근의 우울증 삽화를 고려하라.* | 제Ⅰ형 양극성장애, 가장 최근에 정신병을 동반한 조증 삽화를 고려하라.* | 제Ⅰ형 양극성장애, 가장 최근에 정신병을 동반한 우울증 삽화를 고려하라.*

5. 입원력 또는 정신병이 없는 덜 심각한 조증 증상(경조증)이 있는가? —— 예 ——→ 6. 주요우울증 병력이 있는가? —— 예 ——→ 제Ⅱ형 양극성장애를 고려하라.*

아니요 ↓

7. 2년 또는 그 이상 경미한 기분의 상승과 저하가 있었는가? —— 예 ——→ 순환성장애를 고려하라.

아니요 ↓

*13. 혼재성 양상, 불안증, 급속 순환성, 비전형적 양상, 주산기, 멜랑콜리아 양상, 긴장증, 계절성 동반과 같은 명시자를 고려하라.

8. 기분이 임상적 고통 또는 사회적·개인적·직업적 기능 손상을 유발하는가? —— 예 ——→ 명시되지 않는 양극성장애를 고려하라.

아니요 ↓

정신장애가 없음을 고려하라.

그림 11.2 고양되고, 팽창된 또는 짜증스러운 기분을 지닌 환자를 위한 의사 결정 나무

근거에 대해 언제나 주의를 기울여야 한다.

제언

리튬이 조증 치료와 예방에 효과적이라는 것이 밝혀진 후 몇 년 사이에 미국 임상가들이 제 I 형 양극성장애의 진단을 내리는 경향성이 급증했다. 1980년대 가비와 투아선의 연구에서는 이 장애를 지닌 환자의 56%가 이전에 조현병으로 진단된 적이 있다고 보고했다. 심지어 오늘날에도 우리는 간혹 여전히 그것을 올바르게 이해하지 못한다. 또한 초기에는 알지 못했던 것을 알게 된다고 하더라도 평균적으로 첫 번째 증상의 발현으로부터 수년이 지난 후에야 양극성장애로 진단을 수정한다.

흔히 나타나는 또 다른 오류는 실제로 제 I 형 양극성장애를 지닌 환자를 단극성 주요우울증으로 오진단하는 것이다. 1999년 가에미와 동료들의 연구에서 전체 환자의 40%가 오진되는 것으로 나타났다. 이러한 실수는 현재의 진단 기준을 엄격하게 적용함으로써 피할 수 있음에도 불구하고 여전히 많은 제 I 형 양극성장애 환자의 첫 번째 삽화는 우울증 중 하나이다. 그래서 최종적으로 양극성 장애로 정확하게 내린 진단을 양극성 장애의 가족력을 지니고 있거나 항우울제 약물 또는 광치료에 조증 증상으로 반응하는 환자에게서 초기에 의심해 볼 수 있다. 궁극적인 진단에 대한 또 다른 힌트에는 우울 증상의 급격한 발현과 10대 또는 20대 초반에서의 발병, 그리고 우울증 이전의 불안정한 기분이 포함된다. 환자들이 질병을 암시하는 자신의 증상을 언제나 인식하고 있는 것은 아니기 때문에 이전의 조증 또는 경조증 삽화에 대해 친척이나 친구들에게 물어보는 것이 중요하며, 만약 기분 불안정성이 장래에 발생한다면 그것을 보고하도록 하는 것도 중요하다.

 에르마

정신과적 진단의 많은 부분은 증상의 정도에 달려있다. 개인이 얼마나 술을 마시고, 얼마나 도박을 하고, 얼마나 먹는지의 중요성을 고려해야 한다. 조증과 경조증의 증상도 예외는 아니다. 허버트의 사례처럼 증상이 강렬할 때 입원, 관계의 손상, 재정적 파탄을 야기할 수도 있다. 만일 증상이 전부 확인된다면 경미한 정도에서는 몇 가지 다른 진단이 암시될 수도 있다.

지역 라디오국의 아나운서인 에르마는 "가끔씩 사람들로부터 '무슨 일 있어요? 목소리에 평소 같은 생기가 없어요.' 라는 이메일을 받아요."라고 말하며 청취자들이 그녀가 어떤 기분인지 알아챘다고 호소했다.

제3부 진단 기법 적용하기

에르마는 처음엔 단지 가정에서의 스트레스에 대한 반응이라고 생각했으나 지금은 자신의 기분이 방송 중 목소리 변화를 일으킨다는 것을 깨달았다. "이혼하고 난 후에는 기분 기복이 있었어요. 지금은 직장 사람들과 싸우고 있어요."

기분에 대한 질문에서 그녀는 이런 식으로 묘사했다. "그런 기분들은 몇 주 동안 지속되는데 그 이상 길어지지는 않아요. 나는 가라앉아 있을 때 마치 절반의 힘으로 달리는 것 같아요. 여전히 나인데 말이에요. 무엇 때문인지 자꾸 생기를 내보일 수 없어요." 이처럼 가라앉은 기간 동안 틱틱거리고 때로는 예의 없이 굴어도 수면과 식사만큼은 정상적이었다. "그리고 난 당신이 뭘 물어 볼지 알고 있어요. 자살 생각은 전혀 가진 적이 없어요. 지금 이 자리에오기 위해 무척 열심히 일했기 때문에 포기할 수가 없어요." 반대로 그녀는 들떠 있을 때 "난 50MW의 발전소예요. 말하면서 동시에 춤을 추는 것 같은 기분이에요."라고 말했다.

에르마는 분명하고도 명백하게 — 마이크 뒤에서 다년간 훈련했던 것과 경험을 반영하는 어조로 — 말했다. 그녀는 자신의 기분 변화가 계절에 따르는 것이 아니며 환경에 대한 반응도 분명 아니라고 생각했다. "나는 베이비시터 때문에 남편이 나를 떠난 몇 주 동안 들떠 있었고, 승진 후에는 몇 달 동안 가라앉아 있었어요."

최근의 검사에서 에르마의 1차 진료의는 그녀가 신체적으로 건강하다고 확인했다. 중국계 미국인이었던 그녀는 알코올을 마실 때면 쉽게 얼굴이 빨개졌기에 음주는 거의 피했다. 또한 불법 마약이나 약물을 사용한 적도 없었다.

분석

에르마의 들뜬 기간은 그녀가 그림 11.2에 오르도록 한다. 에르마는 1단계(또는 3단계)에서 자신의 증상을 설명할 수 있는 의학적 문제를 갖고 있지 않았다. 많은 아시아계 사람들처럼 그녀가 적은 양의 알코올로도 불편해졌다는 사실로 인해 2단계의 알코올 관련 질환도 배제할 수 있다. 우리는 불법 마약을 사용한 적이 없다는 그녀의 말도 받아들일 것이다. 기분이 들떠 있을 때 그녀는 4단계에서 '진짜 조증'을 특징짓는 엄청난 과대성의 극단적인 특징을 보이지 않았다. 이것은 우리가 5~6단계로 가도록 하며 상대적으로 경미한 우울 증상은 제Ⅱ형 양극성장애와 반대된다. 그녀의 들뜸과 가라앉음은 여러 해 동안 지속되었으며(7단계 '예') 최종 진단을 순환성장애로 이끈다.

에르마의 목소리에 깃든 경쾌함(혹은 그것의 부재)은 진단 원칙에서 말하는 것처럼 정신장애를 밝히는 데 있어 증상에 우선하는 징후의 훌륭한 예시가 된다. 그녀의 청취자들은 그녀의 성격을 알 필요가 없었고, 심지어 그녀를 볼 필요도 없이 무언가 잘못되었을 때 바로 그것을 알 수 있었다. 그녀는 스스로 환자와 임상가를 잘못된 길로 이끌 수 있는 다른 원칙을 확인했다. 에르마는 몇 년 동안 자신의 변덕스러움이 결혼 문제 때문이라고 생각했지만 이혼한 후에도 여전히 기분 변화가 심했다. 한 사건이 다른 것에 뒤따른다는 단순한 사실이 그것들의 인과적인 연결을 의미하지는 않는다. 이것은 '이 다음에, 그러므로 이 때문에'로 번역되는 남미의 격언인 *post hoc ergo propterhoc* 오류의 끔찍한 예이다. 이 것은 오류라는 것을 기억해야 한다.

제언

에르마가 단 한 번이라도 주요우울증 삽화를 경험한 적이 있다면 그녀가 제Ⅱ형 양극성 장애로 고통 받고 있다고 말할 수 있었을 것이다. 하지만 경미한 정도의 우울증만 있을 경우에는 순환성장애가 더욱 적절한 진단이 될 수 있다. 제Ⅰ형, 제Ⅱ형 양극성장애와 순환성장애는 증상과 치료 방법이 유사하다는 점에서 서로 가깝게 관련되어 있다.

　실제로도 아직 적절히 묘사되지 않은 다른 양극성 상태가 있을지 모른다. 어떤 임상가 들은 주요우울장애의 치료가 환자에게 잠시 경조증으로의 전환을 유발하는 상황에 제Ⅲ 형 양극성장애, 별도의 경조증 삽화가 없는 주요우울장애에 제Ⅳ형 양극성장애 — 때때로 기 분 고양성(hyperthymic)이라고 불리는 밝은 기질 — 라는 이름을 붙였다. 하지만 이 두 가 지 모두 어떠한 공식적인 승인도 받지 못했다. 이는 단지 1970년대까지만 해도 성격장애 로 여겨진 순환성장애를 제Ⅴ형 양극성장애로 사용하는 것을 방지해 주는 유일한 제약일 지도 모른다. 진단명이 어디까지 갈지 누가 알겠는가? 로마자에는 아직 많은 숫자가 남아 있다.

 로사

증상이 얼마나 분명하게 나타나는지에 관계없이 항상 모든 과거력을 얻어야 한다고 여러 번 언급했다. 그 말은 여기에서도 다시 반복될 것이다. 로사의 과거력이 그 이유를 보여 준다.

　로사는 46세가 되어 자신이 걸을 때 휘청거린다는 것을 알게 되었다. 그것은 피곤할 때 더 심 해지는 식으로 변덕스럽게 발생했다. 처음에는 신경을 쓰지 않으려고 노력했다. 그녀는 남편 이 언제나 말한 것처럼 지나치게 예민했기에 이번만은 과하게 불안을 조장하는 것처럼 보이 고 싶지 않았다.

　그녀는 결국 1차 진료의에게 말했다. "이쪽에서 저쪽으로 휘청거리는 게 아니에요. 오히려 절뚝거리는 것에 더 가까워요. 제 두 다리를 정확하게 같이 옮기지 못하는 것 같아요." 1차 진 료의는 특별한 이상을 발견하지 못했고, 전환장애로 진단한 후 그녀의 기분 문제를 다루기 위해 치료사에게 보냈다.

제3부　진단 기법 적용하기

로사는 우울함보다는 피로감을 느꼈다. 그녀는 25년 동안 주부로 지냈고, 두 자녀들이 대학으로 떠난 지금은 할 일이 그다지 많지 않았다. 상담사의 격려에 힘입어 그녀는 교회 여성 신도들 단체에서 점차 활동적이 되었다. 절뚝거림도 거의 사라졌다. 그녀는 아마도 치료에 효과가 있는 것 같다고 생각했다. 그 후 몇 달 동안 그녀의 기분은 밝아지기 시작하여 꾸준히 명랑해지다가 황홀한 지경에 이르렀다.

로사는 점차 안절부절못했다. 그녀는 길거리에서 낯선 사람의 코트 소매를 붙잡고 자신이 어떻게 신앙으로 치료되었는지 이야기했다. 그리고 거실의 가구를 팔아 TV 전도사에게 기부했다. 남편이 반대하자 경찰을 불러 남편이 자신을 폭행했다고 이야기했다. 경찰관은 그를 집 밖으로 연행했다.

그동안 절뚝거림이 재발했으며 기괴하고 속사포 같기도 한 더듬거리는 말투 때문에 그녀의 말은 알아듣기 어려웠다. 무언가 심각하게 잘못되었다는 것을 깨달은 그녀의 치료자는 그녀를 1차 진료의에게 돌아가도록 설득했다. 신경과적 협진으로 이어진 다른 신체 검사 결과, 결국 다발성 경화증 진단이 내려졌다. 그녀의 질환에 맞는 글라티라머 아세테이트 (glatiramer acetate) 치료는 신체적 증상을 감소시켰고, 그녀의 기분도 점차 정상적으로 되돌아왔다.

분석

로사의 사례에서 그림 11.2에 있는 의사 결정 나무를 오르는 것은 1단계를 밟으며 매우 빨리 끝났다. 이러한 성공이 우리에게 할 일을 다 끝냈다는 느낌의 월계관을 얻도록 허락해서는 안 된다. 비록 우리가 오컴의 면도날(절약의 원칙)을 따르며 가능한 진단을 단순화하려고 한다고 해도 로사의 조증 증상이 신체적 질환과 관련되지 않았을 가능성은 여전히 남아 있다. 우리가 배운 것처럼 시간적 순서(chronology)가 언제나 동일한 인과를 지니지는 않는다. 하지만 신체적 증상이 통제되자 기분장애도 관해되었다는 사실은 두 가지 독립적인 조건에 과도하게 매달리는 것을 제한한다.

제언

지금까지의 조증(혹은 경조증) 증상들은 비전문가들에게도 상당히 보편적인 지식이 되어 왔다. 우리가 잘 알고 있는 것들은 마음속에 가장 먼저 떠오르는 경향이 있기 때문에 때때로 황홀감, 조증이나 경조증의 기타 증상과 관련된 신체적 조건을 지닌 사람이 오진되는 것은 놀라운 일이 아니다. 로사의 첫 번째 진단이 의사 결정 나무 모델의 감별진단에 기반을 두어 이루어지지 않은 것은 부끄러운 일이다. 그렇게 했다면 큰 고통을 피할 수 있었을 것이다.

조증이나 경조증 증상을 유발할 수 있는 신체적 장애의 수는 그리 많지 않다(표 9.1에서 몇몇을 볼 수 있다). 하지만 때때로 이러한 증상들과 의학적 상태의 새로운 관련성에 대한 보고서를 읽게 된다. 이러한 상태에는 낮은 혈중 나트륨, 요독증(신부전증), 두부의 혈관 기형, 심장 절개 수술 등이 있다. 의심할 여지없이 이 중 일부는 실제 인과 관계가 있지만 그만큼 분명한 인과 관계 없이 단순히 동시에 발생하기도 한다. 혼란스러운 점은 무엇이 무엇이냐 하는 것이다(이후에 나올 '조증 또는 경조증의 신체적 원인 인식하기'의 내용을 보라). 이전에 언급한 것처럼(꽤 지겹도록 이야기했다) 유일하게 안전한 접근법은 모든 환자에 있어 초기에 기질적 원인을 의심해 보는 것이다.

동반이환

이 장에서 지금까지 만난 환자들은 기분장애를 가진 경우뿐이었다. 하지만 우울이나 양극성장애는 흔히 다른 장애와도 함께 발생한다. 실제로 많은 연구에서 이것을 일반적인 규칙으로 제안하고 있다. 때때로 이러한 동시 발생이 **이중 진단**(dual diagnosis)으로 불리기도 하지만 어떤 임상가들은 이 용어를 비물질 관련 장애를 동반한 물질 사용 문제로 보류하기도 한다. 이 책에서는 명료성을 위해 이 용어를 사용하지 않을 것이다.

가능한 여러 관계 내에서 다른 정신건강 진단들과 결합된 기분장애를 발견할 수 있는데 이것들은 상호 배타적이지 않다.

- 두 장애는 함께 발병할 수 있으며 하나가(1차적이라고 부르겠다) 다른 것(2차적)에 선행할 수 있다.
- 두 장애는 동시에 나타날 수도 있고 서로 번갈아 나타날 수도 있다.
- 한 장애가 다른 장애를 유발할 수도 있고 완전히 독립적일 수도 있다(전자는 기술적으로 동반이환이 아니지만 언급해야 할 만큼 자주 발생한다).
- 과도한 음주가 우울증이 있다는 사실을 가리는 것처럼 한 장애의 증상이 다른 장애를 감출 수 있다.

다음의 사례들은 동반이환되는 진단에서 어떤 것이 먼저고 어떤 것이 나중인가 하는 다른 주제로 우리의 관심을 이끌게 된다. 이 주제는 학술적 관심 이상의 함의를 지닌다. 예를 들면, 많은 연구들은 2차적인 우울증이 전기 경련 치료 및 항우울제 약물과 같은 의학적 치료에 다르게 반응한다는 것을 보여 주었다.

조증 또는 경조증의 신체적 원인 인식하기

몇몇 유용한 지표들은 조증이나 경조증을 유발하는 신체적 원인을 양극성장애와 감별하는 데 실제적으로 도움을 줄 수 있다. 다음과 같은 특징을 지닌 환자들에게는 신체적 원인을 더 염두에 두어야 한다.

- 첫 조증 또는 경조증 삽화의 늦은 발생(35세 이상)
- 에이즈나 최근의 폐쇄성 두부 손상처럼 잠재적인 신체적 원인 병력이 분명할 경우
- 우울증 삽화가 없을 경우
- 이전 정신과 입원 병력이 없을 경우
- 양극성장애의 가족력이 없을 경우
- 과민하거나 불쾌한 기분
- 조증일 동안 보이는 위협적이거나 공격적인 행동
- 가치, 힘, 또는 (신과의) 특별한 관계에 대한 과대망상
- 지남력 및 집중력 결핍과 같은 인지 기능 장애
- 조증이나 경조증의 표준적 치료에 대한 반응이 좋지 않을 경우
- 신체적 원인이 확인된 후의 급격한 증상 호전

아놀드

아놀드는 15세밖에 되지 않았을 시기부터 점차 우울해졌다. 그의 아버지는 알코올 중독으로 최근에 사망했다. 그는 고등학교 2학년 때 여러 과목에서 낙제했으며 '미래가 없는 인생'을 상상하며 체중도 감소하기 시작했다. 그는 어머니가 항우울제와 진통제로 듬뿍 사용했던 포오트 와인 몇 잔 없이는 잠을 잘 수도 없었다. 성적이 더욱 떨어진 후에는 학교를 떠나게 되었고 그저 시간을 흘려보냈다. 10년 뒤 그는 임상가에게 "내가 원 없이 하고 싶었던 건 아무것도 하지 않는 것이었어요."라고 말했다. 아무런 개입 없이 여러 달을 보낸 후 그의 우울증은 호전되었고, 그는 자신의 나이를 속인 채 군에 입대했다.

아놀드는 베트남에 파병되었고 3년의 복무 중 거의 2년을 그곳에서 복무했다. 그는 명석하고 능력이 있었기 때문에 세 번이나 진급했지만 하사와 갈등을 빚는 데도 일가견이 있어 두 번이나 강등을 당했다. 결국 그는 헤로인에 중독된 채 일병으로 사회생활에 복귀했다. 그는 석방된 후 재향 군인국 임상가에게 "그곳에서는 많은 것이 가능했어요."라고 말했다.

이후로 15년간 메타돈 복용을 지속한 아놀드는 가끔씩만 헤로인을 사용하며 인쇄업자로서 꾸준하게 직업 생활을 유지했다. 경험이 쌓여감에 따라 그는 전자 출판업으로 옮겨갔고 마침내 그의 작은 회사는 동업을 제안받았다. 몇 년 후, 그는 한 번 이혼했던 여성과 결혼했다. 그녀는 전 남편이 주기적으로 알코올을 오용했기 때문에 그를 교육하는 법을 알고 있었

다. 아내인 베스가 아놀드에게 말했다. "한 번만 더 헤로인을 하면 난 여기를 나갈 거예요. 아니, **당신이 나가게 될 거예요!**" 메타돈과 이 약속은 이후 10년 동안 그를 깨끗하고 멀쩡한 상태로 지켜 주었다.

하지만 1990년대 후반, 아놀드의 메타돈 유지 프로그램이 재향 군인국 비용 절감의 희생양이 되었다. 약물을 끊자 그의 기분은 어두워졌고 그 어떤 시기보다 더욱 짜증스럽게 변했다. 직장에는 성실하게 나갔지만 흥미는 줄어들었다. 그는 여전히 정기적으로 참가하는 약물 중독자 지지 모임에서 다른 사람으로부터 비슷한 이야기를 들었다. 어느 금요일 저녁, 발표자는 우울, 짜증, 팽창감과 같은 메타돈 금단의 증상에 대해 설명하면서 때로는 이런 것들이 몇 달씩 지속될 수 있다고 말했다.

이 설명은 아놀드에게 불편함을 각오하도록 했으며 그의 친구들은 그보다 금단을 더욱 잘 견디고 있는 것처럼 보였다. 몇 주가 지나고 그가 메타돈을 완전히 끊은 것을 유지했을 때, 근육통과 안절부절못함은 사라졌지만 기분은 낮게 가라앉았다. 그는 베스에게 소리를 질렀고, 상사에게 으르렁거렸으며, 업무 성과는 점차 기어가는 것처럼 느려졌다. 몇 년 만에 헤로인을 구입하였고 치명적으로 많은 양을 복용하는 것에 대해 생각했다.

분석

우리는 물질 사용과 우울증이라는 — 동반이환의 고전적인 예시가 될 수 있는 — 재료들을 갖고 있다. 우울증의 정도는 개인이 빈번하게 사용하던 마약을 중단할 때 예측할 수 있다. 만일 아놀드의 진단이 그림 11.1의 3단계까지 단순하게 진행된다면 우리는 그가 약물 없이 오래 지낼수록 우울증이 더 많이 개선될 것이라고 예상할 수 있다. 사실 매우 반대의 일도 일어난다. 시간이 지나면서 그가 지닌 증상의 개수와 강도가 모두 증가하고(주요우울증 가능성을 염두에 둔 진단 원칙이 있다) 10단계의 주요우울장애에서 끝날 수 있다. 아놀드의 병력은 단지 증상 그 자체가 아니라 증상의 시간적 경과를 고려하는 것이 얼마나 중요한지를 보여 준다.

나라면 이 두 진단을 배열할 때 시간적 순서로 목록화하고 싶을 것이다. 하지만 우리는 아놀드의 기분장애가 물질 사용과는 독립적으로 중요한 부분을 차지한다고 믿기 때문에 그것이 즉각적인 관심을 끌지도 모른다. 안전이 언제나 최우선이다. 게다가 그는 지금까지 물질 사용을 억제했다.

제언

4장에서 이야기한 제이콥은 음주로 발생한 정신병과 우울증을 지니고 있었다. 이번에 언급한 것처럼 한 질병이 직접적으로 다른 것을 유발하는 관계를 **동반이환**이라고 부르지는 않을 것이다. 하지만 아놀드처럼 두 가지(때로는 그 이상)의 정신장애를 지닌 환자들은 분명한 인과 관계를 갖지 않기도 한다. 증상을 각각의 독립적인 장애로 분류하는 탐색 작업을 통해 실제 동반이환 중 하나의 장애를 파악할 수 있다.

　이러한 탐색 작업은 고통스러울 정도로 어렵다. 한 장애의 증거를 발견하고 그것을 또다른 장애를 지지하는 것으로 오해하기가 매우 쉽다. 다양한 물질의 중독 혹은 금단 동안 발견할 수 있는 주요우울증의 증상에 대해서 생각해 보자. 여기에는 불면증, 사회적 철회, 무감동, 가라앉은 기분, 체중 감소가 포함된다(표 9.3을 보라). 두서없는 말, 피로를 느끼지 않는 기간, 정신 운동 활동의 증가, 판단력 저하, 황홀감, 적대성, 충동성과 같이 조증을 연상시키는 증상도 발견할 수 있다. 알코올 또는 다른 약물 역시 억제를 완화시키거나 불안 상태, 정신병, 때로는 자살 행동과 같은 결과를 낳는 병적인 생각도 야기할 수 있다. 표 6.1에는 물질 사용 환자에게서 발견할 수 있는 정신장애 목록이 제시되어 있다.

　수치심이 환자의 약물 오용을 숨기도록 한다는 사실 역시 손쉬운 탐색을 방해한다. 다행스럽게도 대부분의 사람들은 얼마나 음주를 하는지, 또 얼마나 마약을 사용하는지에 대해 직접적으로 물어보면 사실대로 말해 줄 것이다. 린과 동료들이 입원 환자를 대상으로 한 연구에서는 기분장애 환자 중 20%에 가까운 수가 물질사용장애도 지니고 있다는 것을 발견했는데 실제 담당 임상가가 진단을 내리는 경우는 그것의 4분의 1에도 못 미친다는 사실이 이상하지 않은가?

코니

지금까지 읽은 우울증은 모두 항우울제 약물 혹은 구조화된 심리 치료에 반응하는 종류의 것들이었다. 하지만 또 다른 수많은 우울증 환자의 효과적인 치료는 보편적인 주요우울증과 매우 다를 수 있는 정확한 진단에 크게 의존하고 있다.

　2년 동안 심각한 우울증을 앓아온 코니는 심리 치료 및 우울과 불안을 위한 열두 가지 종류의 약물 치료, 수차례의 전기 충격 치료를 받아 왔지만 그 어느 것도 지속적인 효과를 나타내지는 못했다. 그녀의 주치의는 뇌 수술의 가능성을 언급했지만 이러한 과감한 조치를 취하기 전에 다른 가능성이 있는지를 알아보기 위해 다른 임상가에게 자문을 구했다.

　코니가 지닌 우울증 증상의 심각성에 대해서는 의문의 여지가 없었다. 증상이 가장 안 좋았을 때는 거의 항상 식욕과 체중의 감소, 수면장애, 집중력 저하, 피로감, 죽고 싶은 마음을 호소했다. 그녀는 점점 더 심각해져 세 번 자살을 시도했고 매일같이 자살을 생각했다. 3명의 자녀도 돌볼 수 없었기 때문에 전 남편에게 양육권이 넘어갔다(전 남편과는 성생활에 대한 흥미 저하와 만성적인 성교 통증으로 헤어졌다). 여섯 번의 장기 입원 기간 동안 그녀의 직업도 늪 속으로 사라져 버렸다. 그녀는 "완전히 절망적이에요. 그들이 내키는 대로 저질러 버렸으면 좋겠어요."라고 말했다.

잠시 이야기를 한 후에 코니의 얼굴이 밝아진 것을 본 임상가는 추가적인 병력에 대해 탐색하게 되었다. 코니의 허락을 받고 그녀의 어머니에게 연락을 했다. 어머니는 코니가 이야기하지 않았던 몇 가지 문제를 상기시켰다. 코니는 13살부터 만성적인 질환을 앓고 있었다. 심각한 두통뿐 아니라 졸도, 갑작스러운 마비, 이유가 밝혀진 적 없는 짧은 시력 상실 삽화를 포함하는 수많은 이상 증상이 있었다. 사실 그녀의 청소년기와 초기 성인기 동안 자문을 했던 각 의사들은 그녀가 상당히 건강하다고 말했었다. 어머니를 통해 코니가 호흡 곤란, 심계항진, 흉부 통증, 어지럼증, 메스꺼움, 복부 팽만감, 생리 불순 등과 사지의 통증으로 의사를 찾아가거나 약을 복용했다는 것이 밝혀졌다.

코니는 자신이 병약한 아이였고 우울증을 갖기 시작하면서 여태껏 '언제나 아픈' 성인이었다는 것을 인정했다. 최근에는 신체적 질병이 좀 줄었다. 그녀는 고등학교 때 마리화나를 시험 삼아 써본 적이 있었으나 그저 더 아프게 느껴질 뿐이었다. "내게는 더 많은 아픔들이 필요하지 않았어요."라고 말하며 그녀는 쓴웃음을 지었다. 그 이후 그녀는 약물과 알코올을 피하고 있다.

분석

특정한 불안장애를 진단해야만 하는지의 여부를 결정하기 위해 더 많은 정보가 필요하기는 하지만 코니를 위해 구성할 수 있는 감별진단은 표 11.1과 매우 유사하다. 그림 11.1을 통해 코니의 우울증 증상을 분석해 보자. 간결성을 위해 그녀가 과거에 조증 혹은 경조증 증상을 가진 적이 없었다고 가정할 것이다(1단계). 2단계에서 그녀는 정신과적 증상 기저에 있는 의학적 증상을 시사할 만한 수많은 증상을 분명하게 호소했다. 하지만 1차 진료의뿐만 아니라 여러 전문의들을 여러 해 동안 만났음에도 불구하고 그들은 그녀가 신체적으로 건강하다고 분명하게 결론지었다. 즉, 신체적 문제가 아니라 정신과적 문제로 되돌아온 것이다. 3단계에서 최근의 약물 사용이 없었기에 4단계로 옮겨 가서 과거에 많은 신체적 증상이 있었다는 것에 합의할 수 있다. 이전에 있었을 우울증, 조증 혹은 다른 증상들이 얼마나 심각했는지에 관계없이 다양한 의사 결정 나무의 초반에 위치해 있는 신체증상장애로 이끈다는 것에 주목해야 한다.

여기에는 한 가지 문제가 있다. 우리는 이 두 장애를 어떻게 나열할 수 있는가? 만약 우리가 아놀드에게 이전에 사용했던 동일한 규칙을 맹목적으로(이 단어는 결정적인 증거이다. 그렇지 않은가?) 따라간다면 우울증을 먼저 이야기해야 할 것이다. 하지만 신체화장애에 대해 쓰인 것부터 시작할 경우 우리는 (사례의 약 80%에서 나타나는) 공존하는 기분장애를 직접적으로 설명하는 것이 위험투성이라는 것을 알고 있다. 신체화장애를 함께 지닌 우울한 환자는 간혹 대부분의 다른 우울한 환자에게 도움이 되는 표준적인 치료에 반응하지 않는다. 신체화장애를 시간적 순서의 처음에 위치시키는 것은 결국 우울증이 특별한 관리를 필요로 한다는 것을 제안할 수 있다. 비슷한 추측이 불안장애, 거식증, 그리고 폭식증을 포함하는 신체화장애와 함께 발생하는 조건에도 적용될 수 있다.

부수적으로 코니의 진단에서 힌트는 매우 심각한 우울증에도 불구하고 그녀가 한동안 이야기를 하고 밝아졌음을 관찰한 것이었다. 이것은 징후가 증상보다 우선된다는 진단 원칙의 또 다른 예시이다. 이것은 빈번하게 적용되지는 않을 수는 있으나 강력하다. 이것을 염두에 두어야 한다.

제언

주요우울증과 신체화장애와 함께 발생하는 2차적인 우울증을 구별하는 것은 의심할 여지없이 정신건강 임상가가 직면할 수 있는 가장 어려운 문제 중 하나이다. (물론 모든 1차적 장애와 동반된 2차적인 우울증을 진단하는 것은 어려운 일이다. 다음에 나올 '2차적인 우울증 인식하기'의 내용을 보라.) 왜 이러한 문제가 존재하는지를 이해하기 위해서는 짧은 역사를 살펴볼 필요가 있다.

신체화장애는 150년 이상 동안 인식되어 왔다. 수많은 사람들에게 알려진 오래된 용어 히스테리(hysteria)는 1859년 프랑스의 임상가 폴 브리케에 의해 잘 기술되었다. 1960년 대에는 로빈, 거즈와 다른 미국 임상가들이 브리케의 발견을 공식화하고 그들이 확인한 증후군에 브리케의 이름을 사용했다. 그들은 DSM-Ⅳ의 신체화장애 진단 기준, DSM-5에서 대폭 감소된 신체증상장애의 기준보다도 더 많은 증상을 포함시켰다. 물론 여기에는 다양한 신체 통증, 성기능부전, 흉부와 복부 불편감, 갑작스러운 마비와 같은 신체적 호소도 있었다(9장의 논의를 보라). 그들은 또한 이러한 환자들이 전형적으로 우울, 불안, 심지어 정신병 증상을 보인다는 것을 발견했다. 그 사이의 몇 년 동안 추적 연구는 그들의 이러한 발견이 질병의 경과를 예측하는 데 의미가 있다는 것을 반복적으로 증명했다. 하지만 1980년 DSM-Ⅲ가 쓰일 때 브리케 증후군의 모든 정서적 증상들이 기술에서 삭제되었고 신체적 증상만이 남았다. 이것은 임상가가 기준을 충족하는 환자에게 추가적인 기분, 불안, 정신병적 상태를 자유롭게 공존 진단하도록 해 주었다.

저자의 생각에 이러한 결과 때문에 오늘날의 많은 임상가들이 환자를 이해하는 기본 원칙을 배우지 못한 것 같다. 즉, 자신을 돌봐주는 사람의 관심을 감지하고 그에 순응하는 그들의 이상한 능력 말이다. 첫 번째 예시가 이것을 여전히 가장 잘 보여 준다. 19세기 후반 파리, 살페트리에르 병원의 장 마르탱 샤르코가 운영하는 신경과 병동에서 히스테리(그때에는 알려져 있던) 환자들이 발작을 지닌 환자를 흉내 냈다. 온 유럽의 임상가들이 보인 관심은 이러한 여자들이 그랜드 히스테리(grand hysteria)로 알려진 가성발작의 의식화된 형태를 구체적인 증상으로 나타내도록 고무시켰다. 따라서 전세계적인 유행병이 시작되었고, 이것은 샤르코가 사망한 1893년에 붕괴되었다.

나는 샤르코의 시대에나 우리 시대에나 이런 사람들이 임상가를 속이려는 목적을 지녔다고 말하려는 것은 아니다. 종종 이들의 증상은 임상가와 환자 사이의 무의식적인 협력으로 진행된다. 당신은 복부 통증과 구토를 접한 위장병 학자 또는 우울과 불안을 발견한 정신건강 임상가가 각자의 영역에서 흔한 상태를 잘 진단할 것이라는 것을 이해할 것이다. 양성 반응(positive response)이 이어질 때, 임상가는 그 진단의 전형적인 다른 증상들을 물어보게 된다. 환자는 임상가의 관심을 알아차리고 몇 개가 되었든 증상들을 제공하며, 증후군은 확인된 것처럼 보인다.

오늘날의 신체화장애 환자들은 기분, 불안 심지어 정신병적 장애에 대한 임상가의 관심을 알아차리고 이를 반영해 준다. 이것이 내가 이 장애를 *iatroplastic*(나만의 신조어이다)이라고 부르는 이유이다. 임상가들은 병을 유발하지 않지만 그들의 관심이 병의 형성에 영향을 미치게 된다. 신체적 불편의 경우에는 신체적 그리고 실험실 검사들이 명백한 병리가 없다는 결과를 만들어 냈지만, 정서적 증상에 대해서는 여전히 이런 검사가 없다. 어떤 이들은 신체화장애와 주요우울증이라는 두 가지 독립적인 장애를 갖고 있을 수 있지만, 오컴의 면도날(절약의 원칙)은 단 하나의 장애일 가능성이 클 것으로 제안한다. 강조하고 싶은 것은 이러한 기분장애에 대한 직접적인 도전은 환자가 추구하는 안도감을 거의 제공하지 못한다는 것이다.

공유되는 부분

기분장애의 경계는 상당히 선명해졌지만, 여전히 수많은 흐릿한 선들이 병리의 다양한 형태 혹은 정상적인 것과 병리적인 것 사이에 꿈틀거리고 있다. 여기에서는 이들 중 일부를 살펴볼 것이다.

2차적인 우울증 인식하기

만일 간단하게 할 수 있다면, 이전에 심각한(생명이나 자조 능력을 위협하는 정도) 의학적 질병 혹은 기분과 무관한 정신장애를 지닌 우울증 환자에 있어 2차적인 우울증의 쉬운 면은 그것의 정의뿐이다. 어떤 추정치에 의하면 우울증의 40%가 2차적인 것이라고 한다.

진단에 있어 문제점은 다음과 같다. 몇 년의 세밀한 탐색 후, 연구자는 대부분의 2차적인 우울증이 상대적으로 경미하다는 것만을 말해줄 수 있었다(코니와 같은 환자에도 불구하고). 증상은 매우 흔해 빠진 경향이 있고, 1차적인 우울증과 2차적인 것을 명확히 구별하는 어떤 증상도 그야말로 존재하지 않는다. 일반화할 만한 것이 거의 없다는 말이다.

- 집단에서 이러한 환자들은 알코올 중독 가족력이 있는 젊은 남성일 가능성이 높다.
- 알코올 중독을 지닌 우울한 남성의 대략 95%가 2차적인 우울증을 가질 수 있으며, 여성의 경우 약 75%의 수치를 보인다(이것은 알코올 중독을 지닌 사람들 중 여성의 1차적인 우울증이 남성보다 다섯 배 이상 더 많다는 것을 의미한다. 참 대단한 일이다.).
- 정신병적으로 우울하거나 멜랑콜리아 증상(이른 아침에 깨고, 아침에 기분이 더 안 좋고, 뚜렷한 식욕 저하를 보이고, 부당한 죄책감을 갖고, 거의 모든 일에서 즐거움을 잃고, 좋은 일이 일어나더라도 더 나아지지 않을 것 같은 기분)을 지닌 환자는 2차적인 우울증을 가질 가능성이 낮다.
- 신체화장애 환자의 우울증은 거의 확실하게 2차적인 종류이다. 나의 모든 경험을 통틀어 1차적인 우울증이 분명하게 있는 환자는 오직 한 명뿐이었다.
- 의학적 질병에 뒤따라 2차적으로 발생한 우울증은 생의 후반부에 진행될 가능성이 높고, 자살사고, 죄책감 혹은 망상과 같은 증상을 거의 포함하지 않는다.
- 우울증이 '진짜'인지 혹은 의학적 질병에 대한 예상된 반응인지를 분명하게 결정하지 못할 수 있지만 후자를 자동적으로 넘겨서는 안 된다. 대신 이전 삽화, 조증 혹은 경조증 과거력, 기분장애의 가족력이나 기간과 같이 숨길 수 없는 지표를 탐색해야 한다(기간이 길수록 주요우울장애를 발견하게 될 가능성이 높다.).

사별과 상실

오래 전 우울증은 흔히 두 가지 유형으로 나누어졌다. 하나는 어떤 외부의 사건(실직 혹은 가족의 죽음 등)에 대한 반응으로 발생하였고, 다른 하나는 외부의 원인 없이 개인 내에서 야기되었다. 두 번째 유형은 내인성(endogenous) ― 내부로부터 찾아온 ― 이라고 불렸고, 첫 번째 유형은 외인성(exogenous) 혹은 반응성(reactive)이라고 불렸다. DSM이 진단적 기준을 간결하게 설명하기 시작하면서 반응성우울증(reactive depression)이라는 용어는 제외되었는데, 이것은 우울증을 일으키기 충분한 촉발 요소를 구성하는 것이 무엇인지 정의하기가 매우 어려웠기 때문이었다. 우울증의 두 부분 중 단순하고 논리적이지만 궁극적으로 결함이 있는 나머지 주요 부분이 사별이며, DSM-5는 최근(2개월 이내) 사랑하는 사람의 상실로 고통 받는 사람들을 주요우울장애로 고려하는 것에서 배제시키는 데 일조하였다.

물론 당신이 매우 아끼는 누군가가 죽는다면 자연스럽게 비탄에 빠질 것이다. 임상가로서(그리고 사별을 당한 사람으로서) 우리가 노력해야 할 것은 치료가 필요한 임상적 우울증과 반드시 위로받고 감내해야 하는 자연스러운 애도 과정 사이의 경계를 분명하게 하는 것이다. 차이를 정의하기 위해 사용되는 진단적 매뉴얼은 단지 시간의 문제일 뿐이다. 2개월 이상의 기분 증상은 상실에 대한 자연스러운 반응으로 인정될 수 없다. 하지만 지나치게 단순화한 구분은 많은 환자들과 임상가들의 경험과 모순되며, 결국 매뉴얼 저자들도 포기해버렸다. 몇 주 전에 사랑하는 사람이 사망했기 때문에 주요우울증 진단을 완전히 포기해야 하는 것은 더 이상 과학적으로 이치에 맞지 않는다.

완고한 연구자들은 여전히 사별이 우울증과는 다르다고 제안한다. 사별은 비교적 기간이 짧을뿐 아니라 보통 멜랑콜리아보다 덜 심각하고, 항우울제 약물에도 잘 반응하지 않는다. 사별을 당한 사람의 가라앉은 기분은 헤어진 사람과의 기억에 의해 촉발되는 반면 사별과 관련되지 않은 우울증을 지닌 사람의 기분은 그에 상관없이 나쁘다. 또한 사별당한 사람들은 심각한 죄책감이나 무가치함, 자살 사고, 혹은 발화나 행동이 느려지는 것을 일컫는 **정신운동 지연**(psychomotor retardation)을 보이는 일이 흔치 않다. 그리고 사별은 일상생활의 심각한 손상을 동반하지 않고 상당히 정상적으로 보이는 경향성이 있다.

지난 몇 년간 기능의 손상 그리고 상대적으로 낮은 치료 효과와 관련된 **복합 애도**(complicated bereavement) 혹은 **외상성 슬픔**(traumatic grief)이라는 개념이 대두되었다. 이는 PTSD와도 다소 비슷하며, 사망한 사람에 대한 집착, 동경 혹은 사모, 죽음을 믿지 않고 받아들이기 어려워함, 죽음에 대한 분노와 울화, 상실을 떠올리게 하는 것들의 회피와 같은 증상으로 구성된 것으로 여겨진다.

주요우울장애의 진단을 위한 자격을 박탈해 버리는 사별은 독특한 상태로서, 직업이나 결혼 생활과 같은 다른 상실은 포함되지 않는다. 하지만 연구자들은 수치스러운 사건(상사에 의해 공개적으로 당하는 망신, 배우자의 부정으로 인한 이혼, 혹은 성폭행 등)에 의해 폄하를 느끼는 사람은 애도와 유사한 우울증으로 진행될 수 있다는 것을 발견했다. 물론 그것은 우리를 반응성우울증이라는 개념으로 다시 데려다 놓는다. 헷갈리는 일이다. 그렇지 않은가?

저자의 생각에는 여기가 중요한 부분이다. 우리는 중요한 상실 이후에 애도와 상실이라는 감정을 마주할 것을 예상하고, 정신장애 진단으로 우르르 몰려가지 않도록 반드시 주의해야 한다. 하지만 주요우울증 삽화를 충족할 만큼 충분한 증상이 진행된 슬픈 사람은 시간 간격 혹은 절망의 '논리' 에 관계없이 조심스럽게 가능한 치료를 고려해야 한다. 이것은 죽은 이에 대한 행복한 추억에 의해 완전히 낙담하거나 친구나 다른 소중한 사람들의 방문으로 이러한 낙담이 끊임없이 이어질 때 특히 더 그렇다. 그리고 자살사고, 정신병 혹은 정신운동 지연과 같은 심각한 증상들에 대해서는 반드시 즉각적이고 효과적인 조치를 취해야 한다.

경도우울증

주요한 우울증이 있다면 경미한 우울증도 반드시 있을 것이다. 그렇지 않은가? 이러한 생각은 많은 연구자들을 사로잡은 것처럼 보인다. 왜냐하면 수많은 연구들이 최근 들어 서로 다른 이름과 독특한 기준, 혹은 둘 다를 가진 경미한 우울증의 형태들을 묘사하고 있기 때문이다. 현재까지의 결과는 1980년 DSM이 진단적 혼란을 통합하려는 움직임을 시작하기 이전의 축소판이다. 한 저자는 심지어 어떠한 우울증 혹은 무쾌감증(anhedonia)도 실제로 경험하지 않는 환자의 형태를 제안하기도 했다. 대부분의 정의는 우울증 증상을 비교적 적게 지닌 단기(2주 혹은 그 이상) 삽화로 압축되며, 기분저하증은 주요우울증과 대체로 동일하나 증상이 적은 경우이다.

아무리 정의가 그렇다 하더라도 경미한 우울증에 대해 실제로 상당히 흥미로운 발견들이 있다. 어떤 연구는 이러한 사람들의 뇌에서 해부학적 변화를 보고하였고, 노인 남성(노인 여성은 아니었다)에게서는 이 진단이 이른 사망을 예측하였다. 주요우울증 환자와 같이 경미한 우울증을 지닌 다양한 사람들도 일상생활에서의 기능에 어려움을 보이고, 선택적 세로토닌 재흡수 억제제(selective serotonin reuptake inhibitors, SSRI)나 마프로틸린(maprotiline)과 같은 표준적인 치료에 반응하는 경향성이 있다. 경미한 우울증은 또한 알츠하이머치매와 알코올 중독만큼 다양한 상태에서 2차적인 진단으로 내려질 수 있고, 양극성장애 환자에게서 확인되기도 한다.

더욱이 수면이나 식욕의 변화와 같은 자율 신경 증상이 흔히 보고되지는 않지만 경미한 우울증 환자도 주요우울증 환자와 마찬가지로 정서적 그리고 인지적 증상을 모두 보일 수 있다. 그리고 경미한 우울증이 비교적 가벼울 수는 있지만 반드시 짧아야 하는 것은 아니다. 주요우울증에서와 동일하게 가족력은 두 가지 형태의 우울증이 동일한 근원에서 발생했을 가능성을 시사한다. 이 개념의 한 가지 문제점은 다음과 같다. 이러한 환자의 유병률 자료 수치가 일반 인구의 최대 20%까지 다양하기 때문에, 정상과 비정상 사이의 경계를 위험할 정도로 모호하게 만든다. 그리고 그 경계 지점은 진단이 정확하게 내려져야 하는 중요한 영역이다.

적어도 한 가지 믿을 만한 것은 경미한 우울증의 가장 중요한 가치는 그것이 추후 주요 우울증을 예측하는 데 도움이 된다는 것이다. 하지만 증거의 다양한 면을 보는 사람들은 우울증의 다른 정도가 중첩될 수 있다고 제안한다. 경미한 우울증이 진행되는 사람은 이후에 중등도 내지 심도의 증상으로 진행되는 단계에 있을 수 있다. 실제로 우울증은 연속 선상에 존재하는 것으로 보는 것이 가장 좋을 수 있다.

합리적 행동 대 치료 가능한 질병으로서의 자살

'자살이 이성적인 행동으로 간주될 수 있는가?' 라는 질문은 복잡한 문제이다. 이 오래된 논쟁에 대한 간략한 요약을 위해 '자살이 합리적일 수 있는가?'의 내용을 보라.

자살이 합리적일 수 있는가?

합리적인 자살의 존재는 오랜 시간 뜨겁게 논의되었다. 이 개념에 찬성하는 것은 인간을 자신이 언제 어떻게 죽을지 선택할 수 있는 자유로운 존재로 여기는 도덕 철학자들이다. 이에 대항하는 이들은 자살을 한 사람들의 상당수가 어떤 형태의 정신장애를 지닌 상태였다고 보고한 많은 연구 결과를 제시한다. (모두가 그런 것은 아니지만 압도적인, 거의 모든 연구가 정신장애가 입증되지 않은 사람 몇 명을 포함하였다.)

서양 의학은 전통적으로 자살을 압도적인 스트레스에 대한 비합리적 반응으로 여겼다. 이러한 관점의 한 가지 결과는 우리 쪽의 논리적 착오에 있다. 자살이 정신질환의 증상이기 때문에 우리는 정신장애를 지닌 사람만이 자살을 한다고 추론한다. 따라서 우리는 때로 정신적으로 건강한 사람, 아마 신체적 고통이나 불치병의 장애에 의해 위협받는 사람들이 삶을 중단하고자 하는 욕구를 지닐 가능성을 받아들이지 않는다. 한 가지 분명한 예시는 교수이자 미스테리 소설 작가였던 캐롤린 헤일브런이다. 그녀는 자신이 언젠가 스스로 목숨을 끊을 것이라고 이야기하고 몇 년 후인 2003년 실제로 그렇게 했다.

내가 살고 있는 오리건의 불치병 환자들은 비통한 통증과 삶의 마지막에 아무것도 할 수 없는 상태를 피하고자 그들을 도우려 하는 의사로부터 치명적인 약물을 얻을 수 있을지도 모른다. 매년 상당한 수의 환자들이 이러한 약물을 요구하지만 단지 30명 정도만이 그것을 실제로 사용한다. 수많은 주의 깊은 연구들에서도 친족에 의해 강요받거나 이면의 동기가 있다는 증거를 발견하지 못했다. 1995년 워스와 코비아는 합리적인 자살을 정의하기 위해 400명의 심리학자에게 설문조사를 하였다. 이 집단의 정의는 다음과 같이 압축되었다.

1. 개인의 상태는 반드시 회복의 희망이 거의 없다는 것을 보여 주어야 한다.
2. 반드시 강제성이 없어야 한다.
3. 의사 결정자와 관련된 다음의 특성들이 보여주는 바와 같이, 의사 결정은 온전한 판단을 거쳐 이루어져야 한다. ― 정신적 능력, 충분히 고려한 끝에만 다른 선택을 거부하는 것, 이 결정에 일관되는 가치관, 자살이 다른 사람에게 미치는 영향에 대한 고려, 치료사, 호스피스 직원, 영적인 조언자와 같은 다른 전문가와의 자문.

나는 개인의 생명의 가치를 최대화하려는 다른 책임감 있는 임상가만큼 생명을 중요시하지만, 이 판단은 반드시 그 삶을 살아야만 하는 개인에게는 삶이 어떤 가치가 있는지 충분히 고려한 끝에 이루어져야 한다고 믿는다. 여기에는 쉬운 답이 없다.

12

불안, 공포, 강박, 걱정 진단하기

먼저 몇 가지 용어를 정의하자. **공포**(fear)는 위험이 다가오는 것을 감지했을 때 유발되는 정서적 불편감이다. **공포증**(phobia)은 어떤 상황이나 대상에 연합된 비합리적이고 강렬한 공포다. 거미에 대해 흔히 느끼는 공포와 거미의 피해에 대한 망상적인 공포를 구별하는 것은 무엇일까. 차이점은 거미는 보통 실제적인 위협을 가하지 않으며 공포를 느끼는 사람도 이를 알고 있는 반면, 망상을 가진 사람은 이러한 인식이 없다는 데에 있다. **불안**(anxiety) 역시 공포지만 이는 개인이 파악할 수 있는 어떤 특정한 대상에 의해 유발되는 것이 아니다. **걱정**(worry)은 일어날지도 모르는 어떤 일에 대해 염려하는 것과 관련된 심적 고통이다. 보통 불안해하거나 걱정하는 사람은 근육 긴장, 피로, 불면, 초조와 같은 불쾌한 신체 감각을 느낀다. **공황발작**(panic attack)은 비정기적으로 나타나는 강한 불안 삽화로, 흉부 통증, 질식, 어지러움, 심장 두근거림, 마비감, 땀 흘림, 숨 가쁨, 또는 떨림과 같은 급성의 신체 증상을 동반한다.

공포나 불안, 걱정, 급성의 두려움으로 나타나는 공황조차도 사람들이 정상적으로 경험할 수 있는 감각이다. 따라서 일상적으로 느끼는 불안과 이들을 반드시 구별해야 한다. 물론 일상적인 불안만으로 임상가에게 의뢰가 되지는 않는다. 환자가 겪는 불안이 **현저한** 고통을 초래하거나, 사회적, 직업적, 대인 관계 기능에 지장을 주는가에 대해 (물어봄으

표 12.1 불안 상태에 대한 감별진단과 간략한 정의

- 다른 의학적 상태로 인한 불안(anxiety due to another medical condition) : 신체적 질병이 공황이나 기타 불안 증상을 유발할 수 있다.
- 물질로 유발된 불안장애(substance-induced anxiety disorder) : 알코올, 마약 오용, 그리고 처방된 약물 모두 불안 증상을 유발할 수 있다.
- 공황장애(panic disorder) : 반복적인 공황발작(다양한 신체적 또는 기타 증상을 동반하는 짧고 갑작스럽게 나타나는 강렬한 불안)은 추가적인 발작에 대한 걱정을 유발한다. 이는 종종 광장공포증과 함께 나타난다.
- 광장공포증(agoraphobia) : 환자들은 불안해졌을 때 도움을 얻기 어려울 것으로 생각되는 장소나 상황(쇼핑몰, 집에서 멀리 떨어지는 것)을 두려워한다.
- 특정공포증(specific phobia) : 특정한 대상이나 상황(예 : 동물, 폭풍, 높은 곳, 비행, 폐쇄된 곳, 혈액이나 바늘)이 불안과 회피를 유발한다.
- 사회불안장애(social anxiety disorder) : 많은 사람들이 있는 곳에서 말하거나, 쓰거나, 수행하거나, 음식을 먹을 때 당황할 것으로 예상하는 것이 불안과 회피를 유발한다.
- 강박장애(obsessive-compulsive disorder, OCD) : 자신의 생각이나 행동이 의미 없음을 알면서도 환자는 강제적으로 이를 반복해야 할 것처럼 느낀다.
- 외상후 스트레스장애(posttraumatic stress disorder, PTSD) : 환자들은 반복적으로 외상 사건을 재경험하고 과각성과 회피 또는 마비를 경험한다.
- 범불안장애(generalized anxiety disorder, GAD) : 실제 공황발작을 경험하지 않아도, 다양한 다른 문제에 대해 불안이나 긴장을 느낀다.

로써) 확실히 할 필요가 있다. 표 12.1에 불안 상태에 대한 감별진단을 제시하였다. (DSM-5에서는 강박장애와 외상후 스트레스장애가 개별 범주로 분리되었지만, 편의상 나는 이 표에 포함시켰음을 유의하라.)

공황장애와 공포증

많은 정상인들이 공황발작이라는 매우 불쾌한 감각을 경험한다. 실제로 일반 성인의 3분의 1 정도가 적어도 한 번은 이러한 발작을 경험한다. 다만 이것이 일상생활에 지장을 줄 정도로 자주 반복될 때 치료가 필요하다.

🧩 루스

루스는 대기실에 홀로 앉은 채 종이 봉투에 깊은 숨을 내쉬었다. 공포감이 더해갈수록 그녀는 이전에 겪었던 증상을 느꼈다. 심장이 두근거리고, 목구멍은 영원히 막힌 것처럼 졸렸다. 그녀는 단 1주일만이라도 이러한 느낌 없이 살 수 있기를 바랐지만, 증상 없이 지낸 지 5일째가 되는 지금, 마침내 이에 대해 다른 누구에게 말하려는 바로 이 순간, 증상이 다시 나타났다. 그녀는 그 곳에 앉아 다시 한 번 자신이 미쳐버릴 것 같고, 입고 있는 옷을 찢어버릴 것 같이 벼랑 끝에 서 있는 듯한 공포를 느꼈다. 이러한 생각과 동시에 그녀는 자신이 땀을 흘리며 몸을 떨고 있음을 느꼈다.

29세인 루스는 가전제품 판매장의 판매 사원이었다. 그녀는 잠시 결혼 생활을 했었고, 지금은 남자 친구이자 매장의 부매니저인 새미와 함께 살고 있다. 그녀의 7세 된 딸은 학교에서 돌아오면 할머니와 함께 지냈다.

몇 주 전 불안 삽화를 겪은 후, 루스는 그동안 거의 가지 않았던 1차 진료의에게 방문했다. 요청했던 심전도 결과는 '다른 검사 결과들과 마찬가지로 완전히 정상'이라는 소견이었다. 그녀는 긴장되어 보였기 때문에 발륨을 처방받았다. 하지만 대학 시절 마리화나를 피운 적이 있는 그녀는 약이 주는 '멍하고, 떠 있는 듯한' 느낌이 싫었고, 이후로는 약을 복용하지 않았다.

그녀는 의사에게 실내에 있을 때면 출입문 근처에 있으려고 노력한다고 말했다. 지진이 자주 나는 나라에 살았기 때문에 그녀는 '큰 지진'이 발생했을 때 어떻게 탈출할 것인가에 대해 항상 걱정했다. 최근에는 이러한 염려가 증가했고, 이제는 창고에 갈 때면 새미에게 함께 가 달라고 부탁하곤 했다. 그들이 일하는 매장은 반(反)연고주의 정책을 엄격하게 시행하고 있기 때문에 그럴 때마다 새미는 긴장했다. 루스는 새미와 함께 갈 수 있을 때에만 쇼핑을 하려고 했다. 만약 혼자 가야 할 때면 그녀는 우유 한 병을 사기 위해 우유가 있는 쪽으로 황급히 가 셀프 계산대에서 돈을 지불하고, 공황이 발생하기 전에 거의 뛰다시피 매장을 나왔다.

발작은 이상한 시간에 일어나는 듯했다. 한번은 집으로 운전해서 오는 도중, 운전에 집중을 할 수가 없어서 차를 세워야 했다. 또 한 번은 새미와 야한 영화를 함께 보면서 전희를 시작할 때였고, 이는 예상치 못했던 때라 두 사람 모두 놀랐다. 하지만 대기실에서의 발작은 갑작스럽게 시작했던 것만큼이나 순식간에 저절로 사라졌다. 임상가가 그녀의 이름을 불렀을 때, 루스는 새로 산 립스틱을 바르고 있었다.

분석

루스에게 건강 문제나 물질 사용에 대한 과거력이 없다는 점에서 우리는 공포, 불안, 공황, 또는 지속적인 걱정 증상을 보이는 환자에 대한 의사 결정 나무의 초반 세 가지 단계

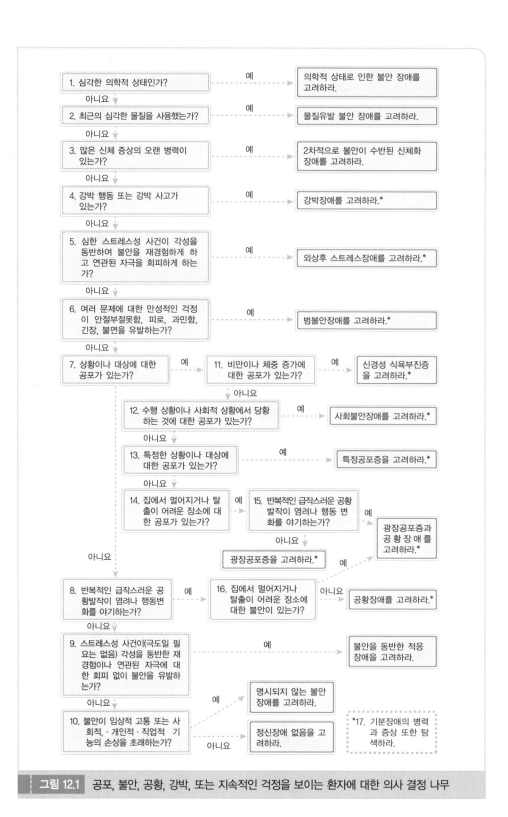

그림 12.1 공포, 불안, 공황, 강박, 또는 지속적인 걱정을 보이는 환자에 대한 의사 결정 나무

를 빠르게 넘어간다(그림 12.1). 그리고 의사 결정 나무를 따라 내려가다 보면 결국 진단적 결론에 도달하게 된다. 루스는 동네 슈퍼마켓이나 직장 창고와 같이 탈출이 어려운 장소에 혼자 있는 것을 두려워했다(14단계). 또한 그녀는 여러 신체 증상을 동반하는 공황을 겪으면서 예기치 않은 발작을 경험했다(15단계). 요약하면 우리는 공황장애와 광장공포증이라는 두 개의 진단을 강력하게 고려해야 한다. 공황발작에 초점을 맞추어 초기에 광장공포증 증상을 간과하였다고 하더라도 동일한 진단적인 결론에 이르게 될 것이다. 그 과정에서 신체증상장애와 기분장애를 고려하게 되는데 둘 모두 흔히 불안 증상을 동반한다. 실제로 우울증은 공황발작에 종종 동반되기 때문에 별표 표시된 17단계가 이를 확인하도록 상기시킨다.

제언

찰스 다윈은 숨 가쁨, 머리 멍해짐, 심계 항진, 떨림, 기절할 것 같은 느낌을 반복적으로 겪었다. 이는 오늘날 공황장애 진단에 부합하는 증상이다. 그가 은둔하는 것으로 유명했다는 점에서 많은 사람들은 아마 그에게 광장공포증도 있었을 것이라고 주장한다. 어떤 사람들은 그의 증상이 메니에르증후군이나 샤가스병(남아메리카와 중앙아메리카의 시골 지역에서 발견되는 기생충에 의한 감염)과 같은 신체적 상태에 연관된 증상일 수 있다고 본다. 어쨌든 그는 대체로는 건강했고, 견뎌낼 수 있었다. 최근 리와 동료들은 뇌전증의 결과로 광장공포증을 동반한 공황장애가 나타난 여자 청소년의 사례를 보고했다. 공황과 기타 불안 증상에 대한 다른 신체적 원인들을 표 9.1에 제시하였다. 물질 관련 불안 증상은 표 9.2와 9.3에서 다루었다.

광장공포증은 그 자체만 일어나는 경우는 드물고, 최근까지 개별적인 장애로 간주되지 않았다. 그러나 DSM-5는 공황장애와 광장공포증이 함께 나타나는 경우에는 두 가지 장애가 공존하는 것으로 봐야 한다고 정했다. 하지만 코딩의 목적 외에 이는 큰 차이점이 없다. 우리의 관심은 어떻게 부를 것인가보다는 무엇이 잘못되었고 어떻게 다룰 것인가에 있다. 이를 위해서는 환자가 공황장애나 광장공포증이 있는지 또는 둘 모두가 있는지를 아는 것만으로도 충분하다. 파바와 동료들은 노출 치료 후 10년이 경과했을 때 환자의 64%가 지속적인 관해 상태를 보인다고 보고했지만, 공황장애 환자에 대한 후속 관찰에서 광장공포증 증상이 오히려 호전 가능성을 감소시킬 수 있다는 연구 결과도 있다.

🧩 제나

공포(fear)는 우리가 세상 및 그것과 우리의 관계에 대해 부정적인 느낌을 묘사할 때 가장 흔히 사용하는 단어다. 그것이 특정 대상이든, 환경이든, 사회적 상황이든 무서워하는 것을 맞닥뜨렸을 때 우리는 즉각적으로 상해를 입거나, 당황하거나, 또는 다른 나쁜 결과로 인해 고통 받을 것을 상상하게 된다.

제나는 30대 중반의 나이에 경험도 많은 교사였지만, 중학교 1학년 수업에서 칠판에 글씨를 쓰는 것이 힘들었다. 몇 차례 공황과 유사한 증상을 느끼기도 했지만 보통 그녀는 떨림, 어지러움과 두려움에 가슴이 철렁하는 느낌만을 경험했다. 수업 도중 아이들이 자신의 등 뒤에서 웃은 것 같다는 생각이 들면 그녀는 더워지고 허둥거리는 것을 느꼈고 더욱 심하게 떨었다. 아무도 보고 있지 않을 때는 글씨를 잘 쓸 수 있었기 때문에 그녀는 매일 일찍 학교에 와서 종이 치기 전까지 최대한 많은 수업 내용을 판서해 놓았다. 작년에는 미리 모든 내용을 적어 놓을 수 있도록 칠판 두 개를 추가로 주문하기도 했다. 하지만 가르쳐야 될 내용들이 많았고, 수업 진행에 맞추어 과제나 다른 수업 자료를 게시해야 했기 때문에 이런 방식으로는 완전하게 준비하기가 힘들었다. 그녀는 임상가에게 말했다. "떨리는 것뿐만 아니라 화장실을 금방 다녀왔는데도 또 가야 할 것 같은 느낌이 들어요. 하루에도 몇 번씩 화장실로 뛰어갈 수는 없잖아요."

분석

먼저 임상가는 제나의 증상에 대해 의학적 원인과 물질 사용 관련 원인을 배제해야 한다 (그림 12.1의 1단계와 2단계). 그녀는 강박사고나 강박행동이 없었고, 심각한 외상으로 시달리지 않았으므로 이후 4단계와 5단계에서는 '아니요'가 될 것이다. 그녀는 다양한 문제에 대해 걱정하지 않았고(6단계), 단지 한 가지 걱정만으로도 충분했다. 오히려 제나의 고통은 수행 상황(7단계와 12단계에서 '예'), 특히 공적인 장소에서 글씨를 쓸 때 발생했다. 따라서 그녀의 진단은 사회불안장애가 될 것이다. 다음으로 기분이나 다른 불안장애 등 추가적인 진단을 간과하지 않았음을 확실히 하기 위해서 임상가는 그녀의 증상을 재검토해야 한다.

제언

공포증을 진단할 때 임상가들은 두 가지 문제에 직면하게 된다. 첫 번째는 공포가 존재하는 것을 인식하는 데 실패하는 것이다. 환자들은 보통 그들이 무엇을 두려워하는지에 대해서는 매우 명확하게 알고 있지만 이를 호소하지는 않는다. 우울이나 기타 불안 증상과 같은 다른 정신건강 문제로 도움을 구할 때에야 비로소 공포증의 문제가 드러나게 된다. 두 번째 문제는 정상적인 공포와 비정상적인 공포를 구분하는 것이다. 그것이 높은 곳이든, 천둥이든, 치과를 가는 것이든 우리 대부분은 무언가에 대해 무서워하고 움츠러든다. 하지만 일반 인구의 대다수를 불안장애로 진단하지는 않는다. 진단은 증상이 개인의 삶에 유의하게 지장을 줄 만큼 어려움을 초래할 때에만 내려진다. (제나는 칠판에 글씨를 쓰기 위해 일찍 출근했고, 학생들 앞에서 글씨를 써야 할 때마다 고통을 겪었다.) 때때로 우리는 질병과 건강 사이를 구분하는 선을 인지하지 못한다.

낯선 사람과 대면하는 것을 포함하여 다른 유형의 사회공포증(그렇다, 이제 사회불안장애다!)에는 말하기(특히 흔하다), 먹기나 마시기, 또는 악기 연주하기에 대한 공포가 있다. 특정공포증의 유형에는 동물에 대한 공포, 환경(폭풍, 높은 곳, 물)에 대한 공포, 혈액-주사-손상에 대한 공포, 특정한 상황(비행, 폐쇄된 곳)에 대한 공포, 질병이나 질식 또는 구토를 유발하는 환경에 대한 공포가 있다. 모든 유형에서 개인은 공포를 유발하는 상황을 회피하거나 심한 고통 및 불안 증상을 참고 견딘다. 다른 불안장애와 마찬가지로 불안은 다양한 형태로 경험될 수 있다. 많은 사람들은 죽음이 임박한 느낌, 극도의 불안, 현저한 긴장감을 포함하여 전형적인 공황발작에 해당하는 증상을 경험한다.

로슨

확실히 불안 증상을 유발하는 신체적 상태는 드물다. 하지만 이 희소성 때문에 진단 과정에서 이를 우선적으로 고려하지 않게 된다. 로슨은 이러한 부주의함 때문에 피해를 입은 경우에 해당한다.

미국으로 이주한 영국인 로슨은 25세로 신문사에서 편집하는 일을 담당했다. 그는 점심을 먹던 중 두 번의 어지러움을 느꼈다. 두 번째 어지러움을 느꼈을 때, 편집장이 직접 그를 회사 내에 근무하는 간호사에게 데려갔다. 간호사는 그가 그녀의 직무실에서 휴식을 취하자 상승했던 혈압이 빠르게 정상으로 돌아오는 것을 보았다. 그녀는 로슨에게 의사를 찾아갈 것을 권했지만 로슨은 이전에 한 번도 아픈 적이 없었고, 흡연이나 음주를 하지 않았으며, 약물도 복용하지 않았기 때문에 의사를 찾지 않았다.

몇 달 후 그는 공황발작 증상을 호소하기 시작했다. 처음에는 몇 주에 한 번의 빈도로 일어났지만 점차 빈번해졌다. 대부분의 공황발작은 10~15분 정도만 지속되었지만 공포스러웠다. 로슨은 머리가 멍해짐을 느꼈고, 숨을 고르기 어려웠으며, 심장이 거칠게 뛰는 것을 느꼈다. 최악인 것은 땀으로 흠뻑 젖게 되고, 언제 일어날지 모르는 다음 발작을 두려워하게 되는 것이었다.

　　마침내 로슨이 의학적 조언을 구하기 위해 병원을 찾은 날에는, 몸 상태가 좋았고 활력 징후도 모두 정상이었다. "이건 마치 라디오 수리를 맡기는 것과 비슷해요. 매장에서는 언제나 잘 작동하죠." 그는 농담을 했다. 로슨은 간헐적인 두통, 위약감, 손 떨림을 호소했으며, 힘이 없고 때때로 우울해졌다. 식욕도 저하되어 거의 1스톤[6]이 빠졌다. "6.3kg이에요." 그는 친절하게 덧붙였다.

　　"신체 건강은 좋아요." 의사가 말했다. "하지만 당신은 분명 불안하군요. 기저에 임상적 우울증이 있을 것으로 생각되네요." 그렇게 로슨은 항우울제와 항불안제 복용을 시작했다. 공황발작이 계속되면 항우울제를 다른 것으로 바꾸었고, 10달 동안 총 네 가지 항우울제를 시도했다. 하지만 증상은 계속되었다. 두려운 느낌은 아주 조금 호전되었지만 두통은 더 심해졌고 여전히 흠뻑 젖을 정도로 땀을 흘렸다. 결국 주치의를 방문한 어느 날, 진료실 안에서 공황발작이 일어났다. 바로 직전에 간호사가 확인했을 때 정상이었던 혈압은 180/125까지 올랐다. 일련의 검사 결과, 한쪽 부신에서 갈색 세포종(phenormocytoma)이 발견되었다. 제거 수술을 통해 그의 공황발작과 우울증, 그리고 혈압 문제가 치료되었다.

분석

저자라면 로슨의 주치의와 같은 실수를 안 했을 것이라고 믿지만, 이를 단언할 수는 없다. 고혈압 환자의 1,000명 중 1명 정도에 해당하는 갈색 세포종과 같이 확실히 드문 확률은 간과되기 쉽다. 감별진단 및 의사 결정 나무를 통한 진단적 접근은 우리로 하여금 정신적 증상을 유발할 수 있는 물질이나 신체적 장애에 대해 매번 생각해 보도록 한다. 하지만 비전형적인 증상과 관련된 진단 원칙 역시 단서를 제공한다. 보통 두통은 공황장애에 동반되지 않는다. 땀 흘림이 공황장애 증상에 해당하긴 하지만 로슨의 경우보다 훨씬 덜 두드러진다.

제언

물론 당신은 불안 증상이 언제 정신적 문제가 아닌 의학적 문제인지 구별하는 방법을 알고 싶을 것이다. 이에 대한 답은 구별할 수 없다는 것이다. 적어도 공황발작 그 자체만으로는 그렇다. 항상 의심하는 것, 그리고 표준적인 불안 증상과 약간 다른 증상(예 : 로슨의 두통과 높은 혈압)을 찾는 것에 의존해야 한다. 가장 어려운 부분은 드물게 일어나는 것들에 대해 항상 유념하는 것이다. 신체적 원인에 의한 정신적 증상이 그렇다. 상당수의 의학적 상태가 공황발작을 유발할 수 있으며 그중 몇 가지를 표 9.1에 제시하였다.

---

6. 역주 : 영국의 무게 단위로, 1스톤은 14파운드(약 6.3 kg)이다.

윌슨과 헤럴드

신체적 원인에 대해 이야기할 때 예민하게 주의를 기울여야 할 또 다른 원인군이 있다. 특히 불안 증상의 기저 원인에 대해 알고자 할 때 더욱 주의를 기울여야 한다. 다음의 두 일화는 그중 합법적인 경우다.

윌슨은 젊었을 때 커피를 무척 좋아했다. 대학 시절만 해도 많은 양의 커피를 마시는 것이 괜찮았다. 하지만 이후 그는 악기 수리라는 난해한 일을 하게 되었는데, 그 일을 하기 위해서는 인내심과 떨리지 않는 손이 필요했다. 그의 습관이 생계 수단과 충돌하게 되자 결국 그는 디카페인 커피로 바꾸었고 매일 하루에 6잔 혹은 그 이상을 마셨다.

몇 달 전 윌슨이 가장 좋아하는 커피 매장에서 수습 직원이 실수로 일반 커피콩을 주기 전까지만 해도 모든 것이 괜찮았다. 실수의 결과는 며칠 동안 계속된 안절부절못하는 흥분감, 배탈, 심계 항진, 그리고 '거의 잠을 자지 못하는' 불면증이었다. 그가 작업하던 은플룻을 다시 조립하지 못하게 되자, 그는 원인을 알아내기 위해 1차 진료의를 찾았다.

그의 아버지가 간암 진단을 받은 날 아침, 헤럴드는 20년간 피어오던 담배를 바로 끊었다. 잠들기 전 마루를 서성거리면서 그는 화가 나 있었지만 그 대상이 무엇인지 알 수 없었다. 설마 그의 아버지가 아니었겠지? 잠 못 이루는 밤이 지나고 그는 '엄청난 긴장감'을 느꼈고, 평소 건강을 위해 먹지 않던 베이컨과 달걀을 두 배로 구워 게걸스럽게 먹었다. 그는 오전 10시까지 일에 집중할 수가 없었다. 단지 담배 한 모금, 그저 깊은 한 모금을 빨고 싶다는 생각뿐이었다. 정오가 되자 그는 아내에게 전화하여 자신이 금연을 계속할 수 있을지 물었다. "차라리 죽는 게 이것보단 나을 것 같아." 그는 거의 울면서 말했다.

"벌써 오늘 오후에 의사를 만나려고 예약해 두었어요." 그녀는 대답했다. "힘들 거라는 걸 알고 있었어요."

분석

윌슨이나 헤럴드의 경우 과거력이 명확하기 때문에 실제로 1차 진료의를 찾기만 하면 감별진단하는 데 별 문제는 없을 것이다. 그림 12.1을 사용하는 것이 사소해 보일 수 있지만, 완전한 감별진단의 연습 사례로서 추천한다. 카페인과 니코틴을 포함한 모든 주요 약물에 대한 전형적인 중독 및 금단 증상을 표 9.3에 제시하였다.

제언

이러한 사례의 문제는 명확해 보이는 부분의 기저에 물질 사용과는 관련 없는 다른 증상들이 숨어 있을 수 있다는 것이다. 다른 장애들도 있을 수 있지만 특히 여기서는 기분장애에 대해 이야기하고자 한다. 환자가 물질을 사용하고 있거나 물질 사용을 중단했을 때, 공황발작, 공포증, 범불안, 심지어는 강박사고나 강박행동을 포함한 다양한 불안 증상을 보일 수 있다. 불안장애는 다른 불안장애나 강박장애, 외상후 스트레스장애와 같이 밀접하게 관련된 장애들과 함께 나타나는 경우가 많기 때문에, 우리는 종종 의사 결정 나무에서 2개(혹은 그 이상)의 경로를 따라가야 한다. 이것이 실제로 그 사람이 한 가지 이상의 질병을 가지고 있음을 의미할까? 아마도 아닐 것이다. 단지 우리는 아직 외상후 스트레스장애와 우울증의 미묘한 차이를 이해할 수 있을 만큼 발전하지 못했을 뿐이다.

범불안장애, 외상후 스트레스장애, 강박장애, 그리고 동반이환

보스턴 레드삭스에 입단한 첫 해에 짐 피어솔은 몇 가지 정신적 문제로 입원하여 전기 경련 요법(electroconvulsive therapy)을 받았다. 그가 자신의 이야기를 담아 1955년에 출판한 공포에 사로잡혀(*Fear Strikes Out*)라는 제목의 책은 큰 인기를 끌었다. 그 책은 그의 어린 시절 이야기도 포함하고 있다. 아래는 짐의 기술을 바탕으로 한 것이다.

 짐

9세 때부터 짐은 끊임없이 걱정했다. 그는 자신의 걱정이 시작된 것은 어머니가 심각하지만 병명을 알 수 없는 질병으로 인해 정신병원에 처음 입원했던 때로 거슬러 올라간다고 회고했다. 효과적인 약물이 나타나기 이전의 시대에 치료를 받으면서, 그녀는 주기적으로 퇴원을 할 수 있을 정도로 호전되곤 했다. 하지만 어린 짐은 언제 또 다시 어머니가 재입원해야 할지 알 수 없었기 때문에 언제든지 어머니가 다시 잡혀갈 수 있을지 모른다고 생각했고, 학교에 가는 것도 오후에 집에 돌아오는 것도 무서워했다.

그는 '모든 것에 대해 걱정' 하기 시작했다. 학교에 대해, 친구가 자신을 좋아할지, 매일 저녁 아버지의 기분이 어떨지에 대해 걱정했고, 봄이 되면 다음 학년으로 올라갈 수 있을지, 가을에는 새로운 선생님이 누가 될지에 대해 걱정했다. 자라면서 이러한 증상은 더욱 심해졌다. 6학년 때는 날씨 때문에 야구 실력이 영향을 받을까 봐 걱정하였고 어른이 되었을 때는 좋은 사람이 될 수 있을지 걱정했다. 신경이 날카롭고 긴장을 풀 수 없었기 때문에 그는 잠을 설쳤고, 언제나 끊임없이 일을 해야 할 것처럼 느꼈다. 그는 성인이 된 후에도, 신체적으로 건강하였고 결혼을 하여 아이와 안정적인 직장을 가진 후에도 미래에 대해 걱정했다.

분석

짐이 신체적으로 건강했고, 9세의 나이에 물질 사용의 가능성은 거의 없기 때문에 우리는 바로 그림 12.1의 1, 2, 3단계를 넘어갈 수 있다. 그의 서술 어디에도 강박사고나 강박증상에 대한 묘사는 없다(4단계). 어머니의 입원이 5단계의 스트레스 요인으로 작용했을까? 그가 그것을 재경험하거나 현저한 놀람 반응 등의 생리학적 증상을 겪었다는 증거는 없다. 임상가들이 말하는 음성 소견(pertinent negative)에 따라 6단계로 가면, 우리는 그가 어린 아이였음에도 만성적으로 많은 것들에 대해 걱정했다는 데에 동의할 수 있다. 의사 결정 나무에 따르면 범불안장애의 진단을 고려하게 된다.

하지만 범불안장애로는 젊은 성인이던 짐이 심각한 병으로 정신병원에 입원하여 전기경련 요법까지 받게 된 것을 설명할 수 없다. 질병과 관련된 증거가 불충분한 것이다. 짐은 항상 자세한 정보를 말하는 것에 대해 신중했고, 그의 두 번째 책인 **진실은 상처를 준다**(*The Truth Hurts*)에서 약간의 정보를 주기는 했지만, 이것이 진실의 전부는 아니었다.

> 레드삭스에서의 첫 해에 짐은 안절부절못했고 자주 잠을 이루지 못했다. 때때로 그는 레드삭스가 자신을 유격수로 만듦으로써 없애버리려고 한다고 느꼈다. 그의 말투는 때로는 논리적이었지만, 때로는 완전히 흥분하였고, 경기장에서 주먹 다툼을 하여 게임에서 퇴출되기도 했다. 폭력적인 행동으로 병원에 입원하였을 때 그는 말을 빠르게 한 것으로 관찰되었다. 전기경련 요법을 받은 후 그는 레드삭스로 돌아왔다. 이후 메이저리그에서 17시즌 연속으로 활동했고 두 차례 골든글러브를 수상했다.
>
> 20년 동안 건강하게 지낸 후 더 이상 야구를 할 수 없게 되었을 때 그는 우울 삽화를 겪었고 당시 울음 발작이 동반되었다. 완전히 지치고 자신감을 상실하여 힘들어할 때 그는 다시 입원했다. 첫 번째 삽화에서 그랬듯이 약물 치료를 통해 두 번째 삽화로부터 완전히 회복되었다.

비록 정보가 부족하여 정확한 진단을 내릴 수는 없지만, 이는 최선의 추측을 하기 위해 사용 가능한 정보를 어떻게 이용할 것인가라는 물음에 대한 좋은 사례다. 즉, 우리는 누군가의 친척이 구두로 보고한 개인력을 어떻게 평가할 것인가에 대해 생각해 볼 수 있다. 다음은 저자가 추론하는 방법이다. 먼저 정신병(첫 번째 삽화에서의 편집증적 의심)과 기분장애(두 번째 삽화에서의 전형적인 우울 증상)의 병력은 짐이 양극성장애의 경과에서 정신병적 우울증을 겪었던 것으로 볼 수 있다. 삽화적 경과는 조현병(우리는 비전형적 특성과 관련된 진단 원칙을 사용할 것이다)에서는 매우 드물다. 짐의 어머니 역시 삽화적으로 나타나는 심한 정신장애를 가지고 있었고, 이는 아들의 병에 대한 또 다른 단서를 제공한다. 개인력 조사를 통해 양극성장애 진단이 확정될 것이라고 생각되지만, 여기서 나는 가장 선호하는 진단 원칙을 강조하면서 짐이 여전히 진단 내려지지 않았다고 말하고 싶다. 비록 짐의 범불안장애는 기분장애보다 훨씬 먼저 시작되었지만, 즉각적인 관심이 필요한 것은 후자이기 때문에 이를 먼저 진단할 것이다.

제언

범불안장애에서의 걱정은 어떠한 정신장애든 일반적으로 동반되는 '괜한 걱정을 많이 하는' 상태를 훨씬 넘어서는 것이다. 이를 우리 모두가 흔히 가지고 있는 걱정과 어떻게 구별할 수 있을까? 기능적 손상 혹은 임상적으로 중요한 고통의 문제인지를 고려하면 우리가 아는 모든 사람에게 진단명을 붙이려는 유혹을 피할 수 있다. 물론 진단 기준은 완벽하지 않다. 임상가로서 우리는 어떤 수준의 고통 혹은 장애인지를 판단해야 한다. 하지만 다른 많은 정신과적 진단과 마찬가지로, 우리는 생활에 실제로 영향을 받고 있는 사람들만을 환자로 간주하도록 그 기준을 사용할 수 있다.

범불안장애에 대한 중요한 고려 사항이 한 가지 더 있다. 이는 다른 정신장애에서 나타나는 것과 같이 어떤 특정한 문제에 대해서만 걱정하는 것이 아니다. 몇 가지 예를 제시하면 다음과 같다. 살찌는 것은 거식증을 가진 사람들의 걱정 주제다. 오염될지도 모른다는 걱정은 강박장애 환자들이 보이는 것이고, 미래의 공황발작에 대해 예상하는 것은 공황장애를 갖는 사람들이 가지는 큰 문제다.

범불안장애는 전체 성인의 5%나 되는 많은 사람들에게 발생하지만, 만들어진 지 고작 한 세대 정도 된 비교적 새로운 장애이다. 그 전에 이는 불안신경증(anxiety neurosis)이라는 옛 용어에 포함되는 수많은 불안 상태 중 하나에 불과했다. 남성보다 여성들에게 더 많이 진단되고, 아동기나 청소년기보다 중년기에 더 자주 나타난다. 강도에 변화가 있을 수 있지만, 이는 주요우울장애와 같이 만성적인 상태이며 심한 기능장애를 야기한다. 범불안장애의 중요한 특성은 많은 환자들(아마도 대다수)이 이후에 기분장애를 겪게 된다는 것이다. 실제로 추적한 결과, 거의 모든 범불안장애 환자들이 공병 진단을 가지고 있었다. 어느 누구도 인과 관계에 있어 이것의 의미를 확신할 수는 없지만, 범불안장애 증상을 가진 누구든지 이를 명심하는 것이 중요하다. 이는 짐 피어솔에게 일어난 일이기도 하다.

윌버

공포는 특정공포증에서와 같이 단일한 실체에 초점이 맞춰질 수 있으며, 사회불안장애나 광장공포증과 같이 어떠한 상황에 초점이 맞춰질 수도 있다. 한편, 정확한 진단을 내리기 위해 임상가는 때때로 공포를 다른 증상 및 개인력상의 특징과 연결지어야 한다.

윌버가 고작 19세밖에 되지 않았을 때 그는 군인으로 선발되었다. 어떠한 특별한 기술도 없었던 그는 요리사로서 훈련을 받았고, 두 번의 한국 근무에 명예롭게 복무했다. 업무 특성상 많은 전투를 겪을 것으로 예상되지는 않았기 때문에, 그는 직업 군인으로서 군대에 남기로 했다. "나는 항상 20년 동안 복무한 뒤에 내 식당을 열 수 있을 것이라고 생각했어요."

그렇게 윌버는 1960년대 중반 린든 존슨의 대형 베트남 재건 사업에 관여하게 되었다. 그는 메콩강 델타에 배치되었는데, 그는 그곳을 '지구상 유일하게 가슴 깊이의 물에서도 얼굴로 먼지 바람이 불어오는 곳'이라고 묘사했다. 제9보병사단에 속한 그의 대대는 사이공에서 따이닌 지방에 이르는 시골 지역 정비에 참여했다. 그의 몇 피트 앞에서 병력 수송 장갑차가 2,000파운드의 폭탄이 묻힌 도로 위로 굴렀을 때, 위에 타고 있던 사람들이 수십 야드 밖으로 떨어졌다. 파편이 윌버의 목과 오른팔에 박혔고, 가장 친한 친구의 머리와 척추가 차량에 떨어졌을 때 그는 구토를 하며 정신을 잃었다. 그는 이후 24시간 동안의 일을 거의 기억하지 못하지만 시체 부위들을 수습하는 것을 도왔다고 하며, 이 일로 퍼플하트 훈장과 동성 훈장을 받았다.

"돌아온 후, 나는 결코 같은 사람이 아니었어요." 몇 년 후 재향군인 병원의 외래 진료실에서 그는 임상가에게 말했다. "나는 내가 전쟁 지역에서 벗어나 있다는 사실을 잘 받아들이지 못했어요. 항상 긴장한 상태였고, 언제나 위험 신호를 찾아 주위를 살폈어요." 때때로 낮잠에서 깨어날 때 그는 자신이 다시 '그 나라'에 있는 것 같았고, 잠시 동안이지만 소파 뒤에 숨어 있는 베트콩을 볼 수도 있다는 생각이 들기도 했다. 그의 아내는 밤 사이 그가 겁에 질려 비명을 지르면서 자신을 발로 세게 차는 것 때문에 자주 잠에서 깨게 된다고 호소했다. 결국 그녀는 지쳤고 친정으로 이사했다.

"그녀를 조금도 탓하지 않아요." 윌버가 말했다. "저는 신경이 곤두서 있어서 아주 작은 소리에도 항상 깜짝 놀랐어요. TV 영화에 군인이 나오면 보지 않았고, 항상 피곤하다고 투덜거렸어요. 나라도 나와는 살기 싫을 겁니다!"

임상가는 또 다른 문제들을 발견했다. 전쟁에서 돌아온 이후 윌버는 식욕이 없었고, 몸무게가 거의 9kg이나 빠졌다. 그는 "모든 게 C호 식량[7] 닭고기 맛이 나요."라고 호소했다. 또한 시골농장협회의 사무원으로 취업했지만 손님들에게 짜증을 냈고 서류 작성하는 일도 계속해

---

7. 역주 : 휴대용 야전식이다.

서 잊어버렸다. 결국 그는 "가서 도움을 좀 얻으세요. 그렇지 않으면 당신을 해고해야 합니다."라는 말을 듣게 되었다.

의무 기록 검토를 통해 윌버의 복무 기간은 군인들이 헤로인을 과다하게 사용하기 이전에 끝났다는 것이 밝혀졌다. "매점에서 3달러면 짐빔 한 병을 구할 수 있었어요. 조금 마시긴 했지만 절대 습관적으로 마시지는 않았어요. 마리화나 담배는 한두 번 피웠을지 몰라도 집에 돌아온 후에는 전혀 피우지 않았어요. 난 자살할 생각이 없어요." 대부분의 시간 동안 '이상한' 또는 '긴장된' 느낌은 있다고 하였지만, 그는 심장 두근거림이나 숨 가쁨과 같은 실제 공황 증상에 대해서는 부인했다.

분석

정신적 외상은 흔히 두뇌 손상과 밀접히 연관되며, 따라서 외상후 스트레스장애의 가능성이 있는 환자를 평가할 때는 더욱 중요하게 고려되어야 한다. 윌버는 신체적으로 흉터는 남았어도 손상되지 않은 채 베트남에서 돌아왔지만, 운이 덜 좋았던 다른 이들에게는 조심스럽게 질문함으로써 그들의 증상을 설명할 수 있는 신경학적 결함을 밝힐 수도 있다(1단계). 윌버가 약물을 사용하지 않았다는 사실은 매우 드문 일이고, 많은 참전 군인들이 약물을 사용한다(2단계). 신체화장애를 가진 남성의 수는 거의 없을 정도로 적으며(3단계), 공포증이나 강박사고에 대한 증거는 없다(4단계). 사실 제시되어 있듯 진단은 상당히 뚜렷하게 드러난다. 결정적인 증거는 당연히 윌버의 불안과 회피 증상이 발병하기 이전에 있었던 5단계의 심각한 정서적 외상이다. 공황 증상이 외상후 스트레스장애에 동반될 수 있지만, 외상후 스트레스장애의 진단에 필수적이지는 않다.

제언

윌버는 아주 심하게 고통 받는 외상후 스트레스장애 환자와는 많이 다르다. 재향군인 병원에 근무하면서 나는 전투에서 살아 돌아온 군인들을 평가했는데, 그들은 두려움과 의심이 많아 홀로 캘리포니아의 동떨어진 언덕에서 수년간 살았다. 상세한 진단기준 외에 외상후 스트레스장애의 핵심은 다음의 다섯 가지 기본 개념에 있다. (1) 개인은 심각한 외상 사건을 경험하거나 목격한다(죽음, 심각한 상해, 성폭행). (2) 침투적인 증상에 시달리고(꿈, 기억 등), (3) 이를 회피하려고 노력하지만, (4) 이는 기분이나 사고에 문제를 일으키며, (5) 각성 증상을 유발한다(짜증, 공격성, 무모함, 불면, 과다경계, 또는 놀람 반응). 증상은 1달 이상 지속되어야 한다. 외상후 스트레스장애는 전투에 참전한 군인뿐만 아니라, 허리케인, 지진, 쓰나미와 같은 자연재해, 교통사고, 강간, 또는 다른 인간에 의해 발생하는 유형의 기타 폭력을 경험한 일반인에게서도 나타날 수 있다.

외상후 스트레스장애의 감별진단에 혼동을 일으키는 몇 가지 사항에 주의해야 한다. 강박장애 환자는 자신의 자동적 사고가 부적절하다는 것을 인식하고 있으며, 특정한 외상 사건을 경험하지 않는다. 외상후 스트레스장애 환자들은 때로 자동적으로 행동하고 이후 자신의 행동을 기억하지 못할 수 있다는 점에서 해리장애와 혼동될 수 있다. 윌버의 유일한 스트레스 요인은 그의 아내가 떠나간 것이었다는 점에서 우리는 남아 있는 진단 중 불안을 동반한 적응장애를 외상후 스트레스장애 대신 고려할 수도 있다(9단계). 유감스럽게도 민간 법정에 선 재향군인에게는 재정적 이득이 꾀병의 원인이 될 수 있다. 하지만 이는 비난의 뜻을 담고 있으며 치료하기도 어렵기 때문에 감별진단에서 가장 마지막으로 고려되어야 한다.

이러한 환자들을 치료할 때 다른 고려해야 할 장애를 놓치고 있는 것은 아닌지 신중하게 검토할 필요가 있다. 왜냐하면 불안은 정신적 고통이라는 빙산의 아주 일부에 불과할 수 있기 때문이다. 많은 외상후 스트레스장애 환자들이 이와 관련된 우울증을 겪기 때문에, 그림 12.1의 하단에 별표 표시된 17단계를 신중하게 고려해야 한다. 거의 모든 참전 군인의 사례와 종종 민간인에게서도 외상후 스트레스장애 및 우울 증상은 거의 뗄 수 없을 만큼 뒤엉켜 있다. 외상후 스트레스장애 환자를 평가할 때의 많은 어려움 중 하나는 수반되는 주요우울증의 병력이 없음을 입증하는 것이다. 또한 알코올, 불법 약물, 또는 처방된 약물에 대한 의존이나 이 세 가지 모두에 대한 의존이 외상후 스트레스장애에서 흔하게 동반된다.

 피터

불안 및 이와 관련된 증상은 다른 문제들의 지표를 가릴 수 있다. 피터의 과거력은 환자의 주 호소가 특정한 문제에 대한 도움을 구하는 경우일지라도 전체적인 평가를 하는 것이 중요하다는 것을 보여 준다.

피터의 사촌이 정신건강 평가를 위해 그를 데리고 왔다. 오염에 대한 두려움 때문에 그는 여동생, 패스트푸드점의 저녁 교대 근무 관리자로 일하는 어머니와 함께 살고 있는 집을 나서기를 거부했다. 생물학을 전공하던 피터는 최근 2년제 대학에서 자퇴했다. "첫 번째 학기에는 잘했어요. 하지만 더 이상 도저히 그 표본들을 만질 수가 없었어요." 그는 초기 면담을 한 학생 임상가에게 말했다.

지난 3개월간 피터는 또한 '안에 무엇이 자라는지 알 수 없다.'는 이유로 생야채를 먹는 것을 거부했다. 그는 자주 격하게 손을 씻고, 셔츠의 소매 끝으로 문고리를 잡는 등 점차 의식적인 행동을 만들어 갔다. 불과 몇 분 전에 손을 씻었음에도 '마음의 소리'는 그에게 손을 씻으라고 했다. 만약 그러지 않으면 그는 '마치 정말로 재앙적인 일이 일어날 것 같은 심한 불안'을 느꼈다. 피터는 눈물을 흘리면서 말했다. "저는 말 그대로 깨끗하게 씻었다고 생각해요. 누가 손등 피부가 벗겨지도록 씻는 일에 세월을 보내고 싶겠어요?"

학생 임상가는 피터가 스스로를 강박장애로 평가하는 것에 동의했고, 행동치료가 적절한 선택인 것처럼 보였다. 하지만 이후 이어진 면담에서 감독 임상가는 다른 점을 발견했다. 피터의 시선은 계속해서 아래를 향해 있었고 "성관계는 고사하고 그녀의 손을 잡는 것조차 싫었어요. 관심이 없었어요."라고 말했다. 이러한 이유로 헤어진 그녀의 여자친구에 대해 언급할 때면 눈시울이 붉어졌다.

심층 면담에서 피터는 강박사고가 시작되기 전부터 대부분의 시간 동안 슬픔을 느꼈다고 인정했다. 그는 자살사고는 없었지만, 자신이 선택한 식물생리학 분야에서조차 시험 공부에 집중할 수 없을 정도로 흥미가 떨어져 학교에서 자퇴했다고 말했다. 불법 약물을 사용한 적은 없다고 했지만 맥주를 마실 때에만 위안을 얻었다고도 인정했다. 지난 한두 달 동안 그는 점차적으로 양을 늘려 거의 매일 저녁 6팩의 맥주를 마셨다. "적어도 이건 밤에 잠을 자게 해 줘요." 그는 말했다.

피터의 직계가족은 괜찮았지만, 아버지의 사촌은 어떤 종류의 정신적 문제로 인해 '자제력을 잃고' 많은 양의 돈을 소비하여 리튬(lithium)으로 치료를 받은 적이 있었다.

분석

피터의 감별진단에 대해 논할 때, 우리는 표 11.1과 12.1 전부를 고려해야만 한다. 비록 그의 과거력에 우울증이나 강박사고 및 강박행동을 설명할 수 있는 신체 장애에 대한 증거는 없지만 안전하게 하기 위해서는 면밀한 의학적 검사를 받아야 한다. 그가 맥주를 마시기 몇 주 혹은 몇 달 전에 증상이 시작되었기 때문에 알코올 사용은 불안이나 우울증을 설명할 수 없다. 이는 두 의사 결정 나무의 첫 번째 단계를 넘어가게 한다.

우리는 쉽게 그림 11.1의 나머지 단계를 지나쳐 주요우울증에 다다를 수 있다. 그 후 그림 12.1에 따르면 (예상할 수 있듯이) 강박장애 진단에 이를 수 있다. 나는 1차적 문제로서 이것의 중요성을 강조하기 위해 우울증을 가장 먼저 목록에 포함시킬 것이다. 그리고 강박행동을 2차적 현상으로 고려할 것이다. 이러한 정보를 가지고 우리는 피터의 치료를 항우울제나 인지행동치료로 변경할 것을 제안할 수 있으며, 이는 두 가지 문제를 모두 잘 해결할 수 있다. 피터의 사례는 로드맵의 가장 마지막 단계(그림 1.1), 즉 새로운 정보가 밝혀지면 다시 평가하라는 것과 가족력에 대한 진단 원칙(양극성장애의 가능성이 있는 사촌)의 좋은 예를 보여 준다.

제언

다중 진단의 장점은 명확하다. 즉, 한 가지 상태에 대해 치료받는 환자가 실제로 여러 문제를 가지고 있음을 알게 되면 임상가들은 종종 치료 프로그램을 확장한다. 두 유형의 우울증상을 구분하기 어려운 이중우울증(11장, 로버트의 사례)과는 대조적으로, 불안 상태와 기분장애와 같은 다양한 진단적 범주에 해당하는 증상과 개인력 자료는 공병 진단을 생각하지 않게 할 수 없다고 생각할 것이다. 그러나 경험과 과학적 연구는 그렇지 않다고 말한다. 즉, 임상가들은 공병 진단을 흔하게 간과한다.

　한 가지 해결책은 더 많은 정보를 모으는 것이다. 이전 의무 기록을 요청할 수 있고, 다른 친척이나 정보 제공자와 이야기할 수 있다. 다른 방법은 정신건강 검토 체계를 활용하여 환자에게 주 호소 이외의 정서적, 행동적 문제에 대해 더욱 면밀하게 묻는 것이다. 여기에는 환각, 망상, 공포증, 강박사고, 강박행동, 공황발작, 우울증, 조증, 수면이나 섭식 관련 문제, 약물이나 알코올 사용, 그리고 건망증 등이 포함될 수 있다. 이러한 절차는 DSM을 위한 구조화된 임상적 면담(SCID)과 같은 형식으로 갖추어져 있어 환자의 정신건강 개인력의 모든 측면에 대해 체계적으로 질문하도록 한다. SCID 및 이와 유사한 면담의 가치가 반복적으로 입증되어 왔음에도 아직 임상가는 이를 사용하려는 의욕을 보이지 않고 있다. 어쨌든 긴 질문지는 임상가가 보통 한 명을 면담하는 데 소요하는 것보다 더 많은 시간을 필요로 하고, 정확하게 동일한 형식은 어떤 면에서 라포 형성과 같은 다른 목표를 방해할 수 있다. 나는 나의 책 *The First Interview*의 부록에 반구조화된 임상적 면담을 수록했다.

 린다

얼마나 심한 불안을 호소하든지 우리는 명확히 보이는 것 너머의 다른 상태에 대한 정보를 탐색해야 한다. 이는 폭 넓은 관점을 요구하는데, 나는 오늘날 환자에 대한 우리의 접근법에 이러한 점이 너무나 부족하다고 느낀다.

　61세인 린다는 내가 치료한 불안 환자들 중 나이가 많은 편에 속한다. 처음 그녀를 만났을 때, 그녀의 주 호소는 수개월 동안 그녀를 괴롭혀 온 '공포 및 심계 항진'과 다양한 항우울제·항불안제 약물을 처방한 임상가들이었다. 첫 방문 때, 린다는 그들 중 누구도 다를 게 없었다고 말했다. "그들은 모두 날 더욱 불안하게 만들었어요. 심지어 불안해서 먹은 약까지도!"

누구도 신체화장애 진단을 고려한 적이 없었다. 다행히도 나는 불안 상태와 기분장애에 대해 신체화장애를 항상 감별진단으로 고려한다. 곧 나는 린다가 그녀의 인생 전반에 걸쳐 아프다고 느껴 왔고, 임상가들에게 삼키기와 걷기의 문제, 시야 흐려짐, 위약감, 어지러움, 메스꺼움, 복부 팽창, 식품 알러지, 설사, 변비, 월경 불순, 그리고 몸 전체의 다양한 통증을 호소해 왔다는 것을 알게 되었다. 15세 이후 만성적으로 우울했고, 간헐적으로 무망감을 느꼈던 그녀는 집중력과 사고의 어려움을 호소했고, 일상적인 활동에 대한 흥미 저하로 괴로워했다. 자살에 대한 생각을 한 적은 있었지만 자살 시도를 한 적은 없었다.

이러한 정보를 가지고 이전에 행해진 치료 계획과는 조금 다른 계획을 제안할 수 있었다(이는 행동 교정을 강조하는 것이었다). 수개월 이내에 린다는 더 이상 공황발작을 겪지 않았고, 다양한 병을 신체적으로 치료하기 위해 끊임없이 병원을 전전하지 않게 되었다. 신체화장애의 중요성은 그림 12.1에 나타내었다.

분석과 제언

사실 신체증상(또는 선호에 따라 신체화)장애에 대해서는 9장과 11장에서 모두 기술하였기 때문에 이에 대해 언급할 것이 많지는 않다. 의사 결정 나무에서는 3단계에서 멈추게 되는데, 이는 이전의 임상가들이 무시했던 것이다. 기술적으로 신체화장애, 불안 상태, 그리고 기분장애를 포함한 다중 진단을 내릴 수 있다. 저자가 생각하기에 이는 필수적인 것이 아니다. 왜냐하면 불안 증상은 신체화장애 환자에게서 매우 흔하게 나타나기 때문이다. 나아가 (몇몇 예외는 있지만) 신체화를 치료하는 것은 거의 모든 문제를 해결할 수 있다. 그렇다면 불필요하고 장황한 말로 혼란스럽게 할 이유가 없는 것이다.

급성 스트레스장애

만약 진단 매뉴얼을 검토한다면, 표 12.1과 그림 12.1에서 내가 급성 스트레스장애를 생략한 것을 발견하게 될 것이다. 급성 스트레스장애는 DSM-IV의 외상후 스트레스장애 진단 기준을 충족시키지만 시간 조건이 1달인 경우다. 급성 스트레스장애의 문제는 우리가 종종 정상적인 것으로 여길 수 있는 반응에 병리적인 의미를 부여한다는 점이다. 몇몇 연구자들은 외상후 스트레스장애와 급성 스트레스장애가 강한 정도로 중복된다고 보고했다. 다른 연구자들은 급성 스트레스장애 진단이 누가 빠르게 회복하고, 누가 앞으로 건강 서비스를 필요로 하게 될 것인지를 예측하는 데에 특별히 도움이 되지 않는다고 말한다. 당신은 대체로 급성 스트레스장애에 대해 많은 시간을 소비하지는 않을 것이다.

13

정신병 진단하기

정신병은 매우 흔한 장애는 아니지만 역사적인 관점에서 정신건강 치료 전문직의 설립을 돕는 데 눈에 띄게 중요한 역할을 했다. 크레펠린, 블로일러, 알츠하이머 등 19세기의 저명한 정신건강 전문가들 중 다수는 조현병, 양극성정신병, 인지적정신병을 통해 진단의 첫 경험을 쌓았다. 오늘날 조현병 하나가 미치는 경제적 영향력은 막대하다. 미국의 경우, 2010년에 조현병으로 인해 발생한 직간접 비용의 총액이 600억 달러를 초과했다. 금전 외적으로도 조현병 및 이와 밀접하게 관련된 질병들은 환자, 가족, 의료진에게 엄청난 양의 인력, 비난, 고통을 유발한다. 이 모든 이유 때문에 조현병으로 진단내리는 것이 모든 정신건강 전문가가 갖추어야 할 무엇보다 중요한 기술 중의 하나이지만, 저자의 견해에 따르면 정신병적 증상을 보이는 환자에게 조현병이 **없다**고 결정하는 능력이 훨씬 더 중요하다.

정신병(psychosis)은 현실과의 접촉으로부터 어느 정도 벗어나 있는 상태를 의미한다. 임상 실제적인 측면에서 이러한 접촉의 상실은 아래에 제시된 5개의 유형 중 하나 이상의 증상으로 발현될 수 있다. 그러나 나는 평소에 진단 기준을 반복적으로 암기하는 것을 선호하지 않음에도 불구하고(이것이 바로 우리에게 책이 있는 이유다) 조현병에 대한 세 가지 기본적인 진단 기준에 대한 암기는 예외 사항으로 두고자 한다. 이는 임상가가 명확한 진단을 내리기 위해 종종 필요하다.

다음에 나와 있는 5개 유형 중 정신병은 최소한 1개, 조현병은 2개(1, 2, 3번 중에 하나를 포함하는)에 해당하는 증상이 있어야 한다.

1. **환각**(hallucinations) : 외부 자극이 없는 상태에서 감각의 유입을 지각한다. 그 결과, 아무도 말을 하지 않을 때 목소리를 듣거나 실제 대상이 존재하지 않음에도 사람, 사물, 심지어 전체적인 상황을 본다는 믿음을 가지게 된다. 환후, 환촉 그리고 환미 또한 발생할 수 있지만 환청이나 환시보다 훨씬 드물게 발생한다.

   > 영화 **뷰티풀 마인드**에서는 수학자 존 내쉬의 실제 삶을 통해 정신병을 묘사한다. 이 영화는 안방 관객들에게 환각적 감각이 정신병을 앓는 주인공에게 얼마나 실제처럼 보이는지를 보여 준다.

2. **망상**(delusions) : 어떤 것이 사실이 아닌데 사실이라고 믿으며, 이러한 믿음은 설득에 의해서도 수정되지 않는다. 이러한 잘못된 생각은 종종 정부에 의한 감시와 같은 박해(persecution)를 포함하지만 웅대함과 관련되기도 한다. 죄책망상, 빈곤망상, 질병망상, 배우자에 대한 부정망상, 영향망상 또는 정보매체(신문, 텔레비전, 라디오)를 통한 사고 통제에 대한 망상 또한 가능하다.

   > 예를 들어, 지그문트 프로이트가 분석하여 유명해진 슈레버의 회고록을 살펴보자. 독일의 주도 드레스덴의 판사였던 슈레버는 자신이 여자로 바뀌었고, 이를 통해 신의 아내가 되어 임신을 하여 인류를 구원할 수 있을 것이라는 망상을 형성했다.

3. **와해된 언어**(disorganized speech) : 정신적 연상(mental association)이 논리적이지 않고 말장난, 운율 또는 외부 관찰자가 이해하기 어려운 규칙에 의해 지배된다. 이로 인해 의사소통이 어렵거나 불가능할 정도로 손상된 결과가 초래된다. 제임스 조이스의 소설 **피네간의 경야**(*Finnegans Wake*)의 첫 구절은 이를 의도치 않게 보여 주는 사례이다.

"이벽(離壁)의 저 위대한 추락은 이토록 짧은 고지(告知)에 고대의 견실인(堅實人), 피네간의 마활강(魔滑降)을 야기했나니. 기피자(欺彼者)의 육봉구두(肉峰丘頭)가 신속(慎速)하게 비문객(非門客)을 그의 땅딸보 발가락을 탐하여 한껏 서쪽으로 보내는지라. 그리하여 그들의 상향통행징수문소(上向通行徵收門所)가 공원 밖의 노크 성(城)에 있나니 그곳에 오렌지 당원들은 최초 더블린인(人)이 생엽(生葉)리피(강)를 사랑한 이래 녹초(綠草) 위에 무위휴식(無爲休息)한 채 누워 있었도다."[8]

비록 조이스의 진단명은 의문으로 남아 있지만 그녀의 딸인 루시아가 정신병원에서 47년 동안 살다가 사망했다는 점은 주목할 만하다.

4. **와해된 행동**(disorganized behavior) : 목표를 향하지 않는 듯한 행위는 정신병을 시사한다. 이러한 예로 매너리즘적인 제스처(예 : 반복적으로 이마에서 가슴으로 십자를 긋는 행동), 특이한 자세 취하기, 특이하거나 불편한 자세를 오랜 시간 동안 유지하기, 공공장소에서 탈의하기 등이 있다.

나는 정신병원에 수년 전에 입원한 적이 있었던 환자의 치료를 도운 적이 있다. 그는 거의 10년 동안 매우 경직된 자세로 침대에 누워 지냈고, 결국 손목과 발목이 굳어버려 혼자서 걷거나 식사를 하지도 못하게 되었다.

5. **음성 증상**(negative symptoms) : 대부분의 정신병적이지 않은 사람들이 가지고 있는 어떤 것의 부재를 보일 때, 이러한 증상을 **음성**(negative)이라고 부른다. 음성 증상의 예로 정서적 개입 범위의 제한[종종 **둔화된 정동**(blunted affect) 또는 **둔마된 정동**(flattened affect)으로 지칭]과 언어 빈곤 그리고 성취에 대한 의욕 상실[**무의욕증**(avolition)으로 지칭]이 있다. 이와 반대로 망상이나 환각과 같은 양성 증상은 대부분의 사람들에게 없는 것들이다. 좌절 상태에 있는 가족들은 때때로 환자의 음성 증상을 게으르거나 냉담한 것으로 오해하기도 한다.

내 환자였던 에릭은 이미 약물 치료를 통해 환각과 망상이 호전되었다. 현재 34세인 그는 어머니로부터 받은 보조금으로 아파트를 얻어 빈둥거리며 하루를 보내고

----
8. 역주 : 김종건(2012). 제임스 조이스 피네간의 경야 주해. 서울 : 고려대학교 출판부.

있다. 에릭은 6년 동안 일을 하지 않았음에도 불구하고 일에 관한 이야기를 할 때 전혀 걱정이 없는 듯해 보였다. 그는 종종 하품을 하며 "아, 직업은 차차 가지겠죠."라고 말하곤 했다. 내 사무실에 왔을 때 그는 의자에 구부정한 자세로 앉아 주변을 두리번거렸지만 결코 나를 쳐다보지는 않았다. 그의 목소리 톤은 약간 단조로웠으며 눈을 절대 움직이지 않는 반쪽짜리 미소를 짓고 있었다. 내가 그를 알고 지내는 동안 그러한 상태는 크게 변화되지 않았다. 결코 직업을 구하지 않았으며 진정한 미소를 짓지도 않았다.

표 13.1에는 정신병에 대한 감별진단이, 그림 13.1에는 정신병적 증상을 지닌 환자를 위한 의사 결정 나무가 제시되어 있다. 통상적인 경우와는 다르게 그림 13.1에서 정상성에 대한 가능성을 포함시키지 않았다는 사실에 주목하라. 가장 단기적인 정신병조차도 몇몇 종류의 진단을 허용한다. 그림 13.1의 마지막 상자는 우리에게 분류되지 않은 정신병이나 비정신병적 환각에 대해 고려해야 함을 알려 준다. 이것은 무엇을 의미하는가?

비정신병적 환각이란, 환자가 환각을 경험하지만 그러한 감각이 실제가 아니라는 것을 알고 있는 환각 경험을 의미한다. 이것은 그렇게 흔하지는 않지만 드물지도 않다. 하나의 근거는 찰스보넷증후군(Charles Bonnet syndrome)이라 알려진 것으로, 이런 경우 앞을 보지 못하는(또는 부분적으로 볼 수 있는) 환자가 환시를 경험하며 이는 특별히 생생하거나 복합적일 수 있다. 또 다른 근거는 뇌전증 발작에 동반되는 환시다. 청각장애인이 경험하는 환청, 편두통과 함께 나타나는 환시, 사지 중 일부가 절단된 사람들에게서 나타나는 특이한 현상인 환지(phantom limb)와 같은 다른 근거도 보고되었다. 앞서 언급한 경험들과 그보다 더 많은 내용은 2012년에 올리버 색스가 집필한 **환각**(Hallucinations)이라는 책에 기술되어 있다. 이들 중 그 어떤 것도 다른 의학적 상태에 의한 정신병적 장애로 분류될 수 없으며, 그 이유는 환자가 단순히 정신병적이지 않기 때문이다.

조현병 : 아형과 변형

만성적인 정신병 환자는 전형적으로 보통 10대나 초기 성인기에 증상이 발생하는 경향이 있다. 초기에 나타나는 질병의 징후는 정상적인 청소년이 보이는 반항 행동과 구분하기 어려울 수 있다. 나는 다음 사례를 진단의 어려움을 보여주기 위해서가 아니라, 이후에 보게 될 만성 정신병 사례에 대한 기저선이 되는 전형적인 증후군의 형성과 본질을 설명하

표 13.1 정신병에 대한 간단한 정의와 감별진단 목록

- 다른 의학적 상태로 인한 정신병(psychosis due to another medical condition) : 신체 질병이 정신병을 유발할 수 있으며, 이러한 정신병적 증상이 조현병의 진단 기준을 반드시 충족시킬 필요는 없다.
- 물질 관련 정신병(substance-related psychosis) : 알코올, 오용된 불법 약물, 처방된 약물 모두가 정신병적 증상을 유발할 수 있다.
- 정신병이 동반된 신경인지장애(neurocognitive disorder with psychosis) : 알츠하이머병이나 몇몇 기타 치매 질환이 정신병적 증상을 유발할 수 있으며, 종종 피해망상이 여기에 포함된다(특이하게도 실제 DSM-5에서의 진단명은 '행동 장애를 동반한 신경인지장애'가 될 것인데, 이러한 맥락 내에서는 모든 정신병적 증상이 행동으로 간주된다).
- 가성정신병이 동반된 신체증상장애(somaitc symptoms disorder with pseudopsychosis) : 신체화를 보이는 몇몇 환자들은 조현병에서 나타나는 증상과 표면적으로 비슷할 수 있는 환각이나 망상을 보고한다.
- 정신병이 동반된 기분장애(mood disorder with psychosis) : 중증도의 조증이나 우울증 삽화 또는 혼재성 상태에 있는 환자들은 기분 삽화가 활성화된 기간 동안에만 정신병적 증상이 지속된다.
- 조현병(schizophrenia) : 이들은 수개월 동안 질병을 앓아 왔고, 본문에 수록된 다섯 가지 유형의 정신병적 증상 중 최소 두 가지 이상에 해당하는 증상을 지닌다. 이는 기분장애, 물질 사용 그리고 의학적 상태에 의한 것이 아니다.
- 조현양상장애(schizophreniform disorder) : 이들은 조현병 진단에 필요한 다른 조건들을 모두 가지고 있지만 질병의 지속 기간이 6개월 미만이다.
- 조현정동장애(schizoaffective disorder) : 이들은 동일한 질병 기간 중 정신병(두 가지 유형 또는 그 이상의 정신병적 증상)이 동반된 기분장애 삽화(주요우울증 또는 조증)를 겪었던 적이 있다. 비록 기분 증상이 없는 정신병이 최소 2주 동안 지속되었다 하더라도, 질병의 상당 기간 동안 정신병이 나타난다.
- 망상장애(delusional disorder) : 환자는 최소 1개월 동안 망상을 지니지만 정신병을 특징짓는 그 외 다른 증상은 없다.
- 공유정신병적장애(shared psychotic disorder)[폴리아두(folie a deux)] : 드물지만 환자는 친척이나 가까운 관계를 맺고 있는 사람과 비슷한 망상을 형성한다. 현재 DSM-5에서는 이러한 환자들의 대부분이 망상장애를 가지고 있는 것으로 특징 짓는다.

기 위해 제시했다.

 로니

어린 시절의 로니는 항상 달라 보였다. 그는 다른 아이들과 크게 어울리는 법 없이 장난감 블록으로 복잡한 성과 경주로를 만드는 것을 더 선호했다. 그에게는 몇몇 상상 속의 친구들이 있었고, 중학교 2학년이 될 때까지 그들과 함께 했다. 그는 스스로를 제3자처럼 말하는 이

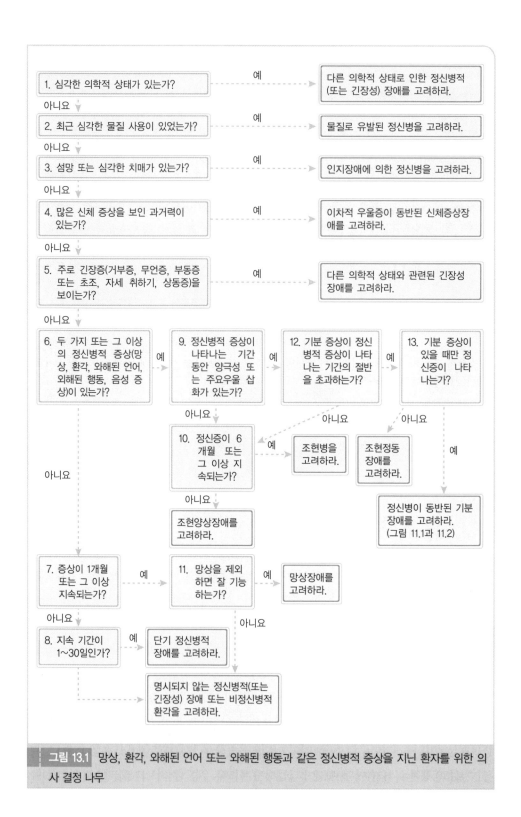

그림 13.1 망상, 환각, 와해된 언어 또는 와해된 행동과 같은 정신병적 증상을 지닌 환자를 위한 의사 결정 나무

상한 표현 때문에 친구들로부터 자주 비웃음거리가 되었으며, 낡고 유행에 어울리지 않는 옷을 좋아했다. 그는 친구가 한 명도 없었기 때문에 모든 시간을 공부하는 데 쓸 수 있었고 매년 최고 등급의 성적을 받았다. 하지만 이것은 그를 학급 친구들로부터 더 멀어지게 만들 뿐이었다.

로니가 막 17세가 되었을 때 학업 성적이 저하되기 시작했다. 그의 고등학교 상담 교사는 그가 외로워 보인다는 내용의 편지를 집으로 보냈다. 그는 매일 점심 시간의 대부분을 도서관에서 책을 읽으며 보냈다. 로니는 자신에게 아무런 문제가 없다고 부인했다. 그는 단지 과학과 물리학에 관심이 있고, 성인으로서의 '수학'을 원한다고 말했다. 상담교사는 그가 경도 우울증일지도 모르는 예민한 청소년이라고 결론 내렸다. 로니와 그의 부모 모두 약물 치료에는 별다른 관심이 없었으며, 얼마 지나지 않아 상담을 그만두었다.

그는 대학교 1학년 생활을 충분히 잘 시작했다. 로니는 부모님과 함께 살았는데, 그의 방안 오래된 벽은 수년 전에 아버지가 걸어 놓았던 미국 프로 미식축구 연맹 NFL 쿼터백의 사진으로 덮여 있었다. 로니는 그것을 떼어낼 생각조차 하지 않을 정도로 전혀 신경을 쓰지 않았다. 그는 필수로 들어야 하는 인문학 수업은 무시하고 과학에만 집중하면서 학업에 전력을 다했다. 그는 거의 매일 수업이 끝난 후에 곧바로 귀가하여 방 안에서 지냈다. 그는 부모님과 함께 식사를 하지 않았고, 채식을 시작한 그의 방에서는 버려진 빵 껍질과 오랫동안 뚜껑이 열려져 있던 컵 속의 두부 잼 냄새가 나기 시작했다. 처음에 어머니가 그의 방을 청소하려고 노력했지만 그는 방문에 데드볼트 자물쇠 하나를 추가로 달았고 닳아 해어진 줄에 열쇠를 달아 목에 걸었다. 그는 심지어 어머니에게 침대보조차 바꾸지 못하게 했고, 침대보는 점점 기름이 낀 회색으로 변했다.

로니의 물리학 교수는 겨울 학기 중간고사 시험지를 학장에게 보여 주었다. 그것은 거의 대부분 고전 역학과 성경 구절을 조합한 것처럼 보이는 글귀와 함께 정성들여 그린 그림들, 펜타그램 그리고 상하가 반전된 십자가들로 구성되어 있었다. 교수와 학장이 로니에게 이에 대해 질문을 하기도 전에 그는 수업에 나가는 것을 그만두었고, 방에서 무한대에 대한 연구를 위해 웹 사이트를 개설하고 수정하며 시간을 보냈다. 그의 어머니는 대학에서 고급 수학을 배웠는데, 어느 날 인터넷 서핑을 하다가 로니가 만든 웹 사이트에 우연히 들어갔다. 그가 거기에 써 놓은 것들은 기하학적 기호와 종교적 구절들이 뒤죽박죽 섞여 있는 것처럼 보였다. 그것은 전혀 이치에 맞지 않아 보였다.

화장실을 갈 때와 같이 어머니가 가까스로 로니와 대화를 나눌 수 있을 때마다 그는 그녀가 잘 들을 수 없는 말을 중얼거리기만 할 뿐이었다. 그의 머리는 길었고 성긴 수염이 자라기 시작했다. 그는 항상 온화하고 조용한 아이였지만, 이제는 어머니가 면도를 하고 머리카락을 자르라고 말하면 고함을 쳤다. 어머니는 밤중에 로니가 마루 바닥을 성큼성큼 걷거나 누군가와 대화하는 것처럼 들리는 소리 때문에 때때로 잠에서 깨곤 했다. 로니와 같은 수업을 들었던 누군가가 그에게 필터 없는 담배를 소개시켜 주었다. 그는 하루에 두세 갑의 담배를 피웠다. 이것은 비흡연자인 부모를 괴롭게 만들었다. 공부에 투자한 시간에도 불구하고, 과학과 수학 성적이 인문학 과목 성적과 비슷해지기 시작했다. 봄 방학 직전 지도 교수는 마침내 그에게 전화를 걸어 "치료를 받도록 하게. 그렇지 않으면 자네를 퇴학 조치해야 할 것 같네."라고 말했다.

치료자와의 두 번째 만남에서 로니는 다음과 같은 이야기를 풀어 놓기 시작했다. 초가을 경, 그는 교수가 직접적으로 그에 대한 칭찬을 많이 한다는 것을 알아채기 시작했다. 처음에 그는 큰 강의실에서 지목되어 기분이 좋았다. 다른 학생들도 이를 알아챘는지 알고 싶어 주변을 조심스럽게 엿보았지만 그들은 모두 필기에 열중이었다. 나중에 그는 교수가 실제로 다른 사람들에게 자신에 대해 이야기를 하면서 심지어 성적인 생각과 같은 로니의 사생활에 대한 메시지를 주고 있다는 것을 깨달았다. 어느 날 로니가 학교에서 사각형 안뜰을 걷고 있을 때, 그는 바로 뒤에서 "걔는 자위광(wanker)이야. 맞아."라고 말하는 목소리를 들었다. 그는 재빨리 몸을 돌렸지만 근처에는 아무도 없었다. 그날 저녁 이후 그는 방에서 똑같은 목소리가 또다시 그의 성생활에 대해 비난하는 소리를 들었다.

로니는 치료자에게 항상 많은 친구들이 있었다고 말했지만, 이후 면담 도중에 그의 어머니는 그가 항상 '외로운 늑대와 같은 존재'였다고 했다. 그녀는 증조부에 대해서 언급했다. 그는 가족 대대로 '노망이 든(senile)'이라는 용어로 불려 왔으나 실제로 38세 때부터 장기적인 입원 치료가 필요한, 점점 악화되어가는 질병을 가지고 있었다.

로니는 부인했지만 초기 면담 중 그는 웃긴 일이 전혀 발생하지 않았음에도 불구하고 수차례 소리 내서 웃었다. 면담가에게 로니는 내적 사고에 반응하고 있는 것처럼 보였다. 그가 웃고 있지 않을 때는 얼굴에 아무런 표정이 없는 듯해 보였다. 로니는 너무 불안해서 면담을 계속할 수 없다고 말하며 두 차례 밖으로 나가 담배를 피워 면담을 중단시켰다.

분석

그림 13.1에서 신체 건강, 물질 사용 그리고 기억력과 관련된 문제가 없다는 사실은 우리로 하여금 처음의 몇 가지 단계를 신속하게 통과할 수 있도록 해 준다. 인지장애에 대한 가능성이 희박하더라도 폴스테인과 동료들이 개발한 간이정신상태검사(mini-mental state exam, MMSE)와 같이 간편한 측정 도구를 통해 추후에 평가해야 한다. 이와 관련된 사항은 14장에 더 자세하게 논의되어 있다. 우리는 로니가 6단계의 증상 중 몇 가지를 지니고 있다는 것을 알지만 우울증이나 조증에 대한 증거는 없으므로 증상의 지속 기간을 묻는 10단계 질문으로 넘어갈 수 있다. 그의 환각과 망상은 상대적으로 짧은 기간 동안 지속되었지만, 위생 상태의 악화와 학업에 대한 의지를 상실하는 것과 같은 음성 증상은 우리로 하여금 그의 질환이 6개월 이상 지속되었다고 생각하도록 만든다. 비록 조현병은 내가 (거의) 최후의 수단처럼 내리는 진단이지만, 로니에게는 가장 가능성이 있는 진단일

것이다.

　이러한 과정에서 우리는 몇 가지 중요한 진단 원칙을 사용했다. '그가 주로 혼자 지내는 사람이었다'는 어머니로부터의 2차적인 과거력은 로니의 진술보다 더 신뢰할 만하다. 면담 중에 그가 보인 웃음은 특이한 생각을 하고 있었다는 것에 대해 그가 부인한 것이 틀렸음을 보여 주는 징후였다. 증조부의 진단에 대해 가족들이 묘사한 것은 만성정신병이라는(아마도 조현병일 수 있는) 더 가능성 있는 진단적 인상에 맞지는 않지만, 이것은 로니 자신의 진단을 지지하는 데 도움을 줄 수 있다. 이것은 우리가 친인척들의 진단을 액면 그대로 받아들이기보다는 가족력에 대한 세부 정보를 얻은 후에 당신 스스로 진단적 인상을 형성하는 것이 중요함을 보여 준다.

　추가적으로 가능한 두 가지 진단도 언급할 만하다. 로니의 아동기 시절 고립과 사회적 관계에 대한 불편감은 병전의 조현성 또는 조현형 성격장애를 시사할 수 있다. 이 두 성격장애는 이후에 나타나는 조현병의 전조인 경우가 많다. 그러나 나는 나만의 진단 원칙을 지키는 경향이 있어서, 더 많은 정보가 주어지고 로니가 치료된 후에 면담할 수 있는 기회를 갖지 못한다면 둘 중 어떤 진단을 내리는 것도 거부한다. 또 다른 2차적인 진단은 담배 사용장애일 것이다. 비록 윗글에서는 공식적인 진단을 위해 필요한 충분한 정보가 포함되어 있지 않지만, 그가 담배에 중독되어 있다는 것에 대해 의심하는 사람이 있는가? 놀랍게도 조현병 환자의 80% 또는 그 이상이 담배에 중독되어 있으며, 이는 일반 성인 인구의 흡연율의 3배 이상이다. 그 이유는 아직 명확하지 않지만 2004년 리폴과 동료들의 연구에서는 니코틴이 환자들의 결함이 있는 사고를 일시적으로 향상시킬 뿐만 아니라 후각과 같은 감각을 선명하게 만들 수 있다고 제안했다.

제언

조현병을 진단함에 있어 초심자와 전문가 모두 고군분투하게 된다. 즉, 초심자는 올바른 판단을 내리기 위해 노력할 것이고, 전문가는 잘못된 판단을 피하기 위해 노력할 것이다. 특히 전문가는 조현병 진단에 대한 감을 '느낄 때' 다른 가능성을 망각하여 잘못된 판단을 내리는 일이 종종 발생한다. (여기 숨어 있는 진단 원칙이 무엇인가?) 몇 세대 전에 대서양 양쪽 연안의 전문가들은 정신병을 진단할 때 매우 다른 결론을 내렸을 것이다. 즉, 유럽 연구자들보다 훨씬 더 많은 수의 미국 임상가들은 **조현병**이라는 용어를 불확실한 사례에 사용하는 경향이 있었다. 1970년대 초기 미국의 임상가들이 점차적으로 조현병에 대해 과학적으로 타당화된 엄격한 진단 기준을 적용하면서부터 두 입장 간의 차이가 좁

혀지기 시작했다. 그럼에도 불구하고 여전히 오류는 발생했다. 진단에 도움을 주기 위해 이 장에서 조현병과 다른 형태의 정신병을 구분하는 데 사용할 수 있는 특징의 목록들을 통합해 놓았다('조현병과 다른 정신병 감별하기'의 내용을 참고하라).

일단 누군가에게 조현병이 있다고 동의했을 때 이로써 진단을 마친 것인가? 아니면 아형(subtype)을 할당해야 하는 것인가? 고전적인 아형들은 이 장의 시작 부분에 제시되어 있는 다섯 가지의 고전적인 정신병적 증상들에 기반한 용어들이다. 아주 솔직히 말하면 이러한 단계가 진단 과정에서 그렇게 중요한 것은 아니다. 아형은 예후를 그렇게 잘 예측하지 못하며 어떤 환자들은 시간의 경과에 따라 다른 아형으로 변하기도 한다. 더욱이 긴장형(catatonic)을 제외한 다른 아형들은 DSM-5의 용어집에서 삭제되었다. 그럼에도 불구하고 나는 여기에서 이러한 아형들에 대해 언급했는데, 그 이유는 우리가 앞으로 수년간 이러한 아형을 지닌 환자들을 계속해서 볼 것임을 의심할 여지가 없기 때문이다.

- 편집형(paranoid) : 이들은 뚜렷한 망상과 환청은 있지만 언어나 행동이 잘 조직화되어 있고 정동 또한 적절하다. 이러한 유형의 질병은 흔히 다른 조현병의 아형보다 더 늦게(30대 또는 그 이후에) 시작된다.

  > 케빈은 어떤 기관인지 말하지는 않았지만 미국 비밀 정부 기관이 자신을 뒤쫓고 있다고 오랫동안 믿어 왔다. "그들은 나를 찾아낼 것이고 나는 더 요주의 인물이 될 거예요." 그는 직장 생활과 가족 부양을 지속적으로 유지했지만, 도청 장치를 찾기 위해 집과 사무실의 전화와 팩스 선을 확인하는 데 너무나도 많은 시간을 허비했다.

- 긴장형(catatonic) : 요즘 이러한 유형의 환자를 만나기는 어렵다. 이들은 전형적으로 행동이 현저히 느려지며, 때때로 전혀 움직이지 않기도 한다. 이들은 임상가를 외면하거나 지시에 따르는 것을 거부하는 거부증(negativism)을 보이기도 한다. 자발적으로 기이한 자세를 취하는 자세 취하기(posturing) 또는 상동증(stereotypies) — 'OK' 신호를 반복적으로 보내는 것과 같이 목표 지향적이지 못한 행동 — 을 보이기도 한다. 무언증(muteness)을 보이기도 하며, 타인의 말이나 행동을 의미 없이 반복하는 반향언어증(echolalia) 또는 동작모방증(echopraxia)을 나타내기도 한다.

제 3 부 진단 기법 적용하기

오랫동안 정신병을 앓아 온 브루노를 처음 만났을 때, 그는 침대에 누워 있었으며 경직되고 아무 말이 없었다. 간병인은 나에게 그가 베고 있는 베개를 조심스럽게 빼내도 머리를 꼼짝하지 않는 모습을 보여 주었다. 그의 머리는 매트리스에서부터 1~2인치 위에 떠 있었다. 그는 몇 시간이고 그 자세를 유지할 수 있을 것처럼 보였다.

- 와해형(disorganized) : 이러한 환자들은 (긴장증형보다는 덜 명확하지만) 행동상의 장해가 있으며, 와해된 언어 그리고 둔마되거나 부적절한 정동을 보인다. 과거에 파과형(hebephrenic)으로 불리곤 했던 와해형 조현병 환자들의 증상은 꽤 이른 시기에 나타나기 시작한다. 다른 모든 유형의 조현병처럼 여성보다 남성에게 더 이른 나이에 증상이 발생한다.

  조현병으로 정확히 진단을 받은 지 수년이 지난 힐다는 병원 내 전 직원의 얼굴을 알고 있었다. 그러나 이번 입원 시에 그녀는 자기 이름을 말할 수 없을 정도로 의사소통이 불가능했다. 몇 주 동안 방 안에 숨어 지내면서 밖으로 나와 식사하는 것도 거부하는 그녀를 남동생이 응급실에 데려온 것이었다. 그녀의 머리카락은 엉겨 붙어 있었고 손톱은 길고 지저분했다. 그녀는 분명히 오랫동안 목욕을 하지 않았고, 옷의 조합은 부자연스러웠으며, 신발 한쪽은 끈이 없는 상태였다. 임상가가 들어오자 힐다는 킥킥거리고 웃으면서 손으로 얼굴을 가렸다. "여기에 왜 왔나요?"라는 질문에 그녀는 "6펜스가 생겼네. 어여쁜 6펜스."라고 대답한 후 옷을 벗기 시작했다.

- 미분화형(undifferentiated) : 마지막 유형은 오늘날 가장 흔하게 진단되는 조현병의 아형으로서 앞에서 소개된 세 범주 중 어느 것에도 부합하지 않는 모든 환자들이 이에 해당한다. 로니의 정신병에는 편집형과 와해형의 요소가 모두 포함되어 있기 때문에 그의 질병은 미분화형으로 범주화할 수 있을 것이다.

조현병이 희귀한 질병은 아니라 하더라도, 젊은 사람들의 질병 경과 초기에 드물게 나타나서 어떤 심각한 질병이 진행되고 있다는 사실을 인식하지 못하는 일이 발생할 수 있다. 명심해야 할 또 다른 점은 조현병 진단에 대해 지속적으로 재검토해야 한다는 것이다. 환자는 변화할 수 있으며, 최고의 임상가도 실수를 범할 수 있다. 정신병으로 진단하는 것은 환자의 삶과 가족들의 행복을 위태롭게 만들 수 있는 위험이 따르는 정신건강의학의

한 영역이다.

 위노나

조현병의 전형적인 증상을 발견하는 것은 비교적 쉽다. 임상적으로 보다 더 어렵고 노력을 요하는 일은 비전형적인 문제들을 확인하고 이것이 의미하는 바를 인식하는 것이다.

위노나는 미국 동부여자대학에 입학한 후 초반 2년 동안 매우 우수한 학업 수행을 보였다. 어려운 전공 과목(물리화학)에서 좋은 성적을 받았으며 학생회에서는 하급생들의 대표로 일하기도 했다. 그녀는 몇 명의 남자친구도 있었고 한 명은 그녀에게 청혼을 하기도 했다. 그녀는 여름 내내 두 가지 일을 지속적으로 했는데, 그중 하나는 담당 교수의 연구 보조원으로 일하는 것이었다.

새 학기가 시작한 10월 중순경, 위노나의 룸메이트가 학교를 중퇴하게 되었다. 자퇴의 공식적인 이유는 '피로'였으나 주변 사람들은 모두 그녀가 임신을 했고 낙태를 원하지 않아 학교를 그만두었다는 것을 알고 있었다. 이후 셰리라는 1학년 학생이 위노나의 룸메이트로 들어왔다. 셰리가 들어오자마자 위노나는 셰리가 작은 기숙사 방에서 분명히 자신의 움직임을 추적하며 면밀히 주시하고 있다는 것을 알아챘다.

위노나는 며칠 내에 캠퍼스 안의 다른 사람들도 자신을 감시하는 일에 가담했다는 것을 알아냈다. 손짓과 고개 끄덕임과 같은 "그들만의 신호로 한 사람이 나를 감시하는 임무를 다른 사람에게 넘겼고, 결국 그 기록은 완성되었을 거예요."라고 그녀가 임상가에게 말했다. 이러한 신호들은 처음에는 거의 알아차릴 수 없을 정도였으나 몇 주가 채 지나지 않아 더욱 더 노골적으로 변했다. 그녀는 곧 지도 교수가 자신을 조롱하는 듯한 목소리를 들었고, 교수진 역시 음모에 가담한 것이라고 확신했다.

위노나는 교내 보건소를 방문했다. 지난 몇 주 동안 왼쪽 귀에 희미하게 들리는 윙윙거리는 소리 때문에 신경이 쓰이던 중, 이러한 소리가 점차 커지자 청각 검사를 받으려고 했던 것이다. 위노나가 보건소를 방문했을 때 마침 청능사(audiologist)가 하고 있던 일이 없어 검사를 받을 수 있었는데, 검사 결과는 완벽히 정상이었다. 그가 음주나 약 복용에 대해 묻자 그녀는 약간 불쾌해하며 아니라고 대답했다. 그녀는 "만약 제가 우울할 거라고 생각하고 계시다면 전 그렇지도 않아요."라고 말했다. 그렇게 그녀의 보건소 진료는 끝나버렸고, 그녀의 건강에는 아무런 문제가 없는 듯해 보였다.

얼마 지나지 않아 위노나는 윙윙거리는 소리가 무엇인지 알아냈다. 그 소리는 셰리가 그녀의 남자친구를 빼앗아 가려는 것에 대한 일종의 경고 신호였던 것이다(당시 그녀에게 남자친구가 없었다는 점은 신경 쓰지 말라). 사실 그녀는 윙윙거리는 소리와 함께 간지럼을 태우는 듯한 웃음소리를 듣기 시작했는데, 나중에 이에 대해 "윙윙거리는 소리가 점차적으로 목소리로 변해갔어요. 그게 무척 단순해서 지금 생각해 보면 얼마나 황당한지 몰라요."라고 언급했다.

위노나는 셰리가 자신에게 피해를 준다는 생각 때문에 화가 머리 끝까지 났다. 그녀는 "셰리가 남자친구를 사귀지 못하는 것 때문에 왜 제가 고통스러워해야 하는지 모르겠어요."라고 말했다.

분석

보건소 진료를 통해 위노나의 신체적 건강이 전반적으로 양호했다는 것이 확인되었다. 이러한 사실은 1, 2, 4단계를 통과할 수 있게 해 준다. 간단한 추가적인 면담을 하면 그녀에게 심각한 인지적 증상이 없다는 것을 확인할 수 있을 것이다(3단계). 6단계에서는 그녀가 망상과 환각을 지니고 있었다는 것에 주목한다. 비록 지금은 그녀가 우울하지 않다고 말한 것을 인정해 줄 수 있을지라도, 임상가는 우울증이 숨어 있을 가능성을 배제하기 위해 추가적인 질문을 할 필요가 있을 것이다(9단계). 그녀의 질병 지속 기간은 6주밖에 되지 않으며, 조현병 진단에 요구되는 기간인 6개월에 훨씬 미치지 못하기 때문에 10단계에서 제안하는 것처럼 조현양상장애를 고려한다.

제언

조현병은 보통 서서히 발생한다. 임상가들은 '잠행성(insidious)'이라는 용어를 사용하는데, 이는 조현병이 모습을 드러내는 속도가 매우 느린 점을 묘사하기 위한 것이다. 그러나 1939년에 노르웨이 출신의 임상가 가브리엘 랑펠트는 보다 빠르게 발병하고, 흔히 완전히 관해되기도 하는 정신병에 대해 기술했다. 비록 진단적으로 많은 우여곡절이 있긴 했지만 이러한 개념이 현재 우리가 증상이 최소 1개월 이상 나타나지만 6개월 이상은 지속되지 않는 정신병적 장애를 의미하기 위해 사용하는 조현양상장애(schizophreniform psychosis)로 발전했다.

과거 미국 임상가들은 정신병을 진단할 때 지나치게 너그럽다가 언제부터인가 세상에서 가장 엄격한 진단 기준을 적용하기 시작했으며 이러한 변화는 한 세대 내에서 발생했다. 슈바르츠 등(2000)과 같은 몇몇 연구자들은 현재 진단 기준이 실제로 지나치게 엄격해서 부정 오류를 초래할 수 있다고 말한다. 즉, 조현병으로 진단받아야 하는 몇몇 환자들이 적어도 증상의 지속 기간이 충족되지 않는다는 이유로 조현병으로 진단받지 않게 되는 것이다. 증상의 지속 기간이라는 요소는 매우 중요할 수 있다. 비록 아직 완벽한 연구는 없지만 최근 연구에서는 치료를 받지 않은 기간이 길수록 예후가 더 좋지 않다고 제안한다. 7일 정도의 짧은 시간도 차이를 만들 수 있겠지만, 치료의 지연이 미치는 영향은 1년 이상이 될 수 있다. 조현양상장애라는 진단의 장점은 최종 진단에 대한 가능성을 염두에 두면서 치료를 시작할 수 있다는 것이다.

조현병과 마찬가지로 조현양상장애도 복수 형태인 **조현양상장애들**(schizophreniform psychoses)로 명명해야 하는(그러나 아마도 그렇게 하지 않을) 장애들의 집단으로 볼 수 있다. 이는 하나의 집단으로서 더 적절한 진단이 무엇인지 밝혀내기 전까지 고려할 수 있는 일종의 주차장과 같은 개념이다. 6개월이 지난 후 몇몇 환자들은 물질 사용이나 신체적 장애와 관련된 정신병이 있다고 재진단을 받을 수도 있고, 어떤 환자들은 기분장애로 결론 내려질 수도 있다. 그리고 정신병 고유의 증상을 지속적으로 보이는 소수의 환자들 대부분은 조현병으로 재진단을 받을 것이다. 약 20% 정도는 6개월 내에 완전 관해를 보일 수 있으며, 결국 오직 이들만이 조현양상장애로 진단되는 것이다. ('예후 그리고 조현형 장애'의 내용을 보라.) 조현양상장애에 대한 사례를 읽을 때는 비판적인 식견을 가지도록 하라. 나는 수년 동안 질병이 지속된 환자에게 증상의 지속 기간에 대한 요건을 무시하고 이러한 진단을 내린 임상가들을 본 적이 있다.

기질적 정신병

수많은 신체적 질병들은 정신병적 증상을 유발할 수 있으며, 이는 때때로 조현병에서 나타나는 정신병적 증상과 매우 비슷하게 보일 수 있다. 표 9.1에 이러한 원인 중 몇 가지를 제시했으며, 이 중 네 가지는 다음에 제시되는 사례를 통해 설명했다.

 에드위나

그녀가 이 말을 싫어한다고 할지라도 에드위나는 여전히 '원기왕성' 했다. 그녀는 성인이 된 후 평생 동안 작가로 살아왔고, 지난 5년 동안 지내온 퇴직자 전용 아파트에서 계속 은퇴에 대한 주간 칼럼을 집필해 왔다. 그녀는 담배나 술을 하지 않았으며 비타민 C를 제외하고는 어떠한 약도 복용하지 않았다. 어느 일요일 아침, 그녀는 항상 즐겨 참석했던 초교파적인 예배에 들어가기를 거부했고, 시설 직원들은 과거 정신적인 문제가 없었던 그녀가 이러한 행동을 보인 것에 대해 깜짝 놀랐다. 그녀는 천장 근처에 떠 있는, 그러나 다른 이들에게는 보이지 않는 환영을 보고 "유령들이 하나님을 모독하고 있어요."라고 말했다. 그녀는 최근에 사망한 어느 입주자의 '그늘' 이 예배당에 숨어 있고, 때로는 그녀를 향해 손가락을 흔들었다고 말했다. 그녀는 점심 식사로 나온 연어 조림을 먹지 않았으며, 주말 동안 일을 하는 북미 원

예후 그리고 조현형장애

조현양상장애에는 어떤 환자가 현재의 질병 삽화로부터 완전 관해를 보일지 예상하기 위한 진단
기준이 포함된다. 만약 우리가 추수연구에서 제안하는 좋은 예후와 관련된 몇몇 특징들을 확
인할 수 있다면, 미래에 대한 이러한 예측은 더 순조로울 수 있다. 다음 중 둘 혹은 그 이상의 특징을
보이는 환자는 회복될 가능성이 있다.

- 혼돈
- 일찍 시작되는 정신병적 증상(질병의 기간 중 첫 1개월 내)
- 병전의 양호한 사회적, 직업적 기능
- 정동의 양호한 유지

위노나는 상기한 요인 중 세 가지를 지니고 있었다. 질병이 발생한 첫날에 망상이 나타났고 병전
에 사회적, 직업적(학교) 기능 수준이 우수했으며, 질병 기간 중에 분노를 표현할 수도 있었다(따라서
정동이 둔화되지 않았다고 볼 수 있다). 그러나 증상이 매우 심했을 때조차 그녀는 혼돈 상태로 보이
지 않았다. 임상가는 그녀와 부모에게 아마도 완전히 회복될 수도 있을 거라고 말했으며 실제로도
그러했다.

주민 여자 요리사가 정부에 의해 자행된 수 세기 동안의 학대에 대해 앙갚음을 하려고 생선
에 '독을 넣었다'고 말했다.

에드위나의 주치의는 항정신병 약물을 추천했으나 그녀는 투약을 거부했다. 그러나 자기
공명영상(MRI) 촬영에는 동의했는데, 검사 결과 좌뇌 피질 아래에 작은 뇌출혈이 발생했다
는 것이 발견되었다. 혈압이 상승(190/115)한 것 외에 다른 검사 결과는 정상이었다. 일주일
이 지나자 증상이 호전되었고 한 달 후에는 맛있게 식사를 할 수 있었다. 그녀는 칼럼에 자신
이 경험한 것에 대해 썼는데, 그녀가 이전에 했던 생각들에 대해 "아무리 좋게 봐도 그건 이
상했다."라고 기술했다.

 잘

잘은 고등학교를 졸업하자마자 입대하여 첫 번째 걸프전에 참전했다. 용감하고 위풍당당한
군인이었던 그는 4년간 참전한 후에 재입대하려고 했으나 제지당했다. 그 이유는 그가 가끔
분노 폭발 행동을 보였고 때로는 분노가 하사에게 향하기도 했기 때문이었다. 징계 처분을
받지는 않았으나 이러한 행동이 우울증과 함께 지속적으로 동반되었으며, 군대에서는 이를
이유로 재입대 신청을 기각했다. 이후 그는 다양한 해충을 검사하는 여러 회사에서 일하기
시작했다.

그는 27세가 되자 점점 예측할 수 없는 엉뚱한 행동을 보였고, 이로 인해 재향군인 병원에 입원하게 되었다. 어느 주말, 그는 강기슭에서 발견되었는데 '스타 트래커들(Star Trekkers)'[9]이 자신의 4살 된 딸의 병문안을 방해하려고 위협한다며 제방을 뛰어다니면서 소리를 질렀다. 정확히 말하면 그는 환각을 경험하지는 않았다. 위협하는 소리를 들었던 것 같긴 하지만 스타 트래커들이 머리에 소리를 집어넣어서 머릿속에 소리가 있다고 했다. 입원 후에 더 이상 그들이 그를 괴롭히지는 않았지만, 그는 미국 연방 수사국 FBI에 스타 트래커들이 침입할 가능성에 대해 경계할 것을 계속해서 경고했다. 먼저 주치의는 그가 직장에서 일을 하다가 독성 화학 물질을 흡입한 것은 아닌지 생각했다. 그러나 과거력을 탐색한 결과, 그는 박쥐를 죽이는 일을 한 것이 아니라 코킹(caulking)을 하여 박쥐를 차단하는 일을 전문으로 했다는 사실이 밝혀졌다.

가족으로부터 전해 들은 바에 의하면 그의 어머니는 잘이 아기였을 때 '집시들과 함께 도망갔고' 그 후로 아무런 소식이 없었다고 한다. 잘은 아버지 손에 자라다가 나중에는 새어머니에 의해 양육되었다. 그가 알고 있던 또 다른 유일한 가족력은 사촌이 아마도 헌팅턴병을 앓았던 것 같고 입원 중에 사망했다는 것이다. 군대 정신건강 평가서에 따르면, 그에게 입을 씰룩거리는 증상이 끊임없이 지속되었는데 이는 신경과민의 징후로 해석되었고, 더 나아가 이는 그가 군 복무에 적합하지 않다는 것을 입증하는 것이었다.

잘은 항정신병 약물을 복용하면서 증상이 호전되었고, 의사들은 그를 달리 세분화되지 않는 정신병적 장애(지금은 명시되지 않는 정신병적 장애로 불리는)로 진단 내렸다. 그는 외래로 통원하면서 약물 치료를 지속하였고 2년 동안 잘 생활했다. 그러나 나중에 양팔이 특이하게 뒤틀리는 움직임이 나타나기 시작했고, 기억력과 관련된 문제 또한 발견되었다. 재평가 시 그의 진단명은 헌팅턴병에 의한 정신병으로 바뀌었다.

 알리

알리는 5세 때 가족에게 버려졌고 위탁 부모들에게 잇따라 양육되었다. 그는 학업 수행이 저조했고(학생들과의 반복적인 싸움, 저조한 성적, 심지어 교사들과의 언쟁을 포함) 15세 때 학교를 완전히 그만두었다. 한동안 그는 노숙을 했고 좀도둑질을 하거나 범죄 조직에 마약 밀반입을 하면서 생계를 유지했다. 그는 다양한 불법 약물을 사용했는데 특히 암페타민을 복용하다가 나중에는 헤로인도 사용했다. 20세 때에는 바늘을 사용하여 직접 마약을 주사했고, 살균 상태를 신경 쓰지 않는 경우가 흔했다.

알리는 25세에 주폐포자충 폐렴(pneumocystis pneumonia)으로 병원에 입원했다. 이때가 바로 그가 처음으로 실시한 인간면역결핍바이러스(HIV) 검사에서 양성으로 판정받은 시기였고, 이러한 결과는 여러 약물을 복합적으로 사용한 치료로 이어져 질병의 초기에는 증상

---

9. 역주 : 공상 과학 영화에 등장하는 외계인

조절이 가능했다. 노숙을 하면서 그는 강도나 추행당하는 것에 대해 두려워했다(그는 주치의에게 "내가 무엇이든지간에, 남창은 아니에요."라고 말했다). 그가 복용하는 치료제가 졸음을 유발하기 때문에 잠을 잘 때조차 바짝 경계하기 위해 스스로 용량을 줄였고, 점차적으로 투약을 중단했다. 그는 6개월이 지나지 않아 지속적인 인후염을 호소하며 병원을 다시 찾았고, 이는 캔디다증(candidiasis)으로 인한 것임이 밝혀졌다. 그는 완전하게 발병한 후천성면역결핍증(AIDS)으로 진단받아 입원 조치되었다.

알리는 정확한 날짜를 말하지는 못했지만 자신이 누구이고 어디에 있었는지는 말할 수 있었다. 그는 말하다가 이야기의 주제에서 벗어나서 자신이 보았다고 주장하는 장면에 대해 묘사했다. 그곳에는 피투성이 몸뚱이로 가득 찬 계곡이 있었으며, 한 무리의 젊은이들이 절단된 팔을 흔들고 있었다고 했다. 입원 시 검사를 받았을 때, 그는 자신의 성기가 잘려나갔는지 걱정하면서 바지 아랫단의 안쪽을 살피며 확인하기를 반복했다. 며칠 내에 그는 말이 없어졌고 침대 옆에 있는 벽을 응시하기도 했으며 누구라도 그에게 다가올 때는 갑자기 주먹을 휘두르며 위협하곤 했다. 그의 진단명은 후천성면역결핍증에 2차적으로 나타나는 정신병이었다.

 ## 트루디

트루디는 수년간 정신병 치료를 불규칙적으로 받아 왔다. 그녀는 쉽게 화를 냈고, 화를 낼 만한 별다른 이유가 없을 때에도 벌컥 화를 내곤 했다. 23세에는 처음으로 심한 복부 통증이 발생했고, 계속해서 극적으로 응급실에 방문했다. 메스꺼움과 구토 증상이 있었으나 히스테릭하다고 진단되었다. 그녀는 응급실 입원 다음 날에 퇴원했으나, 퇴원 당일 정오에 구급차를 타고 응급실로 들어오곤 했다.

그녀는 바륨 주사를 맞기 전까지 이송차에 몸을 웅크리고 앉아서 아무 말도 하지 않았다. 그녀는 서서히 말을 하기 시작했고 자신은 이미 죽었으며 자신이 느꼈던 통증은 '영적 세계' 속에서 고문이 시작되었다는 신호를 보내는 것이었다고 주장했다. 그러나 환각에 대해서는 부인했다. 며칠 후 그녀는 정신병으로 인해 또 한 번 항정신병 약물을 복용한 뒤 근육 허약감이 오랫동안 지속되었고, 주치의는 이를 약물 부작용이라고 판단했다.

트루디는 질병의 삽화 사이에 항정신병 약물을 충실하게 복용했고 이는 그 다음 발작이 발생할 때까지도 지속되었다. 발작은 4~5년마다 발생했는데 매번 새로워진 통증, 허약감을 유발하여 입원까지 할 정도였다. 38세였을 때 검사관은 그녀의 소변 검체가 실험실 벤치에서 햇빛을 받은 후 색이 어둡게 변한 것을 발견했다. 이에 추가 검사를 실시한 결과, 그녀의 최종적인 진단명은 급성 간헐성 포르피린증(acute intermittent porphyria)이 되었다.

분석

일단 환자에게 신체적 질병이 존재한다는 것을 알면, 이러한 환자들을 분석하는 일은 쉬워진다. 우리가 실수를 범하는 것은 아느냐 모르느냐와 관련된 문제이다. 이러한 환자 대부분은 우리의 주의를 조현병에서부터 신체적 원인으로 돌리게 만드는 특징을 지닌다. 이러한 특징에는 증상의 갑작스러운 시작(잘), 아주 늦은 나이에의 발병(에드위나), 또는 선행하는 의학적 상태의 존재(알리) 등이 포함된다. 트루디는 잘못된 진단을 받아 수년간 조현병에 준하는 치료를 받았으나, 실제로 그녀에게는 조현병으로 진단받을 만큼 충분한 정신병적 증상 스펙트럼이 없었다. 그녀는 오직 환각, 그중에서도 환시만을 경험했으며, 이러한 유형은 신체적 질병과 관련된 정신장애에서 흔히 관찰된다. 더 많은 증상과 전형적인 증상을 탐색하도록 하는 진단 원칙을 상기시켜 보라. 그러면 거기에는 비전형적인 특징과 관련된 문제가 존재한다. 두통이나 혈뇨와 같은 신체적 증상은 정신장애를 진단할 때 신체적 장애를 고려해야 한다는 것을 강하게 암시한다. 위의 사례에서 적어도 2명은 혼돈의 기간을 경험했는데, 이 또한 조현병의 비전형적인 증상에 해당한다.

제언

잘의 사례에서 가족력이 정신장애의 위험성을 부여하지 않았다는 것을 유의하라. 오직 헌팅턴병의 유전자 자체가 질병을 유발한 것이다. 또한 가끔씩 신체적 질병을 앓는 환자에게서 전형적인 조현병으로 보이는 정신병이 나타날 수 있는데, 어떤 특징을 통해서든 기질적 병인을 일러 주는 경우는 드물다. 유일한 해결책은 조현병과 같이 위험성이 큰 장애를 진단할 때 결코 완전히 안심하지 않는 것이다. 진단을 확립한 선구자들에게는 미안한 일이지만, 정확한 진단을 위해서는 끊임없이 경계하는 태도라는 대가를 치러야 한다.

물질 관련 정신병

우리는 물질 사용으로 인해 조현병과 매우 유사한 정신병이 나타날 수 있다는 말을 자주 듣는다. 실제로 얼마나 많은 임상가들이 이러한 경우를 접하게 될까? 이에 대한 데이터가 아주 명확한 것은 아니다. 우리가 인식하는 것보다는 아마 더 자주 발생함에도 불구하고 말이다.

 에일린

에일린은 도매 할인 체인점에서 텔레비전 판매를 했다. 그녀는 최근 가게 사방에 있는 텔레비전 속의 사람들이 자신을 지켜보고 있다는 것을 눈치챘다. 그녀가 옆 복도로 이동할 때 그들이 그녀 주변을 거의 따라다니는 정도였다. 처음에 그녀는 이것이 재미있다고 생각하여 한 손님에게 이에 대해 이야기했으나 그 손님은 황급히 가게에서 나가버렸다. 그 후, 그녀는 텔레비전 속 인물이 자신의 남자친구와의 성생활에 대해 이야기하는 것을 알아차리고 화가 났다. 그녀는 꽤 오랫동안 옆에 함께 서서 고화질 모니터를 보고 있었던 영업 사원에게 이에 대해 이야기했으나, 그는 "거긴 아무것도 없었는데요."라고 조심스럽게 말했다. 그날 저녁, 에일린은 텔레비전이 하나도 없는 밀실에서 발견되었는데, 대형 냉장고 안의 선반을 모두 없애고 그 속에 숨으려 하고 있었다. 그녀는 응급실로 이송되었고, 가는 동안 계속 비명을 질렀다.

정신과 보호병동에 입원한 후 에일린은 더 이상 말을 하지 않았다. 몇몇 임상가들이 질문을 하려 했지만 그럴 때마다 그녀는 상대방을 뚫어지게 쳐다본 후 몸을 돌렸다. 사람들이 볼 수 있었던 건 그녀의 뒤통수뿐이었다. 그녀와 2년 동안 동거했던 남자친구 제프는 출장 중이었지만 직장 동료가 떨어져 살던 그녀의 어머니의 전화번호를 알고 있어 연락을 취했고, 어머니가 이웃 지역에서 병원으로 왔다. "제 아이는 28년 동안 똑바르게 살아왔고, 술을 마시지도 않았어요." 그녀의 어머니는 이전에 이와 비슷한 일이 절대 없었고 불법 약물을 사용한 적도 없었다고 매우 확신에 찬 목소리로 말했다. 또 에일린이 며칠 전에 전화를 하여 평소보다 빠른 속도로 말했고, 그보다 수일 전 점심 시간에는 긴급한 목소리를 내며 집을 사서 개조할 계획에 몰두되어 있었다고 언급했다.

가족 중에 정신장애를 가진 사람은 없었지만, 에일린의 쌍둥이 남동생이 10대 때 마리화나를 피운 적이 있었다. 가족 주치의에게 문의한 결과 그녀는 신체적으로 건강했고, 피임약을 포함한 어떠한 약도 복용하지 않고 있었다. 그녀는 평생토록 체중 문제와 싸워왔으며, 당시에도 저탄수화물 다이어트를 하고 있었다.

다음 날 제프가 출장지에서 돌아왔고, 처음에는 그녀가 "질투가 날 정도로 건강했다."고 말했다. 그러나 나중에는 그녀가 최근 1~2주 사이에 이상할 만큼 기운이 넘쳐 보였다고 했다. 그러고 나서 그는 몇 주 전에 있었던 일에 대해 언급했는데, 그녀가 가장 최근에 했던 다이어트에 실패한 후 친구에게서 받은 어떤 병에서 알약을 꺼내 먹었다고 했다. 그녀는 적어도 일주일 내내, 하루에 몇 번이고 약을 먹었다. 나중에 그는 '마황(ma huang)'이라는 이름표가 붙어 있는 병을 주치의에게 건네 주었다.

분석

우리는 두 번에 걸쳐, 즉 에일린이 처음 병원에 입원되었을 시점과 남자친구로부터 정보를 얻은 후의 시점에서 그녀의 망상과 다른 이상한 행동이 발생한 원인에 대해 알아볼 것이다. 에일린의 어머니와 직장 동료로부터 얻은 부수적인 정보, 즉 증상의 갑작스러운 발병과 말을 매우 빠르게 했던 삽화가 있었다는 정보에만 근거했을 때 우리는 아마도 기분장애를 고려할 수 있을 것이다. 비록 거기서부터 더 나아가 그녀에게 양극성장애가 발병했다고 말할 수는 없을지라도 말이다. 왜 그러한가? 입원 직후에 그녀는 조증에서 거의 찾아볼 수 없는 무언증, 거부증과 같은 비전형적인 특징들을 보였고, 어떠한 진단을 내리기에도 증상이 충분하지 않았기 때문이다. 부분적으로, 28세인 그녀에게 이전 기분 삽화가 없었고 최근에 더 진행되었던 증상의 충분한 과거력이 없었기 때문에 진단 미정(undiagnosed)에 관한 진단 원칙을 적용할 수 있다.

제프가 출장에서 돌아와 제공한 과거력에 대한 추가적인 정보 덕분에 진단이 즉각적으로 보다 명확해졌다. 그는 비록 그녀에게 신체적인 문제가 없다는 것을 알고 있었지만, 그녀는 에페드린(Ephedrine)을 함유한 약을 복용하고 있었다. 이 성분은 조증과 유사한 증상과 정신병을 유발할 수 있는 것으로 잘 알려진 흥분제였다. 진단을 위한 이번 여정은 그림 13.1에서 두 단계만 거치면 되는 짧은 과정이다.

제언

정신과적 증상을 유발하는 물질들을 생각하면 보통 무엇이 떠오르는가? 바로 알코올과 불법 약물들일 것이다. 그러나 그뿐만 아니라 매우 다양한 약물들 또한 정신병을 유발할 수 있다. 에페드린으로 인해 수많은 사람이 사망한 후 미국 식품의약국에서는 이 성분을 의약품에 사용하는 것을 금지하여 더 이상의 피해를 줄일 수 있었다. 그러나 전통적인 치료 약물과 수입 약물에서는 여전히 발견할 수 있다. 에페드린이 유발하는 정신병적 증상은 코카인이나 암페타민과 같은 다른 흥분제가 유발하는 증상과 매우 흡사하며 불행하게도 이러한 약들은 여전히 주변에서 흔하다.

 번

조현병과 같은 주요 정신장애를 진단할 때 간과하기 쉬운 위험 요소 중 하나는 증상이 매우 노골적이고 압도적이어서 이를 한번 확인하면 우리가 내린 진단에 안주하는 유혹에 빠지기 쉽다는 것이다.

번의 정서적 증상은 수년간 축적되어 왔으며 현재 27세인 그는 조현병으로 최종 진단을 받았다. 그때 이후로 근육 내에 지속적으로 작용하는 할돌을 잘 참으며 성공적으로 치료받아 왔다. 그는 정신건강 클리닉에 있는 주치의를 좋아했고, 몇 번이고 "선생님은 저의 유일한 친구예요."라고 말했다.

6년이 지난 후, 주치의는 번이 또다시 피해사고를 호소하기 시작했다는 것에 대해 약간 놀랐다. 그는 어머니의 생일 파티에 가져간 플랭크 스테이크를 밀렵꾼들이 훔쳐 갔다고 했다. 또한 그는 발티모어에서 태어났음에도 불구하고 지역 공동체의 수도승들이 그를 수단으로 추방하기 위해 돈을 모으고 있다고 말했다. 망상은 몇 주에 걸쳐 점점 커져 갔고, 번은 점차 초조해하며 공격적으로 변하다가 결국 환청으로 인해 재입원했다.

번이 항정신병 약을 복용하고 있었다는 것에 대해서는 의심할 여지가 없었다. 약물이 4주에 한 번씩 엉덩이 주사를 통해 투여되었던 것이다. 그리고 면밀한 질문을 통해서도 알코올이나 불법 약물 사용 여부에 대해 확신할 수 없었다. 그러나 어머니에게 전화하여 물어본 결과, 번이 오랫동안 복잡한 약물 사용 과거력이 있는 친구를 사귀었다는 것이 밝혀졌다. 말할 것도 없이 번에게 직접적으로 묻자 그는 정신병이 재발했던 기간 동안 조지와 함께 코카인을 자주 흡입했다는 것을 인정했다.

분석

여기에서는 그림 13.1을 사용하는 것이 거의 필요하지 않다. 당신은 번이 했을지 모르는 코카인 사용과 관련된 다른 증상들을 알기 위해 표 9.3을 확인하고 싶어 할 것이다. 표 15.1에는 약물 중독이나 금단 기간 중에 정신병과 다른 정신 증후군을 유발할 수 있는 물질의 유형이 제시되어 있다. 나는 번의 두 가지 진단명을 '조현병 그리고 코카인으로 유발된 정신병'과 같이 역순으로 배열했는데, 이는 무엇을 즉각적으로 치료해야 하는지 나타내기 위해서다.

제언

여기에서의 힌트는 번이 주사를 통한 지속적인 약물 치료를 받았음에도 불구하고 정신병이 재발했다는 것이다. 약물이 주사를 통해 들어갔기 때문에 투약을 피할 수 없는 효과가 있었던 것이다. 물론 자극제인 불법 약물을 사용하지 않더라도 조현병 환자에게서 새로운 증상이 발생할 수 있지만, 다른 무언가가 발생하여 치료를 방해했다고 의심하는 편이 안전할 것이다. 이중 진단은 지나칠 정도로 흔하게 관찰된다.

연구에 의하면 담배를 제외했을 경우에도 조현병 환자의 40% 또는 그 이상이 언젠가는 물질을 오용한다고 한다. 알코올이 가장 일반적이며 마리화나, 코카인이 그 다음 순이다. 물질 사용은 공격성, 폭력, 정신병의 재발과 연관되며, 흔히 조현병을 적절하게 치료하더라도 지속적으로 나타난다. 환자는 물질 사용으로 인해 가정을 잃거나 수감될 수도 있으며, 병원 입원 횟수와 치료에 들어가는 비용 또한 증가한다. 이러한 환자들에게 표준화된 검사를 실시해 보면 마리화나를 사용하는 것조차 정신병리 점수를 높이는 결과를 초래할 수 있다는 것을 알 수 있다. 비록 조현병 환자들이 정신병적 증상에 대처하기 위해 약물이나 알코올을 사용한다는 주장이 있었지만, 2001년에 라머팅크와 그의 동료들이 실시한 연구에서 이러한 '자기 약물 치료' 가설은 지지되지 못했다.

기타 정신병적 장애 그리고 동반이환

다음은 1933년 미국정신의학회지에 실린 고전적인 문헌에서 단지 S. R.이라고만 알려진 환자에 대해 기술한 것을 요약하여 제시한 것이다.

 S. R.

춤추는 것을 좋아하고 적극적이며 야망이 컸던 젊은 여성 S. R.은 18세에 경찰관인 남편을 만났고, 만난 지 6개월 만에 결혼했다. 그들은 1년 내에 한 남자아이의 부모가 되었다. 아들이 5세가 되었을 때, 그들은 '개축 전매용으로 사들인 고옥'으로 이사를 갔고 이것이 S. R.을 곤경에 처하게 만들었다. 그 집에서는 보일러가 제대로 작동하지 않았고 그녀는 자신이 가스 냄새를 맡은 것일 수도 있다고 생각했다. 기분이 좋지 않았고 잠도 제대로 자지 못했으며 식욕도 잃고 수차례 구토를 하기도 했다. 그녀는 짜증을 내며 남편이 얼마나 상스러운지 그리고 11년이라는 나이 차이로 사람들과 어울리고 춤추러 놀러 나가고 싶어 하는 그녀의 욕망을 어떻게 좌절시켰는지 곱씹었다.

2월 초 이웃집에 살던 다른 경찰관이 자살을 했고 남편은 이에 대해 그 누구라도 그 남자가 맡았던 일을 하면 죽고 싶은 생각이 들었을 것이라고 말했다. 그 후 S. R.은 우울해졌고 만난 적도 없는 남편의 부모님이 자신을 방해한다며 비난했다. 또 성생활에 대한 남편의 요구로 인해 억압당한다고 생각했고 자신을 혼자 내버려두길 바랐다. 그리고 그녀는 심장이 나빠서 곧 죽을 거라고 말했다.

2월 중순 어느 날 밤, 그녀는 충동적으로 친정 부모님을 만나러 가자고 했고 거기서 그들이 자신으로부터 남편을 돌아서게 만들려고 한다며 부모님을 비난했다. 다음 날 밤에도 잠을 자지 않았는데 이번에는 남동생이 남편을 독살할 계획을 가지고 있다고 했다. 그 후 그녀는 경찰을 불러 구조 요청을 했고 결국 병원에 입원 조치되었다. 입원 후 5일이 지나자 직장의 온도는 38.8℃까지 상승했고 백혈구 수치는 15,200이 되었다.

S. R.은 이상한 잡음이 들리고 다른 환자들이 그녀에 대해 이야기한다고 호소했다. 뿐만 아니라 남편이 바람을 피워 왔고 마약을 하기 시작했으며 아들을 빼앗아 가려 한다고 의심하기도 했다. 다른 환자들이 '한줄기 빛으로' 내려온 영의 계시를 받은 사람의 목소리로 그녀에게 남편이 '혼혈'이라고 말했다. 남편이 병원을 방문했을 때, 그녀의 눈에는 그가 흐리멍덩한 눈빛으로 자신을 빤히 쳐다보는 것처럼 보였다. 그녀는 독약으로 인해 신체 감각에 이상이 생겼다고 호소했다. 식욕을 잃었고 잠을 잘 수 없었으며 심하게 울었다. 그녀는 병원에 있는 동안 많은 다양한 냄새를 맡았고 자신의 이름이 순번 대기 시스템을 통해 방송되는 것을 들었다.

그녀는 초기에 우울했었지만 몇 주 후에는 행복해 보였고 소리내 웃을 수 있었다. 자신의 모든 문제가 '통신 최면술' 때문인 것 같이 느껴졌다. 6주 동안 입원한 뒤 집으로 퇴원했고,

퇴원 시 진단명은 조발성치매(dementia praecox)였다. 20개월간의 외래 치료를 통해 그녀는 회복되었고 이전의 모습으로 완전히 되돌아갔다.

분석

물질 사용 문제, 긴장증, 또는 섬망과 같은 심각한 의학적 상태에 대한 증거가 없으므로 그림 13.1의 1~5단계를 지나 6단계로 신속히 통과할 수 있고, 6단계 질문에 대해서는 '예'라고 대답할 수 있다. 처음 입원했을 때 그녀의 정신병적 증상은 심각한 우울 증상과 연관되어 있었다(비록 이러한 우울 증상이 DSM-5에서 요구하는 주요우울 삽화에 완전히 부합하지는 않지만 말이다). 이러한 사실은 우리로 하여금 9단계에서 12단계로 넘어가게 해 준다. 12단계에서는 우울 증상의 지속 기간에 대해 묻는다. DSM-5에서는 이 방정식에서 기분장애 부분이 총 질병 기간 중 절반(또는 그 이상)을 차지해야 한다는 것에 대해 최종적으로 명확하게 기술했다. S. R.은 몇 주 동안 우울했었고 이는 상기한 진단 기준을 충족시킨다. 이러한 사실은 우리로 하여금 13단계로 넘어가도록 한다. 그녀에게 조현정동장애라는 진단을 내리기 위해서는 기분 증상이 없는 상태에서 최소 2주 동안 정신병이 지속되어야 할 것이다. 그리고 실제로 그녀의 정신병은 기분이 정상으로 되돌아오고 난 후에도 없어지지 않고 명백히 지속되었으며, 이러한 사실은 우리로 하여금 최종적으로 조현정동장애라는 진단을 고려하도록 만든다.

제언

이번 의사 결정 나무를 통한 여정은 앞으로 우리가 만나게 될 다른 모든 진단만큼이나 힘든 과정이었다. 우리가 이 모든 작업에 노력을 기울일 만한 가치가 있었는가? 진단 기준이 항상 변화해 온 조현정동장애는 처음 기술되었을 때부터 논란이 많았다. 제이콥 카자닌이 1933년에 쓴 문헌 원본에서 완전하게 기술된 5명의 환자 중, 오늘날 사용되고 있는 진단 기준에 완전히 부합하는 환자는 아무도 없을 것이다. S. R.은 카자닌의 환자 중 DSM-5 진단 기준을 가장 가까이 충족시키는 환자이다.

몇몇 연구자들은 조현정동장애에 대한 평정자 간 신뢰도가 충분하지 못한 것에 대해 지적한다. 다른 연구들에서는 통계적 조작들을 사용하여 오늘날 기술되고 있는 조현정동장애가 단지 조현병의 변형 중 하나에 불과하며 예후의 측면에서 서로 비슷하다고 제안한다. 이는 카자닌이 내린 결론과 정반대되는 주장이다. 실제로 조현정동장애는 3개의 주요 DSM 개정판 각각에서 진단 기준이 바뀌어 온 장애이다(1980년 DSM-III에서는 신중하게 어떠한 진단 기준의 제안도 보류했다).

조현정동장애라는 진단이 달성하고자 했던 것은 무엇일까? 연구자들은 오랫동안 조현병과 기분장애 사이 어딘가에 있을 중간 영역을 발견하기 위해 노력해 왔다 — 정신건강 영역에서 일종의 북서 항로와 같은 격이다. 만약 존재한다면 그것은 바로 조현정동장애와 매우 비슷할 것이다. 이것은 조현정동장애의 증상들이 매우 신중하게 기술되어야 하는 이유이다. 정신병이 동반된 기분장애가 상당 기간 동안 있어야 하는 한편, 조증이나 우울증이 없는 상태에서 정신병이 나타나는 기간 또한 있어야 한다. 그렇지 않으면 정신병을 동반한 우울증과 감별할 수 있는 것이 아무것도 없을 것이다.

조현정동장애에 대한 진단은 혼란스럽게 뒤죽박죽인 상태로 남아 있다. 이 장애의 과학적 근거는 빈약하며, 진단 내리기 어려운 환자들을 위한 '쓰레기통'처럼 이용되어 왔다. 2003년에 어떤 임상가는 그가 만났던 매우 많은 환자들이 기분 증상과 정신병적 증상을 동시에 가지고 있었고 병력에 대한 보고가 너무 빈약했기 때문에 가장 자주 내리는 진단 중의 하나가 바로 조현정동장애였다고 기술했다. 정신병 환자를 대상으로 한 많은 연구에서는 조현병과 조현정동장애를 구분하지 않지만 — 어떠한 진단 준거에 의해서도 — 그러한 임상적 특성이 어떤 진단을 충분히 지지하는지 판단하기 위한 충분한 상세 정보를 보고한 연구는 거의 없다. 몇몇 연구자들은 조현병 환자들, 특히 나이가 많은 환자들에게서 우울증이 꽤 흔하게 나타나고, 우울증이 환각, 망상과 같은 양성 증상과 상관이 있다는 점에 주목한다. 적어도 한 명의 연구자 마너로스는 우리가 두 가지 종류의 조현정동장애를 구분해야 한다고 제안한다 — 동시 발생적(concurrent), 그리고 순차적(sequential). 그것은 진단 기준에 대한 또 다른 개정을 잇달아 필요로 할 것이다. 즉, 임상가와 연구자들 모두 비슷하게 현재 진단 준거가 어디에 해당하는 것인지 조정하는 동안 조현정동장애의 준거를 추후에 재배치하려는 노력이 필요한 것이다. 모든 것을 고려해 볼 때 이것은 놀랄 만한 일이 아니다. 2013년에 DSM-5 정신병 파트의 위원장인 윌리엄 카펜터가 연설에서 그의 위원회의 작업에 대해 언급하면서 "우리는 그것이 실제로 존재하는지조차 알지 못한다."고 말한 것처럼 말이다.

 까미유

20세기 초 프랑스 조각가 까미유 끌로델은 일생 동안 정신병을 앓았으며 이것은 먼 옛날에 쓰인 그녀의 전기를 통해서도 진단 가능하다.

까미유 끌로델은 정규 교육을 거의 받지 않았지만 출세한 인물이다. 그녀는 오랜 시간 동안 위대한 오귀스트 로댕의 정부였고 영감을 주는 뮤즈였으며 때로는 공동 작업자이기도 했다. 그녀는 그녀의 조각 전체를 로댕의 몇몇 작품에 바치기도 했다. 30세가 되었을 때 스스로의 노력만으로 재능 있는 예술가로 인정받았지만, 대략 그 시점부터 무언가가 그녀를 로댕, 예술, 그리고 궁극적으로는 세상으로부터 점점 멀어지게 만들기 시작했다.

까미유는 여성을 포함한 다른 사람들이 자신에게 등을 돌렸다고 의심하기 시작했다. 그녀는 홧김에 로댕에 대한 불신을 표현했다 — 그녀가 38세 때 쓴 편지 내용에 따르면 그녀는 로댕이 '교활하고 거짓된 성격'으로 자신을 속였다고 하며 고소했다고 한다. 그녀는 '루브르 박물관 도난 사건'의 범인이 누군인지 알고 있다고 확신했고, 고양이 배설물을 담은 편지를 조사관에게 보내기도 했다. 그녀는 점점 친구들로부터 멀어지게 되었고 점차 모든 예술 활동도 그만두기 시작했으며 심지어 자신의 조각 작품을 깨부수기도 했다. 그녀는 가난에 시달렸고, 집은 쓰레기장을 방불케 할 만큼 지저분했으며 쓰레기통에서 음식을 주워 오기도 했다고 보고되었다. 망상에 대한 충분한 증거는 있었지만 그녀의 전기 작가는 환각이나 지속적인 우울증에 대한 증거는 전혀 기술하지 않았다.

까미유는 해가 지남에 따라 유대교, 개신교, 프리메이슨의 교도들이 그녀를 독살하려는 음모를 꾸미고 있다는 전(全) 기독교에 대한 확고한 신념을 가지게 되었다. 결국 그녀는 49세가 되었을 때 정신병원에 입원했다. 그녀는 상상 속에서 그곳의 간호사들까지 그 음모에 가담했다고 생각했다. 까미유는 인생의 균형을 잃지 않기 위해 정신병원에 살았다. 비록 작품 활동을 위한 재료를 제공받기도 하고 이전 작품에 대한 수입으로 훨씬 더 편안하게 살 수도 있었으나, 자신의 작품이 도난당할 것에 대한 공포로 인해 병원 내에서조차 조각 활동을 거부했다. 그녀는 금방이라도 닥칠 것처럼 느껴졌던 독살을 피하기 위해 생달걀과 껍질을 까지 않은 감자만을 먹기도 했으며, 조리된 음식은 무엇이든지 반드시 그녀 스스로 요리할 수 있는 것이어야만 했다. 62세에도 그녀는 여전히 편지를 쓸 수 있었으며 망상과 관련된 주제만 아니라면 완벽하게 조리 있는 글을 쓸 수 있었다. 66세에는 '유대교 범죄 조직이 나를 여기에 가두고 있다'고 썼는데, 그 이유는 그녀가 30년도 더 이전에 발생했던 악명 높은 드레퓌스 사건의 탄원서에 서명하는 것을 거절했기 때문이었다.

비록 까미유가 일생 동안 때때로 신체적 질병을 호소하긴 했으나, 그녀의 정신병을 설명할 수 있을 만한 질환에 대한 기록은 없다. 그녀는 거의 죽기 직전까지 의식이 명료했는데, 어느새 노망이 들었을 때 그녀는 여전히 로댕이 자신의 인생을 망친 '끔찍한 인간'이라고 확신했다.

분석

까미유 끌로델의 과거를 통해 우리가 가야 할 의사 결정 나무의 경로는 꽤 명확하다. 1~5단계를 생략하고 나면, 6단계에서 그녀가 수십 년 동안 망상은 지니고 있었지만 환각은 경험하지 않았다는 것에 주목하게 된다. 그러므로 우리는 그림 13.1의 6단계에서 '아니요'라고 대답해야 한다. 그녀의 생각은 비록 틀린 것이었을지언정 기이하지는 않았다. 음독이나 절도는 누군가에게 합리적으로 발생할 수 있는 일들이다(7단계). 그녀는 망상을 제외하고는 잘 기능할 수 있었으며(11단계), 이러한 사실은 우리로 하여금 그녀의 진단명으로 망상장애를 고려하도록 만든다. 물론 역사적 진단은 대개 2차적인 정보에 전적으로 의존하기 때문에 언제까지나 잠정적인 것일 수밖에 없다.

제언

망상은 있지만 환각이나 정신병의 다른 특징(이 장의 처음에 제시된 목록을 참고할 것)이 없는 환자들은 조현병 진단 기준을 충족시키지 않는다. 우리는 그들을 망상장애라고 말한다. 이는 보통 조현병에 비해 인생의 후반기에 발병하며 기능 손상 정도도 덜 하다. 망상은 여러 종류일 수 있지만 **피해형**(persecutory), 즉 어떻게든 환자가 속거나, 쫓기거나, 비방당하거나, 강제로 약을 먹는다고 생각하는 등의 유형이 가장 흔하다. 다른 유형에는 **색정형**(erotomanic, 누군가가 환자를 사랑한다고 생각하며 종종 명사들이 그 대상이 됨), **과대형**(grandiose, 환자가 특별한 재능, 권력을 가지고 있거나 유명 인사와 특별한 관계에 있다고 생각함), **질투형**(jealous, 배우자나 애인이 부정을 저질렀다고 생각함), **신체형** (somatic, 피부 위로 벌레가 기어가거나 몸에서 악취가 난다고, 또는 의학적 질병이나 신체적 결함이 있다고 생각함)이 있다. 몇몇 환자는 이 중 두 가지 또는 그 이상의 양상을 보인다.

　망상장애 환자를 만나는 빈도는 조현병의 1/30 정도에 불과하지만, 망상장애는 그 수를 훨씬 초과하는 유명세를 얻었다. 여기에는 몇 가지 이유가 있다. 때때로 색정형 망상장애 때문에 발생하는 스토킹 사례들은 악명이 높다(영화 **위험한 정사**에 등장하는 인물 글렌 클로즈가 이러한 사람을 시사한다). 그 다음에는 우리를 매료시킨 존 힝클리 2세의 사례가 있다. 1981년에 미국의 대통령이었던 로널드 레이건을 스토킹하고 총으로 쏜 사건으로 유명한 힝클리는 망상장애로 묘사되었다. 비록 그의 정확한 진단명이 무엇인지에 대한 현실적인 의문은 남아 있지만 말이다. 물론 조현병과 마찬가지로 대다수의 망상장애 환자들은 살인을 하거나 타인에게 해를 가하지 않는다. 그들 중 그러한 행동을 하는 소수의 사람들이 지나치게 많은 관심, 공포, 그리고 격노를 이끌어 내는 것이다.

테드

정신병의 증상은 너무나 두드러지기 때문에 다른 병력과 정신상태검사(MSE)의 중요한 측면을 보기 어렵게 할 수도 있다. 이러한 일이 발생하는 것은 임상가의 실수라고 볼 수 있으며, 그 이유는 제2의 질병이 정신병에 대한 치료를 어렵게 할 수도 있고 반대로 촉진할 수도 있기 때문이다.

테드는 어느 서부 해안 도시에 있는 가정용 전자제품 회사에서 일했다. 그는 키가 작고 몸이 탄탄하다는 점에서 그가 매일 일터에서 배달했던 온수기와 식기세척기를 어렴풋이 닮았다. 그는 첫 번째 걸프전 당시 이라크에 파병되기도 하는 등 영예롭게 군 복무를 했다. 그러나 수차례 공공장소에서 만취되어 체포되었으며 알코올 재활 프로그램에 참석하지 않고 8년간의 군 복무 끝에 퇴역했다. 그는 퇴역 후 여러 차례 직장을 옮겨 다녔고, 이혼을 하고 나서야 결국 알코올중독자모임(AA)에 참석했다. 그 후 현재의 직장을 잡았고, 이곳에서 5년 이상 잘 근무해 오고 있었다. 그는 조용히 한 곳에 자리를 잡고 정착했으며 재혼을 하고 12개월 된 쌍둥이 딸을 키우고 있었다.

어느 날 오후, 테드가 바퀴 달린 받침대에 전기난로를 실어 옮기던 도중 무언가 이상한 소리를 듣고 동작을 멈추었다. 그것은 사람의 목소리였으며 운송용 나무 상자 속에서 나오는 듯해 보였다. 목소리는 "테드, 그걸 떨어뜨려."라고 명령했다. 그는 마침 상자를 떨어뜨려서 매우 놀랐고 상자는 터지면서 열렸다. 유심히 안을 살펴보았지만 거기에는 말 못하는 가스레인지 말고는 아무것도 없었다. 잠시 후에 그는 트럭 뒤에서 가스레인지를 내려 싣고 집 안으로 밀어 넣었다. 오후가 지나고 난 무렵, 테드는 창고에서 가지고 나온 전자레인지 포장용 상자 속으로부터 두 가지 목소리가 흘러나오는 것을 들었다. 그들은 그를 실패자, 술주정뱅이, 개자식이라고 부르며 이야기를 하고 있었다. 그는 상자를 완전히 부수었으며, 일터에서 갑자기 빠져나와 거의 십 년 만에 처음으로 맥주를 마셨다.

그 다음 일주일 동안, 여러 상자들로부터 나오는 목소리는 점점 합창을 하는 수준으로 커졌고, 테드를 거의 울게 만들 지경에 이르렀다. 그는 그 다음 주 목요일에 직장 상사의 사무실에 들어가 무슨 일이 벌어지고 있는지 알아내고자 했다. 사무실은 텅 비어 있었지만, 그는 책상 위에서 몇 장의 문서를 발견했다. 며칠 후 그는 스스로 응급실에 방문해, 임상가에게 말했다. "문서가 책상 가장자리에 정확하게 줄을 맞춰 있었어요. 그 순간 저는 알았죠. 그건 바로 모든 것들이 연합하여 나를 싫어하고 있다는 의미라는 것을요." 그는 아내가 자신을 '우습게 보고 있다.'고 생각했고, 그녀 또한 직장 상사와 한통속이라고 생각했다.

테드는 또 다시 술을 마시지 않기 위해 최선의 노력을 다했지만 결국 실패하고 말았다. 그는 술을 마실 때조차도 환청을 들었으며, 환청은 점점 커지고 더 오래 지속되었다. 2주 동안 과음을 한 뒤 그는 라디오에서 어떤 아나운서가 "테드는 알아야 해."라고 말하는 것을 들었다. 그 시점에 그는 치료를 받기로 결정했다.

분석

테드의 정신병을 분류하기 위해서는 달력을 찾아 보는 수고가 필요하다. 테드가 정신병적 증상을 보인 기간이 오직 몇 주밖에 되지 않는다는 사실은 많은 차이를 만들어 낸다. 이러한 사실과 그에게 환청, 망상이 있었다는 점은 우리로 하여금 10단계로 넘어가게 한다. 10단계에서의 대답은 '아니요'이며 결국 우리는 조현양상장애를 고려하게 된다. 우리가 모든 환자들의 예후에 대해 고려해야 함에도 불구하고, 조현양상장애의 경우 정신병적 장애 중 유일하게 환자가 회복할 가능성이 얼마나 되는지를 평가하도록 권장한다('예후 그리고 조현형장애'의 내용을 다시 보라). 다행히도 테드가 보인 몇 가지 증상을 보면 관해를 예견할 수 있다 — 양호하게 유지된 정동, 장애가 시작된 시점부터 발생한 정신병적 증상 그리고 질병이 발생하기 전의 양호한 사회적·직업적 적응.

우리는 그의 물질 사용에 대해서도 반드시 논의해야 한다. 테드는 몇 년 동안 술을 마시지 않았고, 정신병과 함께 갑자기 음주 행동이 재발했다. 이것은 어떻게 평가해야 하는가? 엄격한 진단 기준(언제나 최선의 방법은 아닌)을 사용할 때, 테드를 알코올사용장애로 진단 내리는 것이 어려울 수도 있다. 그러나 최근에 발생한 알코올 관련 문제에 주목하는 것은 중요하기 때문에, 최근 증상의 빈도나 심각도와 상관없이 나는 그러한 진단을 그대로 내릴 것이다. 우리는 그의 물질 사용이 재발된 것이었고, 지속 기간이 짧았다는 다소 장황한 말을 곁들임으로써 진단을 완화시킬 수 있다. 진단의 목적은 가능한 많은 정보를 전달하는 것이며, 테드의 치료자들은 정신병뿐만 아니라 그 외 다른 장애도 다루어야 한다는 점을 알아야 한다. 물론 알코올사용장애는 부수적인 진단이 될 것이며, 정신병이 있다면 대개 그것은 임상가의 주의를 우선적으로 필요로 할 것이다.

제언

정신병 환자의 절반 이상은 추가적인 진단을 받을 것이다. 문제는 정신병이 너무 극적이어서 나머지 다른 증상들을 짚고 넘어가는 것을 때때로 망각할 때가 있다는 것이다. 물질 오용뿐만 아니라, 우울증, 공황장애 그리고 몇 가지 성격장애들의 가능성에 대해서도 주의를 기울여야 한다.

 지니

우울증은 정신병의 맥락 내에서 분류하기 어려울 수 있다. 여기에는 우리가 고려해야 할 서로 다른 구성 개념이 적어도 세 가지는 존재한다 — 정신병적 우울증, 우울증이 동반된 조현병, 조현정동장애. 이와 관련된 내용은 표 13.2에 제시되어 있다.

몇 년 전에 나는 경영학 석사(MBA) 학위를 취득하고 금융가에서 일을 했던 매우 똑똑한 여성을 평가한 적이 있다. 신체적으로 항상 건강했던 그녀는 당시에 한 번의 자살 시도 때문에 처음으로 정신과에 입원했다. 그곳에서 몇 주 동안 입원해 있었음에도 불구하고 그녀는 여전히 매우 비참했다.

그로부터 대략 일 년 전, 스물여섯 번째 생일이 이제 막 지나간 시점에 지니는 직장 내 누군가가 그녀를 몰래 감시하고 있다는 의심을 하기 시작했었다. 그녀는 왜 그런 일이 일어났는지 알 수 없었지만 숨기려 해도 숨길 수 없는 증거를 발견했다. 그것은 바로 그녀의 책상 전화기 위에 올려져 있던 헤드셋의 위치가 다른 방향으로 바뀌어 있었고, 고객을 유지 관리하는 기록철이 흐트러져 보였다는 것이었다. 그녀는 매우 두려워져서 내적으로 철회된 행동을 보였다. 책상에서 눈을 떼지 않기 위해 사무실 내 다른 사람들과 함께 점심을 먹으러 외출하는 것도 중단했다.

그렇게 했음에도 불구하고 증거는 지속적으로 발견되었다. 얼마 지나지 않아 지니는 자신이 미행당하고 있다는 것을 알았다. 백미러를 통해 같은 자동차를 반복적으로 목격했고, 야외에서 걸어갈 때에는 지나가는 사람들이 그녀를 뒤쫓는 사람들에게 윙크를 하거나 접힌 신문지를 흔들어 그녀가 어디로 갔는지 알려주곤 했다. 그녀는 몇 달 동안 환청을 듣기도 했다. 그녀의 설명에 따르면 이러한 소리는 '마치 사형 집행인의 밧줄이 시체를 흔드는 소리'와 같

표 13.2 정신병에서의 기분 증상

	정신병적 증상	질병 지속 기간	기분 증상
조현병	두 가지 유형이 요구됨	6개월 또는 그 이상	심각하지 않음
조현양상장애	두 가지 유형이 요구됨	6개월 미만	심각하지 않음
조현정동장애	두 가지 유형이 요구됨	1개월 또는 그 이상	총 질병 기간 중 절반 이상 지속되어야 하지만 적어도 2주 동안은 없어야 함
정신병이 동반된 기분장애	한 가지 유형이 요구됨	하한 없음	항상 나타남
망상장애	한 가지 유형이 요구됨	1개월 또는 그 이상	심각하지 않음
두 장애 : 기분 증상, 정신병	두 가지 유형이 요구됨	진단에 따라 다름	항상 나타남

이 삐걱거리는 잡음으로 시작되었지만 최근 들어서는 단어, 지금은 문장이 들렸다고 했다. 그들은 그녀에게 "미쳤어, 미쳤어, 미쳤어. 지니는 영원히 미쳐 버렸어."라며 조롱했다.

그녀는 조현병으로 초기 진단을 받은 후에 자신의 질병에 대한 많은 분량의 책을 읽었다. 그녀가 알게 된 내용들은 그녀를 낙담하게 만들었다. 그녀는 자신이 만성적인 질병을 지니고 있고, 이것이 치료될 수도 있지만 그럼에도 불구하고 업무를 방해할 수 있으며, 질병으로 인해 결혼을 하지 못하거나 아이를 가지지 못할 수도 있다는 것을 알았다. 이러한 생각들은 몇 주 동안 그녀를 따라다녔고 결국 우울증이 발병했다.

"나는 만성 조현병 환자예요." 그녀가 나에게 말했다. 그녀의 얼굴에는 눈물이 흘러내렸고 걱정, 불면, 체중 감소가 동반되었다. "난 일생을 병원에 갇힌 채로 나 스스로를 망치고, 유령들과 이야기하면서 보내게 될 거예요. 희망이 없어요. 죽으면 행복할 거예요."

나는 최근에 그녀가 실제로 2년 후에 사망했다는 것을 알았다.

분석

우리의 첫 번째 과제는 지니의 주 진단명을 확정하는 것이다. 그림 13.1에서 1~5단계를 지나가고 나면, 6단계에서 그녀에게 망상과 환청이 둘 다 있었다는 것에 즉시 동의할 수 있다. 비록 그녀에게 심각한 우울 증상이 있었지만 이러한 우울 증상은 정신병이 시작될 때는 존재하지 않았다. (만약 우리가 열심히 노력했다면 그녀에게 조현정동장애가 있다고 우리 스스로를 설득시킬 수 있겠지만, 그것은 몇몇 임상가들이 그들이 가장 좋아하는 진단에 환자들을 억지로 끼워 넣는 경향을 보여 주는 것밖에 되지 않을 것이다. 나는 그녀의 기분 증상이 정신병보다 상대적으로 짧은 기간 동안 지속되었다고 생각했다.) 이러한 분석은 우리를 6, 9, 12, 그리고 10단계로 인도하고, 여기서 '예'라고 대답하면 조현병으로 진단하게 된다.

그녀의 우울증을 탐색하기 위해 그림 11.1의 의사 결정 나무를 볼 필요가 있으며, 여기에서 우리는 문제에 맞닥뜨린다. 그것은 우리를 6, 10, 그리고 11단계로 안내하고 조현정동장애를 고려하게 만들지만, 이것은 앞선 분석에서 우리가 이미 폐기한 선택 사항이다. 여기서 우리는 값진 교훈을 얻는다. 즉 의사 결정 나무를 사용하는 방법에도 제한점이 있다는 것이다. 우리는 지니에게 오랜 기간 정신병과 기분 증상이 있었다는 것에 의심할 여지없이 동의할 수 있다. 그러나 이러한 두 개념이 어떻게 관련되는지 판단하는 것은 까다롭고 힘든 일이다. 분석의 더 나은 시작점으로서 고려하는 대상이 기분 증상인지 혹은 정신병인지에 따라 실질적인 차이가 유발된다. 당신이 분석을 위한 더 나은 출발점으로서 기분 증상을 먼저 고려하는지, 혹은 정신병을 먼저 고려하는지에 따라 실제 큰 차이가 발생한다. 지니의 경우, 2개의 공병장애, 즉 조현병과 우울증을 동시에 진단함으로써 이러한 딜레마가 가장 잘 해결될 수 있다. 이를 통해 그녀의 두 가지 유형의 증상을 간략하게 볼 수 있고, 각 증상의 고유의 치료와 예후에 대해서 고려할 수 있다. 조현병에 대한 치료가 가장 중요하기 때문에 진단 목록에서 조현병을 우선적으로 배치한다. 나는 일단 조현병이 적절하게 치료되면 그녀가 남은 일생에 대해 가진 관점도 괜찮아질 것이고 우울증도 경감될 수 있을 것이라고 생각한다. 이러한 진단 과정은 틀림없이 절약의 원칙을 위반하는 것이다. 오컴은 격노할지도 모른다.

제언

조현병에서 발생하는 우울증에 대한 이해도는 낮고 적절하게 연구되지도 않았다. 정신병후 우울증(postpsychotic depression)은 양극성우울 삽화가 적절한 경우에 종종 진단되어져 왔으나 이것조차 많은 우울증들을 설명하지 못한다. 몇몇 조현병 환자들은 무쾌감증을 경험한다. 어떤 이들은 약물(특히 1세대 항정신병 약물)의 결과로 우울증이 경험된다. 그러나 정신병적 증상이 호전된 후조차 심한 우울증이 지속되는 환자들도 있다. 조현병 환자의 약 10%가 궁극적으로 자살한다고 하며, 이는 기분장애에서의 자살 비율에 버금가는 수치다. 이러한 사실은 모든 임상가들이 모든 조현병 환자들에게서 우울증이 발생할 수 있음에 대해 주의 깊게 살펴도록 상기시킬 것이다.

단기 정신병적 장애

소수 환자들의 경우 정신병이 일종의 간이조현양상장애(mini-schizo-phreniform disorder)처럼 아주 잠깐 동안 발생한다. 수십 년 동안, 이러한 질병들은 (적절한 촉발 요인이 무엇인지 합의할 수 없었기 때문에 폐기된) 단기반응성정신병(brief reactive psychosis)을 포함한 다양한 이름으로 불려 왔다. 현재 단기 정신병적 장애(brief psychotic disorder)는 산후정신병을 포함한다(정신병이 동반된 산후기분장애는 포함하지 않는다. 하지만 당신이 할 수 있다면 그대로 계속 사용하라). 하나의 단일 정신병적 증상이 있을 때 단기 정신병적 장애를 고려할 수 있지만 반드시 1개월 이내에 관해가 이루어져야 한다. 궁극적인 회복이 이루어져야 한다는 조건 때문에 이 진단은 전향적으로 내릴 수 없다. 만약 그 환자가 한 달 동안 증상을 보였다면 이러한 진단을 내리기에 이미 너무 늦은 것이다. *DSM-5 Made Easy*에 있는 사례를 읽어 보라. 중요한 것은 조현병보다 조현양상장애와 단기 정신병적 장애의 예후가 더 좋다는 점이다.

공유 정신병적 장애

폴리 아 듀(folie a deux)라고 불리는 공유 정신병적 장애는 너무 드물어서 여전히 학술지에 사례가 보고되기도 한다. 그들 혼자서는 정신병적이지 않다. 그들은 오직 독립적으로 조현병이나 망상장애를 지닌 환자와 가깝게 연합될 때(부모 또는 배우자와 같이) 그러한 맥락 내에서만 망상을 형성한다. 그러면 그 두 번째 사람 또한 정신병적으로 변하며, 첫 번째 사람이 지닌 증상을 거의 그대로 받아들인다. 사이비 종교의 추종자들도 어느 정도 이와 비슷한 축에 속하며 교주들은 종종 불가능한 이야기들로 이들의 요구를 만족시킨다. 천국의 문이라는 사이비 종교를 창설한 마샬 애플화이트가 그랬던 것처럼 교주들 중 몇몇은 정신병적일지 모른다. 1997년에 애플화이트를 추종하는 38인의 교도들은 속세의 껍데기를 벗고 헤일-봅 혜성의 궤도를 뒤따라가기 위해 캘리포니아에 있는 작은 구역인 랜초 산타페에서 독이 든 푸딩을 먹고 자살했다. 다른 교주들은 성격장애나 다른 정신과적 문제가 있을 수 있다. 몇몇 연구자들은 공유 정신병적 장애는 전혀 어떤 특정 질병이 아니며 어떠한 방식으로 정신병적 질병들에 부속된 현상이라고 생각한다. 이것이 바로 DSM-5에서 폴리 아 듀를 망상 장애로 재분류한 요인들(또 다른 요인은 희귀성) 중의 하나다.

공유 정신병적 장애가 현상이건 정신장애이건 간에, 환자가 지닌 믿음은 서로 망상을 공유하는 두 사람이 다른 이들로부터 비교적 격리되어있을 때에만 유지된다. 일단 그들이 다른 사람들과 강제로 함께 지내게 되면, 독립적으로 질병을 앓는 사람은 정신병적 증상을 계속 유지하는 반면에 다른 사람을 따라 망상을 형성했던 사람은 그러한 믿음들이 사실이 아니었다는 병식을 가지게 된다.

이러한 장애를 가진 환자를 종종 만날 것이라는 기대는 하지 말라. 만약 사례를 발견한다면 다른 사람을 따라서 망상을 형성한 두 번째 사람이 지적장애, 치매 또는 우울증을 함께 가지고 있는지 살펴보아라. 그리고 사례 보고서를 쓰기 시작하라. 어디에선가 학술지 편집인이 아마도 그것을 게재하는 데 흥미를 보일 것이다. 만약 그렇지 않으며 내게 보내라. 나는 매료될 것이다.

조현병을 정신병의 다른 원인들과 구분하기

조현병은 환자와 가족에게 커다란 고통을 주는 결과를 초래한다는 점에서 매우 중요한 진단이다. 그래서 나는 독자들에게 정신병의 다른 원인들과는 구별되는 조현병의 특징들을 확실하게 알려 주고 싶다. 그것이 바로 다음에 제시된 '조현병과 다른 정신병 감별하기'의 역할이다.

조현병과 다른 정신병 감별하기

나는 조현병이 의심되는 환자에게 조현병 진단을 결정할 때 사용할 수 있는 특성들을 한 곳에 모아두면 유용할 것이라고 생각했다. 물론 내가 제시한 특성 중 그 무엇도 절대적인 것은 없다. 예를 들어 어떤 환자가 어리고, 증상이 서서히 발생했고, 가족력이 있다 하더라도 여전히 코카인 사용에 의한 정신병으로 판명될 수 있는 것이다. 그러나 전반적으로 이러한 것들은 정신병에 대해 평가할 때 살펴보아야 하는 요인들이다.

- **연령**(age) : 조현병은 10대와 초기 성인기에 나타나는 경향이 있다.
- **결혼 상태**(marital status) : 조현병 환자는 종종 미혼 상태이다.
- **발병**(onset) : 조현병은 느리게 발생하지만 다른 정신병은 종종 급속도로 발생한다.
- **가족력**(family history) : 조현병 환자에게는 정상 집단에 비해 조현병을 가진 가족이나 친척들이 존재할 가능성이 높다.
- **약물 및 알코올 과거력**(drug/alcohol history) : 조현병에서 이러한 과거력은 드물다(비록 발병한 이후에는 약물이나 알코올을 사용할 수 있더라도 말이다).
- **혼돈**(confusion) : 혼란(perplexity)과 혼돈(confusion)은 조현양상장애 환자들이 결국 나중에 회복되는 것과 관련이 있다.
- **병전 성격**(premorbid personality) : 몇몇 조현병 환자들은 망상이나 환각이 발생하기 전에 조현성 또는 조현형 성격이었을 것이다.
- **정동**(affect) : 때때로 정신병으로부터 회복되는 환자들에게서 둔마(flat)되지도, 둔화(blunted)되지도 않은 정동이 관찰된다.
- **환각**(hallucinations) : 조현병 환자는 주로 환청을 경험하는 경향이 있다. 다른 감각에 대한 환각은 조현병이 아닌 다른 진단을 시사한다.
- **망상**(delusions) : 기이한 망상(사고 파장을 통해 세계 항공 교통을 통제할 수 있다는 것과 같이 실제로 발생할 수 없는 것들)은 조현병을 시사한다. 기분 일치 망상(우울증 기간에 나타나는 죄책감, 조증 기간에 나타나는 과대감)은 기분장애를 시사한다.

14

기억과 사고의 문제 진단하기

논리적으로 생각했을 때 사고에는 비논리적인 부분이 많다. 우리는 종종 우리의 주장에 맞지 않는 생각은 차단해 버리고, 생각이 갑자기 옆으로 새기도 하며, 관련 없거나 무례한 심상이 침투하고, 합리적인 생각보다는 편견이나 잘못된 규칙을 고수한다. 예를 들어, 원고 없이 즉흥적으로 연설하는 정치가의 축어록을 읽으면서 언어적으로 말이 안 되는 부분을 세어 보고, 문법적 오류를 찾아보고, 부정관계대명사가 지칭하는 것을 찾으려고 해 보라. 하지만 거의 생각하지 않으면서 지나치게 빠르게 말하는 경우를 제외하면, 많은 경우 일상적인 언어에서 나타나는 무수한 부적절한 표현 중 어느 것도 정신 병리를 시사하지는 않는다.

인지(cognition)는 우리가 무언가를 계획할 때 사용하는 지각과 감각의 모든 절차를 가리킨다. 인지장애를 가진 사람은 판단, 기억, 지남력, 문제 해결, 언어, 대인 관계, 그리고 행동(praxis)(무언가를 하는 것) 등 여러 영역에서 문제를 보일 수 있다. 우리는 이미 사고 내용상의 장애—환각, 망상, 공포—가 넓은 범위의 정신 병리를 가리키는 것일 수 있음을 살펴보았다. 때때로 조현병이나 조증에서 사고 과정상의 문제가 나타나지만, 더욱 많은 경우 이는 섬망, 치매, 그리고 이것의 변형인 인지장애를 나타낸다. (난해한 정신건강 명명법의 세계에 새롭게 입문한 초심자는 일반적인 의미와는 거리가 있는 많은 용어의 특정한 의미를 배워야 한다. 거의 400년 동안 **섬망**은 광분 혹은 흥분 상태를 의미하는 데 사용되었고, **치매**는 오랜 시간 동안 미친, 실성한, 혹은 얼빠진 사람을 묘사하는 것으로 이해되었다.) 표 14.1에 기억과 사고장애에 대한 감별진단이 제시되어 있다. 이는 2013년 DSM-5에 소개된 사고 및 용어의 변화를 포함하고 있다. 가장 주목할 만한 변화 중 하나는 치매와 섬망 전체를 포괄하는 **신경인지장애**라는 용어의 도입이다. 이후 새로운 용어에 대해 더욱 자세히 다룰 것이다.

인지적(cognitive)이라는 용어는 종종 검증의 의미를 내포하지만, 우리는 임상적인 토

표 14.1 인지장애의 감별진단과 간략한 정의

- **섬망(delirium)** : 물질 사용 혹은 신체적 질병에 의해 급속으로 발생하는, 감소된 의식이 변동하는 상태.

- **신경인지장애(neurocognitive disorder)** : 물질 사용이나 신체적 질병이 사고, 기억, 사회적 상호작용, 언어 사용, 행동 조직 및 실행, 환경에 대한 인식과 탐색, 과제 집중(주의) 등의 기능에 영향을 미치는 것. 생활에 중대한 지장을 주는 경우에는 주요신경인지장애라고 하고, 이는 치매와 동의어가 된다. 환자가 할 일의 목록을 작성하는 등의 다른 전략을 사용하여 이를 보완할 수 있을 때, 경도신경인지장애라고 한다.

- **기억상실장애(amnestic disorder)** : 물질 및 질병이 심각한 기억상실, 특히 새로운 기억을 형성하는 능력의 상실을 초래한다. 일반 지능, 주의 집중 능력, 새로운 과제를 학습하는 능력(새로운 사건이나 생각, 단어에 대한 학습은 불가능하지만)은 온전하다. 다른 치매와 마찬가지로 DSM-5에서는 이를 주요신경인지장애라고 부른다.

- **가성치매를 동반한 주요우울장애(major depressive disorder with pseudodementia)** : 아주 심각한 우울증으로 인해 기억 및 사고에 분명한(하지만 가역적인) 문제가 나타난다.

- **해리장애(dissociative disorders)** : 일시적이지만 심각한 기억상실이 해리성 기억상실증(둔주를 동반하거나 동반하지 않은) 또는 해리성 정체성장애를 유발할 수 있다.

- **외상후 스트레스장애(posttraumatic stress disorder, PTSD)** : 끔찍한 외상적 사건의 중요한 부분에 대한 기억상실이 반복적으로 사건을 재경험하고 회피 및 과각성을 겪는 환자에게서 나타날 수 있다.

- **뇌진탕후장애(postconcussional disorder)** : 두부 손상을 입은 수일 혹은 수주 후 나타나는 의식의 상실이나 변화로, 기억이나 주의의 결손과 함께 두통, 어지러움, 피로, 기분 변화, 성격 변화, 수면 장해, 자발성 소실 등의 증상을 경험한다. DSM-5상 이는 주로 외상성 두부 손상에 의한 경도신경인지장애로 불린다.

- **일시적기억상실(blackout)** : 과도한 알코올 섭취는 깨어 있긴 하지만 알코올에 중독된 상태 동안의 기억상실을 야기한다.

- **연령 관련 인지기능 저하(age-related cognitive decline, ARCD)** : 나이가 많은 환자는 검사상 기억력이 병리적이지 않고 현재 연령에 있어 완벽히 정상 수준일 때에도 기억력 문제에 대해 걱정할 수 있다. DSM-5에는 언급되지 않지만 이는 환자와 대화할 때 유용한 용어다. 때때로 이는 주관적 인지 저하(subjective cognitive decline)로 불린다.

대에서 장애를 인식할 필요가 있다. 많은 경우 가장 처음 나타나는 증상은 성격, 흥미, 혹은 행동에서의 갑작스러운 변화이다. 환경은 우리의 인식을 향상시킬 수 있다. 우리는 병원이나 요양원의 환자 혹은 노인에 대해서는 치매를 의심하고, 수술을 받은 환자, 술이나 마약을 복용하는 사람들에게서는 섬망이 나타날 것으로 예상한다. 위독한 환자의 경우에는 대다수가 언젠가 섬망을 겪는다.

환경이 어떻든, 평가해야 하는 증상이 무엇이든, 당신은 환자의 상태가 섬망처럼 변동이 심한지 아니면 치매처럼 지속되는지 알기 위해서는 여러 상황에서 완벽하게 관찰해야 한다. 인지장애는 인간의 고유한 개인적 특성을 감소시키며, 명료했던 것을 혼돈하게 하고, 합리적이었던 것을 무질서하게 만든다. 이로 인해 유발될 수 있는 큰 혼란을 조금이라도 완화시킬 수 있다면 당신의 인내력은 보상받을 것이다.

섬망과 치매

때때로 원인을 알아내는 것은 고사하고 인지적 증후군을 확인하기조차 어려울 때가 있다. 임상가로서 우리는 감별진단 목록의 여러 진단을 포함하여 가능한 모든 진단을 염두에 두어야 한다.

 바비

바비가 처음 응급실에 입원했을 때, 누구도 그의 이름조차 알 수 없었다. 그가 혼잣말을 하고 가쁘게 숨을 쉬면서 길거리를 돌아다니는 것을 2명의 경찰관이 발견했다. 그는 자신이 어디에 있는지도 모르는 것 같아 보였다. 얼굴이 부어 있었고, 열이 나는 것 같아 보였기 때문에 경찰은 그를 잘 달래어 경찰차 뒷자리에 태웠다.

처음 응급실 직원은 그의 어떠한 개인력도 알 수 없었다. 그는 지갑을 잃어버렸음이 분명했고, 셔츠 주머니에서 발견된 봉투는 다른 사람의 것임이 틀림없었다. 멍이나 출혈이 있지는 않았고, 검사상 머리에 충격을 받은 흔적이 없었기 때문에 의사는 그가 강도를 당한 것은 아니라고 생각했다. 체온은 거의 섭씨 40도였고, 때때로 기침을 했지만 가래를 많이 뱉어내지는 않았다.

바비는 격리실에 수용되었고, 정맥주사액을 맞았다. 말할 때 눈동자가 흔들리기는 했지만, 몇 시간 후 그는 명료하게 자신의 이름과 직장을 말할 수 있었다. 직장에 전화를 하여 그의 신원과 집 전화번호가 파악되었다. 그의 룸메이트인 클린트가 즉시 달려 왔다. 그가 도착할 때까지 바비는 다른 누구도 볼 수 없는, 광대 복장을 한 2명의 여인과 조용히 대화하고 있었다.

바비는 두부 손상의 병력은 없었다. 며칠 전까지 그는 언제나 조심하는 건강한 게이였다. 그와 클린트는 모두 여러 번의 HIV 검사에서 음성 결과를 받았었다. 하지만 다음날, 기관지 세척 후 실시된 현미경 검사를 통해 주폐포자충(pneumocystis carinii)이 발견되었다. 바비는 폐렴이었고, 이는 아마도 AIDS에 기인한 것이었다.

한 차례 위기가 지나간 뒤 바비는 그 당시 유일한 약물인 AZT를 복용하기 시작했다. 그의 T4 세포는 낮았지만 활력 징후는 정상이었다. 그는 이제 헐떡거리지 않고 걷거나 운동할 수 있었다. 하지만 클린트는 바비가 예전의 그 같지 않았다고 말했다. 그는 직장에 복귀하지 않고 집에서 TV를 보았다 — "이전에는 이런 걸 항상 싫어했어요." 그는 언제나 조심성 있고 다정한 성격이었지만, 이제는 종종 클린트의 대화를 무시했다. 이전에는 집에 있는 동안 항상 바쁘게 움직였지만 이제는 게으르고 무신경해 보였다. 심지어 같은 양말을 며칠 연속으로 신기도 했다. "깨끗한 양말을 어디에 두었는지 까먹었다고 하더라고요. 원래는 항상 깔끔을 떠는 성격이었어요."

바비가 위약감을 호소하고 신발 끈을 묶는 데 어려움을 겪는 것을 알게 되자 클린트는 깜짝 놀랐고 곧바로 바비를 입원하도록 했다.

분석

입원 후 혈액 검사 결과가 나오고 과거력이 얻어지기 전까지의 첫 몇 시간 동안 바비의 진단은 진단 미정의 정신장애였을 것이다. 하지만 자료가 얻어진 후 그의 개인력은 두 가지 증상군을 시사하는 것이었고 이는 그의 퇴원 시기를 통해 대략적으로 구분된다. 첫 번째 급성 삽화 기간 동안 그는 심하게 아프고 혼돈되어 보였다. 그의 시선은 병실 이곳저곳을 떠돌았고, 중요한 정보를 말할 수 있을 정도로 의식이 있다가도 유령 광대를 볼 정도로 병적이었다. 이는 전형적인 섬망의 증상들이며(그림 14.1의 1단계, 인지 문제를 가진 환자에 대한 의사 결정 나무), 이 지점에서 인지 문제는 결정적 요인이 된다. 그가 알코올이나 불법 약물을 복용하지 않았기 때문에 물질 문제의 가능성은 낮아 보이지만, 임상가는 독성 검사를 위해 혈액과 소변 샘플을 얻는 것이 맞았을 것이다. 시간이 지나고 검사 결과가 답을 내었다.

검사를 받고 병원에서 머무르면서 그의 즉각적인 어려움은 해결되었지만, 바비의 문제는 이제 막 시작되었다. 그의 이후 병력은 의사 결정 나무를 다시 한 번 거치도록 한다. 바비는 알코올 사용의 개인력이 없었기 때문에 3단계를 지나간다. 하지만 잠시 기다려 보라! 2단계는 어떤가? 그의 증상 중 일부, 즉 흥미나 활동의 감소가 우울증으로 해석될 수 있지 않은가? 물론 어느 지점에서 임상가는 의학적 상태에 기인한 2차적 우울증에 대해 평가할 필요가 있을지도 모른다. 하지만 여기서 오컴의 면도날(절약의 원칙)이 날을 잃는다. 기분

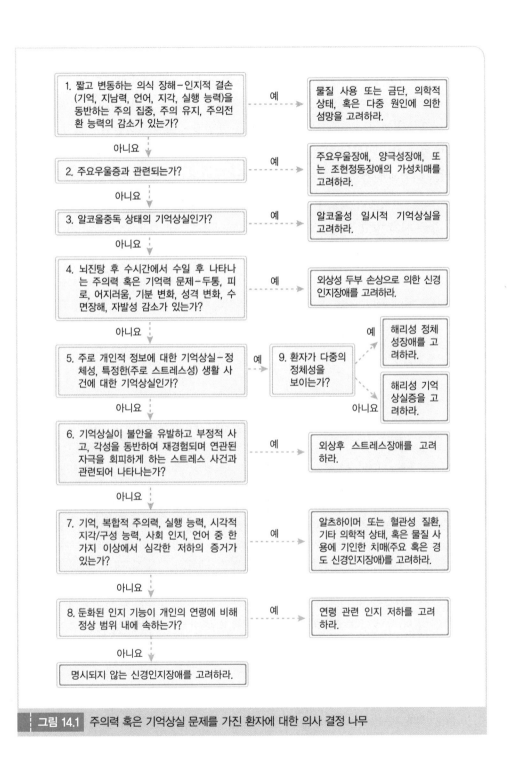

1. 짧고 변동하는 의식 장해−인지적 결손 (기억, 지남력, 언어, 지각, 실행 능력)을 동반하는 주의 집중, 주의 유지, 주의전환 능력의 감소가 있는가? — 예 → 물질 사용 또는 금단, 의학적 상태, 혹은 다중 원인에 의한 섬망을 고려하라.

아니요 ↓

2. 주요우울증과 관련되는가? — 예 → 주요우울장애, 양극성장애, 또는 조현정동장애의 가성치매를 고려하라.

아니요 ↓

3. 알코올중독 상태의 기억상실인가? — 예 → 알코올성 일시적 기억상실을 고려하라.

아니요 ↓

4. 뇌진탕 후 수시간에서 수일 후 나타나는 주의력 혹은 기억력 문제−두통, 피로, 어지러움, 기분 변화, 성격 변화, 수면장해, 자발성 감소가 있는가? — 예 → 외상성 두부 손상으로 의한 신경인지장애를 고려하라.

아니요 ↓

5. 주로 개인적 정보에 대한 기억상실−정체성, 특정한(주로 스트레스성) 생활 사건에 대한 기억상실인가? — 예 → 9. 환자가 다중의 정체성을 보이는가? — 예 → 해리성 정체성장애를 고려하라.
9. 환자가 다중의 정체성을 보이는가? — 아니요 → 해리성 기억상실증을 고려하라.

아니요 ↓

6. 기억상실이 불안을 유발하고 부정적 사고, 각성을 동반하여 재경험되며 연관된 자극을 회피하게 하는 스트레스 사건과 관련되어 나타나는가? — 예 → 외상후 스트레스장애를 고려하라.

아니요 ↓

7. 기억, 복합적 주의력, 실행 능력, 시각적 지각/구성 능력, 사회 인지, 언어 중 한 가지 이상에서 심각한 저하의 증거가 있는가? — 예 → 알츠하이머 또는 혈관성 질환, 기타 의학적 상태, 혹은 물질 사용에 기인한 치매(주요 혹은 경도 신경인지장애)를 고려하라.

아니요 ↓

8. 둔화된 인지 기능이 개인의 연령에 비해 정상 범위 내에 속하는가? — 예 → 연령 관련 인지 저하를 고려하라.

아니요 ↓

명시되지 않는 신경인지장애를 고려하라.

그림 14.1 주의력 혹은 기억상실 문제를 가진 환자에 대한 의사 결정 나무

장애로는 그의 폭넓은 증상을 설명할 수 없다. 기분장애에 대한 의사 결정 나무(그림 11.1과 11.2) 중 어느 것이든 즉각적으로 심각한 의학적 상태의 문제를 제기할 것이다.

두부 손상의 과거력이 없으므로 우리는 5단계로 넘어갈 수 있다. 바비의 기억 문제는 자신의 이름이나 과거 스트레스 받았던 사건 등 개인적 정보에만 국한되지 않았다. 그는 자신의 양말을 찾는 것도 어려웠으므로 6단계를 지나간다. 둘 중 한 가지의 문제가 아니었다. 그는 이전에 학습한 것을 회상하는 것뿐만 아니라 새로운 정보를 학습하는 데에도 분명히 심각한 어려움이 있었다. 게다가 사회적 상황에 대한 인식 또한 저하되었다(그는 양말을 갈아 신지 않고, 클린트와 대화 시 부주의했다). 이 모든 것은 우리가 7단계에 '예'라고 대답하여 치매(주요신경인지장애)를 고려하도록 한다. 가장 가능성이 높은 기저의 원인은 HIV일 것이다. 하지만 최종적인 진단을 내리기 전에, 우리는 주의 깊게 신경학적 평가를 해야 한다. 또한 질병의 경과를 추적하기 위해 간이정신상태검사 혹은 다른 인지 검사의 기저선을 알아야 한다. ('평가 척도가 필요한가?'의 내용을 보라.)

평가 척도가 필요한가?

물고기에게는 비늘이 필요하고 플루트 연주자에게는 음계가 필요하다. 진화적 단계에 따라 그 필요성은 상대적이다.

저자가 수련을 받을 때, 로샤 잉크반점과 미네소타 다면적 인성 검사가 수많은 검사들을 대표했고, 우리는 척도를 거의 사용하지 않았다. 그리고 벡과 해밀턴의 우울 척도가 나왔고, 정신건강은 인종을 초월했다. 이제는 당신이 상상할 수 있는 어떤 사고나 행동 혹은 감정의 이상에 대해서도 객관적인 척도를 찾을 수 있다. 이를 모두 사용한다면, 당신은 업무 시간의 대부분을 척도를 체크하는 데 사용하게 될 것이다.

물론, 임상적 연구를 하고 있다면 척도는 당신이 한 치료의 효과성이 어느 정도인지에 대한 수치를 제공해 준다. 하지만 대부분의 경우 정신상태검사를 정규화하는 것 이상의 정보를 주지는 못한다. 많은 임상적 업무에 있어 우리는 환자들에게 자신의 불편감이나 경과에 대해 '없음'(혹은 '매우 경미')에서 '최대'의 10점 척도상에서 스스로 점수를 매기도록 함으로써 이와 동일한 정보를 얻을 수 있다.

하지만 척도는 때때로 중요한 가치를 갖는다. 예를 들어, 인지적으로 손상된 많은 환자들은 그들의 느낌이나 얼마나 손상되었는지에 대해 신뢰롭게 판단하지 못한다. 폴스테인과 동료들에 의해 개발된(그리고 인터넷 검색을 통해 쉽게 찾을 수 있는) 간이정신상태검사(MMSE)는 이러한 환자들이 어떠한 상태인지에 대한 증거를 제공하고, 우리는 이들을 시간의 흐름에 따라 추적할 수 있다.

섬망에 대한 제언

급성 발병(주로 단 몇 시간 이상), 종잡을 수 없는 주의력, 변동하는 의식 수준은 충분히 섬망을 시사한다. 이것이 발생하면—비록 바비의 증상은 그를 몰두하게 만들기만 했지만—환각은 주로 시각적이고 종종 꽤 무섭게 나타난다. 섬망 상태인 사람의 기분은 우울에서 불안, 짜증, 두려움, 혹은 심지어 유쾌한 정서로 급변할 수 있다. 바비는 활동 수준이 떨어지고 조용했지만, 어떤 섬망 환자들은 시끄럽고 과도하게 활동적으로 변한다. 사실 환자들의 소음과 참견 그 자체가 주의를 끌기 때문에 임상가는 진단에 더 많은 노력을 들이게 되고, 이런 경우 정확하게 진단하기가 더 쉬울 수 있다. 어떤 환자는 한 가지 질병의 다른 시점에 두 가지 상태를 모두 보일 수도 있고, 이는 섬망을 정의하는 변동성의 또 다른 표현이기도 하다. 왜 종종 한 가지 평가로는 진단을 내리기에 충분하지 않은지, 그리고 임상가들이 이를 놓치게 되는지 알 수 있다. 치매의 맥락에서 나타날 때 섬망은 특히 진단하기 어렵다. 친인척이나 간호진을 통해 얻는 정보가 조기 진단의 가능성을 높일 수 있다.

섬망은 의학적 문제로 입원한 환자의 10% 혹은 그 이상에서 발생하고, 급성 질병을 가진 많은 노인 환자들에서는 3배에 이른다. 이는 많은 원인을 갖는 장애다. — 뇌종양이나 외상, 두개 내 감염(HIV뿐만 아니라 수많은 감염원에 의해 유발될 수 있는 뇌막염 및 뇌염이 있다), 다른 신체 부위의 감염, 뇌졸중, 영양 및 비타민 결핍, 내분비 기능 이상, 알코올과 불법 약물 중독, 금단(알코올 금단에 의한 전형적인 진전 섬망을 기억하라)뿐만 아니라 많은 약물 유형(표 9.2를 보라)이 특히 노인 환자에게 섬망을 유발할 수 있다.

치매에 대한 제언

치매 진단은 오류 투성이고, 진단을 잘못 내릴 수 있는 경우가 많다. 초기에 당신은 우리 모두가 경험하는, 일상에서 **정상적으로** 겪을 수 있는 성가신 일들을 치매로 잘못 진단 내릴 수 있다. 저자의 경험을 통해 가장 자주 나타나는 두 가지 예를 들자면, 약속을 잊어버리거나 익숙한 이름을 기억해 내기 어려워하는 것이다. 많은 경우는 우리가 **연령 관련 인지 저하**(이 장의 뒷부분에서 다루어질 것이다)라고 부르는 것의 일부로, 이는 나이 든 사람이 정보 처리에 시간이 소요되는 것에 대해 호소하는 것이다. 만약 다른 인지 능력(예 : 주의력, 언어 유창성 및 다른 언어 기능, 기억, 의사 결정 능력)이 본질적으로 영향을 받지 않고 있다면 이는 치매가 시작되는 것이 아니라 단지 노화라는 요리에 한 가지 양념이 추가되는 것일 뿐이다.

실제 치매에 걸린 사람이 현저한 불행감을 자발적으로 표현하지 않지만, 만약 누군가 바비에게 그가 우울한지 물었다면 그는 그렇다고 대답했을지 모른다(비록 단지 협조적으로 보이기 위해서였을지도 모르지만). 보호자들이 말하는 주 호소가 무감동, 에너지 저하, 집중력 감소이지만 환자가 실제로 슬퍼 보이지 않을 때 증상은 온전히 치매에 의한 것일 수 있다. 파킨슨병, 헌팅턴병, 윌슨병, 그리고 AIDS에 기인한 치매에 걸린 환자의 경우, 무감동 혹은 우울이 상당히 흔하게 나타난다. 이러한 장애는 **피질하치매**(subcortical dementias)로 불리는데, 이는 병리가 발생하는 부위가 대뇌 피질의 한참 아랫부분이기 때문이다 ― **피질성치매**(cortical dementia)인 알츠하이머형에서는 우울증이 덜 흔하다.

언어 능력이 온전하더라도 피질하치매에 걸린 환자의 성격은 변할 수 있고, 이는 특히 무감동, 무기력, 자발적 행동 시작의 감소로 나타난다. 종종 이러한 행동 및 성격의 변화로 인해 치매 환자들이 임상 장면에 오게 된다. 치매의 맥락에서 나타나는 성격 변화에 대해 개별적인 진단을 내릴 것인지는 판단의 문제이다. 만약 환자가 다른 인종에 대해 뚜렷하게 적대적으로 대한다거나 성적 충동을 억제하지 못하는 것과 같이 성격 변화가 뚜렷하고 임상적으로 중요하다면 별개의 진단을 내릴 수 있을 것이다.

DSM-5가 더 복잡해져서 우리는 사고 능력이 약간(앞서 언급된 연령 관련 인지 저하보다는 조금 더 많이) 떨어졌지만 실제로 치매에 걸렸다고 볼 수 있을 만큼 많이 떨어지지는 않은 경우 또한 고려해야 한다. DSM-5는 이러한 사람들을 경도신경인지장애로 분류한다. 감퇴가 훨씬 적고, 불편함을 야기하기는 하지만 이들은 할 일의 목록을 만들고, 알람을 맞추고, 기능을 유지하기 위한 다른 작은 도움을 이용함으로써 그럭저럭 기억해 낼 수 있다. 주요신경인지장애와 경도신경인지장애의 경계는 비교적 분명하지만 경도신경인지장애와 연령 관련 인지 저하의 경계는 아주 흐릿하다. 그리고 어떤 환자가 현재 경도신경인지장애로 진단받았다고 해서, 그것이 미래에 반드시 주요신경인지장애를 진단받을 것을 의미하지는 않는다는 점을 이해해야 한다.

여기 치매의 감별진단에 대한 몇 가지 부가적인 점들이 있다. 조현병 환자는 첫 번째 삽화의 격동 속에서 혹은 질병이 시작되고 수개월에서 수년이 지난 후에 사고의 어려움을 보일 수 있다[조현병의 예전 명칭이 이른 발병 시기로 인해 **조발성치매**(dementia praecox)였던 것을 기억해 보라]. 그리고 많은 치매 환자들이 망상 또는 환각을 경험할 수 있다. 발병 연령, 의학적 원인의 유무, 치매 환자들이 보통 병이 심각하지 않을 때는 정신병적으로 되지 않는다는 사실을 통해 감별을 명확히 해야 한다. 지적장애를 가진 사람들은 인지기능이 정상 이하지만 치매와 혼동되는 일은 없어야 한다. 치매는 생애 훨씬 후기에 시작되며, 기능 손상이라기보다는 상대적으로 일정한 수준으로 평생 지속되는 인지

기능의 점진적인 **악화**를 포함하기 때문이다.

컬리

심한 인지적 문제를 가진 몇몇 환자들은 초기에는 상당히 온전해 보인다. 만약 그들과 몇 분만 이야기한다면 무언가 잘못되었다는 것조차 알아채지 못할 수도 있다.

> 학생들은 컬리가 성인기 대부분을 선원으로 보냈고 술, 그 악마가 결국 그를 사로잡아 병에 걸렸다는 것을 알고 있었다. 거의 5년 동안 그는 일을 할 수도 없었고, 심지어 자기 자신을 돌볼 수도 없었다. "한 가지 단서를 더 줄게요." 컬리의 병실 문에 노크를 하기 직전, 교사가 말했다. "그는 머리를 부딪친 적이 없어요."
>
> "오, 안녕하세요, 어서 오세요." 환자복을 입은 중년 남성이 크게 웃으며 병실에 들어오는 작은 무리의 학생들을 맞이했다. 교사와 컬리는 몇 분 동안 대화를 했다. 각자 인생에서 감동적이었던 많은 것들에 대해 이야기했고, 꽤 친한 사이 같아 보였다. 대화가 깊어질 무렵, 교사는 학생들을 다시 복도로 데리고 나왔다. 몇 분 후, 다시 문에 노크를 하고 모든 사람들이 병실로 들어갔다.
>
> "안녕하세요! 어서 오세요!" 컬리는 활짝 웃으며 모든 이들과 악수를 하기 시작했다.
>
> "이 사람들 기억나세요?" 교사가 학생들을 가리키며 물었다.
>
> "아뇨, 기억 안 나는데. 잠깐! 어젯밤, 아래층에 피아노 라운지에서. 맞죠? 우리 다 같이 술 마셨잖아요, 그렇죠?" 컬리는 두 손을 비비며 생각에 잠긴 듯 보였다. "우리는 미켈롭 맥주를 마시고 있었죠." 그는 밴드와 성격이 안 좋은 웨이터, 그리고 김이 빠졌던 맥주에 대해 묘사하면서 잠시 대화를 이어갔다. 그의 목소리 톤이나 표정 어디에서도 그가 학생들을 속이려는 것처럼 보이지는 않았다.
>
> 컬리는 눈 맞춤을 잘 유지했고, 대화에 잘 집중하는 듯 보였다. 임상가가 세 물건의 목록을 말했을 때, 그는 문제없이 물건의 이름을 바로 따라서 말할 수 있었다. 그러나 몇 분 후, 그는 그중 어느 것의 이름도 기억해 내지 못했다.

분석

컬리는 새로운 기억을 유지하는 능력이 매우 저조했지만 대화에 주의를 유지할 수 있었다. 그리고 그는 방문객들을 즐겁게 하고, 자신의 환경이나 사회적 관습에 대해 완벽하게 알고 있는 듯이 보였다. 이는 그림 14.1의 1단계를 넘어가도록 한다. 우울증이나 두부 손상, 최근의 알코올 중독(그는 몇 주간 병원에 입원해 있었다)에 대한 단서가 모두 없기 때문에 우울증, 알코올성 일시적 기억상실, 그리고 뇌진탕을 배제할 수 있다(2, 3, 4단계). 5단계에서 우리는 그의 문제가 개인적 정보에 국한되어 있다는 개념을 기각할 수 있다. 실제로 어떤 주제든 새로운 기억을 형성하는 능력이 상당히 많이 사라졌다. 주요 외상에 대한 정보가 없으므로 6단계는 모르는 체하고 넘어간다. 그의 다른 인지 기능은 괜찮아 보였지만, 우리는 충분히 (7단계의) 주요신경인지장애(치매라고도 알려져 있다)를 고려해 볼 만하다. 그의 과거 알코올 사용을 고려했을 때 높은 확률로 그럴 수 있다.

이전 컬리의 진단명은 기억상실장애였을 것이다. 하지만 DSM-5는 이를 신경인지장애의 일반 범주로 분류했다. 그리고 우리는 항상 물질 사용이 고려되어야 한다는 진단 원칙을 입증했다.

제언

가까운 과거라면(DSM-Ⅳ) 컬리의 상태에는 '기억상실장애'라는 고유의 진단적 명칭이 붙여졌을 것이다. DSM보다 훨씬 이전에는 1889년에 처음으로 이를 기술했던 러시아 정신과 의사의 이름을 따 코르사코프정신병으로 불렸다(코르사코프치매 혹은 코르사코프증후군으로도 알려져 있다). 이는 또한 베르니케-코르사코프증후군으로 불리기도 했다. 역사적인 이유 말고도 이것이 (어떤 명칭이든지 간에) 분리되어 나올 만한 이유가 있을까? 생각해 보면 다른 인지적 문제가 상대적으로 적다는 점이 다른 유형의 치매와 이를 구분한다. 환자들은 보통 무감동하고 대화가 피상적인 경향이 있기 때문에 상대적이라고 했다. 비록 컬리가 언어적 상징이나 운동 행동에 있어 명백한 결함을 보이지는 않지만, 검사 결과를 통해 그가 스스로 식사를 준비하거나 쇼핑을 하는 등 복잡한 행동을 계획하거나 실행하는 데 미묘한 어려움이 있었다는 것을 밝힐 수 있었을 지도 모른다. 어떤 경우든지 기억상실장애나 다른 유형의 치매를 구분하는 명확한 선이 항상 있는 것은 아니다.

이러한 형태의 치매는 뇌 **변연계**의 손상에 의해 유발된다. 변연계는 대뇌 피질의 아래에 골프공을 움켜쥔 손 모양처럼 구부러진 형태로 위치한, 새로운 학습을 담당하는 구조이다. 변연계의 손상은 일산화탄소 중독이나 외과적 과실에 기인한 티아민 결핍 또는 산소 부족으로 일어나고 다른 많은 유력한 용의자들, 즉 외상성 두부 손상, 뇌졸중, 종양, 알코올 혹은 벤조디아제핀(benzodiazepine)과 바비튜레이트(barbiturate)와 같은 진정제/최면제 등에 기인한다. 저자의 생각에 코르사코프증후군은 치매 환자의 치료에 있어 티아민(thiamine)의 중요성을 상기시키기 위해서라도 구별된 장애로 유지될 가치가 있다.

컬리가 전날 밤 바에서 술을 마시던 이야기를 할 때 그는 기억에 난 구멍들을 메꾸려고 노력했다. 아마 그 구멍들은 그를 걱정하게 만들었을 것이다. 어떤 경우든 작화(confabulation)라고 불리는 이러한 행동은 거짓말이 아니며(컬리는 자신이 하는 말을 믿었다) 망상적인 것도 아니다(이는 순간적 필요에 의해 유발되어 나타났다가 사라지는 경향이 있다). 작화는 기억상실장애에 특정적이지 않다. 이는 아마도 전두엽 손상에 의해 유발되며, 기억하지 못하는 사람들이 때때로 그들의 어려움을 일시적으로 가려 버리는 방법 중 하나일 뿐이다. 시간이 지남에 따라 이는 차츰 사라지게 된다. 실제로 변연계에 일시적으로 (말하자면) 문제가 있는 사람들은, 영양 섭취를 잘 하고 처음 기억상실을 유발했던 약물 또는 알코올 섭취를 피하면 차츰 기억력을 회복할 수 있다.

기타 인지장애와 동반이환

한 장애에만 국한된 증상들이 있을 때는 진단을 내리는 것은 상대적으로 쉽다. 이는 한 가지 이상 질병의 증상과 징후를 가진 환자에게 틀린 진단을 내리는 것만큼이나 쉽다. 두 가지 (혹은 모든) 진단의 특성에 대해 익숙해지는 것이 필요하지만, 이때 감별진단과 의사결정 나무가 특히 필수적인 기능을 하게 된다.

 베티 이모

베티의 80번째 생일이 되기 몇 주 전, 그녀의 조카인 게일이 평가를 위해 그녀를 1차 진료의에게 데려왔다. 베티는 한 달 전 그녀의 오빠가 죽기 전까지 오빠와 함께 살았다. 대체로 그 무렵부터 그녀는 이런 증상들을 보이기 시작했고, 취미활동에 흥미를 상실했으며(그녀는 케이크 장식하는 것을 좋아했다), '더 이상 아무것도 할 수가 없다'고 호소했다. 의사는 그녀와 몇 분 동안 이야기하면서 날짜를 물었고(그녀는 모른다고 답했다), 오랫동안 함께 일한 간호사의 이름(그녀는 대답하지 않았다)을 물었으며, 하루 5mg의 도네페질(donepezil)을 처방했다. 의사는 게일에게 그녀가 노망이 들고 있다고 말했다. 어떤 것도 최종적인 결론을 바꿀 수는 없겠지만 약물, 특히 알츠하이머형치매 약물이 속도를 늦추는 데 도움이 될 수 있다. 또한 베티는 슬픈 기분을 격렬하게 호소하며 아미트립티린(amitriptyline) — (취침 시 50mg) — 을 복용하기 시작했다.

이후 3주 동안 상태는 더욱 더 나빠졌다. 베티는 점점 더 은둔적으로 변하였다. 게일은 몇 번이나 그녀가 침대에 누워 울고 있는 것을 발견했다. 그녀는 자신의 외모를 신경쓰지 않았고, 청소년 때부터 신어 온 하이탑 운동화의 끈을 묶는 데도 도움이 필요했다. 또한 여전히 잠드는 데 어려움이 있기 때문에, 의사는 항우울제를 두 배로 늘렸다. 게일은 단추와 신발을 매기가 어려운 것이 치매가 진행되면서 나타나는 증상인 실행증(apraxias)이라는 것을 알았다. 2주 후, 베티는 여전히 잠을 자지 못했고 이제 초조하기까지 했다. 그녀는 자신의 옷을 잡아당기고 딱정벌레와 말벌에 대해 무언가를 중얼거렸으며 질문에 조리 있게 대답하지 못했다.

그날 오후 게일은 다른 의견을 구하기 위해 베티를 정신건강 클리닉에 데리고 갔다. 그곳에서 2시간의 평가와 1차 진료의와의 상담이 끝난 후, 그녀는 복용하던 모든 약물을 중단했다. 3일 후, 더 조용해진 그녀는 다시 검사를 받았다. 처음 그녀는 할 수 없다고 수차례 이야기하면서 간이 정신상태검사 수행을 힘들어했다. 하지만 임상가의 인내와 격려 끝에 그녀는 결국 30점 중 26점을 받았다. 신발 끈을 묶을 수 있는지 묻자 처음에는 못한다고 말했다. 하지만 격려해 주자 그녀는 잘 해낼 수 있었다.

분석

다른 여러 환자들과 마찬가지로 서로 다른 시점에서 베티의 진단을 고려할 필요가 있다. 당신은 이렇게 주장할 수 있다. "하지만 어떤 환자든 우리가 알고 싶은 것은 **현재의** 진단입니다." 맞는 말이지만, 그것은 종종 서로 다른 시점에 나타나 여러 다른 진단을 시사하는 정보들을 꼼꼼히 살피는 것을 의미한다. 치매와 우울증의 증상을 모두 보이는 사람보다 이것이 더욱 필수적인 경우는 없다.

정신건강 클리닉에 왔을 때 베티의 상태는 악화되어 있었다. 그녀의 집중력 상실과 언어(중얼거림) 및 지각(옷에서 벌레들을 잡아 떼어 내는 것)의 문제는 섬망의 가능성을 강하게 시사하며(그림 14.1의 1단계), 이는 노인 환자에서 합병증을 일으키기로 악명 높은 삼환계 항우울제인 아미트립티린에 기인한 것으로 추정되었다. 하지만 그녀가 치료받기 직전의 진단은 무엇일까? 이를 위해 우리는 나무를 다시 한 번 빠르게 훑어야 한다. 2단계는 그녀가 많은 증상을 보였던 우울증을 우선적으로 고려하고, 그녀의 증상이 가성치매를 시사하는 것일 수 있음을 고려하도록 경고한다.

약물을 중단하자 베티의 섬망은 호전되었다. 그때까지 그녀의 우울증은 단순한 사별에 의한 것보다 더욱 심각하고 더 오래 지속되었고, 결국 SSRI 복용을 시작하였다. 몇 주 뒤 그녀는 다시 밝은 모습으로 이웃들에게 줄 케이크를 장식하고 있었다. 그녀의 최종 진단은 주요우울장애였다.

제언

가성치매(pseudodementia)는 다소 부정확한 명칭이다 — 치매 증상은 실제로 있지만 가역적이다. 이는 주로 회고적으로만 내려지는 진단이며, 잘못하여 다른 치매 진단이 내려지는 것은 엄청난 비극이다. 실제 치매는 안전 위계에서 가장 바닥 또는 그 근처에 있는 진단이기 때문에 모든 자료가 모아지기까지 이 진단은 보류되어야 한다. 어쨌든 당신은 DSM에서 가성치매 항목을 찾을 수 없을 것이다. DSM-5의 신경인지장애 정의에서는 원인이 될 수 있는 기분장애를 가진 환자를 분명하게 배제하고 있다. 당신이 할 수 있는 최선은 중증의 기분장애로 진단하고, 요약 부분에 적절한 용어를 대문자로 덧붙이는 것이다.

우울성 가성치매는 상당히 흔하다. 한 추정에 의하면 이는 나이 든 치매 환자의 10%에서 발생한다. 그들은 검사 결과에 이상이 없음에도 기억력 상실을 호소하고(대부분의 치매에서는 전형적이지 않음) 심지어 이를 강조할 수 있다. 그들은 쉽게 주의가 분산되고, 자극에 대한 반응이 느리며, 주의 폭이 짧을 수 있다. 이러한 대답이 다른 형태의 치매에서보다 우울성 가성치매에서 더 자주 나타나는 것인지는 분명하지 않으나 "난 모릅니다."와 "기억이 안 납니다."라는 대답이 흔하게 나타난다. 가성치매의 위험 요인에는 임상적 기분장애의 과거력, 최근의 사별, 그리고 기분장애의 가족력이 있다. 따라서 이 진단을 내릴 때 친인척들로부터 정보를 얻는 것이 굉장히 도움이 될 수 있다. 발병은 비교적 급속도로 나타나며(수 주 혹은 수개월) 환자는 죄책감, 자살사고, 생장 증상과 기억력 문제를 호소한다. 치매 환자들이 주로 시간 지남력의 문제, 거리에서 길을 찾거나 옷을 입기 어려워하는 문제를 보이는 반면, 가성치매 환자들은 특히 성욕 감소, 이른 아침에 잠에서 깨는 것, 불안의 문제를 보이는 경향이 있다. 표 14.2에 우울증과 치매를 구별하는 데 도움이 되는 다른 특징들을 제시하였다.

더욱 어려운 문제는 기질성(실제)치매와 임상적 우울증이 모두 있는 환자다. 이는 자주 볼 수 있는 경우로 치매 환자의 10~20%는 어느 정도의 우울증을 나타낸다. 치매 환자에게서 나타나는 우울증은 기질성치매의 경우보다 훨씬 심하게 나타나는 급작스러운 흥미 상실과 생장 증상(예 : 불면, 식욕 부진, 체중 감소), 무가치감, 정신 운동 지체를 통해 알 수 있다.

여기 교훈이 있다. 우울증과 치매는 상호 배타적이지 않다. 우리는 각각을 독립적으로 추적해야 한다. 우울증 혹은 치매 증상을 가진 노인 환자에 대해서는 반드시 이 두 가지 장애 모두를 확인해야 한다. 당신은 인지장애에 대해서도 우울증 증상을 탐색할 필요가 있다.

 윌마

아래의 일화는 각 환자의 질병, 수술, 알러지, 손상을 포함한 의학적 문제와 관련된 개인력에 대해 자세히 묻는 것이 얼마나 중요한지를 보여 준다.

윌마의 가족이 마침내 의사를 만났을 때, 그녀는 수 주 동안 힘들어했었고 그녀의 어머니도 마찬가지로 힘들어하고 있었다. 윌마는 잠을 잘 수 없다고 호소했고, 아침에 일어나면 항상 참을 수 없을 정도로 투덜거렸다. "윌마에게 큰 변화가 있어요." 어머니가 한숨을 쉬면서 말했다. "17세까지는 당신이 상상할 수 없을 만큼 마음이 비단결 같았어요. 10대 딸을 둔 내 모든 친구들이 부러워했죠. 이제는 내가 부러워하고 있네요. 당신은 그녀가 다른 성격을 이식받은 것 같다고 생각할 거예요."

윌마에게 가장 큰 문제는 두통이었고, 이는 거의 하루 종일 그녀를 괴롭혔다. 두통은 어지러움과 지속적인 피로감과 함께 학업에 집중하기도 어렵게 만들고 있었다. 그녀는 자신이 우울한 것은 아니라고 확신했다. 그녀는 지난 학기 건강 수업에서 우울증에 대해 배운 적이 있었다. 하지만 그녀는 "기억력이 상당히 떨어졌어요. 피아노 수업에 갔을 때는 심지어 선생님 성함도 기억이 안 나더라고요."라고 했다.

"건강상 다른 문제를 겪은 적이 있었나요?" 정신건강 임상가가 물었다.

그녀는 건강상의 문제를 겪은 적이 있었다. 몇 달 전, 어머니의 바람과는 달리 윌마는 남자친구인 프랭크와 함께 오토바이를 탄 적이 있었다. 이 일이 그것이었다. 그녀는 이전에도 그런 적이 있었고, 남자친구가 안전하게 운전한다는 것도 알고 있었지만 산길의 가파른 커브에 있는 검은 얼음 조각은 예상하지 못했다. 그녀는 헬멧을 쓰고 있었지만 지역의 반(反) 헬멧법 연합의 열렬한 멤버인 프랭크는 쓰고 있지 않았다.

충돌 후, 윌마는 거의 1시간 동안 의식이 없었다. 그녀는 그날 프랭크와 함께 오토바이 탔던 것, 들것 위에서 깨어나 자신이 어디에 있는지 확신하지 못했던 것, 메스꺼운 느낌의 조짐이 있었던 것들을 전혀 기억하지 못했다.

분석

만약 어머니의 초기 인상만 고려되었다면 윌마는 성격검사 배터리를 받게 되었을 지도 모른다. 다행히도 그녀의 임상가는 전체적인 개인력을 탐색해야 할 필요성을 인식했다. 윌마가 심각한 우울증에 걸린 적이 없고 현재 섬망 상태에 있지 않기 때문에(사고 직후 그랬을지도 모르지만) 우리는 빠르게 1~3단계를 넘어갈 수 있다. 매우 중요한 4단계에 도달하게 되는데, 이는 DSM-5의 외상적 두부 손상에 의한 경도신경인지장애의 진단을 고려하도록 한다. 이는 이전에 **뇌진탕후장애**(postconcussional disorder)로 불렸던 것으로, DSM-IV에서는 추후 연구가 요구되는 임시 진단으로 포함되어 있었다. 단순하게 하기 위해 나는 이전 용어를 사용할 것이다.

제언

성인의 약 5%가 일생동안 뇌진탕을 경험하는 것으로 보고된다. 뇌진탕은 뇌에 충격이 가해져 의식 소실 혹은 다른 기능 손상을 야기하는 것이다. 대부분 뇌의 앞부분이 뇌를 단단하게 보호하는 운반 케이스의 안쪽에 세게 부딪히면서 전두엽에 손상이 가해진다. 자동차 사고가 큰 비율을 차지하지만, 이는 풋볼 선수들, 심하게 흔들린 아기, 사다리에서 떨어진 사람들에게서도 나타난다. 뇌진탕의 거의 대다수는 경도로, 잠깐 동안 의식이 소실되거나 물건들이 제대로 보이지 않고(만화에서 엉덩방아를 찧었을 때 나타나는 별과 행성들) 의식이 변동하는 일시적인 상태이다.

뇌진탕은 단지 순간적으로만 지속될지라도 항상 어느 정도의 기억상실을 유발한다. 일반적으로는 빠르고 완전하게 정상으로 회복된다. 많은 사람들은 입원을 하지도 않고 며칠 동안만 직장에 휴가를 내며, 대다수는 3개월 안에 복귀한다. 하지만 몇몇은 수 주 혹은 수개월 동안 뇌진탕후장애를 구성하는 증상들을 지속적으로 겪을 것이며, 이는 DSM-5에서만 경도신경인지장애로서 공식적으로 인정된 장애이다.

이 환자들(아주 많은 환자들)은 종종 두통, 메스꺼움, 어지러움, 그리고 피로를 동반하는 기억력 혹은 주의력 문제를 겪는다. 무감동, 불면, 자극과민성, 불안, 그리고 (드물게) 정신병이 발생할 수 있다. 성격 변화는 윌마의 경우처럼 상당히 경미하게 나타날 수 있으며, 성욕의 증가나 기타 사회적으로 부적절한 행동 역시 나타날 수 있다. 윌마의 경우와는 달리 20% 혹은 그 이상의 환자들이 우울증을 경험하는데, 알코올이나 약물을 사용하거

표 14.2 치매와 가성치매를 동반한 우울증의 특징

	치매	가성치매
발병	수개월–수년	수 주–수개월
하루 중 질병이 악화되는 시간	저녁	아침
뇌전도, 뇌영상	비정상	정상
기분장애의 가족력	가능성 낮음	가능성 높음
우울증의 과거력	흔하지 않음	빈번함
온전한 사회 기술	아니요	예
자기 비난	아니요	예
걱정이나 고통을 드러냄	아니요	예
과제에 최선의 노력을 기울임	예	아니요
인지장애	숨김	강조함
훈련에 따른 기억력 향상	아니요	예
온전한 지남력	아니요	가변적

나 교육 수준이 높지 않거나 손상 전 직업력이 불안정한 경우에 특히 그렇다. 만약 우울증이 독립적으로 진단될 만큼 심각하다면 다른 기분장애와 마찬가지로 간주하라.

뇌진탕후장애는 보통 자연스럽게 사라진다. 증상이 3개월 정도 지속된 이후에는 경막하 혈종의 가능성을 걱정할 필요가 있다. 물론 감별해야 할 다른 인지장애는 외상성 두부손상에 의한 치매(주요신경인지장애)이며, 이는 자동차 사고나 복싱으로 인한 심한 손상으로 인해 발생하고, 보통 반신마비나 실어증 등의 신경학적 이상을 동반한다.

장애가 아닌 인지적 문제

감별진단은 주로 여러 질병들 중에서 결정을 내리는 것의 문제이다. 우리는 때로 다른 중요한 경계를 잊어버린다.

 레지

로널드 레이건(레지)은 1994년에 '내 인생의 황혼으로 나를 이끌 여정'을 시작한다고 발표한 지 얼마 지나지 않아 그의 1차 진료의를 방문했다. "나는 걱정되는 몇 가지가 있어요." 그가 말했다. "많이 걱정돼요. 내가 알츠하이머병에 걸릴 수도 있다는 것이 두려워요."

불과 몇 달 전 그는 새로운 책임이 주어지는 직위로 승진했지만, 63세인 그는 비밀스럽게 다음 해 은퇴를 계획하고 있었다. 레지는 자신이 약간 기력이 쇠하기 시작했다는 것을 받아들였다. "많이 걱정돼요." 그는 다시 한 번 말했다.

그는 항상 물건을 어디에 두었는지 잘 잊어버리곤 했다. 하지만 최근 들어서는 더 자주 잊어버리는 것 같았다. 일에 대해 골똘히 생각할 때 그는 때때로 차선을 방해한 후에 기어를 변경하기까지 시간이 걸렸고, 몇 년간 알고 지낸 사람들의 이름을 기억하는 데도 시간이 영원히 걸리는 것 같았다. "내 아내는 내가 언제나처럼 예민하다고 해요." 그는 인정했다. "하지만 그녀는 그저 저를, 음…." 그는 말하고 싶은 단어를 찾기 위해 갑작스럽게 멈췄다.

"안심시키려고 한다?" 진료의가 말했다.

"맞아요. 보세요. 이게 내가 몇 달 동안 겪고 있는 거예요."

레지가 때로로 자신의 기억력에 대해 '상당히 불안'해 했지만, 그는 공황발작을 겪은 적이 없었고, 우울증이나 다른 문제들에 대한 걱정도 부인했다. 나이 들어가는 것에 따른 설움 이외에 그의 건강상태는 항상 좋았고 손상을 입은 적도 없었다. 그는 '건강한 콜레스테롤 수치를 유지하는 데 도움이 되고자' 거의 매일 와인 한 잔을 마셨다. 신체 검사 결과는 완전히 정상이었고, 간이정신상태검사에서도 완벽한 30점을 받았다.

분석

정신건강 전문가들은 우울장애나 불안장애를 의심할 가능성이 높다. 하지만 레지의 사례에 대해 그림 11.1과 12.1을 탐색하면 성과가 없다는 것을 알게 될 것이다. 그리고 그림 14.1에서도 마찬가지로 보일 것이다. 레지는 섬망을 시사하는 변동하는 의식 수준에 대한 증거를 보이지 않았고, 우울에 대한 증거도, 두부 손상이나 알코올 오용과 관련된 증거도 보이지 않았다. 물론 그의 임상가는 각각의 장애와 관련하여 부수적인 정보를 얻고자 시도해야 할 것이다. 하지만 4단계까지는 해당되는 것이 없다. 그의 건망증은 기억상실 수준에 이르지 않았고 개인 정보에 국한되지도 않았다. 실제로 우리는 그가 새로운 정보를 학습하는 데에 문제가 많았다고 할 수 없을 것이다. 정신적 스트레스 요인과 관련된 개인력이 없다는 점에서(나이 드는 과정 그 자체를 제외하고) 우리는 8단계에서 더 이상 옵션이 없다. 간이정신상태검사 결과는 위안이 되는 것이며, 그의 나이와 병력을 고려했을 때 레지를 진료한 의사는 그를 적절하게 안심시키기 위해 필요한 정보를 갖게 된다. 이 장의 앞부분과 표 14.1에서 언급된 연령 관련 인지 저하 그 이상은 아니라는 것이다. 이는 어떤 문제가 있음을 내포하는 것이 아니다. 다시 말해, 우리는 환자가 그저 정상일 수도 있음을 고려하라는 진단 원칙을 적용하게 되는 것이다('얼마나 많은 방법으로 우리는 정상을 말할 수 있는가?'의 내용을 보라).

제언

연령 관련 인지 저하는 실제보다 더 안 좋게 들린다. 이는 심지어 우리의 사고 기제의 다양한 영역을 어느 정도 중요하게 포함하지도 않는다. 사람과 사물을 인식하고, 개념을 식별하고, 운동 기능을 수행하고, 언어를 사용하는 능력 등 이러한 모든 중요한 영역이 유지된다. 주요 문제는 나이 듦에 따라 우리가 얼마나 똑똑한가 혹은 얼마나 교육을 받았는가와 관계없이 정보를 처리하는 속도가 감소한다는 것이다. DSM-5가 연령 관련 인지 저하를 목록에 포함시키지 않았다는 것은(DSM-Ⅳ에는 포함되었음) 부적절한 처사다. 비록 개인의 기록지에는 ICD-10에 따라 코딩할 수도 있지만, 우리는 여전히 연령 관련 인지 저하의 개념을 사용할 수 있다.

    누가 이를 정당화하든 상관없이 연령 관련 인지 저하는 정상에 대한 표현이다. 이는 장애가 아니기 때문에 진단 기준이 있을 수 없으며 배제 기준이다. 개인의 나이뿐만 아니라 일생 동안의 능력, 교육적 성취, 일반적인 건강 상태와 문화를 고려함으로써 다른 모든 것들은 배제해야 한다. 여기 좋은 소식이 있다. 이는 그 어떤 것도 실제로는 문제가 아니

얼마나 많은 방법으로 우리는 '정상(normal)'을 말할 수 있는가?

연령 관련 인지 저하는 무언가 비정상적이라고 호소하는 환자에게 정상이라고 말하는 방법 중 하나다. 정신건강 전문가로서 우리는 매일 이러한 상황을 직면하게 된다. 하지만 이를 얼마나 자주 깨닫고 있는가?

심리적 문제를 가진 환자를 평가할 때 우리는 너무나 빈번하게 '그들의 돈값을 해야 한다'는 의무감을 느낀다. 요약하면 진단을 내려야 한다고 생각하는 것이다. 누군가에게는 솔직하게 말하는 것이 더 낫고 훨씬 더 만족감을 준다. "당신에게 실제로 문제는 없어요. 우리가 함께 다룰 수 있는 문제를 가지고 있지만, 당신의 정신건강은 기본적으로는 양호합니다." 물론 우리는 언제나 '정신적 진단 없음'으로 할 수 있지만 이는 정보를 낭비하는 것이고 생활의 어려움을 안고 매일 우리를 찾아오는 수많은 사람들에게 부당한 것이다. 더 나은 방법들이 있다.

많은 상황들은 문제는 되는 수준이지만 정상에 해당한다. 예를 들어 관계의 문제, 즉 한 단체의 구성원들이 서로 어울리는 데 어려움을 겪는 경우를 생각해 보자. 물론 그 원인이 누군가의 정신 질환일 수도 있지만, 많은 관계의 문제들은 진단 내릴 수 있는 정신적 병리가 전혀 없는 경우에도 존재한다. 영향을 받을 수 있는 관계들은 당신이 상상할 수 있는 만큼 다양하다. 자녀-부모, 친구, 형제자매, 배우자, 고용자-감독자, 직장 동료 등. 문제는 되지만 정상인 다른 상태는 사별로서, 이는 사랑하는 누군가의 죽음에 대한 반응이다. 이에 대해서는 11장에서 논의하였다.

정상을 나타내는 다른 몇몇 용어는 덜 온화하다. 경계선 지적 기능(borderline intellectual functioning)은 80 중반보다 약간 아래의 IQ를 가리키며, 지적장애 환자들보다는 높고 생활에 문제는 없는 정도이다. 저자가 거의 사용하지 않는 위험한 용어인 꾀병(malingering)은 무언가를(일, 처벌, 혹은 병역) 피하거나 혹은 무언가를(주로 약물이나 소송과 관련된 돈) 얻기 위해 증상을 의도적으로 지어내거나 과장하는 것을 가리킨다. 이러한 실재하는 동기는 **인위장애**(factitious disorder) 환자들과는 상당히 다른 것으로, 인위장애 환자들은 의학적 관심을 얻기 위해 질환을 가장한다. 둘 중 어느 것도 정신장애는 아니지만, 나는 꾀병을 정상이라 부름으로써 품위 있어 보이게 하고 싶지는 않다.

학업적, 직업적, 영적, 혹은 거주 문제, 또는 다른 문화에 적응하는 과정에서 어려움을 겪는 다른 유형의 정상적인 사람들에게는 (**문제**라는 용어를 덧붙여서) 이러한 용어를 사용할 수 있다. 이를 통해 실제 정신장애의 오명을 담지 않은 이름표를 붙일 수 있다. 예를 들어, 진로 선택에 대한 염려로 어려움을 겪는 사람은 학업적 문제를 겪고 있다고 기술될 수 있다. 마지막으로, 성격장애나 다른 진단을 충족시키지 않는 범죄자들을 위해서도 진단이 있다. 이는 성인 반사회성 행동(adult antisocial behavior)이다. 토니 소프라노[10]를 생각해 보라.

---

10. 역주 : 미국 TV 연속극 '소프라노스(Sopranos)'의 주인공인 마피아 두목이다.

며 개인이 반드시 노쇠의 길로 가는 것은 아니라는 것을 의미한다. 나쁜 소식은 개인은 아마도 향상되지 않을 것이며, 더욱 악화될 수 있다는 것이다.

 ## 젠

어떤 증상들은 정신과적 진단을 내리도록 하지만 어떤 증상들은 그렇지 않다. 그것이 어떤 것인지 결정하는 데 있어, 우리는 환자의 전체적인 맥락에서 모든 증상을 평가해야만 한다. 기억상실이 이러한 증상 중 하나이다. 우리는 이것의 중요성에 대해 속단하지 않도록 주의를 기울여야 한다.

그날 아침 걸려온 전화는 단호했다. "당신은 오늘 젠을 데려가야 합니다. 아이는 제 정신이 아니에요." 젠의 어머니였다. 어머니가 젠의 방에 들어갔을 때 그녀는 울고 있었다. "그녀는 자신의 정신을 망쳐버렸다고 생각해요."

젠은 19세밖에 안 되었으며, 최근에야 여학생이 입학하기 시작한 이스턴대학의 2학년 학생이었다. 그녀는 집에 살았지만 최근에는 캠퍼스에서 친구들(그녀의 어머니가 바라기로는 여자친구들)과 여러 밤을 보냈다. 하지만 전날 밤, 그녀는 거의 모르는 학생이 주최한 교외 파티에 참석했다. 젊은 사람들 무리는 맥주와 독한 위스키를 포함하여 엄청나게 많은 양의 술을 마셨다. 힘든 기말 시험 주간을 막 끝낸 젠은 '파티를 즐길 준비'가 되어 있었고, 도착한 지 몇 분 안에 여러 잔의 술을 급하게 마셨다. 그것이 다음날 아침, 그녀가 잠에서 깼을 때 기억할 수 있던 마지막이었다. 깨어났을 때 그녀는 발가벗고 있었고, 믿을 수 없을 만큼 숙취가 심한 상태였으며, 낯선 침대에 낯선 남자, 그리고 심지어 낯선 여자와 함께 있었다. "이전에는 한 번도 이런 적이 없었어요." 젠은 치료자에게 울면서 이야기했다. "저는 알코올이 뇌에 손상을 입힐 수 있다는 것을 알고 있어요. 지난 학기에 심리학 강의에서 관련된 내용을 읽었거든요."

그녀는 이전에 우울하거나 불안한 적이 없었다, "하지만 지금은 확실히 그래요." 젠은 또한 머리가 죽을 만큼 아팠지만 머리를 부딪친 적은 없다고 생각했고, 압통을 느끼지도 않았다. 간이정신상태검사에서 완벽한 30점을 받았고, 울고 있는 것을 제외하면 다른 어떤 특별한 점은 보이지 않았다.

젠은 술에 취해 있는 동안 자신이 했을지도 모르는 일에 대해 '아주 당황했다'고 인정했다. "몇 번 취한 경험이 있지만 전 괜찮았어요. 그리고 항상 분별력이 있다고 생각했어요." 조금 더 울고 나서 그녀는 덧붙였다. "제가 제 뇌에 무언가 정말 끔찍한 일을 했을까 봐 너무 무서워요."

분석

임상가는 그녀가 뇌진탕은 아니었음을 분명히 해야 한다. 알코올 중독 상태에서는 흔하게 나타나지만, 기억상실을 호소하는 사람들의 경우 면밀히 생각해 봐야 할 문제다. 간이 정신상태검사와 면담 동안 보인 주의 집중력을 통해 섬망은 배제되었고, 치매 혹은 가성 치매를 시사할 만한 심한 우울증의 증거는 없었다. 사실 이러한 병력은 알코올성 일시적 기억상실 진단을 내리게 한다(그림 14.1의 3단계). 실제 정신장애는 아님에도 불구하고 일시적 기억상실은 때때로 임상적 평가를 필요로 하는 상당히 흔한 경험이다.

그림을 벗어나기 전에 5단계로 내려가 보자. 젠의 경험이 불안에 의해 유발된 해리 현상일 수 있을까? 표면적으로 이는 해리성기억상실의 정의에 부합한다. 하지만 몇몇 임상가들이 신념에 기반을 둔 진단으로 여기기 전에, 먼저 명백한 신체적인 원인이 있는지를 우선적으로 배제해야 한다(이후에 나올 '기억상실과 해리'를 보라).

제언

일시적으로 기억을 상실한 동안 사람은 상당히 정상적으로 행동을 지속할 수 있다. 단지 다음 날 술에서 깨면 행동에 대한 기억이 거의 없거나 전혀 남아 있지 않은 것이다. 일시적 기억상실을 경험하는 사람들은 다양한 범위의 활동을 하는 것으로 보고된다. 이는 사무실 뒷담화와 같은 지극히 평범한 사건에서부터 운전처럼 위험한 것, 성관계처럼 본능적으로 기억에 남을 만한 사건에 이르기까지 다양하다. 알코올성 일시적 기억상실은 변연계의 해마라고 불리는 영역에 알코올이 영향을 미친 결과이다. 이전에 형성된 기억은 영향을 받지 않은 채 유지되지만 새로운 기억의 형성이 차단된다. 일시적 기억상실은 부분적일 수도, 전체적일 수도 있다. 알코올 섭취량이 많을수록, 특히 짧은 시간 내에 섭취한 경우 기억력 손상이 심하다. 하지만 한 번의 일시적 기억상실이 어떤 것이든 영구적으로 손상을 입힌다는 증거는 없다.

저자가 학교에 다닐 때 일시적 기억상실은 알코올 중독의 증상이라고 배웠다. 하지만 최근 수십 년의 과학은 그렇지 않은 것으로 결정짓는다. 실제로 오늘날 연구들은 일시적 기억상실이 사교의 목적으로 음주하는 사람들에게서 흔히 나타나고, 심지어 처음 술을 마시는 사람에게서도 나타난다고 밝힌다. 한 번이라도 술을 마신 적 있는 대학생 중 40%가 적어도 한 번은 알코올 사용과 관련된 일시적 기억상실을 경험한다. 여성이 특히 취약하며, 술을 마시는 젊은 사람들 중 아주 소수(특히 여성)는 일시적 기억상실을 경험한 후 겁을 먹고 음주 행동을 바꾸기도 한다. 이는 나쁜 것이 아니다. 일시적 기억상실이 심각한 문제가 아니라고 생각할지라도, 이는 알코올과 관련된 추후 문제의 전조가 될 수 있다. 젠의 경험은 자신의 기분 전환을 위한 선택을 재평가하기 위한, 문자 그대로 주의를 환기시키는 경고가 될 것이다.

기억상실과 해리

해리(dissociation)는 정상적으로 함께 일어나는 정신 과정 사이의 연결이 끊어지는 것이다. 그 결과는 보통 일시적이지만 급작스럽게 나타나는 개인의 의식, 행동, 혹은 정체성의 변화이며, 주로 끝나고 난 뒤에는 그 삽화에 대한 기억을 상실한다. 저자의 사전에는 기억상실(amnesia)이 망각 혹은 기억의 소실과 동의어라고 되어 있다. 물론 치매에서도 기억상실이 나타나지만 이 경우 그 결함은 전반적이고 보통 영구적이다.

해리에서의 기억상실은 도로 구석의 움푹 파인 곳에 대한 우리의 희망처럼 언젠가 채워질 간격을 의미한다. 실제로 이는 해리의 결과로 흔하게 나타나며, 일시적으로 기억을 잃지만 수일 혹은 수 주 내에 회복된다.

솔직히 말해 나는 골치 아픈 진단 범주로 인해 이 주제를 어떻게 제시할 것인가를 며칠 동안이나 고민했다. 해리는 거의 모든 곳에 있지만, 거의 아무 곳에도 없다. 모든 곳에 있다는 말은 이것이 정상적인, 우리 모두가 경험하는 일상적인 경험이라는 점이다. 예를 들어, 백일몽에 빠지거나 잡지 기사 혹은 텔레비전 프로그램에 너무 빠져들 때 우리는 시간 가는 줄 모르게 된다. 최면은 외과, 치과, 의학적, 혹은 심리치료 환자들의 치료에 종종 사용되는 해리의 일종이다. 반면 비정상적인 해리는 조현병의 둔화된 정서와 외상후 스트레스장애 환자들이 그들의 외상적 경험에 대해 보이는 마비된 감각으로 나타난다. 이는 또한 이인화(depersonalization, 자신의 신체에서 분리된 듯한 감각)와 비현실감(derealization, 세계가 변하거나 실제가 아니라는 느낌)에서 나타나는 것처럼 독립적으로도 나타난다.

하지만 해리는 거의 어디에도 없다. 정신과 의사로서 40년이 넘는 세월 동안 나는 명백히 해리장애를 가진 환자는 거의 보지 못했다. 몇몇 저자들은 이 장애의 가치에 의문을 제기하고, 신뢰성 있게 진단 내려질 수 없으며, 잘 속는 열성가들에 의해 지어내진 것이라고 주장한다. 많은 해리장애 환자들은 그 치료에 특화된 곳이나 이에 대해 광범위하게 저술하는 개인 임상가들의 클리닉에 모이는 경향이 있다. 다른 누구와 마찬가지로 임상가들은 자신이 기대하는 것을 찾아내는 경향이 있다.

매혹적인 진단의 매력에 저항하는 것은 진정 어려울 수 있다. 갑자기 과거의 중요한 부분을 기억하지 못하고 긴급히 치료를 요청하는 매력적인 환자는 드라마를 위해 만들어진 것이다. 환자는 피암시성이 높고, 아마도 스트레스에 의해 유발된 병리의 과거력이 있을 것이다. 기억상실은 신체적, 성적, 혹은 다른 정서적 외상에 의해 촉발되어 특정한 사건이나 기간에 대한 기억을 지워버린다. 반면 새로운 학습은 영향을 받지 않는다. 기억상실은 종종 이것이 갑작스럽게 시작된 것처럼 행복한 헐리우드 엔딩과 같이 쉽게 사라진다.

그림 14.1에서 간략히 언급했듯이 어떤 환자는 분명 해리장애에 의해 일시적으로 기억 기능을 잃지만 많은 임상가들은 단지 그들에 대한 글을 읽어 보기만 했을 것이다. 2006년 더 뉴요커(*The New Yorker*)는 2년이 지났음에도 여전히 기억을 회복하지 못하는 더그 브루스라는 환자를 소개했다. 최근의 연구는 정신과 환자와 일반 의학적 환자 사이에서 이 환자들이 과소 진단될 수 있다고 보고하기 때문에 나는 여기에 이 분류를 언급하였다. 하지만 당신의 자료와 결론을 날카로운 시선으로 세밀히 조사해 보라.

자발적으로 해리 경험에 대해 보고하는 환자는 거의 없기 때문에 임상가는 반드시 물어야 한다. "어딘가에서 당신을 발견했지만 그곳까지 어떻게 갔는지 몰랐던 적이 있나요? 가족이나 친구를 알아보지 못한 적이 있나요? 아동기나 성인기의 일정 기간에 대해 기억하지 못한 적이 있나요? 당신의 소지품 중 익숙하지 않은 물건을 찾거나, 당신이 작성했음이 틀림없는데 기억하지 못한 문서가 있나요?" 물론 이러한 질문은 피암시성이 높은 사람들에게 증상을 연상시키게 할 위험성이 있다. 한 걸음 더 오류를 발전시켜 임상가는 때때로 해리를 확인하고 환자들에게 아동기에 (이론적으로 이를 유발한) 학대가 있었을 것이라고 설득하도록 노력한다.

적어도 한 명의 권위자는 진단의 첫 단계로서 환자의 증상을 진실한 것으로 믿으라고 충고한다 — 둔주 상태를 경험했다고 주장했지만, 주기적으로 진실에 부합하지 않는 것으로 알려졌던 환자 토니를 기억하라(4장 참고). 나는 꾀병으로 진단하는 것을 싫어하지만, 기억상실이 꾀병으로 나타나는 가장 흔한 정신질환 증상인 것은 맞다. 당신은 4장에서 이에 대해 기술했던 것을 다시 보고 싶을지 모른다. 그리고 (거의) 아무도 환자가 신체화장애일 것에 대해서는 확인할 생각을 하지 않는다.

15

물질 오용과 기타 중독
진단하기

속시원히 털어놓고 이야기해 보자. 우리는 때때로 **중독**(addiction)이라는 용어에 대해 반대하는 이야기를 듣는다. 왜냐하면 그 용어가 과학적 정의를 지니고 있지 않기 때문이다. 비록 그것이 사실일지라도, 우리가 정신건강 용어들 중 수많은 정확하지 않은 용어들을 모두 기피하려 한다면 우리는 아무런 말도 할 수 없게 될 것이다. 일상에서나 대중매체에서 사용하는 우울증, 편집증, 공포, 불안, 조증, 조현병과 같은 용어들 모두는 그 용어들이 가진 엄밀한 과학적 용도와는 다른 의미를 지니고 있다.

중독이라는 단어는 '주인에게 항복하다'를 의미하는 로마법에서 유래되었다. 우리가 오늘날 물질 오용이나 강박 행동을 보이는 사람들에게 이러한 용어를 사용하는 것이 과연 적절한가! 이 집약적인 단어에는 분명한 통제력 상실과 개인 및 사회에 대한 유해성이라는 뜻이 담겨 있다. 과학적 엄밀성이 부족한 점 이외에도 이 용어의 주요한 단점은 정신건강 분야에 종사하는 우리가 전달하고 싶지 않은 비난을 함축한다는 점이다[100년이 넘도록 중독성 있는 약물의 사용을 규정할 때 쓰는 용어인 **습관**(habit) 역시 전문가들에 의해서는 결코 널리 지지받지 못하였다].

물질사용장애

DSM-5에서 용어명이 다시 바뀌었다. DSM-Ⅲ에서 물질 의존(substance dependence)과 물질 남용(substance abuse)을 두 가지 개별적인 장애로 언급했던 반면 최근에는 공통된 합의가 도출되었으며, 이 장애들의 진단 기준을 물질사용장애(substance use disorder)라고 불리는 하나의 커다란 집합으로 통합하였다. 하지만 이 용어는 적어도 저자에게는 조금 투박해 보이기 때문에, 저자는 계속 이 장애를 간단히 물질 의존으로 언급할 것이다. 물질 의존에는 세 가지 주요한 특징들이 있다.

1. 개인은 보통 생리적으로 영향을 받게 될 것이다. 이것은 음주나 다른 물질 사용이 내성이나 금단을 일으킬 만큼 과도하고 오래되었다는 것을 의미한다. 내성(tolerance)은 갈망을 만족시키는 데 드는 양이 증가함을 의미하며, 금단(withdrawal)은 음주나 물질 사용을 갑자기 줄였을 때 나타나는 증상이다.

2. 통제력 상실은 물질사용장애에서 일관되게 나타나는 두 번째 특징이다. 이것은 개인이 의도한 것 이상의 양을 사용하는 것으로 나타난다. 물질 사용을 통제하는 것에 반복적으로 실패하고, 가정생활과 같이 중요한 활동들보다 물질을 사용하는 것을 선호하며, 건강에 해롭거나 자신과 타인에게 위험하다는 것을 인식함에도 불구하고 지속적으로 사용한다. 저자는 물질에 대한 갈망을 여기에 포함시킬 수 있다고 생각한다. DSM-5는 갈망이 하나의 증상으로 포함된 첫 번째 매뉴얼이다(한숨 돌렸다).

3. 마지막은 물질을 오용한 환자들에게 영향을 미치는, 물질 사용의 결과로서 발생하는 사회적 문제들이다. 여기에는 삶의 중요한 역할을 수행하지 못하는 것, 논쟁이나 다른 대인 관계 갈등, 그리고 물질을 얻거나 사용하는 데 지나치게 많은 시간을 낭비하는 것이 포함된다.

나는 물질 의존에 대한 정확한 진단 기준 개수에 너무 얽매이지 않을 것이다. DSM-5에서 경도의 물질사용장애로 평가하는 데 요구되는 증상의 범위는 2개 혹은 3개이다. 하지만 물질사용문제가 있는 많은 사람들의 증상이 그렇게 적을 것이라고는 믿기 힘들다. 요점은 소수의 증상이 있는 사람들도 치료를 받지 않게 되면 향후 증상이 더 악화될 가능성이 높다는 것이다.

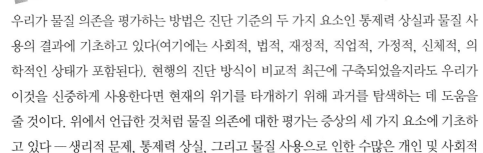

사무엘

우리가 물질 의존을 평가하는 방법은 진단 기준의 두 가지 요소인 통제력 상실과 물질 사용의 결과에 기초하고 있다(여기에는 사회적, 법적, 재정적, 직업적, 가정적, 신체적, 의학적인 상태가 포함된다). 현행의 진단 방식이 비교적 최근에 구축되었을지라도 우리가 이것을 신중하게 사용한다면 현재의 위기를 타개하기 위해 과거를 탐색하는 데 도움을 줄 것이다. 위에서 언급한 것처럼 물질 의존에 대한 평가는 증상의 세 가지 요소에 기초하고 있다 — 생리적 문제, 통제력 상실, 그리고 물질 사용으로 인한 수많은 개인 및 사회적 결과. 이 중 얼마나 많은 것이 사무엘의 과거력에서 발견될 수 있는지 보아라.

영문학을 공부하는 모든 학생들은 사무엘 테일러 콜리지가 쓴 늙은 뱃사람의 노래(The Rime of the Ancient Mariner)를 알고 있다. 그의 개인적인 과거력 중 비교적 덜 알려진 사실은 그가 아편에 의존해 왔다는 사실이다.

18세기가 저물어 가는 무렵, 사무엘은 모르핀과 코데인을 사용하기 시작했다. 헤로인은 구하기가 힘들었고 아편은 보통 로더넘(laudanum)으로 불리는 알코올에 혼합하여 쓰는 물질을 통해 마셨다. 사무엘은 걱정과 통증을 줄이고 잠을 자기 위해 20대 중반에 간간히 로더넘을 사용했다. 그 당시에는 중독이라는 개념이 없었고, 약간의 돈만 있으면 누구나 약사의 처방 없이도 마약을 구매할 수 있었다. 사무엘은 향수병, 피로, 공적인 업무로 인한 스트레스 치료를 위해 매일 한 잔의 로더넘을 마셨고 특정 시기에는 많은 양을 마셨다. 그는 또한 많은 양의 술을 마시기도 했다.

사무엘이 아편으로 인한 최초의 심각한 중독 증상을 나타낸 것은 20대 후반이었다. 비록 로더넘을 마시는 동안 그의 신비스러운 시 Kubla Khan을 집필하였을지라도, 아편은 그가 시를 완성하기 위해 일을 하기보다는 문학적 영광에 대한 백일몽을 꾸는 데 훨씬 더 많은 시간을 낭비하도록 만들었다.

아편을 사용함으로써 나타나는 신체적인 증상들은 매우 많으며 잘 알려져 있다. 사무엘에게 가장 좋지 못한 증상 중의 하나는 변비였다. 극심한 복통과 수치스러운 부글거림은 그를 고통스럽게 만들었다. 고통을 덜기 위해 그는 휴식을 취하다가 재차 관장을 했고 곤혹스러운 상황을 자신의 죄에 대한 처벌로 생각했다. 그는 고양된 기분을 느끼다가도 절망감을 느끼는 등 기분 변화가 심했으며, 악몽 때문에 비명을 지르며 일어나곤 했다. 바다를 항해하는 동안 그는 침대 주변 커튼에서 '노란 얼굴들'을 보는 환시를 경험하였고, 출렁이는 배들을 갑판 위에서 팔딱거리는 물고기로 보는 착시를 경험하기도 했다.

사무엘은 그의 노트에서 우리가 오늘날 금단 증상으로 알고 있는 증상을 언급했다. 관절 통증, 이마의 땀, 격렬한 복부 통증, 설사, 발열, 절망감. 그는 그 고통 속에서 빠져나올 수 있다고 스스로를 독려하였지만 결국에는 항상 아편의 (한 친구의 표현을 빌리자면) '끔찍한 속박'으로 되돌아 왔으며, 이는 그를 무력하게 누워 있게 만들었고 일과 가정에 대해 신경 쓰지 못하도록 했다. 죄책감은 그가 사용한 약물의 양을 숨기도록 만들었다. 말년에 그는 자신을 이해하지 못하는 친구들을 비난하며 그들에게 자기연민 투의 편지를 썼고, 갑작스럽게 발생해 자신을 압도하는 우울감 때문에 고통스러워했다. 한때는 자살사고를 보이기도 했다.

몇 년 뒤 사무엘의 물질 사용은 결국 한 의사의 처방에 의해 통제되었지만, 그는 어떤 방식으로든 추가적으로 약물 사용을 지속했다. 그의 약제사가 그가 그렇게 하도록 허용하였다. 하지만 그가 생활을 지속하고 다시금 효과적으로 일을 하기에는 약물의 양이 턱없이 부족했다.

분석

큰 어려움 없이도 사무엘이 그 당시 보였던 증상과 물질사용장애에 대한 현재의 진단 기준을 비교할 수 있다. 표 9.3을 보면 사무엘이 기록한 중독의 증상을 볼 수 있을 것이다. 다음으로, 그가 사실상 아편에 의존적이었다는 사실을 증명하기 위해 이 장의 초반에 제시되었던 의존의 정의를 사용할 것이다. 그가 소비했던 로더넘의 양으로 보건대 우리는 그가 개인이 일반적으로 사용할 수 있는 수준보다 훨씬 더 많은 양에 내성이 길러진 것과 심한 금단 증상에 시달렸다는 사실을 알 수 있다. 물질 사용은 그가 젊을 때 시작되었고 그의 삶 내내 지속되었다. 그 과정에서 우리는 통제력 부족의 충분한 증거를 찾을 수 있다. 그가 기록한 노트와 편지에서 우리는 그가 얼마나 약물을 갈망했는지와 약물의 신체적 영향의 증거에도 불구하고 어떻게 약물을 사용했는지, 약물이 어떻게 그의 일과 사회적 책임을 대체하도록 만들었는지, 그리고 약물 사용을 줄이기 위한 반복적인 노력에도 불구하고 약물 사용을 어떻게 지속했는지를 알 수 있다. 2세기가 지났음에도 그는 심각한 아편사용장애에 대한 현재의 진단 기준에 완전히 부합한다.

여러 물질의 사용은 요즘 흔하다. 오늘날 사무엘이 심도 깊은 적절한 면담을 받는다면, 그는 아마도 아편과 알코올사용장애 모두로 진단될 것이다. 하지만 기분장애도 진단해야 할까? 그가 때때로 경험한 심각한 침울함은 자살사고를 보일 정도로 충분히 심각했다. 하지만 그것이 전적으로 아편 사용으로 인한 결과인 것처럼 보였기 때문에 나는 그것을 하나의 독립적인 정신장애로 부르지 않을 것이다(오컴의 면도날에 의해 제외). 대신에 그림 11.1은 3단계의 물질로 유발된 우울증 진단으로 향하게 한다.

제언

물질 오용의 평가에 대한 한 가지 문제는 사무엘처럼 자신의 실제 중독 정도를 숨기려고 애쓰는 정보 제공자들의 신뢰도다. 이럴 경우 이차적인 과거력에 대한 진단 원칙이 상당히 효과적이다. 나는 항상 나의 환자들을 믿고 싶지만 환자가 사실을 보류하거나 숨기거나 진실을 왜곡하고 싶은 유혹이 있을 수 있는 것을 알게 될 때마다 환자를 잘 아는 보호자로부터 정보를 제공받는다. 또한 2세기 전에는 불가능한 사치였던 실험실 검사와 같은 객관적인 측정 방식을 사용하기도 한다.

물질 오용은 종종 동반이환에 대한 이야기다. 다양한 연구는 물질을 사용하는 사람들의 3분의 1~2분의 1이 또 다른 정신장애가 있고, 반면에 다른 정신장애를 지닌 환자의 약 30%가 한 번 혹은 그 이상 물질사용장애 진단 기준에 부합한다는 것을 발견했다. 사무엘의 우울증은 그의 물질 사용과 관련이 있고 이런 경우는 일반적이다. 실제로 당신이 생각할 수 있는 거의 모든 종류의 정신장애가 약물 의존이 있는 개인에게 흔하게 나타난다. 하지만 드물게는 그러한 장애가 개인의 알코올 혹은 약물 사용 경험과 무관하게 나타날 수 있다. 이러한 이차적인 장애들은 독립적이고 정신적인 혹은 정서적인 질병들과 매우 흡사하게 나타날 수 있다. 대부분의 경우에 시간을 갖고 인내하다 보면 이차적인 증상들은 줄어들 것이다.

척

물질 사용을 평가하는 것은 힘든 일이어서, 한 개인의 증상이 온전히 특정 약물로 인해 나타난 것인지 혹은 또 다른 독립적인 장애를 나타내는 것인지를 결정하는 것은 매우 어려울 수 있다. 만약 전자의 경우라면 일단 약물 오용이 통제될 때 증상이 사라져야 한다.

척은 38세에 우울증으로 치료를 받았다. "인생이 매우 좋지 않아요, 선생님." 이것이 그의 주호소였다. 상인인 척은 일을 할 때면 많은 돈을 벌었지만 일이 자주 있는 것은 아니었다. 준은 그들의 작은 가정에서 재정적인 대들보였지만 그녀는 자신이 만든 술을 자주 맛보아야했던 바텐더였다. 그녀는 어설프게 열었다 재밀봉한 흔적들이 있는 봉투에 편지를 써서 보냈다. 편지에서 그녀는 척과 거의 혹은 전혀 성관계를 하지 않는다고 불평했다. 척은 그가 알코올과 성적인 문제에 대해 많이 읽어 봤다고 털어놓았다. 그는 비아그라를 먹어 보았지만 음주가 자신의 성적인 욕구들을 사라지게 만든다는 사실을 깨달았다. "테스토스테론 수준과 관련이 있어요, 선생님." 그는 나에게 말했다. "인터넷에서 그것과 관련된 정보들을 볼 수 있을 거예요. 거기 주소가…" 그는 기억을 더듬어서 점과 슬래시가 포함된 전체 URL을 읊었다.

수년 동안 나는 많은 영리한 환자들을 치료해 왔지만 척은 실제로 시험을 통과하여 멘사에 가입한 유일한 환자였다. 하지만 그는 고등학교 과정을 끝마치지 못했다. 몇 번의 정학(두 번의 절도와 한 번의 교사 폭행으로) 끝에 그는 퇴학을 당했다. 그리고 그는 멘사카드가 자신이 '증거를 갖고 있는 것' 처럼 느끼게 한다고 이야기했다. 학교를 떠난 뒤, 그는 상당히 오랫동안 이곳저곳을 떠돌아다녔고 신병 훈련소에 들어간 뒤 무단 이탈하여 군대에서 쫓겨나게 되었다. 이후 그는 폭력 범죄를 저질렀다. 그는 계획에는 꽤 능숙했지만 실행에는 그리 유능하지 않았다. 그는 동료와 편의점을 털어서 84달러와 6개들이 맥주 팩을 절취한 후 훔친 돈을 모두 쓸 때쯤 잡히게 되었다. 감옥에서 출소한 후 그는 위조 수표를 사용하거나 수완을 발휘하여 고용주들에게 사기를 치기도 했지만 아직까지 걸린 적은 없었다.

군 생활 동안 시작된 음주는 그가 27세일 때 속도가 붙기 시작했고 술을 마시는 양이 점차 늘어났다. 그는 거의 매일 밤 12팩의 맥주를 마시면서 널브러졌고 어떤 일도 한두 달 이상 꾸준하게 지속한 적이 없었다. 그러고 나서 그는 두 번 결혼했는데 두 번의 결혼 사이에는 이혼 문제로 골머리를 썩는 일은 없었다. 그의 첫 번째 부인이 그가 부양 의무를 이행하지 않는 것에 대해 불만을 표현한 것은 그가 몇 달 동안 술독에 빠져 있었다는 사실을 알려 주었다. 하지만 두 번째 결혼 생활은 그에게 행운을 가져왔는데 그것은 장인이 건설업체의 주요 임원이었기 때문이다. 짧은 수습 기간이 지난 후, 척은 대우가 좋고 많은 혜택이 있는 직업을 가지고 인생에 정착한 것처럼 보였다. 하지만 그는 일을 할 때보다 술을 마실 때가 더 많았다.

척은 점점 우울해졌고 지난 반 년 동안 증상이 악화되어 왔다고 내게 말했다. 과음으로 달아오른 채 '나는 취하지 않았다' 며 준과 다투었고 그의 식욕은 거의 바닥이었다. 상태가 악화되면서 체중은 줄어들기 시작했고 수면 시간이 늘어났다.

수 주간 지속된 폭음 뒤 척은 입원이 필요해졌다. 입원 절차가 진행되는 동안 그는 비틀거리며 걸었고 자신의 이름을 쓰는 것조차 힘들어했다. "나는 괜찮아. 아무런 문제가 없어." 그는 계속해서 이야기했지만 그 말이 사실이 아니라는 듯 그의 발음은 부정확했다. 다음날 아침 회진에서 나는 그것을 확신했다. 밤새 잠을 자지 못한 뒤, 척의 협응 문제는 조절되지 않는 손 떨림으로 이어졌고 이에 양손으로 주스 잔을 쥐어야 했다.

다음 날 그는 발한, 쓰러질 것 같은 움직임, 구토와 같은 금단 증상을 보였다. 그는 또한 창틀 위에서 나팔바지를 입고 춤을 추는 '생쥐 크기' 의 작은 고양이에 대해 불평했다. 그는 자신이 주 교도소에 갇혀 있는 것이라 생각했다. 회복하는 동안 그는 코카인 분말이 가득 찬 여행 가방을 쫓는 비밀 연방 마약 수사 요원을 공격한 후 투옥되었을 때의 이야기를 하였다. "내가 후회하냐고요? 물론, 내가 붙잡힌 것은 정말 유감이에요. 멘사에서 이야기할 때처럼 '정말로' 라고 하죠. 하지만 나는 죄책감은 느끼지 않아요. 그게 당신이 의도한 바라면. 죄책감은 애송이들이나 느끼는 거죠."

분석

그는 음주 문제 및 법적인 문제와 더불어 분석이 필요한 세 가지 정신적인 문제 — 우울증, 정신병, 지남력 상실 — 를 지니고 있었다. 그림 11.1, 13.1, 14.1은 약물로 유발된 장애를 고려하기 위한 지침을 제공한다. 그것은 우리가 알코올 중독과 관련하여 알고 있는 것들과 어느 정도 일치한다. 과음하는 사람들은 종종 우울증을 겪고, 금단 증상으로 극심한 고통을 겪는 알코올 의존적인 사람들은 때때로 진전 섬망을 겪게 되는데 이때 지남력을 상실하거나 환시를 경험할 수 있다. 대부분의 경우, 우울증은 추가적인 치료를 하지 않아도 일단 술을 끊게 되면 사라진다. 이것이 비록 저자가 항상 우울증 진단을 우선적으로 고려할지라도 척의 우울증을 곧바로 치료하려 하지 않은 이유이다.

척의 범죄 행동이 어떤가? 그것이 그의 성격 구조에 대해 무엇을 말해 주는가? 나는 대부분의 성격장애들을 조기에 진단 내리는 것에 주저하지만, 반사회성 성격장애는 환자를 잘 알고 있는 사람으로부터 얻어질 수 있는 객관적 사실에 의해 크게 좌우된다. 죄책감 결여와 더불어(10대 초기로 거슬러 올라가는) 권위 불화와 법적인 문제에 대한 척의 오랜 과거력은 반사회성 성격장애 진단에 대한 상당한 근거를 제공해 준다.

나는 모든 점들을 고려하여 개입해야 하는 순서대로 척의 다양한 진단 목록을 작성하였다.

알코올 금단으로 인한 섬망(진전 섬망)
알코올사용장애
알코올 사용으로 인한 우울
반사회성 성격장애

척이 금단 증상을 겪고 있는 도중이었기 때문에, 맨 처음에 섬망을 기입하는 것은 섬망과 같이 잠재적으로 삶을 위협하는 것에 우선적으로 초점을 두는 것이 중요함을 강조한다. 나는 음주가 직접적으로 그의 우울증을 야기했다고 믿었기 때문에, 그가 술을 끊게 되면 우울감이 줄어들 것이라고 생각했다.

제언

알코올, 마약, 혹은 처방 약물을 오용하는 사람들의 절반 가까이가 하나 이상의 추가적인 정신장애를 지니고 있을 것이다. 물질사용장애는 경우에 따라서 증상이 독립적으로 나타나기도 하지만 대개는(아마도 보통은) 우울증, 정신병 혹은 불안장애를 야기시킬 수 있다. 그러한 증상 자체는 **진정한** 의미의 동반이환이 아니라 단지 증상이 동시에 발생하는 것이다. (다음에 나오는 '독립적인 정신장애인가? 혹은 물질과 관련된 것인가?'의 내용을 보라.) 물질 사용을 할 때만 발생하는 정신장애를 위한 치료는 물질 사용과 관련 없이 독립적으로 발생하는 정신장애를 위한 치료와 다르기 때문에 우리는 무엇과 무엇이 관련이 있는지를 알아야 한다. 물질 사용과 관련된 정신장애의 결과는 물질 사용과 관련 없이 독립적으로 발생하는 정신장애보다 더 좋을 수도 혹은 나쁠 수도 있으며, 그것은 우리가 물질 사용 자체를 얼마나 효과적으로 다루는지에 따라 좌우된다.

물질 오용과 관련된 장애들

장애들이 독립적인 진단으로 내려지든 그렇지 않든 간에 어떤 장애는 흔히 물질 사용과 관련된다. 표 15.1에는 이것에 관한 논의가 요약되어 있다.

- 반사회성 성격장애(antisocial personality disorder) : 이 장애는 물질 오용에 의해 발생하는 경우가 드문 공병 장애 중의 하나이다. 또한 반사회성 성격장애를 지니고 있는 환자의 4분의 3 이상이 물질을 오용하며, 알코올 중독이 있는 남성의 10~20%와 여성의 약 5%가 반사회성 성격장애를 지니고 있다. 몇몇 연구들은 심각한 물질 사용 과거력은 특히 반사회성 성격장애와 동반이환 가능성이 높다는 사실을 발견하였다.

- 신경인지장애(neurocognitive disorder) : 섬망은 카페인을 제외한 모든 물질들로 인한 중독 기간에 나타난다. 알코올과 진정제들 또한 금단 증상으로 섬망을 일으킨다. 어떤 치매는 과도하고 지속적인 흡입제 사용으로 인해 초래될 수 있는데 **코르사코프 정신병**(Korsakoff's psychosis)으로 알려져 있는 이 치매(기억상실장애로 불려왔던)는 과도하고 지속적인 음주로 인한 만성적인 티아민 결핍이 특징이다.

- 정신병(psychosis) : 환각제들이 정신병(때때로 망상장애)을 유발한다고 기대할 텐데 실제로 그렇다. 때때로 환각제들은 정신병 수준에 이르지 않는 지속적인 시각 장해를 유발시킨다. 이것이 플래시백이다. 플래시백이 진행되는 동안 개인은 주변 시야의 움직임을 잘못 지각하게 되거나 잔상, 기하학적 형태, 지나치게 강렬한 색채(누군가가 말하길 '과도하게 포토샵 처리가 된 것처럼'), 대상을 실제보다 더 작거나 혹은 더 크게 보이는 것과 같은 시각적 왜곡을 경험한다. 정신병이 펜시클리딘을 사용하여 나타나게 되면 일반적으로 몇 시간 뒤에는 증상이 줄어든다. 하지만 때때로 환자들은 수 주 동안 긴장증이나 편집증적 정신병 증상을 나타낼 수 있다. 여기에는 진단을 어렵게 만드는 두 가지 문제가 있다. (1) 어떤 환자들은 자신들이 펜시클리딘을 복용했는지를 인식할 수 없다. (2) 그들이 복용한 것이 무엇인지 알고 있

독립적인 정신장애인가? 혹은 물질과 관련된 것인가?

한 환자의 정신장애가 물질과 관련된 것인지 혹은 그렇지 않은지를 결정하는 데 있어서 여러 가지 쟁점들을 검토한다.

1. 만약 다른 정신장애가 먼저 발생한 것이라면, 저자의 견해는 그 장애가 물질과 관련 없이 독립적으로 나타났다는 쪽으로 기울 것이다 – 즉, 질병이 물질 사용에 의해 야기된 것이 아니다. 반사회성 성격장애, 양극성장애, 그리고 조현병은 대체로 물질 사용 이전에 발생하는 경향이 있다.

2. 만약 어떤 장애가 먼저 발생한 것인지가 확실하지 않다면, 진단 미정(undiagnosed)을 고려하는 진단 원칙을 적용할 것이다. 진단 미정을 사용하거나 분류되지 않은(unspecified) 병명을 사용할 수 있다. 그리고 나서 물질 사용이 다루어진 뒤 어떤 일이 발생하는지 신중하게 관찰한다.

3. 물질과 관련된 정신장애는 한 달 이내에 감소되거나 사려져야만 한다. 만약 해독된 뒤에도 증상이 지속된다면(심지어 증가한다면) 아마도 해당 정신장애를 물질과 관련 없는 독립적인 정신장애로 진단할 것이다.

4. 독립적인 정신장애 진단에 있어서, 나는 가능한 한 많은 증상을 검토하여 문제가 되는 질병의 진단 기준을 완전히 충족(혹은 초과)시키고자 한다.

5. 나는 비전형적인 증상들을 검토한다. 예를 들어 조현병에서는 일반적이지 않은, 환각의 갑작스런 발생은 정신병의 원인이 다른 의학적 장애나 물질 사용과 관련되어 있다는 것을 시사한다. 시각, 촉각, 혹은 후각과 관련된 환각 증상들은 대체로 조현병이 아닌 정신병을 시사한다.

을지라도 어떤 사람들은 약에 의해 야기되는 증상에 대한 병식이 없다. 암페타민(특히 메타암페타민)을 사용한 환자의 절반 이상에서 망상이 나타나고 어떤 환자들은 환각을 경험하기도 한다. 이들은 거의 대부분 폭력적인 모습을 보인다. 알코올 중독이 있는 환자의 약 3%가 과음 혹은 금단 증상 기간 동안 정신병을 경험하는 반면, 마리화나는 거의 정신병을 유발시키지 않는다. 마리화나는 실제 조현병 증상을 악화시킴으로서 악영향을 미친다.

- 우울증(depression) : 알코올 중독인 개인의 75% 이상은 우울 증상을 보이며, 이 증상들은 임상적인 우울증과 비슷하게 나타날 수 있다. 하지만 대부분의 경우(남성의 약 95%, 여성의 약 75%), 우울증이 알코올 사용을 중단한 후에 급격하게 호전된다. 특히 우울증과 같은 기분장애는 마리화나(기분저하증이 지배적이다), 아편, 그리고 환각제를 포함하는 대부분의 약물 오용과 관련이 있다. 또한 우울증은 암페타민이나 코카인의 금단 증상 기간 동안에도 발생한다.

- 불안(anxiety) : 알코올 중독인 사람들의 약 4분의 3은 금단 증상 기간 동안 공황 증

표 15.1 중독 기간에 발생할 수 있는 정신장애 범주들 : 중독(I)이나 금단(W)

	섬망	치매[a]	정신병	기분장애	불안장애
알코올	I/W	Yes	I/W	I/W	I/W
암페타민	I		I	I/W	I
카페인					I
마리화나	I		I		I
코카인	I		I	I/W	I/W
환각제	I		I	I	I
흡입제	I	Yes	I	I	I
아편	I		I	I	
펜시클리딘(PCP)	I		I	I	I
진정제	I/W	Yes	I/W	I/W	W

[a] 치매는 장기간에 걸친 과도한 물질 사용과 관련이 있기 때문에 'yes'로만 평정함

상을 보일 수 있고, 금주를 시작한 뒤 처음 몇 주 동안에는 광장공포증과 유사한 형
태의 사회적 상황에 대한 회피가 흔하게 나타난다. 또한 공황 증상은 진정제 및 수
면제의 금단 증상 기간, 암페타민 중독 기간 동안에 흔히 발생할 수 있다. 마리화나
를 피우는 사람들, 특히 초심자의 경우 공황 증상이 흔하게 나타나며 불안장애 또한
환각제 사용과 관련이 있다.

- **물질 사용(substance use)** : 농담을 하는 것이 아니다. 알코올을 사용하는 어떤 사람
  들이 다른 약물을 경멸할지라도, 그리고 그 반대의 경우일지라도, 많은 환자들은 동
  등한 위험을 지닌 사용자들이다. 그렇기 때문에 우리는 '주요 네 가지 약물' ─ 알코
  올, 마약, 처방약, 의사의 처방 없이 약국에서 구할 수 있는 약품 ─ 모두를 신중하게
  고려해야만 한다.

기타 중독들

우리는 초콜릿 먹기, TV 시청, 이베이에서의 물건 구매와 같이 다양한 '중독'에 대해 편
안하고, 때로는 유머러스하게 이야기하는 경향이 있다. 하지만 해로운 행동에 몰입하게
만드는 충동을 통제하는 데 어려움을 보이는 여러 장애들은 물질 오용과 놀랍도록 유사

한 점들이 있다. 이들 중 진단하기에 어려운 장애는 별로 없기 때문에 나는 여기서 구체적인 사항은 제외하고 그 장애들에 대해 논의할 것이다.

도박장애

자신과 타인에게 해를 끼칠 정도로 도박을 하는 사람들은 물질사용장애 환자와 유사한 점이 있다. 예를 들면, 도박 의존과 같은 증상은 도박을 멈추려고 할 때 불쾌감이 들고 게임을 위해 사용하는 돈의 액수가 증가하게 만드는 욕구를 포함한다. 다른 증상으로 도박을 위한 돈을 얻기 위해 불법적인 행동을 저지르고 개인적인 관계를 파탄 나게 하는 것이 있다. 또한 도박은 12단계 프로그램을 통해 효과적으로 조절되는 물질(substance)과 관련이 없는 행동 중 하나이다(또 다른 하나는 폭식 행동). 도박과 물질관련장애의 유사성으로 인해 DSM-5에서는 도박장애를 '물질관련 및 중독장애' 라고 새롭게 이름 붙인 장에 포함시켰다.

병적 방화, 발모광, 병적 도벽

수백 년 동안 그리스어인 조증(mania)은 '열정을 갖고 있다' 는 의미로 사용되어 왔다. 이 용어는 100년이 넘도록 제Ⅰ형 양극성장애의 '조증' 기간을 설명하는 용어로 널리 쓰여 왔지만, 이 오래된 용어의 사용은 중독의 일반적인 특징을 지니고 있는 세 가지 장애의 이름에도 잔존하고 있다 — 병적 방화(불을 지르는 것), 발모광(머리카락을 뽑는 것), 병적 도벽(훔치는 것). 각각의 장애는 개인을 굴복시키는 일종의 '주인' 처럼 행세한다. 이 장애들은 흔히 아동 및 청소년기 초기에 시작되며, 성인기까지 만성적이고 지속적인 양상을 보이는 행동 문제를 수반한다. 증상에 굴복하는 속성에도 불구하고 이 장애는 **자아동조적** (ego-syntonic)이다. 즉, 행동은 개인의 의식적인 소망과 일치하게 나타난다. 예를 들어 환각에 대한 반응으로 나타나는 것이 아니다.

도박, 물질 오용과는 다르게 이 장애들에서 수반되는 행동은 개인이 사회와의 충돌을 야기하는 행동으로 규정되지 않는다. 대신에 각각의 행동은 긴장과 흥분 수준이 높아졌을 때 나타나며 이들의 높은 긴장과 흥분 수준은 불을 지르거나, 머리카락을 뽑거나 혹은 필요하지 않은(그리고 지불하지 않은) 물건을 훔쳤을 때만 해소될 수 있다. 이때의 긴장은 머리카락을 뽑고 싶은 느낌, 좌불안석, 혹은 쾌감과 공포 간의 연합(병적 도벽의 경우)으로 묘사될 수 있다.

세 가지 장애 모두 비밀스러운 경향이 있다. 두 장애는 불법적이고, 나머지 한 장애는 개인으로 하여금 우스꽝스럽게 보이게 하고 수치심을 유발하기 때문이다. 하지만 일단 당신이 이러한 문제가 되는 행위를 인식했다면 진단적 결론에 다다른 것이다. 불을 지르고 훔치는 행동은 많은 진단적 세심함을 요구하지 않는다. 필요한 것은 몇 가지 예외 사항에 대해 주의를 기울이는 것이다. 문제는 앞선 두 가지 행동이 정신장애의 영역 밖에서 훨씬 더 흔하게 발생한다는 것이다. 사실상 다른 의도로 물건을 훔치거나 불을 지르는 사람은 자신이 정신장애로 고통을 받고 있다고 거짓 주장을 할 수 있을 것이다. 그것이 우리가 진단이 내려지지 말아야 하는 다양한 상황들에 대해 더욱 심사숙고해야만 하는 이유이다. 병적 방화의 경우 불을 지르는 것은 잘못된 판단(지적 결손, 물질 중독, 혹은 치매에서처럼)이나 이득, 복수, 범죄, 분노 표출, 혹은 정신병으로 인한 반응에 의해 행해진 것이 아니어야만 한다. 병적 도벽의 경우 분노, 망상 혹은 명령 환각에 의한 반응으로 물건을 훔치는 것이 아니어야 한다. 조현병, 조증, 혹은 성격장애 등 어떤 것으로도 행동이 설명되지 않는다. 발모광의 경우, 비록 임상적인 고통 및 손상된 기능에 대한 기준이 일상적으로 미용을 위한 눈썹 뽑기와 제모를 배제한다 하더라도 제약이 덜한 편이다. (DSM-5는 발모광을 '강박 및 관련 장애' 장으로 이동시켰고 피부뜯기장애를 추가하였다.)

앞선 3장과 일치하게 그림 15.1에 중독 문제가 있는 환자를 위한 의사 결정 나무가 제공된다. 하지만 이 진단들을 내림에 있어서 특별한 어려움이 없어야 한다. 이 장에서 기술한 것처럼, 더 큰 진단적인 난제는 공병 장애(물질 오용의 경우)가 독립적인 상태인지 혹은 의존적인 상태인지를 결정하는 것과 특정한 행동들이 다른 장애나 동기와 모두 관련이 있는지를 결정하는 것에 놓여 있다(일부 중독의 경우).

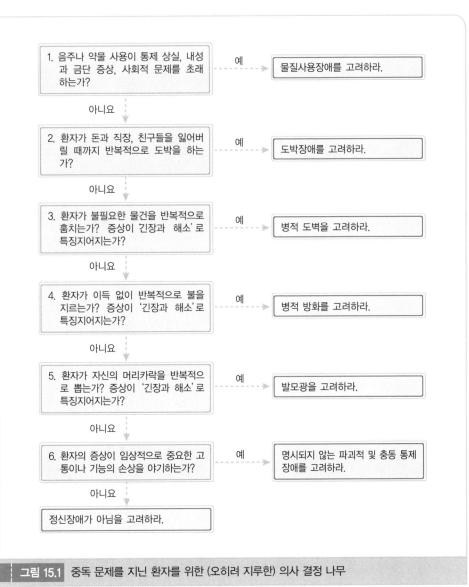

1. 음주나 약물 사용이 통제 상실, 내성 과 금단 증상, 사회적 문제를 초래 하는가? → 예 → 물질사용장애를 고려하라.

아니요 ↓

2. 환자가 돈과 직장, 친구들을 잃어버 릴 때까지 반복적으로 도박을 하는 가? → 예 → 도박장애를 고려하라.

아니요 ↓

3. 환자가 불필요한 물건을 반복적으로 훔치는가? 증상이 긴장과 해소'로 특징지어지는가? → 예 → 병적 도벽을 고려하라.

아니요 ↓

4. 환자가 이득 없이 반복적으로 불을 지르는가? 증상이 '긴장과 해소'로 특징지어지는가? → 예 → 병적 방화를 고려하라.

아니요 ↓

5. 환자가 자신의 머리카락을 반복적으 로 뽑는가? 증상이 '긴장과 해소'로 특징지어지는가? → 예 → 발모광을 고려하라.

아니요 ↓

6. 환자의 증상이 임상적으로 중요한 고 통이나 기능의 손상을 야기하는가? → 예 → 명시되지 않는 파괴적 및 충동 통제 장애를 고려하라.

아니요 ↓

정신장애가 아님을 고려하라.

그림 15.1 중독 문제를 지닌 환자를 위한 (오히려 지루한) 의사 결정 나무

16

성격과 관계 문제 진단하기

성격장애(이 장에서는 PD로 축약한다)는 주로 자기 자신과 타인과의 관계 문제를 수반한다. 이는 사고, 행동, 그리고 동기의 영역에서 나타나는 지속적인 패턴이다. 성격장애는 대인 관계와 충동 통제에 영향을 미친다. 일반 대중의 약 10%와 정신장애 환자의 약 절반 가까이가 병리적인 성격을 지니고 있다고 한다. 후자의 경우, 환자의 주 문제가 앞서 3장에서 기술된 종류의 주요 정신장애일 때는 대부분 성격장애의 가능성이 재고될 것이다. 성격장애가 존재한다는 것에 대한 인식은 환자와 여러 차례의 면담이 진행된 뒤에 아주 더디게 생길 수 있다.

불행히도 이 장에서 우리는 정신장애를 정확하게 변별하고 진단하는 우리의 능력에 관해 과학과 확실성의 한계에 직면하게 된다. 우리가 성격장애를 기술하는 방식은 범주적인데, 이것은 우리가 '아하!'라고 외치기 충분할 때까지 증상들을 따져 본다는 것을 의미한다. 한 가지 결론은 우리가 병리적이라고 선언할 수 있는 성격 유형의 수에는 이론적인제한이 없다는 것이다. (몇 년 전 어느 강의에서 이 분야의 한 전문가는 성격장애 유형이 2,000개에 달할 정도로 많다고 주장하였다. 후에 저자가 그에게 — 물론 농담으로 — 그걸 믿는 사람은 '다양한 성격장애라는 장애'를 가지고 있을지도 모른다고 이야기했다.)또 다른 결론은 많은 환자들이 둘 혹은 그 이상의 성격장애에 부합한다는 것이다. 이것은 모두를 혼란스럽게 한다. 아마 모든 문제들 중에 가장 큰 문제는 범주적 체계가 해석에 너무 많이 의존하는 경향이 있어서 우리가 편리한 성격장애 범주(혹자는 '쓰레기통'이라고 이야기하는)로 혼란스러운 환자들을 밀어 넣으려는 유혹을 받게 된다는 것이다.

또 다른 분류 체계는 우리가 스스로를 어떻게 생각하고 환경에 어떻게 적응하는지를 측정하기 위해 몇 가지 차원 선상에서 개인을 평정하기 위한 시도이다. 예를 들면 대중적인 5요인 모델은 신경증, 외향성, 경험에 대한 개방성, 우호성, 그리고 성실성 차원을 사용한다. 다른 차원적 모델들은 하나의 점수에서부터 그 이상의 차원까지 사용한다. 차원적 모델들은 한 개인의 다양한 성격장애 가능성을 줄여주지만 한편으로는 개인이 성격장애 영역의 어느 위치에 속해 있는지를 결정하는 데 드는 노력을 가중시킨다.

성격장애 진단 정의하기

대부분의 진단이 한 개인의 일상적인 사고와 행동에서의 변화를 보여 주는 반면(자폐스펙트럼장애, ADHD, 지적장애와 같이 초기 아동기 상태는 드물게 예외적인 경우이다), 성격장애는 초기에 시작되고 어느 정도 영구적으로 지속된다. 이러한 사실은 우리의 진단 방법에 커다란 변화를 요구한다. 대부분의 다른 장애들처럼 우리는 한 개인에서 변화해 왔던 것을 주목할 필요가 있다. 하지만 성격장애의 패턴을 식별할 때는 태도와 행동에 대한 일생 동안의 배경 정보에 대해 주의를 기울여야 한다. 우리는 성격장애 평가를 위한 몇 가지 요구 사항들을 엄격하게 고수하면서 진단에 이르는 과정까지 조심스럽게 발걸음을 옮겨야 한다. 표 16.1에는 성격 및 대인 관계 어려움을 경험하는 환자의 감별진단에 대해 제시되어 있다.

성격장애의 특징

- 성격장애의 증상들은 개인의 성인기 내내, 적어도 후기 청소년기부터 나타나야만 한다.

브루스는 말수가 없었고, 쉼터에서 거리로 나와 생활한 6년 동안 상태가 더 악화된 것으로 보였다. 그의 긴 머리카락은 감지 않은 듯했고 덥수룩했다. 그의 손톱은 길고 더럽게 자라 있었다. 어느 누구도 그를 좋아하지 않았는데 특히 그가 자신의 앞마당에서 계속 쫓아냈던 아이들이 그를 싫어했다. 그의 앞마당은 울타리도 없었고 주인만큼 초라하고 가꿔지지 않았다.

거의 매일 그를 만나는 정신건강 전문가들은 그를 '조현성 성격장애'로 추측하였지만 면담 없이는 확신할 수 없다는 것을 인정했다. 그래서 그가 어느 비 오는 토요일 정오에 갑작스럽게 사망한 이후 전문가들이 그의 부고를 보게 되었을 땐 놀랍고도 슬펐다. 수년 전까지, 브루스는 캐츠킬에서 여름에 열리는 코미디 공연의 떠오르는 스타였다. 그는 돌연 영문을 알 수 없게 완전히 사라져서 보이지 않게 되었다. 뇌수막종이 점차적으로 자라나서 사망하였을 때 그는 겨우 54세였으며, 적절한 진단이 내려졌다면 치료를 받을 수 있었을 것이다.

이미 당신은 이것이 쉽지 않을 것이라는 것을 알 수 있다. 성격장애를 **정확하게** 정의하는 것은 관련 증상들을 쉽게 파악할 수 있는 다른 장애들보다 훨씬 더 많은 탐색적인 노력을 필요로 한다.

● 다른 신체 및 정신장애가 증상을 더욱 잘 설명할 수 있는가?

모든 사람이 기억하는 한, 맥스는 그의 우편 사무실 역사상 가장 퉁명스러운 집배원이었다. 그의 고약한 성향은 많은 수행 평가의 주제였지만, 그의 작업이 너무 꼼꼼해서 어떤 감독자도 그를 해고하려는 마음을 먹지 않았다. 집에서 그는 3명의 전 아내와 화가 난 의붓아들에 의해 입증된 것처럼─함께 사는 한 마리의 곰이었다. 맥스의 입장에서 자신은 '외로움과 슬픔'을 제외하고는 고등학교 생활 이래로 어떠한 감정도 느껴 본 기억이 없었다. 그는 그러한 감정을 수년간 그를 돕고자 한 3명의 정신건강 전문가 중 누구와도 나누기를 거부하였다. 3명의 임상가들 중 적어도 2명은 맥스의 차트에 '경계성 성격장애'라고 기술하였다.

그의 동료들에게는 기쁘게도 맥스는 55세 때 은퇴하였고, 정신건강 클리닉 사무실의 모든 것을 관리하는 직업을 구하였다. 몇 주가 지난 후, 임상가들 중 한 명은 기분저하증에 대해 약물 치료를 받아 볼 것을 제안하였다. 몇 주 내로 맥스의 '성격장애'는 사라졌다. 다음 해 특별 행사에서 동료 직원들은 그를 '미스터 성격'으로 칭하며 환대하였다.

환자들이 성격장애로 진단되기 전에는 다양한 현황들이 철저하게 조사되어야만 한다. 예를 들면 기분저하증은 의존성을 야기할 수 있다. 조증은 호전성이 기저에 깔려 있다. 장기간의 약물 사용은 대부분 충동성을 야기한다. 또한 개인이 자라온 문화 혹은 하위 문화와 맞지 않아서 생기는 문제들을 질병과 혼동하지 말라.

● 성격 양상이 안정적이어야 한다. '안정적인 불안정성'이 용어상으로는 모순된다는 것은 알지만 아이디어를 얻을 수 있다 ─ 행동의 변화가 약간씩 일어나더라도 그 양

표 16.1 성격장애와 기타 성격 및 관계 문제를 위한 간략한 정의를 포함한 감별진단

- 성격장애에 대한 일반적 기술(general description of a PD) : 문화적인 기대와 다른 '내적 경험과 행동' 의 지속적이고 쉽게 변하지 않는 양상이 사고, 정서, 대인 관계, 충동 통제에서 문제를 나타낸다.
- 반사회성 성격장애(antisocial PD) : 이들은 자기중심적이고 개인적인 이득을 얻기 위해 움직이며, 타인에 대한 배려와 친밀한 관계를 맺을 수 있는 능력이 결핍되어 있다. 이들은 자신의 개인적인 책임은 태연하게 무시하는 반면 자신의 목표를 성취하기 위해 타인에게 거짓말을 하고 타인을 기만하며 조종할 것이다. 타인에 대한 이들의 태도는 종종 적대적이고 냉담한 것으로 묘사된다. 이들은 가능한 결과를 고려하지 않고 충동적으로 커다란 위험을 감수할 것이다. 반사회성 성격장애는 18세 이전에는 진단 내릴 수 없다.
- 회피성 성격장애(avoidant PD) : 이들은 자존감이 낮고 거절에 대해 매우 예민하다. 이 환자들은 수용받는 확신이 없을 경우에는 사회적으로 관계 맺는 것을 주저한다. 이들은 목표를 성취하기 위해 위험을 감수하는 것을 꺼리고, 특히 불안감으로 인해 사회적 장면에 참여하는 것에 흥미를 느끼지 못할 수 있다.
- 경계성 성격장애(borderline PD) : 불안정성이 이 환자들의 주된 특징이다. 이러한 불안정성이 이들의 자기상과 포부 수준을 규정하고 친밀한 관계를 손상시킨다. 그리고 이들은 거절에 대한 두려움을 경험한다. 이들의 정서는 변동이 심하고(종종 분노나 적대감), 우울, 무망감, 강한 불안감을 경험하기 쉽다. 이들은 쉽게 모욕을 받는다고 느끼기 때문에 타인의 감정과 욕구를 인식하지 못한다. 이들은 가능한 결과를 고려하지 않고 충동적으로 위험을 감수한다.
- 의존성 성격장애(dependent PD) : 돌봄 받고 싶은 욕구로 인해 타인에 대한 집착, 순종적인 행동, 분리에 대한 공포를 느낀다.
- 연극성 성격장애(histrionic PD) : 정서 과잉과 주목을 끄는 행동이 전형적이다.
- 자기애성 성격장애(narcissistic PD) : 이들은 타인이 자신의 자존감을 높여 주기를 기대한다. 자기중심적인 이들은 주목과 승인, 심지어는 존경을 얻고자 한다. 이들의 웅대한 자기감(환상 혹은 실제)은 자신의 욕구와 부합하지 않는 타인의 감정을 인식하는 것을 어렵게 만든다. 타인에 대한 진정한 관심의 부족과 더불어 이들의 공감 능력 부족은 타인과의 관계를 피상적으로 만든다.
- 강박성 성격장애(obsessive-compulsive PD) : 이들은 생산 지향적이며 일을 통해 자기감을 느낀다. 하지만 이들의 완고함과 감당하기 힘든 높은 기준은 목표 성취를 어렵게 만든다. 이들은 공감 능력이 부족하며, 대인 관계는 생산성을 위한 부차적인 요소이다. 이들의 완벽주의적인 요구는 자신뿐만 아니라 타인에게도 적용된다. 이들은 세부 사항과 체계에 몰두되어서 일이 끝나고도 한참동안 작업에 매달릴 것이다.
- 편집성 성격장애(paranoid PD) : 이들은 타인을 불신하고 의심하며, 타인에게 악의적인 동기가 있는 것으로 해석한다.
- 조현성 성격장애(schizoid PD) : 사회적 관계에서의 고립과 대인 관계 장면에서의 제한된 정서 범위가 이 환자들의 특징이다.
- 조현형 성격장애(schizotypal PD) : 특이하고 때로 기이한 이들은 종종 자아 경계와 삶의 목표에서 혼란을 경험하며 비현실적이거나 병리적인 사고를 하는 경향이 있다. 때때로 지각적 왜곡을 보임으로써 타인의 행동을 잘못 이해하거나 오해석하며, 결국은 친밀한 관계를 손상시키는 불신을 야기한다. 이들의 사고는 모호하다. 다른 사람들은 이들의 믿음이 특이하고 기이하다고 생각한다(제한된 정동이 이를 부추길 수 있다). 이들은 타인의 의도나 충성심에 대해 의심하고 혼자 지내는 것을 선호한다.

(계속)

表 16.1 성격장애와 기타 성격 및 관계 문제를 위한 간략한 정의를 포함한 감별진단(계속)

- 성격 특질들(personality traits) : 자기와 대인 관계 기능에 대한 개인의 경험이 손상되고, 적어도 한 가지 성격 특질 영역에서 병리적인 양상이 존재한다 — 부정적 정서성, 분리, 적대감, 탈억제(혹은 강박성), 그리고 정신병적 경향성. 하지만 이것들은 한 가지 명확한 진단으로 추가되지 않는다.

다음의 세 가지 사항은 인생에서 더 이후에 나타날 수 있다.

- 관계 문제(relational problem) : 둘 이상의 개인 간 상호 작용이 기능을 손상시키거나 임상적 증상을 발생시킨다.
- 의학적 상태로 인한 성격 변화(personality change due to a medical condition) : 외상성 뇌손상 혹은 신체 질병이 발생한 이후 개인의 확립된 성격에서 지속적인 변화가 있다.
- 간헐적 폭발장애(intermittent explosive disorder) : 다른 분명한 병리가 없는 상태에서 신체적인 위해나 재산의 파괴를 초래하는 공격적인 행동화 삽화가 있다.

상은 안정적이다. 이것을 반증하는 예를 살펴보자. 중독 상태에 있거나 조증 삽화로 고통 받을 때만 반사회적인 행동을 보이는 개인에게는 성격장애 진단을 내리지 말아야 한다. 또한 당신은 많은 청소년들에게서 반사회적 특질을 발견할 수 있는데, 이들 중 대부분은 시간이 지남에 따라 바로잡힐 것이다. 비록 공식적인 기준으로 성격장애 진단을 내리는 것이 가능하더라도, 심지어(반사회성 성격장애를 제외하고) 상당히 어린 연령에게도, 개인이 완전히 성숙할 때까지 기다리는 것이 더 안전하다고 생각한다. 성격장애는 심각한 특성이다. 일단 개인이 성격장애로 진단을 받으면 그 진단은 해당 개인의 주변에서 영원히 따라다니는 경향이 있다. 성격장애에 완전히 부합하지 않는다면 나는 성격장애로 명명하는 것에 대한 책임을 지고 싶지 않다.

- 성격장애는 개인의 성격에 기여하는 몇 가지 특징들 — 정동, 인지, 충동 통제, 그리고 대인 관계 기능 — 에 영향을 미친다. 만약 단지 기분만이 문제가 된다고 이야기한다면 당신은 양극성장애나 기분저하증에 진단적인 관심을 두어야만 한다. 성격장애는 그렇지 않다. 기분이 안정적이고 유일한 문제가 물건을 훔치는 것에 대한 충동을 통제하는 것이라면 가장 먼저 병적 도벽을 고려할 수 있을 것이다.
- 성격장애는 직업적, 사회적, 성적, 그리고 가정생활과 같은 삶의 여러 영역에 걸쳐 어느 정도 일관되어야 한다. 전반적인 혼란을 초래한 척의 반사회적 행동은 가장 좋은 예이다.

표 16.2에는 환자들의 성격장애를 탐지하도록 도울 수 있는 간단한 성격 관련 질문 목록이 제시되어 있다. 질문에 체크가 될 때마다 예를 들어 보도록 요청하라.

성격장애 인식하기

경험 많은 임상가들은 환자가 성격장애를 지니고 있을 때 이를 감지할 수 있다고 주장한다. 이들이 분명히 하는 것은 (1) 과거에 평가했던 수많은 환자들과 비교하여 그들이 관찰한 것을 끼워 맞추고, (2) 전형적으로 성격장애와 관련이 있는 과거력상의 특정 행동이나 특징들에 주목하고, (3) 일치하지 않는 점을 확인하는 것이다. 나는 첫 번째 사항에 대해서는 도움을 줄 수 없다. 경험은 시간만이 해결해 줄 수 있기 때문이다. 하지만 두 번째와 세 번째 사항에 대해서는 몇 가지 소중한 정보를 알려줄 수 있다. 불행히도 어떤 경우에는 신뢰할 만한 과거력이 없다면 당신에게 경고 신호를 보낼 수 있는 것이 없을 수 있다. 예를 들면, 1970년대 12명의 젊은 여성을 살인한 매력적인 성격의 소유자인 테드 번디 같은 반사회적인 사람을 식별하는 것은 거의 불가능할 것이다. 이러한 측면에서 반사회성 성격장애 진단은 제3의 정보 제공자들의 중요성을 잘 보여 준다.

어떤 한 가지 행동만으로 성격장애를 진단할 수 없다는 점을 유념하라. 그래서 당신은 이 가운데 어떠한 항목도 간과해서는 안 된다. 모든 항목들이 당신이 개인에 관해 알고 있는 모든 맥락 내에서 평가되어야만 한다. 이 항목들은 표식으로서 의미가 있는 것이지 진단 기준이 되는 것은 아니다. 당신이 관찰한 것은 하나의 온전한 성격장애가 아니라 단지 성격장애 특질일 수 있으며, 이는 우리 모두가 어느 정도는 조금씩 가지고 있는 것이다. 때때로 당신이 발견한 단서들이 전적으로 또 다른 진단 가능한 장애를 의미할 수 있다.

과거력에 대한 정보

어떤 문항들은 과거력을 통해 분명해질 것인데 이는 환자가 유일한 정보 제공자일 때조차도 그렇다.

- 문제 행동은 특히 되풀이되는데, 예를 들어 반복적으로 자신의 치료자를 해고하는 행위가 그것이다(나도 세 번 이상 그런 말을 들은 적이 있었다. 의료 지원 제공자를 바꾸는 데는 그에 상응하는 많은 이유들이 있다). 다른 예로는 반복적인 법적인 문제들(특히 수감), 정신과 입원(양극성장애나 조현병으로 확진되지 않은 상태), 혹은 배우자나 직업이 바뀌는 경우(한때는 오명이었지만 지금은 더 이상 오명이 아닐

표 16.2 정신건강 환자들의 성격장애 평가하기

1. 당신은 자신이 어떤 종류의 사람이라고 생각하나요?
2. 스스로 생각하기에 당신이 가장 좋아하는 것은 무엇인가요? 가장 좋아하지 않는 것은?
3. 당신은 많은 친구들이 있나요? 혹은 주로 혼자 지내나요?
4. 당신은 가족 구성원과 어울리는 데 어려움이 있나요? 친구들은 어떤가요?
5. 당신은 다른 사람의 동기를 의심하는 경향이 있나요?
6. 당신은 주목받는 것을 좋아하나요? 혹은 뒤에서 머무르는 것이 더 편안한가요?
7. 당신은 다른 사람들이 당신을 속이거나 해칠지도 모른다고 느끼나요?
8. 당신은 원한을 참는 편인가요?
9. 당신은 미신을 믿는 사람인가요?
10. 당신의 기분은 꽤 안정적인 편인가요?
11. 당신 자신을 위한 꿈은 무엇인가요? 당신은 때때로 그러한 꿈에 대한 공상에 잠기나요?
12. 당신은 특별한 대우나 관심을 받을 만한 가치가 있다고 여겨지나요?
13. 당신은 종종 새로운 관계를 부적절하게 느끼나요? 당신은 매일 의사 결정을 할 때마다 많은 충고나 안심을 필요로 하는 편인가요?
14. 당신은 때때로 사소한 것에 사로잡혀서 하던 일에 초점을 잃어버린 적이 있나요?
15. 당신은 상당히 완고한가요? 완벽주의자인가요?

참조 : *The First Interview*(4th ed.) by James Morrison, 2014, New York: Guilford Press, Copyright 2014 by The Guilford Press의 허락 하에 게재함.

때), 또한 수집 행동, 낙담스러운 상황에서 되풀이되는 자살 시도, 그리고 배우자와 싸운 이후의 반복적인 가출 행동이 포함된다.

- 다수의 자살 시도가 있더라도 이 경우에는 성격장애가 첫 번째 진단으로 고려되어서는 안 된다.
- 삶의 어떠한 한 가지 측면 — 일 중독, 파티, 성관계, 카드 게임 혹은 기타 취미들 — 에 대해 전적으로 몰두하는 것, 예를 들면 나는 과외 활동이나 사교 생활에 참여하지 않고 단지 공부만 하는 대학생에 대해 걱정한다.
- 명백히 잘못된 답변(예 : 2+2=5)이나 계속 바뀌는 모호한 이야기
- 성격장애의 가족력(예 : 반사회성 혹은 경계성 성격장애)
- 아동기의 성적 학대 과거력, 혹은 장기간의 과도한 물질 사용 경험이 있는 부모에 의해 양육된 과거력
- 성격장애와 연관되어 있을 가능성이 높은 특정 진단 — 섭식장애, 해리장애, 신체증상장애, 사회불안장애(회피성 성격장애에서 종종 발견), 조현병(대체로 조현형 성격

장애와 관련), 물질 오용

- 타인과 일하는 것에 대한 만성적인 어려움
- 친구와의 친밀한 관계 부족, 특히 친밀감에 대한 욕구가 없어 보일 때

환자의 정동과 태도

환자의 특정한 정동과 태도는 심지어 초기 면담을 진행하는 동안에도 나타날 수 있다. 여기에 있는 목록에 몇 가지 사항들이 있는데, 당신은 머지않아 경험을 통해 더 많이 늘려가게 될 것이다.

- 기질의 부정적 특성이 명백히 곤란한 상황 없이도 지속된다. 그러한 예에는 폭력의 표출, 거만함(종종 자기애성 성격장애에서 발견), 그리고 후회와 공감의 비양심적인 결핍(예 : 범죄 행위에 대해 자랑하거나 타인의 고통에 대해 무관심한 것)이 포함된다.
- 연극성 성격장애와 연관이 있는, 타인의 고통에 대한 무관심
- 치매, 조증, 조현병이 없을 경우, 정동과 자신이 보고한 기분 간의 혹은 기분과 사고 내용 간의 불일치와 모순
- 타인의 감정을 묘사하도록 했을 때 당혹스러워한다.
- 과도한 경직성, 직장이나 가정 내에서 서로 협력하며 잘 지내지 못하는 것에서 드러난다.
- 만성적인 피해자 태도(누군가 잘못을 했을 때 "내가 그러지 않았어요.", "난 누명을 썼어요.")

시간의 경과에 따라 관찰되는 행동들

당신은 종종 환자와 작업을 시작하고 나서야 성격장애로 진단 내리기 충분하다는 사실을 깨닫게 된다. 몇 가지 핵심 행동들은 다음을 포함한다.

- 경계하는 모습으로 창문이나 문을 힐끗 쳐다보는 것
- 반복적인 자살 시도나 자해 삽화(손목을 긋는 행위 등)
- 과도한 의존성(예 : 지속적으로 "당신이 결정했으면 좋겠어요."라고 이야기하는 것)
- 무언가를 요구한 후에 그것을 거부하는 것(예 : 입원을 한 뒤 지시에 반하는 퇴원을 하는 것과 약물 투약을 거부하는 것이 포함됨)

- 환자의 현재 주요 정신과적 진단에 효과적인 치료적 평가를 반복적으로 거부하는 것
- 관계보다는 옷이나 차림새에 더 관심을 두는 것
- 타인의 머리에 불을 붙이거나 기타 다른 방식의 자해와 같이 지나친 제스처를 포함하는 충동성
- 사건에 대한 과도한 반응(예 : 친인척이 암에 걸렸을 때 자살 시도를 하는 것)
- 지속적으로 나타나는 잘못된 판단의 증거 — 의학적 조언을 따르지 않는 수많은 사례, 거부나 질환을 초래하는 방탕함, 반복적인 법적 문제(특히 범죄) 등

치료적 관계

한편 치료적 관계에서 몇 가지 쟁점들은 빠르게 드러나는 반면, 몇몇 다른 쟁점들은 드러나는 데 시간이 걸린다.

- 환자가 치료 초기에 자신의 이전 치료자에 대해 비난하면서 임상가로서의 당신의 능력에 대해 과도한 칭찬을 하다가도 이후에는 불평과 평가 절하를 한다.
- 불쾌감, 불안, 분노 그리고 호전성을 포함하는 부정적 정동들이 당신을 향해 나타날 수 있다. 그리고 사무실 벽을 발로 차거나 당신의 타이어에서 바람을 빼 버리는 것처럼 적대감을 외현적으로 표출할 수 있다.
- 당신이나 다른 사람에게 유혹적이며 자기 연극조로, 그리고 흐느끼며 접근할 수 있다.
- 조종 행동은 어떤 치료진이 자신의 요구를 허용하지 않을 때 다른 치료진을 통해 요구하는 것, 선호하는 특정 시간대의 치료를 요구하는 것, 약물이 준비되지 않은 상황을 재앙으로 간주하는 것, 반복적으로 사적인 질문을 하는 것, 자신을 잡아 주고, 안마나 키스 혹은 그 이상을 요구하는 것, 사무실에서 담배를 피우는 것, 만류에도 불구하고 당신의 이름을 부르는 것, 주말에도 반복적으로 전화하는 것, 막바지에 예약을 변경하는 것 등이 있다.
- 예약 시간에 지속적으로 지각하는 것
- 선물 주기 — 대가성의 쿠키나 커피를 받을 수 있다.
- 임상가를 스토킹하는 것 — 이는 임상적으로 가장 악몽 같은 상황이다. (즉, 당신의 환자 중 누군가로부터 그런 일을 겪을 수 있다.)
- 신체 증상을 무시하여 임상가를 걱정하게 만드는 것

- 임상가에 의해 야기된 부정적인 감정들(짜증, 공포, 불신, 분노, 혹은 심지어는 나쁜 행실에도 불구하고 매력을 느낌) — 이러한 감정들의 일부분은 당신들 중 누군가가 성격장애를 지니고 있을 수 있다는 것을 시사한다.

성격장애를 파악하는 것은 어떤 환자의 경우에 명백해 보일지라도, 또 어떤 환자의 경우에는 난제가 될 수 있다.

 로빈

"내가 이야기하고 싶지 않았던 것이 있어요." 로빈은 처음 방문했을 때 선언했다. 그녀는 불이 붙지 않은 담배를 쥐고 자신의 왼쪽 팔에 세로로 나 있는 흉터를 가리켰다. "이게 제가 말하고 싶지 않았던 것 중에 하나예요. 당신이 보고 있었다는 걸 알아요."

10월 말이었지만 로빈의 피부는 햇볕에 탄 갈색이었다. 비록 그녀는 37세의 나이로 보였지만, 그녀의 반질반질한 갈색머리는 긴 포니테일 스타일로 뒤로 당겨져 있었다. "난 행복하지 않아요." 그녀가 불평했다. "어떤 날은 우울하기도 하지만, 대개는 그냥 기분이 좋지 않아요. 내 삶이 싫어요." 그녀는 생리 때면 불쾌한 감정이 든다고 했지만 그녀의 감정은 삶에서 일어나고 있는 일들과 더욱 관련이 있는 것처럼 보였다. "내 직업은 별 볼 일 없고, 어느 누구도 나를 진정으로 좋아하지 않아요."

로빈은 불만이 많았다. 작년 추수감사절에는 엄마가 언니 엘리시아를 편애한다고 비난했다. 그 이후로 셋은 함께 살지 못했다. 그것이 가족 간 불화의 유일한 이유였다. 그녀는 자신이 다니던 사무실의 파티에서 충동적으로 상반신을 드러낸 채 춤을 추고 나서 직장을 잃게 되었다. 몇 주가 지나고, 그녀는 퇴근 후 자주 다니던 솔로 바에서 남자들을 꼬셨다. 그녀는 몇 번이고 밤을 함께 보내기 위한 남자들을 집으로 데려왔으며, 이는 아파트를 나누어쓰는 그녀의 언니를 매우 불편하게 했다. 로빈이 문을 지나갈 때 — 비록 그녀 스스로는 결코 한두 병 이상의 술을 마시지 않았다고 하지만 — 그녀의 언니는 '술 취한 패배자'라고 이야기했고 이것이 그녀의 울화통을 치밀게 했다. 이제 그들은 로빈의 고통을 악화시키는 대화조차 하지 않는다.

로빈의 동의하에 치료자는 배경 정보를 파악하기 위해 엘리시아와 통화했다. 그들은 둘 다 같은 정부 사무실에서 일하고 있었기 때문에 엘리시아는 로빈의 '수법'이라고 부르는 것에 대해 상당한 통찰력을 지니고 있었다. "로빈은 지금까지 철부지 어린애였고 걸어 다니는 불평 불만자였어요."라고 엘리시아가 이야기했다. 수화기 너머로 그녀가 인상을 찌푸리고 있다는 것을 알 수 있었다. "로빈은 항상 누군가 자신을 안 좋게 보도록 험담을 하거나, 자신을 곤경에 빠뜨리려고 한다고 의심해요." 그녀가 고등학교 졸업반일 때, 로빈은 자신이 가장 친하다고 생각하는 친구가 자신의 남자친구를 빼앗으려 한다고 생각하여 의절하였다. "나는 그 친구가 레즈비언이었다고 확신해요. 그런 애가 '누군가'의 남자친구에게 무엇을 원할 것 같나요?" 엘리시아가 물었다.

그녀는 계속해서 이야기했다. "지난 선거 기간 동안 로빈은 대통령을 지지함에 있어서 과격했어요. 로빈은 항상 정치에 대해 이야기했고 선거 운동 인쇄물을 돌렸어요. 심지어 부서의 정책과 달랐을 때도요. 백악관이 그녀가 찬성하지 않는 지시를 내렸을 때, 배신감을 느꼈다고 이야기했고, 백악관의 반대편에 서서 활동하기 시작했어요. 그게 바로 로빈이에요. 그녀는 항상 뜨겁다가도 차가워져요. 상사는 그녀를 해고하고 싶어 했지만, 정부를 잘 알잖아요. 그녀를 해고하려면 의회가 움직여야 해요."

로빈은 한 동료가 육아 휴직을 했을 때 임시직을 고용하지 않는 결정을 내린 자신의 상사를 질타했다. 나중에 엘리시아는 로빈이 자신의 상사에게 육아 휴직을 한 동료가 업무에 있어서 자신의 몫을 다하지 않았다고 이야기를 하는 것을 우연히 듣게 되었다. "내가 그것에 대해 로빈에게 물었을 때, 로빈은 화를 내며 다시는 내게 말을 걸지 말라며 위협했어요. 또한 그녀는 항상 뒤에서는 굽실거리며 환심을 사려는 것이 특징이에요. 나는 그렇게 혼자 남겨지는 것을 두려워하면서도 자주 남들을 밀쳐내는 사람을 결코 본 적이 없어요."

분석

먼저 우리는 로빈이 주요한 정신과적 징후를 지니고 있는지를 알 필요가 있을 것이다(성격 및 대인 관계 문제가 있는 환자를 위한 의사 결정 나무인 그림 16.1의 1단계를 보라). 개략적인 이야기였지만 로빈의 임상가는 로빈이 불안장애, 기분장애 혹은 정신병적 장애에 해당되지 않고 음주나 약물 사용을 하지 않았다고 결론 내릴 만큼은 정보를 알게 되었다. (만약 로빈이 위 장애들을 충족시킨다면, 성격장애로 진단을 내리는 것에 대해 두 배로 조심스럽게 접근해야 할 것이다.) 로빈의 신체 건강에 대해 더 많은 정보가 필요할지라도, 엘리시아가 제공한 과거력 정보는 최근의 변화에 반대되는 결론을 나타낸다(2단계). 면담 초기 로빈의 도전은 대부분의 경험 많은 임상가들로 하여금 성격장애의 가능성을 고려하게 할 것이다. 로빈은 스스로 다른 사람들, 특히 가족과 잘 지내는 것에 대한 어려움과 관련된 수많은 예들을 이야기했다.

로빈은 성격장애를 지닌 개인에 대한 일반적인 묘사에 부합하는 것처럼 보인다. 그녀는 일생 동안 자기상과 대인 관계 유지에 문제가 있었다. 정신병적 증상은 없었지만 로빈의 사고는 타인이 자신에게 적대적이라는 관념으로 인해 왜곡되어 있었다. 로빈의 정서 상태는 위태로웠다. 이러한 특성들은 만연되어 있었고, 로빈의 삶 전반에 걸쳐 영향을 미쳤다. 하지만 잘 알려진 성격장애의 특정한 양상 중 어떤 것도 로빈의 특성을 충분히 설명해 주지 못하기 때문에 로빈에게 특정한 성격장애 진단을 내리기는 어렵다(3단계). 로빈은 주목받고 싶은 강한 욕구(반나체로 춤을 추는 것), 편집증(자신의 친구에 대해 의심하는 것), 경계성 성격장애 특징(여러 차례의 자해 행동 삽화)을 포함하는 다양한 병리적인 성격 특질들을 지니고 있는 것으로 보인다. 따라서 4단계에서 우리는 여러 가지 성격 특질들 혹은 분류되지 않은 성격장애에 대해 심사숙고해야 할 것이다. 우리가 의사 결정 나무 과정에서 이론적으로 계속 진행하며 추가적으로 관계 문제를 탐색할 수 있음에도 불구하고 이렇게 많은 성격 특질을 보았을 때 그것을 시간 낭비처럼 보인다.

제언

성격장애 진단은 많은 어려움을 안고 있다. 여기 몇 가지 예가 있다.

1. 진단 매뉴얼을 가볍게 읽으면서 얻은 인상과는 달리, 성격장애가 있는 대부분의 환자들은 성격 특질과 성격장애가 섞여 있다. 그러나 환자들이 둘 이상의 진단 기

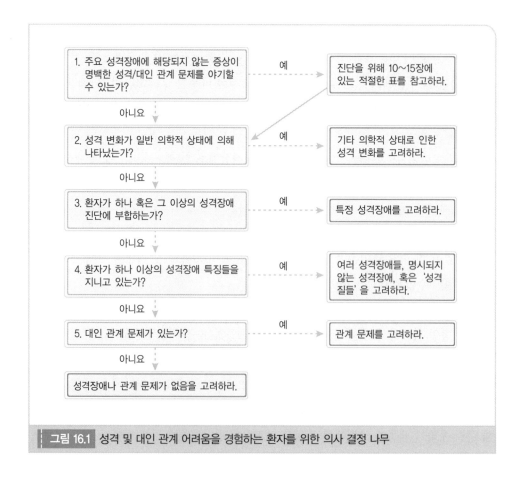

그림 16.1 성격 및 대인 관계 어려움을 경험하는 환자를 위한 의사 결정 나무

준을 만족할 때조차도 임상가들은 단지 하나의 성격장애로 진단하는 경향이 있다.

2. 하나 이상의 성격장애로 진단될 때, 그것이 실제로 의미하는 바가 무엇일까? 그 환자가 다양한 성격을 갖고 있다는 사실은 물론 아니다. 그러면 이것은 치료에 어떠한 도움을 줄 수 있나?

3. 성격장애와 정상을 구분하는 명확한 선은 없다.

4. 지금까지 성격장애의 원인을 정확하게 설명하는 연구는 보고된 바가 거의 없다.

5. 성격장애는 특히 평가하기 어렵다. 표준화된 면담을 사용하여도 종종 환자 면담만으로는 충분하지 않다. 심리학적 평가 또한 마찬가지다. 오히려 우리는 지속적이면서도 전반적인 문제가 될 만한 행동을 증명하기 위해 적어도 후기 청소년기 때부터 환자를 잘 알고 있는 친인척이나 타인들과의 면담이 필요하다.

6. 현재 사용되고 있는 DSM-5의 3개의 성격장애군(기이하거나 동떨어짐, 극적이거나 충동적이거나 변덕스러움, 불안하거나 두려움)은 객관적인 연구에 기초하지 않았다.

몇몇 성격장애는 특별한 쟁점을 갖고 있다. 많은 연구자들은 조현형 성격장애를 조현병과 연속선상에 위치시킨다. 즉 DSM-5와 ICD-10은 조현형 성격장애를 조현병 스펙트럼과 기타 정신병적 장애와 함께 기재하였고 성격장애 범주를 추가해서 논의하였다. 비록 우리가 주요한 정신장애로서 신체증상장애를 기재할지라도, 이 장애는 연극성 성격장애와 한통속이 되는 경우가 너무 많아서 시작과 끝이 어디인지 결정하기 어렵다. 어떤 임상가들은 특정 장애를 진단하기보다는 어느 한쪽으로 진단 내리기 어려운 경우를 설명하기 위해 경계선(borderline)이라는 용어를 사용한다. 그리고 유기불안은 경계성과 의존성 성격장애 모두에서 나타나는 증상적 특징이다.

우리는 이러한 문제들 가운데 일부를 DSM-5 분류의 합성 차원 체계(hybrid demensional system)를 통해 기술함으로써 다룰 수 있다. 이는 대안적 기술 모델로서 3장에 소개되어 있다. 시간이 지나면 이 모델이 성격장애 평가를 위한 기준으로서 공식적으로 채택될 수 있을 것이다. 이 체계에서 우리는 앞서 로빈에 대해 그랬던 것처럼, 중간 수준 이상의 자기(정체성 혹은 자기 표현) 혹은 대인 관계(공감 혹은 친밀감)에서 어려움이 있는지 먼저 확인해야 한다. 그리고 DSM-5에서 이 작업을 쉽게 할 수 있는 표를 제공하였다. DSM-5를 위한 성격 검사 도구(전체 버전은 *http://psychiatry.org/practice/dsm/dsm5/online-assessment-measures#Personality*에서 무료로 다운 가능함)를 사용하여 저자가 생각하는 로빈이 답변할 만한 내용을 기입하였다(그녀는 더 이상 스스로 답변하는 것이 가능하지 않았으므로 이에 더하여 임상가들은 정보 제공자의 반응을 사용할 것이 권장된다). 여기 다섯 가지 상위 수준 성격 영역에서 그녀가 얻은 점수가 있다 — 부정적 정동 1.6, 분리 1.4, 적대감 1.4, 탈억제 1.7, 정신병적 경향성 0.2. 마지막 영역을 제외한 영역들이 경도에서 중등도 사이의 중간 지점에 위치해 있다. 나는 그녀가 이 평가 척도에서 명명하는 성격장애에 부합하기에 충분할 정도로 각각의 측면에서 중등도(2.0 이상) 수준의 점수를 얻지 못했다고 결정하였다. (그녀는 경계성 성격장애에 매우 가깝다. 정서적 변동성, 충동성, 적대성 측면에서 높은 점수를 받았다. 관심 있는 사람이 있다면 저자가 기꺼이 세부적인 내용을 보내줄 것이다.)

비록 임상가들이 때때로 주요 정신장애에 너무 집착하는 경향이 있어서 성격장애의 존재를 무시할지라도 그 반대편의 문제 또한 존재한다 — 명백한 성격장애는 더 치료 가능한(그리고 훨씬 더 위험한) 정신과적 장애에 대해 간과하게 만든다.

> 상당히 명석하고 재능 있는 MIT 2학년 학생 엘리자베스 신의 사례를 검토해 보자. 그녀는 우울 및 불안으로 인해 수개월 동안 치료를 받은 후 기숙사 방에서 분신자살하였다. 여러 차례 있었던 자해 행동은 그녀가 경계성 성격장애를 지니고 있다는 사실을 상기시켰다. 그녀의 임상가는 분명히 보이는 성격장애에 너무 많은 주의를 기울인 탓에 그녀가 반복적으로 자살하고 싶다고 이야기한 것에 대해서는 소홀했던 걸까?

우리는 성격장애 및 그것과 혼동되는 것들에 대한 논의에서 무엇을 알 수 있을까?

- 부적응적 특질들은 성격장애 진단 기준에 부합하지 않는 많은 사람들에게서 나타난다.
- 환자가 특정 장애의 공식적인 진단 기준에 부합하는지 여부와 관계없이, 모든 환자들에 대해 이 세상에 대응하는 방식에 영향을 미치는 성격 문제들을 확인하라.
- 비록 저자가 진단 기준에 대해 불평을 해 왔을지라도, 어떠한 기준이라도 사용하는 것이 당신의 주관적인 인상에 의존하는 것보다는(진단 원칙을 무시하게 되는) **훨씬** 더 낫다.
- 성격장애의 중요한 기능은 우리에게 그것과 관련된 주요 정신장애를 검토하도록 상기시킨다는 점이다.

🐾 피네아스

주요한 정신 병리를 찾아내는 문제와 더불어 개인의 성격 병리가 얼마나 오랫동안 지속되어 왔는지, 그리고 어떻게 발생하게 되었는지에 대해서도 주의 깊게 살펴보아야만 한다.

> 1848년의 어느 가을날, 버몬트의 철도 건설 노동자들의 현장 감독인 피네아스 게이지는 대혼란이 일어났을 때 폭발물을 막 눌러 담고 있었다. 다음 날 지역 신문에 폭발 사고가 발생해서 게이지가 장전하던 철이 그의 좌측 광대뼈를 뚫고 들어와 머리 위쪽을 관통했다고 보도되었다. 가느다란 철의 길이는 43인치였고 너비는 1인치를 넘었다. 무게는 13파운드를 가까스로 넘었다. 그의 좌측 전두엽의 대부분이 손상되었음에도 불구하고 피네아스는 의식조차 잃지 않았다. 다음날 신문에서는 그가 의식도 정상이고 온전히 맨 정신이었으며 고통도 전혀 없었다고 보도하였다. 그의 회복은 너무나 성공적이었으며 10주 후에 그는 뉴햄프셔에 있는 자신의 집으로 돌아갔다.
>
> 그는 몇 달 안에 다시 일을 하려고 노력했지만 그의 친구들은 "게이지는 더 이상 게이지가 아니다."라고 슬프게 말했다. 이전의 그는 유능하고, 효율적이고, 좋은 비즈니스 감각을 가지고 있었지만 이제 그는 야비하고, 불손하고, 고집이 세고, 다른 사람들에게 짜증을 잘 내고, 우유부단하며, 변덕스러웠다. 그의 성격이 너무 변해서 회사가 더 이상 그를 고용하려 하지 않았다. 그는 미래를 위해 계획을 짜거나 직업을 유지할 수 없었으며, 13년 후에 무일푼으로 사망했다. 뇌를 부검하지는 않았지만 그의 두개골은 보존되었고 현재 하버드 의과대학에 있는 와렌 해부학 박물관에서 볼 수 있다.

분석

그림 16.1의 1단계에서 우리는 피네아스의 과거력을 통해 주요 정신장애가 있었던 것 같지는 않다고 결론을 내릴 수 있다(여기서 나는 기분장애, 정신병적 장애, 혹은 물질사용장애를 말하는 것이다). 따라서 2단계로 가면 우리는 피네아스의 성격 변화가 그가 입은 끔찍한 뇌손상에 의해 잘 설명된다는 것에 동의할 수 있다. DSM-5에 따르면 그의 상태는 외상성 뇌 손상에 의해 야기된 것이라고 할 수 있다. 비록 나중에 관계 문제가 발생했을 수 있지만 이것이 특별한 문제를 형성하는 것은 아니다.

제언

성격장애와 피네아스의 성격 변화 간의 명백한 차이점은 시간이다. 즉, 전자는 성인기 초기에 나타나야만 한다. 성격 변화의 종류는 무수히 많으며, 여기에는 안절부절못함, 수동성, 과민성, 공격성, 불안정한 기분, 유치함(어린 아이 같음), 무책임, 무감동, 경직성, 저조한 동기, 공감 능력 부족, 무례함, 성실성 부족 등이 있다. 성격장애에서처럼 환자 이외의 정보 제공자로부터 얻은 정보가 상당히 중요하다. 신문 기사는 선택 사항이다.

성격 변화는 종종 외상성 뇌 손상과 관련이 있으며 뇌 손상이 심각할 경우 증상을 야기한다. 성격 변화는 또한 뇌졸중, 알츠하이머병, 양성 혹은 악성 종양, 에이즈, 다발성 경화증, 척수소뇌성 운동실조, 신경매독, 헌팅턴병, 말라리아, 독성, 뇌염 등에 의해서도 발생할 수 있으며, 사실상 뇌의 대사나 구조에 영향을 미칠 수 있는 거의 모든 장애들이 그렇다. 만약 성격 변화가 현저하다면 치매가 있는 환자에게도 진단을 내릴 수 있다. 실제로 성격 변화가 치매를 처음으로 알리는 것일 수 있다. 어떤 연구자들은 알츠하이머병의 경과 중 성격 변화가 일찍 나타나는 경우, 일반적인 경우보다 더 빠른 기능 감퇴를 보일 수 있다는 사실을 발견하였다. 분명한 사실은 성격 구조가 변화한 모든 환자들은 가능한 신체적 원인에 대해 전반적인 의학적 검사를 받아야만 한다는 것이다.

관계 문제 진단하기

이 책의 모든 장에서 우리는 각기 다른 질병 간의 경계와 관련된 쟁점에 대해 씨름했다. 여기 서로 다른 종류의 경계를 탐색하는 한 사례가 있다.

 마르시

마르시는 32세였고 두 아이의 엄마였다. 비록 임신하게 되어 마케팅 분야의 전도유망한 경력을 포기했을지라도, 그녀는 전업주부인 것을 좋아했다. 하지만 지난 몇 주 동안 그녀는 스트레스가 심했고, 불안하며 다소 우울했다. 실제로 그녀는 임상가에게 대부분의 시간 동안 기분이 괜찮다고 이야기했지만, 이안이 직장에서 집으로 돌아왔을 때인 저녁 무렵에 다다를수록 그녀의 기분은 가라앉기 시작했다. "우리의 부부 관계는 아주 좋아요. 이안은 최고의 아빠구요."라고 했기 때문에 그녀는 자신의 기분이 가라앉는 것이 무엇과 관련 있는지 알지 못했다. 그녀는 주저하며 말했다. "하지만 우리는 자주 싸우고 있어요."

임상가는 자세히 조사하였다. "돈 때문인가요? 아니면 성관계 문제라도? 이것은 대부분의 부부들에게 큰 문제죠." 그들의 싸움의 원인은 마르시 남동생의 음주 문제였다. 마르시의 남동생인 레이는 마을 건너편의 임대 아파트에 살았다. 하지만 그는 마르시를 비롯한 가족들과 많은 시간을 함께 보냈다. 마르시와 레이는 1년 전부터 마르시의 집 차고에서 어머니로부터 물려받은 작은 통신 판매업을 하고 있었다. "어머니는 임종 시 제게 동생을 잘 돌보라고 당부했고 저는 항상 그러겠다고 약속했어요. 그리고 저는 그 책임을 결코 소홀히 하지 않고 있어요."

마르시의 어머니는 레이를 돌보았고, 이안은 마치 어머니처럼 행동하는 마르시를 비난하였다. 마르시는 이안의 말이 사실이라는 점을 인정했지만 레이를 내버려둘 수 없었다. "동생이 부담스럽기도 하지만 그는 여전히 내 동생이에요." 그녀가 해명했다. 이안은 마르시가 심각한 논쟁으로부터 벗어나기 위해 농담을 하는 것에 대해 오랫동안 화가 났었다.

이안은 레이를 싫어하지 않았다. 실제로 이안은 레이가 술에 취하지 않았을 때에는—마르시가 '대부분 술에 취하지 않은 적이 없었다'고 말했지만—레이와 어울리는 것을 오히려 즐겼다. 그러나 이제 마르시와 이안은 거의 매일 밤 싸우고 있고 주말 역시 마찬가지다. 그녀는 수면이나 식욕과 관련된 문제가 없다고 이야기했다. 게다가 그녀는 실제 공황 발작이나 자살사고를 부인했으며 여전히 자녀들과 사업에 대해 열정적으로 흥미를 보이고 있었다. 성에 대한 관심 또한 많았다. 그녀는 "이안과 나는, 음, 성관계에 대해 이야기를 하고 있어요." 라고 말했다.

분석

마르시는 1단계 주요 정신장애에 해당하는 증상이 부족하였으며 의학적 상태나 일생 동안 지속되어 온 성격장애의 증거는 찾아볼 수 없었다(2단계와 3단계). 그녀는 분명 어떤 일반적인 임상적 진단을 내릴 수 있을 만큼 증상이 충분하지 않았다. 그녀의 증상이 남편이 집에 있을 때만 나타난다는 사실은 우리가 다른 영역을 고려하도록 만든다.

적응장애 진단이 실제로 가능해 보인다. 그 진단과 그 진단이 가지고 있는 여러 단점들에 대해 생각해 보자. 적응장애의 진단기준은 모호하다 — '임상적으로 유의미한' 수준이어야 한다. 증상을 설명할 수 있는 다른 장애가 없다. 그리고 임상가는 증상이 스트레스 요인에 대한 반응으로 발생했다고 판단해야 할 필요가 있다(심지어는 진단 내리기 매우 쉬운 상황임에도 불구하고 말이다). 게다가 가능성 있는 어떠한 진단도 잠정적인 것으로 기술되어야만 한다. 당신은 일단 스트레스 요인이 없어지고 증상이 사라진다면 올바른 진단을 내렸다는 사실을 알 수 있게 된다.

마르시의 사례에서 부부 모두 분명히 장애에 기여하였는데 이는 관계 문제(relational problem)에 완벽히 들어맞는 것처럼 보인다. 그런데 이러한 관계 문제라는 진단은 문제를 다루는 방식에 대해 시사해 주는 반면에, 적응장애 진단은 문제 상황으로부터 벗어나기 위해 무슨 일이 생길 때까지 불안하고 우울한 채로 있는 수동적인 사람으로 환자를 묘사한다. 만약 당신이 마르시에게 성격장애 진단을 꼭 내리고 싶다면, 나는 진단 미정(undiagnosed)을 지지한다. 어떤 종류의 명시되지 않는(unspecified) 장애를 적용할 수 있을지는 잘 모르겠다.

제언

실제로 많은 사람들은 정말 장애가 있어서가 아니라 직업, 일상생활, 혹은 다른 사람들 (형제, 자녀, 부모, 배우자 혹은 이성 관계, 심지어 동료들)과의 일상적인 관계 문제 때문에 우리에게 도움을 요청하는 것이 사실이다.

- 1년 동안 오빠와 두 여동생이 부모의 재산을 놓고 다툼을 벌여 왔다.
- 한 엄마와 그녀의 10대 딸은 이성 교제 문제로 언쟁한다. 딸은 늦게까지 외박했고 엄마는 잔소리를 지속했다. 둘 다 모두 화가 났다.
- 10년간 헌신적인 관계를 이어온 연인이 아이 입양 문제를 둘러싼 불화를 겪는다.
- 한 남성이 암페타민을 사용한 뒤 아내를 자주 때렸고, 그의 아내는 남편을 기소하거나 피난처를 찾으려 하지 않았다.
- 한 여성은 15년간 혼수상태로 누워 있었고, 그동안 그녀의 남편과 부모는 그녀의 죽음이 허용되어야만 하는지의 여부를 두고 논쟁을 벌였다.

위의 예들은 여러 가지 공통점이 있다. 문제가 되는 행동은 종종 원인과 결과가 서로 순환된다. 한 어머니는 시위를 하는 그녀의 딸에게 벌을 주고, 과잉 통제를 받은 딸은 시위를 지속함으로써 다시금 어머니에게 반하는 행동을 한다. 다시 말해 개인이 상대방에게 반응하는 방식이 갈등을 지속시킨다. 이러한 패턴은 고통, 때로는 위험을 수반하며, 한 가지 상황에서 또 다른 상황으로 비교적 지속적으로 나타난다. 이러한 패턴은 일반적으로 하나의 특정한 사건에 대한 단순한 반응이 아니며, 수일 혹은 수주가 아니라 수개월 혹은 수년 동안 지속된다. 사회적 혹은 종교적 권고에 대해서도 별다른 반응을 보이지 않으며, 개인의 건강과 기능에 영향을 미친다는 증거가 존재한다.

관계 문제 인식하기

커플과 가족 간 불화를 평가하기 위한 책들로 가득 찬 선반이 신음을 하고 있다. 그리고 나는 더 이상 그 선반에게(그리고 당신에게) 부담을 주지 않는다고 약속한다. 대신 여기에 관계 문제가 환자의 고통을 설명하는지의 여부 결정을 돕는 간략한 원칙이 있다.

1. 당신은 아마도 이것이 (둘 이상의 개인이 갈등에 기여하는) 대인 관계 문제라는 것을 규명하기 위해 부가적인 정보가 필요할 것이다. 환자와 갈등을 빚는 사람은 그것을 부인할지라도, 당신이 관찰한 행동은 또 다른 정보를 제공해 줄 수 있다.

2. 그 관계가 중요해야만 한다. 문제가 얼마나 격렬했든지 간에, 기차에서 만난 낯선 사람들 간의 논쟁은 해당되지 않는다.

3. 갈등 자체가 비교적 지속적이어야만 한다. 대부분의 관계는 기복이 있다. 따라서 우리는 가정 생활이라는 열차에서 발생하는 모든 갑작스러운 소동에 과잉 반응하지 말아야 한다.

4. 한 개인의 정신과적 진단이 배경 정보를 제공하는가? 만약 그렇다면 그 진단이 갈등의 유일한 원천이 아닐 수 있다. 특정한 임상적 상황은 종종 개인의 장애와 관계 문제 둘 다를 수반하여 발생한다. 개인의 진단과 관계 문제가 완전히 개별적인 것일 수도 있고 하나가 다른 하나에서 기인한 것일 수도 있다. 이런 경우 관계 문제가 얽혀 있다고 볼 수 있다.

5. 당사자들 간 사회적 기능의 손상을 알아보기 위해 관계 기능에 대한 전반적 평가(the global assessment of relational functioning, GARF)의 도움을 받을 수 있다. GARF는 임상가가 문제 해결, 조직화, 정서적 측면의 관점에서 관계를 평가하기 위한 지침을 제공한다. (DSM-IV-TR에서 GARF를 찾을 수 있다. DSM-5는 GAF와 마찬가지로 GARF를 다루지 않았다. 안타까운 일이다.)

21세기 초에는 관계 문제를 미래의 진단 매뉴얼에 정식으로 포함시킬지 여부를 두고 상당한 논쟁이 있었다. 이 글을 쓰는 지금도 그러한 쟁점이 아직까지 분명하게 해결되지 않고 있다. 하지만 진단 기준에 공식화되어 있는 정도와 관계없이, 관계 문제는 여전히 존재하고, 확인되고, 다루어져야만 한다. 관계 문제는 삶의 문제(problems of living)라고 불리는 정신건강 관리의 전반적인 규정에 대한 상당히 중요한 일면을 나타내며, 삶의 문제는 실제 정신장애가 아닌 거의 모든 것을 포함할 수 있다. 진단 매뉴얼에는 많은 심리사회적, 환경적 요소들이 진단 코드 번호와 함께 포함되어 있기 때문에 삶의 문제를 당신이 내린 진단과 함께 기록할 수 있다. 삶의 잠재적인 문제 목록은 다음을 포함한다.

가족(사망, 이혼, 방임, 학대)
지지 집단(혼자 사는 것, 차별의 피해자가 되는 것, 이민을 가는 것)

학교(교사 혹은 급우와의 갈등, 문맹)

직업 상황(스트레스가 심한 일정 혹은 근무 환경, 관리자나 동료와의 불화)

주거(무주택, 안전하지 못한 환경, 이웃과의 갈등)

재정

의료 서비스에 대한 접근성(보험 혜택의 부족, 지리적 고립)

법적인 문제들(범죄의 피해자가 되는 것, 체포당하는 것, 소송에 연루되는 것)

기타 사안들(문화 적응, 종교, 퇴직 문제와 전쟁 혹은 테러의 영향 같은 문제들)

정상과 장애 구별하기

여기에 우리가 명심해야 할 또 다른 종류의 경계가 있다.

 오라스

오라스가 그의 대학에서의 정년 퇴임 연령인 65세가 된 이후, 처음 20년 동안은 자원하여 명예교수로서 그가 예전에 가르쳤던 과목들을 강의했다. 몇 년이 지난 후, 그는 한 임상가에게 말했다. "나는 정규적으로 강의를 하기에는 너무 나이가 들었어요. 그래서 지난 8년간은 정원을 가꾸고, 편집자에게 투고를 하며 고전을 읽었죠." 그가 정신건강에 관심을 갖게 된 것은 왼쪽 신장에 작은 암이 자라고 있다는 담당 의사의 소견 때문이었다. 오라스는 셔츠를 채우고 웃으며 이야기했다. "음, 좋아요. 나는 93세가 나와 작별하기 딱 적당한 시기라고 생각해요. 나를 떠나겠어요." 이어서 그는 수술에 대해 논의하는 것조차 거절하였는데, 바로 착수했다면 거의 확실하게 치료되었을 수 있었을 것이다.

정신건강 전문가는 오라스가 때때로 몇 시간 동안 기분이 가라앉는다는 것을 알았지만 — "누가 그러지 않을 수 있겠나? 내 아내는 수년 전에 사망했고 오랜 친구들은 모두 죽었다네." — 그는 기분장애의 다른 증상들은 보이지 않았다. 그는 매일 두 잔의 와인을 마셨지만 — "그건 내 콜레스테롤 조절에 도움이 된다네." — 대인 관계, 재정 혹은 법적인 문제와 관련된 어떠한 어려움에 대해서도 부인하였다.

분석

여러 정신건강 임상가들은 주치의와 함께 오라스의 사례를 검토하였다. 더 많은 증상들에 대해 탐색한 지 30분이 지난 후, 그들은 어떠한 주요 정신장애에도 해당되지 않는다고 결정했다(1단계). 그들은 오라스가 자신의 상황을 침착하게 받아들이고 있고, 감정에 휘둘리지 않고 이야기하였으며, 이성적인 선택을 한 것으로 보인다는 사실에 동의했다. 2단계의 성격 변화도 없었다. 실제로 그의 성격에 어떠한 문제가 있다는 증거는 없었다(3단계). 그는 항상 상냥한 성품의 사람이었고 가족, 동료, 학생들에게 사랑을 받아 왔다. 최종적으로 오라스의 담당 의사에 의해 야기된 괴로움 이외에는 관계 문제로 진단할 가치가 있는 대인 관계 문제가 없었다(4단계). 우리 앞에 정신과적인 질병 없이, 자신의 건강관리 필요성에 대해 매번 논리적인 결정을 할 수 있는 모든 권리를 지니고 있는 한 개인이 놓여 있다. 자문 위원회는 담당 의사에게 다시금 수술의 장점에 대해 논의해 볼 것을 권장하였다.

제언

임상가가 "이러한 환자가 정신과적 질병이 없을 수 있는가?"라고 얼마나 자주 의문을 가질까? 내 생각엔 반드시 그래야만 하는 것만큼 그렇게 자주 의문을 갖지는 않는 것 같다. 실제로 이 분야에 대한 연구는 전적으로 부족하다. 의학 문헌 검색 시스템에 정신장애 없음(no mental illness)과 유사한 문구들을 쳐서 검색을 해 보아도 시종일관 아무것도 나오는 것이 없다. 한 가지 문제는 정상과 질병 간의 분명한 경계선이 없다는 것이다. 오라스의 '가라앉는 기분'이 며칠간 지속된다면 그에게 질병이 있다는 것일까? 불면이 생겼다면 질병이 있는 것인가? 그가 식욕을 잃었다면 어떤가? 어느 시점에서는 모두 오라스가 임상적인 질병이 있다는 것에 동의할 수도 있겠지만 애매한 영역에 대해서는 많은 논쟁의 여지가 있다.

추가적 검토 — 오라스의 담당 의사는 암이 전이된다면 고통이나 통제력 상실이 발생할 수 있다는 사실을 강조함으로써 신장 수술을 재촉하였다. 오라스는 결국 마음을 바꿨고 성공적인 수술 이후 빠르게 회복되었다.

17

진단을 넘어 순응, 자살, 폭력

진단을 위한 평가가 중요하긴 하지만 모든 임상가들은 진단의 경계를 넘어서는 세 가지 쟁점, 즉 순응, 자살, 폭력을 명심할 필요가 있다.

순응

저자가 학생이었을 때 불순응(noncompliance)이란 환자가 임상가의 지시를 따르지 않는 것을 의미했다. 지금은 협력 —환자와 의료진 사이의 파트너십 —에 대한 특성이 '순응'이라는 이 중요한 주제를 바라보는 우리의 방식을 변화시켰다. 이제 일부 임상가들은 순응을 치료를 준수하는 것(adherence)이라고 부르기도 한다.

물론 치료적 불순응 및 불준수에는 정도의 차이가 있다. 어떤 환자는 그저 추천받은 훈련 프로그램을 무시할 수 있을 것이고, 또 다른 환자는 안타부스(Antabuse)[11]를 복용하는 것을 '잊어버려' 절주를 유지하기 어려울 수 있다. 혼동과 실수 사이에는 무수한 경우의 수가 있다.

---

11. 역주 : 알코올 중독 치료제의 하나이다.

왜 치료가 효과적이지 않을까?

"왜 치료가 효과적이지 않을까?"라는 질문에 대한 답은 많다. 경우에 따라 각각이 답이 될 수 있다.

- **잘못된 치료**(wrong treatment) : 우울증 환자들 중 어떤 이들은 SSRI에 반응하며, 다른 이들은 인지 행동 치료에 반응한다. 또 다른 이들(예 : 비전형적인 우울증 환자들)은 모노아민 산화 효소 억제제가 필요할 수도 있다.
- **불충분한 시간**(insufficient time) : 종종 환자들은 효과가 나타나기에 시간이 충분하지 않았던 치료로 인해 낙담할 수 있다. 이것은 대부분의 약물치료뿐만 아니라 (잘 알려져 있듯이) 심리치료에서 특히 그러하다.
- **잘못된 용량**(wrong dosage) : 이는 일반적으로 약물치료에 적용되는 것이고, 보통은 지나치게 적은 양의 약물이 처방되었다는 것을 의미한다. 어떤 약물은 효과를 내는 '적정량의 범위'가 있는데, 이는 지나치게 적거나 혹은 지나치게 많은 용량 둘 다 최적의 반응을 방해할 수 있다는 것을 의미한다.
- **다른 치료의 간섭 효과**(interference from other treatments) : 이것은 약물치료의 또 다른 문제다. 어떤 종류의 약물 사용이 다른 종류의 약물 효과를 감소시킬 수 있다.
- **부작용**(side effects) : 원치 않는 효과, 즉 부작용(약물 치료의 또 다른 쟁점)은 환자가 복용량을 줄이거나 치료를 완전히 중단하는 불행을 빈번하게 야기한다.
- **기타 치료적 준수 문제**(other adherence issues) : 환자는 운동을 하지 않거나, 낮병동에 나오지 않거나, 인지행동치료에서 내 준 과제를 수행하지 않거나, 처방받은 대로 약을 복용하지 않을 수 있다.
- **물질의 사용**(use of substances) : 마약이나 알코올의 영향은 치료 및 치료에 대한 평가를 다양한 방식으로 혼란시킬 수 있다.
- **잘못된 진단**(wrong diagnosis) : 진단이 아무리 잠정적이라 할지라도, 치료 효과가 명백하게 저조할 때는 잘못된 진단이 가장 흔한 요인일 것이다. 이것은 또한 가장 수정하기 쉬운 것이기도 하다.

이 분야의 연구가 비일관적임에도 불구하고 통제된 연구들로부터 우리는 많은 것을 알수 있다. 거의 대부분이 예측 가능한 것이긴 하지만 말이다. 예를 들어 치료 불준수는 입원 환자들보다는 외래 환자들에서 더 심하다. 또한 치료를 받은 시간이 길고 치료 요법이 복잡할수록, 그리고 부작용이 많을수록 심해진다. 사려 깊은 지도 감독, 질환의 특성에 대한 교육, 지지적인 환경을 통해 치료 불준수를 줄일 수 있다. 치료의 경과에 만족하는 환자들은 그렇지 않은 환자들보다 치료에 훨씬 더 잘 따르려 할 것이다. 사실상 치료 불준수 그 자체가 치료가 잘 되지 않는 유일한 이유는 아닐 것이며, 혹은 치료가 되지 않는 일

말의 이유조차 되지 않을 수 있다. 다른 요인들을 고려할 필요가 있는 것이다('왜 치료가 효과적이지 않을까?'의 내용을 보라).

치료 불준수의 영향은 일상적인 것에서 중대한 것까지 다양하다. 물론 치료가 활용되지 않는다면 어떤 치료도 효과적일 수 없고, 어떤 환자들의 경우 처방된 치료(말하자면 인지행동치료 과정)를 따르지 않는 것은 단지 우울증이 낫지 않고 지속되는 것을 의미할 수도 있다. 더 심각한 결과에는 질환의 반복적인 삽화와 여러 차례의 입원이 포함될 수 있다.

제 I 형 양극성장애의 우울 상태에 있을 때 벨린다는 항상 빠르게 회복하는 환자의 본보기였다. 그러나 조증 상태일 때 그녀는 약물 치료를 도외시하였고, 결국 자신의 집에서 1,000마일 떨어져 있는 곳의 병원에 입원되곤 하였다. 그녀의 네 번째 혹은 다섯 번째 조증 삽화 시 내가 불려갔을 때 그녀는 앞마당에서 정원용 호스로 거실 가구에 물을 뿌리고 있었다.

또한 어떤 환자들은 가족과 친구로부터 멀어질 수도 있다.

모드는 뛰어난 수영 선수여서 자주 메달을 땄고, 어떤 해에는 미국 올림픽팀에 소속될 뻔도 했다. 그러나 23세 때 조현병이 발병했다. 그녀는 계속해서 항정신병 약물이 수영하는 것에 방해가 된다고 주장했다. 그녀는 몇 번이고 약물 복용을 그만두려 하였고 정신병적 증상이 재발하곤 했다. 입원할 때마다 그녀는 약물 치료를 거부하였는데, 자신의 의지에 반하는 약물 복용을 계속 해야만 하는지 결정하기 위해 정신 감정을 필요로하게 되었다. 판사는 몇 번이고 그녀의 청원에 동조하였고 퇴원하도록 해 주었다. 저자가 마지막으로 그녀와 대화했을 때, 그녀는 보호 시설에 있었으며 증상이 심해져 스스로 음식도 먹지 못하고 있었다. 결국 남편은 그녀와 이혼하였고 아이들도 데리고 가 버렸다.

다음 두 사례에서 볼 수 있듯이 어떤 때는 그 결과가 매우 끔찍할 수 있다.

졸렌은 44세에 중증재발성우울증 때문에 우체국 일을 그만두어야 했다. 거의 2년마다 그녀는 심하게 멜랑콜릭해졌고, 잠을 잘 수 없었고, 체중이 줄었으며, 오빠가 안부를 묻기 위해 전화를 했을 때도 받지 않았다. 그녀는 실의에 빠져 자살사고가 심해지곤 했으며 매 삽화 때마다 집에서 오랜 시간을 지체하고 나서야 더이상 감당할 수 없어 입원이 필요하다고 도움을 요청하곤 했다. 입원할 때마다 그녀는 단지 네 번의 전기경련치료(ECT)를 받는 기간만큼만 병원에 머물렀으며, 치료적 조언을 무시하고 퇴원을 하곤 했다. "이젠 나아졌으니 그만할래요."라는 것이 주된 이유였다. 그런 뒤 그녀는 외래 진료나 치료에 오지 않았다. 이러한 양상은 20년 동안 계속됐다. 나는 마지막으로 졸렌을 본 이후로 그녀의 소식을 듣지 못했는데, 2년이 지난 후에야 그녀가 목을 매 자살했다는 한 친인척의 전화를 받았다.

2005년 12월, 마이애미에서 막 이륙하려던 참이었던 비행기에서 리고베르토 알피자르가 극도로 흥분하여 연결 통로로 뛰어 나왔다. 그는 폭탄이 있다고 소리치며 자신의 휴대용 가방에 손을 넣었고 여객기 보안 요원의 투항 요구에 거부했다. 요원은 그를 쏴 죽였다. 그의 아내는 다른 승객에게 그가 양극성장애 환자이며 약을 먹지 않은 상태였다고 말했다. 폭탄은 발견되지 않았고 테러와의 어떠한 관련성도 발견되지 않았다.

명백하게도 치료적 준수를 파악하는 것은 임상가와 환자에게 똑같이 중요한 사안이다. 다음은 환자의 치료 불준수의 위험성을 평가하기 위해 사용할 수 있는 몇 가지 단서와 자료들이다.

- **환자에게 물어보기** : 나는 환자를 만날 때마다 일상적으로 환자에게 각각의 투약과 복용 일정을 이야기해 보라고 물어본다. 환자가 실제로 복용하는 것이 의사가 권고한 것과는 다르다는 것을 흔히 알게 된다. 정기적으로 질문을 하는 것은, 비난하는 것처럼 들리지 않게 하면서도 그것에 대해 환자와 논의할 수 있는 기회를 제공한다. 대개 이러한 불일치는 환자가 처방을 잘못 이해한 경우이거나 부작용에 대한 반응인 경우가 많다. 일반적인 해결책은 성공적인 타협점을 찾는 것이다. 비슷한 절차가 식단 조절, 운동 계획, 인지행동치료 과제 등에 적용될 수 있다.
- **친인척에게 물어보기** : 환자를 잘 아는 사람으로부터 얻는 추가적인 정보는 치료적 준수와 관련된 문제에 도움이 될 수 있다.
- **증상의 호전이 없는지 확인하기** : 치료적 불준수는 환자가 치료에 대해 기대했던 반응을 경험할 수 없을 때 나타날 수 있다.
- **부작용이 있는가?** : 약물 복용과 관련해서 예상되는 부작용이 나타나지 않는다는 것은 환자가 약물을 충분히 복용하지 않거나 혹은 아예 복용하지 않고 있다는 것을 알

제 3 부 진단 기법 적용하기

려주는 단서가 될 수도 있다.

- 환경적 요인 확인하기 : 환자에게 지지적인 환경이 있는가? 환자의 또래 집단이 약물 혹은 그 이외의 치료 거부를 자랑거리로 여기지는 않는가?
- 치료자 요인 모니터하기 : 치료의 필요성에 대해 환자에게 얼마나 충분히 교육하였는가? 얼마나 자주 만나는가? (매달 혹은 더 자주 일정을 잡는 것은 치료적 준수를 확실히 하는 데 도움이 된다.) 환자가 당신과의 관계를 긍정적이고 도움이 되는 것으로 받아들이는가? 환자가 치료적 접근을 뒷받침하는 이론적 근거에 대해 이해하는가?
- 잠재적 증상에 유의하기 : 치료적 불준수는 우울증(환자가 치료적 권고에 대해 무관심하게 반응할 수 있다), 황홀감(환자가 '병이라고 하기엔 너무 좋은' 느낌을 가질 수 있다), 망상(환자가 당신의 동기에 대해 의심할 수 있다), 낮은 통찰(환자가 치료의 필요성을 이해하지 못할 수 있다) 혹은 분노(환자가 외현적으로 행동화할 수 있다)의 결과일 수 있다.
- 위험 신호 알아차리기 : 치료적 준수와 관련된 이슈는 조증, 조현병, 치매, 성격장애, 물질 사용과 특히 관련이 깊다. 물질 사용 문제와 다른 주요 정신장애가 모두 있는 환자들은 특히 취약할 수 있다.

자살

낮은 자살 기저율과(일반인의 경우 대략 1%) 과학이 본질적으로 지닌 부정확성 때문에 누가 자살을 시도하고 누가 자살에 성공할 것인지 예측하는 것은 어렵다. 우리는 자살 위험 요인을 정확히 파악하려는 무수히 많은 연구들에 의존해야만 한다.

제이는 해병대에서 30년간 복무를 하고 은퇴했다. 그는 한동안 형제가 운영하는 조립 공장에서 일했지만 지금은 대부분 집에서만 지낸다. 그의 아내는 몇 년 전 죽었다. 그들에게는 아이가 없었고, 그는 과거에 특별히 사교적이었던 적이 없었다. 60대 후반이 된 그는 군인 연금과 사회 보장 제도에 기대어 혼자 살고 있었다.

그가 일산화탄소 중독으로 자살을 시도한 후 응급실로 실려 왔을 때까지 아무도 그의 소식을 듣지 못했다. 한 이웃이 점심시간 때 예기치 않게 집에 돌아와 엔진이 부르릉거리는 소리를 들었을 때, 그는 차고에서 의식을 잃은 채로 발견됐다. 중환자실에서의 위태로운 몇 시간이 지난 후 그는 정신건강 전문가와 이야기를 할 수 있을 정도로 회복되었고, 정신건강 전문가는 그가 심한 우울증과 싸우기 위해 폭음을 해 왔다는 사실을 알게 되었다.

제이는 혈색이 좋지 않고 수척했다. 그는 180cm짜리 뼈에 옷만 걸친 모습이었다(실제로 그는 9kg 이상 체중이 줄어 있었다). 매일 새벽 서너 시쯤 잠에서 깨면 그는 자리에 누워 베트남전에 함께 참전했다가 전사한 친구에 대해 계속 생각하곤 했다. "저는 수류탄을 집어 들어 던질 수도 있었지만 그냥 모래 포대 뒤로 숨어 버렸어요." 그는 사냥에 흥미를 잃었지만 소총 두 자루와 권총 한 자루를 여전히 갖고 있었다. 또한 성인이 된후 줄곧 담배를 피워 왔는데, 최근 의사로부터 그의 폐에 '의심스러운' 부위가 있으며 검사를 더 받아 볼 필요가 있다고 들었다. 그는 종교가 없었고 자신에게 암이 있다는 것을 알게 되어도 치료를 받지 않을 것이라고 했다. 그의 아버지가 폐암으로 오랜 기간 힘든 투병 끝에 사망했음에도 말이다. 제이는 오리건으로 가서 안락사를 요청하거나 편안하게 자기 집 거실에서 자살할 계획이었다.

이러한 정보를 통해 제이의 치료자는 추가적인 자살 시도의 위험성이 높다고 느끼고 그에게 일대일 감시를 붙였다. 그날 저녁 10시쯤 제이는 화장실로 가서 문을 잠갔다. 5분 뒤, 그를 돌보고 있던 근무자가 소리를 지르며 문을 부쉈다. 그리고 목욕 수건으로 만든 고리에 목을 맨 채 위독한 상태인 그를 발견해 아래로 끌어 내렸다.

자살의 위험 요소에는 기본적으로 두 유형이 있다. 첫 번째는 정신 장애와 관련된 것이고, 두 번째는 개인적 혹은 사회적 특성에 관한 것이다. 이해를 돕기 위해 이러한 요인들을 몇 가지 목록으로 만들어 보았다.

정신장애와 자살

제이와 같이 자살을 시도하거나 자살에 성공한 사람들 대부분은 진단 가능한 정신과적 질환을 가지고 있다. 자살 및 자살 시도가 어떤 특정 진단에 국한되는 것은 아닐지라도 아래의 각 진단은 자살 행동과 관련된다.

- 기분장애(mood disorders) : 주요우울장애와 양극성장애는 전체 자살 중 약 절반을 설명하는데, 이는 주로 환자의 우울증이 적절히 치료되지 않았기 때문이다. 자살의 위험성은 더 심각한 형태의 우울증이거나 멜랑콜리아 양상(일상적인 활동에서의 즐거움 감소, 아침에 너무 일찍 일어나는 형태의 불면, 식욕 또는 체중 감소, 과도한 죄책감, 일반적인 슬픔보다 더욱 심한 기분 상태)이 있을 때 증가한다. 최근 연구들

은 우울증이나 양극성장애의 경우 항우울제나 리튬으로 치료하면 자살 위험성이 상당히 감소한다고 보고한다.

- 조현병(schizophrenia) : 조현병 환자 중 10% 가량은 보통 발병 후 수년 안에 자살로 사망한다. 편집증이나 우울 증상이 있는 환자들은 자살 위험성이 더 높고, 음성 증상(정동의 둔마, 빈곤한 언어, 행동을 착수하는 데의 어려움)이 있는 환자들은 자살 위험성이 더 낮다. 과거 자살 시도의 과거력이 있는 사람의 경우, 명령하는 내용의 환청은 추가적인 자살 시도의 위험성을 증가시킨다.
- 물질 오용(substance misuse) : 모든 물질 의존 환자들은 자살 위험성이 일반인보다 2~3배 더 높다(헤로인 의존 환자는 최소 14배 더 높다). 알코올 중독의 경우, 이혼, 별거, 사망, 대인 관계 갈등에 의한 친밀한 관계의 상실이 자살의 흔한 촉발 요인이 된다. 자살 위험성은 최근에 그리고 많은 양의 음주를 한 경우 더욱 증가한다.
- 성격장애(personality disorder) : 반사회성 성격장애와 경계성 성격장애의 경우 특히 자살 위험성이 크다.
- 기타 : 외상후 스트레스장애나 ADHD 등의 다양한 장애도 자살 위험성을 증가시킬 수 있다. 공황장애의 경우도 위험한데, 특히 주요우울장애나 물질 사용이 수반될 경우에 더 그렇다. 신체증상장애 환자들도 종종 자살을 시도한다. 관련 자료가 거의 없긴 하지만, 나는 이들 또한 자살에 성공할 위험성이 크다고 생각한다. 그리고 한 가지 이상의 정신장애가 있으면 자살 시도와 자살 성공의 위험성이 더 증가한다는 것을 명심하라.

자살의 개인적 요인

수년간 여러 가지 사회적·개인적 특성들이 자살 위험성을 증가시키는 것으로 알려져 왔다.

- 남성 : 남성은 자살에 성공할 위험성이 여자보다 4배 높은 반면, 여성은 자살을 시도하는 횟수가 남자보다 3배 많다.
- 연령 증가 : 자살률은 연령에 따라 증가하며 85세 이상의 사람들에게서 가장 높다.
- 인종 : 백인이 다른 인종의 사람들보다 자살할 가능성이 훨씬 더 크다.
- 고용 상태 : 실업자, 퇴직자, 그리고 오랜 기간 일을 하지 않은 사람들은 자존감과 지지 체계에의 접근성이 낮아 고통받을 수 있는데, 이 두 가지 요인은 모두 자살 위험

성을 증가시킬 수 있다.

- 결혼 상태 : 독신 혹은 이혼은 자살의 위험 요인이다(이혼한 경우가 더욱 더 위험). 기혼자들은 자살할 가능성이 적다.
- 종교 : 개신교도들이 가톨릭교도나 유대인들보다 자살 위험성이 더 높다. 이슬람교도의 위험성은 불분명하다.
- 가족력 : 친인척의 자살은 정신장애를 지닌 것 이상으로 개인의 자살 위험성을 증가시킨다.
- 독거 : 고립은 종종 절망을 야기한다.
- 총기 소지 혹은 치명적 수단에의 접근성 : 과다 복용할 경우 치명적일 수 있는 약물을 잊지 말아야 한다.
- 신체적 질병 : 폐색성 폐 질환, 암, 뇌전증, 만성 통증, 그리고 다른 심신을 쇠약하게 만드는 많은 질병들은 환자의 자살 위험성을 증가시킨다. 여러 가지 질병을 앓고 있는 경우에 자살 위험성은 매우 커진다.
- 절망감 : 미래에 대해 지속적으로 비관적 태도를 갖는 것은 특히 자살을 잘 예측하는 것으로 확인된 바 있다.
- 최근의 정신과 병동 입원 : 퇴원 직후 첫 며칠간이 가장 위험하다.
- 경제적 어려움 : 1930년대의 대공황 당시 주식 투자자들이 창문에서 뛰어내리는 사진은 신화가 아니다. 전국의 자살률이 20% 증가했었다.
- 큰 도박 손실 : 이 요인은 아마도 도박 중독 그 자체보다는 우울감에 의해 매개될 것이다.
- 자살에 대한 언급 : "말하는 사람치고 그렇게 하는 사람 없다."는 속담은 사실과는 정반대다. 자살하는 사람들 대부분은 종종 자신의 의도를 의료진에게 전한다.
- 타인의 자살 : 친구, 친인척, 혹은 심지어 전혀 모르는 사람의 자살도 자살 위험성을 증가시킬 수 있다. 특히 집단 행동의 영향력이 강한 청소년기에 더 그렇다.
- 이전의 자살 시도 : 이것은 가장 강력한 예측 변수 중 하나다. 자살 시도 이후 길게는 40년 동안 자살 성공의 위험성이 지속된다. 뷰트라이스의 2003년 연구에 의하면, 신체적으로 심각한 자살 시도를 한 사람의 9%가 이후 5년 안에 사망했는데 이 중 59%가 자살로 인한 것이었다. 자살 시도를 평가할 때는 신체적, 심리적 심각성을 모두 고려하는 것이 중요하다. 신체적으로 심각한 자살 시도는 의식 소실, 상당한 출혈, 혹은 피하 신체 손상(예 : 힘줄이나 동맥)을 야기하는 경우이다. 심리적으로

심각한 자살 시도는 환자가 살아남은 것에 대한 유감을 표현하거나, 자살 시도가 발각되지 않도록 노력을 했거나, 또 다시 자살을 할 것이라는 언급을 한 경우이다. 이 중에서 어느 유형이든 심각성이 있는 자살 시도는 특히 조심할 필요가 있다.

자살 의도와 이전 자살 시도의 심각성을 평가하는 많은 척도들이 마련되어 있다. 이 책의 마지막에 있는 '참고 문헌 및 추천 도서' 편에 이러한 척도들에 관한 정보들을 제공하는 웹 사이트가 제시되어 있다.

폭력

정신건강을 다루는 임상가들은 폭력적 행동을 정확히 예측하는 데 실패하기로 유명하다. 더 먼 미래는 말할 것도 없이, 심지어 며칠 혹은 몇 시간 내에도 말이다. 폭력과 관련이 있을 법한 요인들에 관한 지식은 세월이 지남에 따라 축적되어 왔다. 이런 정보의 일부는 정확하지만 다른 일부는 그렇지가 않다. 두 가지 시나리오를 생각해 보자.

21번째 생일을 맞은 몇 달 후 브렌다는 술을 마시고 암페타민[12]을 먹었다. 사실 그녀는 남자친구와 할머니 집 지하실에 제조실을 만들어 필로폰을 제조했다. 11세 때부터 브렌다는 반복적으로 가출을 해 왔는데, 이는 그녀의 새아버지가 행사하는 폭력으로부터 도망치기 위함이기도 했다. 그녀는 영리했지만 학업에는 소홀하여 최악의 성적을 받게 되었고 15세 때 학교를 그만두었다. 그때부터 그녀는 소년원을 드나들기 시작했다. 16세 때 난장 파티에서는 술과 '어떤 다른 물질' — 그녀가 무엇이었는지 확신할 수 없는 — 을 먹은 후 여자아이를 칼로 찔러 거의 죽일 뻔 했다. 21세 되던 때 구금에서 풀려났지만 감찰관은 그녀가 최근 음주를 다시 시작했다는 것을 알게 되었다. 게다가 그녀는 '그 일을 끝내기 위해' 수년 전에 칼로 찔렀던 그 소녀를 수차례 위협했었다.

마찬가지로 21세인 브렌트는 대학교 1학년 때 발병했다. 그는 항상 한결같고 성실한 학생이었지만 자신을 악마라고 말하는 환청을 듣게 되면서 성적이 한 번에 급락했다. 이에 브렌트와 그의 가족들 모두 놀랐다. 그의 고모는 "학업 성적은 점점 떨어지는 것처럼 보였어요."라고 말했다. 그는 자란 곳에서 수백 마일 떨어진 학교에 다니는 동안 고모와 함께 살았다. 가을 학기가 시작되고 몇 주 뒤부터 그는 점점 수업에 들어가지 않기 시작했다. 그는 외모에 신경을 쓰지 않았고 크리스마스 때 집에 가는 것도 거부했다.

---

12. 역주 : 식욕 감퇴제, 각성제의 일종이다.

심지어 4월 말까지 집 밖으로 나가지도 않으려고 했다. 임상가의 질문에 브렌트가 답하기를, 그는 자신이 반기독교인임을 깨닫게 되었고 자신에 의해 세상이 파괴될 것이라고 했다. 그의 고모는 자기 남편이 잠기지 않은 책상 서랍에 권총을 갖고 있다고 임상가에게 말했다. 확실히 알 수는 없었지만 그녀는 권총에 탄알이 장전되었을 거라고 말했다.

많은 임상가들은 브렌트의 과거력을 통해 그에게 정신병이 있으며, 그가 폭력적인 범죄를 저지르기 쉽게 만드는 요인인 종말론적 망상을 지닌 젊은 남성이라고 평가할 것이다. 그러나 시간이 지남에 따라, 폭력의 잠재성을 평가하는 데 있어 전통적인 임상적 방법은 신뢰할 수 없는 것으로 밝혀졌다. 이러한 어려움의 상당 부분은 폭력에 관한 연구들이 흔히 일반인 표본을 대상으로 한다는 사실에 있다. 우리 임상가들은 우리의 환자가 다른 사람을 해칠 행동을 저지를 가능성에 대해 알고 싶어 하는데도 말이다. 그러한 목적을 달성하기 위해 최근 연구자들은 임상적 정보나 판단에 덜 의존하고, 기록과 인구 통계와 같은 정보에 더 의지하는 보험 통계 모델을 개발하였다. 몇몇 연구 결과에 당신은 놀랄 것이다.

- 진단 : 전통적으로 폭력은 여러 가지 진단과 관련이 있는데, 그중에는 조현병, 조증, 사회병질, 품행장애(아동과 청소년의 경우), 간헐적 폭발장애, 물질사용장애(특히 특히 약물이나 알코올을 사용했을 때) 등이 있다. 하지만 정신장애 환자들 중 대부분은 폭력을 저지르지 않는다. 사실 제 I 형 양극성장애나 브렌트 사례의 조현병 같은 주요 정신장애는 성격장애보다 폭력을 야기할 위험성이 적다(이후 내용을 참고하라). 많은 신체적 뇌 질환도 폭력을 야기할 수 있는데, 그중에는 두부 손상, 경련성장애, 알츠하이머 및 다른 치매, 감염, 암과 다른 종양성 병변, 독성 효과(마약 및 알코올 중독), 그리고 신진대사 상태 등이 있다. 물질 오용이 함께 진단되는 것은 언제나 폭력에 대한 중요한 예측 변인이다.
- 성별 : 통상적으로 남성이 폭력을 더 많이 저지르는 것으로 여겨진다. 하지만 정신장애 환자들 중 브렌다와 같은 여성은 남성만큼이나 폭력을 저지를 가능성이 크다. 비록 피해자들에게 의학적 치료가 필요할 확률은 더 낮겠지만 말이다. 여성이 저지르는 폭력은 특히 가정 내에서 일어나는 경우가 많다.
- 이전의 폭력 : 폭력적 행동의 과거력은 전통적으로 강력한 예측 요인이다. 놀랍게도 폭력을 평가하는 것은 대개 어렵지 않다. 흔히 환자들은 꽤나 기꺼이 이전의 폭력 행위에 대해서 인정한다. 브렌다의 과거 폭행과 유죄 판결은 그녀의 폭행 가능성을

분명히 보여 주었다.

- 학대 : 어린 시절의 신체적 학대(성적 학대를 제외한) 경험은 이후의 폭력과 정적인 상관이 있다.
- 반사회성 성격장애 : 폭력의 위험성은 반사회성 성격장애 진단을 받은 환자들에게서 매우 높다. 확실히 하기 위해서는 더 많은 정보가 필요하겠지만, 브렌다의 과거력은 우리에게 품행장애와 반사회성 성격장애의 가능성에 대해 주의를 기울이도록 할 것이다.
- 환각 : 폭력을 저지르도록 명령하는 환각은 폭력의 위험성을 증가시킨다. 다른 종류의 환각은 관련이 없다. 브렌트처럼 자신이 반기독교인이라는 생각의 망상은 폭력을 예측하지 않는다.
- 분노 그리고 폭력에 대한 생각 및 상상 : 폭력에 대한 생각은 폭력적 행동을 야기한다.
- 연령 : 사랑과 생식이 그렇듯이 폭력도 젊을 때 더 많이 일어난다. 놀랄 것 없지 않은가.

요컨대 가드너와 동료들에 의해 기술된 보험 통계 모델은 폭력적인 정신장애 환자들이 적대적이고, 젊고, 약물을 오용하고, 이전에 폭력적 행동의 과거력을 가지는 경향이 있을 것이라고 예측한다. 그리고 앞의 두 사례들 중에 폭력의 위험성이 더 큰 경우는 브렌트가 아닌 브렌다가 될 것이다. 수많은 연구들은 퇴원한 정신장애 환자들이 물질을 사용할 때에만 폭력을 저지를 확률이 높아진다고 보고했다. 유감스럽게도 그들은 일반 대중들보다 물질을 오용할 확률이 더 크다. 정신장애 환자들이 다시 폭력을 저지르는 것은 보통 병원에서 퇴원한 후 상대적으로 짧은 시간 내에 일어난다.

마지막으로 심각한 폭력을 저지르는 환자들 중 일부는 현재로서는 최선인 예측 요인들을 피해갔을지도 모른다는, 정신을 번쩍 들게 만드는 견해에 명심하라. 프로센짓 포더[타티아나 타라소프를 살해한 사람으로서 결론적으로는 **타라소프 원칙**(Tarasoff principle)으로 알려져 있는 보호할 의무에 대한 인식을 가져왔다], 마크 데이비드 챔프맨(존 레논을 죽인 사람), 존 힝클리 2세(로널드 레이건 대통령을 암살하려고 시도한 사람)와 같은 사람들은 모두 폭력에 대한 상상은 강했었지만 이전에 폭력을 저지른 과거력은 없었다. 현재로서는 최고의 연구와 수단을 동원하더라도 우리는 장담이 아닌 단지 예측만 할 수 있을 뿐이다.

18

환자 사례 모음

다음의 사례들을 통해 우리가 17장에서 논의한 방법들을 더 탐색할 수 있다. 나는 진단 원칙과 주요 장애군을 다룰 수 있도록 다양한 환자들을 선정했다. 이런 사례들 중 일부는 꽤 단순하지만 다른 일부는 상당히 복잡하다. 우리는 감별진단을 하는 데 있어 단순한 사례부터 시작할 것이다.

 존

존 클레어는 1800년대 초반 지금도 출간되고 있는 서정적인 자연시로 유명해진 영국 북부 시골의 노동자였다. 성인기 동안 존은 술(주로 맥주)을 많이 마셨다. 매춘부를 포함한 다양한 젊은 여자들과의 성적 접촉 때문에 매독으로 수은 치료도 받게 되었다. 젊었을 때 그는 재발성 우울증이 있었고, 폭발적인 활동과 창작을 했다. 노년기에는 여러 가지 환각을 경험했고 만성적인 망상을 보였다. 예를 들어 그는 자신에게 2명의 부인이 있고, 자신이 로버트 번스와 로드 바이런이며 킹 조지 3세의 아들이라고 믿었다.

분석

주어진 정보가 부족하더라도 우리가 안전 위계에 근거하여 감별진단을 연습하기에는 충분하다. 모든 환자들의 사례에서 감별진단을 언급하지는 않겠지만, 우리는 항상 안전 위계를 사용함으로써 이를 중요시해야 할 것이다. 다음은 존의 정신병에 대해 저자가 생각하는 방식이다.

- 건강에 즉각적으로 심각한 영향을 줄 수 있으며 치료 가능한 장애들
  알코올 사용과 관련된 정신병
  매독과 관련된 정신병
  수은 중독과 관련된 정신병
- 그 결과는 덜 광범위할지라도 긴급히 치료해야 할 중요한 장애들
  정신병이 동반된 제 I 형 양극성장애
  정신병이 동반된 재발성 주요 우울장애
- 치료와 상관없이 만성적이고 예후가 좋지 않은 장애들
  (1800년대 초반에는 치료가 불가능했던) 조현병과 조현정동장애
  정신병이 동반된 알츠하이머치매

존은 그의 인생 중 마지막 30년을 정신 병원에서 보내다가 결국 70세 때 사망하였다. 최근의 한 전기 작가는 존에게 양극성장애가 있었다고 제안했지만, 그의 장기적이고 만성적인 정신병의 경과는 이에 대해 강한 의혹을 갖게 만든다. 여러 진단 원칙들에 근거해 감별진단 과정을 진행하겠지만, 그중에서도 가장 중요한 것은 화학적 및 일반적인 의학적 원인을 항상 고려하라는 경고이다. 지금 우리에게 주어진 것보다 더 많은 정보가 없다면, 다음과 같이 시를 썼던 그 시골 시인을 위해 진단 미정이라는 용어를 선택하라는 진단 원칙을 적용할 것이다.

나는 아무도 신경 쓰지 않거나 모르는 사람이다.
내 친구들은 기억상실처럼 나를 저버린다.
나는 내 비애를 홀로 소멸시킨다.

 마리안

상담을 받으러 왔을 때 마리안은 불안했고 만성 두통이 악화되어 있었다. 그녀는 몇 주 동안 10파운드나 되는 걱정거리들 때문에 근심해 왔다고 말했다. 이것은 놀라운 일이 아니다. 실제로 그녀는 식욕이 완전히 떨어져 여러 날 동안 아무것도 먹지 않았다. 그녀는 모든 일이 걱정된다고 한탄했다. 아버지는 건강이 악화되고 있었고, 언니의 결혼은 파탄 직전이었다. 세무서에서의 일은 생계를 유지하는 데 충분했지만, 그녀의 나이와 경험에 비해서 맡은 일의

권한이 너무 가볍다는 점에 대해 그녀는 늘 불만족스러웠다. 그녀는 지난 몇 년 동안 여섯 번이나 그랬던 것처럼, 현재 직장을 그만두고 다른 곳을 찾을 생각을 했다. 이제 33세이고, 예비군에 배치될 예정인 남자친구가 있었던 마리안은 자기 나이에 걸맞은 것들을 하고 싶다고 느꼈다. "언젠가는 나도 가족을 갖고 싶어요. 지금 가진 이 강한 불안만 없다면요." 그녀는 어깨를 떨구며 울음을 터뜨렸다.

고등학생 때 마리안은 몇 번의 공황발작을 겪었다. 그녀는 중간고사 수학 시험을 치는 동안 숨을 쉬기 위해 발버둥 쳤을 때 자신의 머리가 얼마나 통제 불가능하게 끄덕거리고 심장이 빨리 뛰었는지를 기억한다. 겁에 질려 자리를 뜨려고 했으나 다리에 힘이 풀려 일어날 수 없었다. 그녀는 소리를 칠 수도 없고 집중을 할 수도 없이 그 자리에 앉아서 고통스러워만 했다. 결국 그녀는 그 시험에서 D를 받았다. 여러 번의 반복된 발작이 있은 후 발작은 점점 줄어들기 시작했으며 마침내 완전히 사라졌지만 공허하고 슬픈 느낌은 남아 있었고 이는 정규교육을 받는 내내 지속되었다.

마리안이 대학을 졸업하기 직전에는 그녀의 어머니가 유방암으로 사망했는데 할머니와 이모도 같은 이유로 돌아가셨었다. 그녀는 다른 어느 때보다도 버려진 느낌과 공허감을 느끼며 술을 마시기 시작했다. 술은 그녀에게 다양한 애인들을 만들어 주기도 하고 떠나게 하기도 했다. 현재 남자친구인 위르겐이 술을 끊지 않으면 그녀를 영영 떠날 것이라고 협박하자, 마침내 술을 끊었다. 그녀는 살며시 미소를 짓고 임상가를 지긋이 응시하며 "지난 8개월간 한 방울도 안 마셨어요."라고 말했다.

그녀가 진료를 받으러 오게 만든 것은 우울증이었다. 그녀는 몇 주에 걸쳐 거의 계속 우울했다. 일에 집중하는 것도 어려워서 그만 두지는 않을지라도 해고될까 봐 두려웠다. 물론 최근의 경기 침체도 그녀의 직장이 더 이상 안정적이지 않다는 느낌을 갖게 만들었다. 그녀는 성관계에 대한 관심도 대부분 잃었고("하지만 위르겐에게는 그런 내색을 하지 않았어요.") 삶에 즐거움이 없는 것이 아닐까 하는 생각이 들기 시작했다. "제 고양이가 털 뭉치를 토해 낸 일에도 한 시간이나 울었어요."

분석

감별진단을 함에 있어 다음의 가능성들을 언급할 것이다 — 전이성 암이나 기타 신체적 상태로 인한 기분장애 혹은 불안장애, 물질로 인해 유발된 기분장애 혹은 불안장애, 주요우울증, 기분저하증, 범불안장애, 공황장애, 알코올 의존, 성격장애. 내가 한 것과 같이 마리안이 임상가에게 말한 것에 근거하여 기분 및 불안장애에 대한 의사 결정 나무를 타고 내려가면, 범불안장애와 임상적우울증의 한 유형을 고려하는 단계에 이를 것이다. 그러나 나중에 안 일이지만 마리안의 경우 그녀가 처음에 털어놓으려 했던 것보다 더 많은 것이 있었다.

그날 저녁, 마리안은 처방받은 SSRI를 복용하기 시작했다. 며칠이 지난 후, 그녀는 응급실에서 임상가에게 전화하여 "저 완전히 취했어요."라고 신음하듯 말했다. 그녀는 지금까지 계속 술을 마셔 왔으며, 남자친구를 잃을까 봐 두려워 모두에게 거짓말을 한 것이라고 실토했다.

살다보면 뜻밖의 일이 일어나는데, 특히 정신건강 전문가라면 더 그럴 것이므로 당신은 문제에 유연하게 대처하는 법을 배워야 할 것이다. 물론 새로운 정보가 이전의 병력보다 우세하다. 마리안에 대한 진단과 치료 모두에 대한 전면적인 수정이 필요하다.

우리는 아마 궁금해할 것이다. 임상가가 술을 끊었다는 그녀의 주장을 더 면밀하게 추궁해야 했을까? 물론 환자를 신뢰하는 것은 중요하고, 나도 항상 그렇게 하려고 노력한다. 진실을 말하는 것이 그녀의 건강과 행복을 위해 중요하다고 독촉함으로써 그녀가 실토하게 했을지도 모른다. 나는 종종 이런 식으로 말한다. "당신이 무엇에 대해서 솔직하게 말할 수 없다면, 그저 '그 주제에 대해서는 지금 넘어가도 될까요?'라고 요청해 주세요."

4장에서 언급한 바 있는 위험 신호에 대해 검토하는 것이 도움이 될 수 있다('경고 신호 인지하기'를 보라). 마리안이 며칠 동안 아무것도 먹지 않았다고 지나치게 주장한 것, 다양한 장애의 증상을 보인다는 것, 그녀가 여러 가지 직업을 그만 둔 적이 있었다는 것이 의심스럽지 않은가? 아마도 그녀의 솔직하고 겉보기엔 공손한 태도에 의해 임상가가 현혹되었나? 임상가가 위르겐과 함께 만나자고 요청했다면 그녀는 어떻게 반응했을까?

어쨌든 이 시점에서 그녀에게 내릴 수 있는 유일한 진단은 1차적으로 알코올 사용장애와 2차적으로 우울증이 될 것이다. 이번엔 그녀가 진짜로 몇 주 동안 금주에 성공할 때까지는 어떤 종류의 불안장애 진단도 보류할 것이다.

 인그리드

인그리드가 포틀랜드의 동부에 있는 코미디 클럽에서 점원으로 일한 지 몇 주밖에 되지 않을 때, 상사는 그녀에게 도움을 구하라고 말했다. "나는 항상 울고 있었고 그는 이게 영업상 좋지 않다고 했어요."라고 그녀가 훌쩍거리며 말했다. 몇 달 전, 학대가 있었던 결혼 생활이 이혼으로 끝나면서 인그리드는 자신이 자란 오리건 주의 도심을 떠나 포틀랜드에 있는 어머니의 새 집으로 이사했다. 어머니가 곁에 있음에도 그녀는 몇 달 동안 고립되어 '세상에 혼자 남겨진 듯한' 느낌을 호소했다.

면담자에게 있어 그녀의 우울증이 이혼 때문인지 혹은 그녀가 평생 동안 살아온 지역에서 떠나왔기 때문인지는 명확하지 않았다. 어느 쪽이든 간에 인그리드는 자신이 비참하다고 대답했다. 그녀는 잘 수도 먹을 수도 없었고, 모든 것에 대해 죄책감을 느꼈으며, 차라리 죽는 것이 낫겠다는 생각을 하거나 때로는 이미 죽었다면 더 좋았을 거라고 바라기도 했다. 그녀는 "요즘에는 내가 이전에 다리 위에서 느꼈던 것만큼이나 우울해요."라고 말했다. "잠시만요." 면담자가 끼어들었다. "무슨 다리요?"

인그리드가 고등학교 2학년이었을 때, 그녀와 친구들 3명이 타고 있던 차가 고가도로 분리대를 들이받았다. 술에 취해 운전했던 남자아이는 사망했으며, 조수석에 있던 그녀의 가장 친한 친구도 사망했다. 뒷좌석에 타고 있던 인그리드와 남자아이는 기적적으로 다치지 않고 탈출했고, 그후로 마약과 알코올을 전혀 손에 대지 않았다. 그녀는 애써서 '다시 시작하려고' 노력했고 운전도 계속했다. 그러나 그후 줄곧 영화나 TV에서 다른 누군가가 다리를 건너는 것을 보는 것만으로도 가슴이 조여 왔다.

그녀는 대개 건강하고 차분했음에도 불구하고 다리를 마주치면 '마치 세상이 끝나는 것 같은 느낌을 받으며' 항상 겁을 먹었다. 그녀는 언제나 공황발작을 일으켰다. 그녀의 심장은 매우 빨리 뛰었고, 도망치고 싶었지만 움직일 수 없었으며, 질식할 것 같은 호흡 곤란을 보였다. 그리고 그녀는 절대로 운전해서 다리를 건너지 않았다. 그녀는 항상 지진이 강타했을 때 일어날 일을 상상하곤 했다 ― "1989년 샌프란시스코 지진이 일어나서 베이 브릿지의 일부분과 고속도로가 무너진 거 기억하세요? 그 사고로 수십 명이 죽었죠." 그녀가 실제 다리에 대해 알려진 게 없었던 건조한 평지 지역에 살 때는 문제가 없었다. "만약 누군가 그곳에 다리를 놓아 주었다면, 다리를 건너가기 위해 구멍을 파야만 했을 거예요."라고 그녀가 말했다. 하지만 포틀랜드는 지진이 잘 일어나고 다리가 많은 곳이었다. 이는 그녀가 코미디 클럽에서 일을 하는 이유이기도 했다. 그곳은 그녀가 찾을 수 있는, 강을 건너지 않아도 되는 유일한 곳이었다.

인그리드는 걸어서 쇼핑을 갈 수 있었다. 비록 높은 곳을 그다지 좋아하지 않지만 다른 공포증은 없었다고 했다. 공황발작이나 다른 불안 증상은 부인했고, 조증 증상도 전혀 없다고 했다.

분석

인그리드의 감별진단을 위해 고려해야 할 장애들에는 (현재까지는 명확하지 않지만) 일반적인 의학적 상태나 물질 사용으로 인한, 통상적으로 고려해 왔던 (그리고 몹시 중요한) 기분장애와 불안장애, 주요우울증, 기분저하증, 신체증상장애, 외상후 스트레스장애, 범불안장애, 공황장애, 특정 공포증, 그리고 광장공포증 등이 있다. 다른 장애들보다 더욱 위험하고 급작스럽게 발생하며 더 쉽게 치료될 수 있는 우울증부터 살펴보자. 조증이 없으므로 우리는 그림 11.1을 보면 된다. 신체 질환과 물질 사용이 없고 일반적인 건강이 양호하므로 우리는 1단계에서 6단계를 거쳐 10단계로 가게 되는데, 이는 우리가 인그리드의 사례에서 정신병이 없는 주요우울장애 진단을 고려할 것을 알려준다. 의사 결정 나무를 이용함으로써 우리가 적응장애로 진단하는 유혹을 피할 수 있음에 주목하라. 충분히 타당한 이유(이혼, 이사, 어머니와의 동거, 직업의 변화)가 있음에도 말이다.

불안장애는 그림 12.1을 참고할 필요가 있다. 우리는 이미 신체적 혹은 화학적 원인과 관련된 장애의 가능성을 제외시켰지만 7단계는 우리를 멈춰 세운다. 인그리드는 다리를 건너는 것에 대한 공포가 있었기 때문이다. 이에 우리는 11단계, 12단계를 거쳐 13단계까지 이르게 되고 특정 공포증의 진단을 고려해야 한다.

기분장애와 불안장애 중 어느 쪽의 진단을 먼저 두어야 하는가? 흔히 있는 주요우울증의 치료가 더 시급하므로 그것이 나중에 생겼다 할지라도 진단 목록에 먼저 언급해야 한다. 불안장애는 그것보다 훨씬 더 큰 스트레스를 주는 다른 정신장애가 생기기 전까지는 보통 수개월 혹은 수년 동안 환자가 보고하지 않는 경우가 많다.

 캣

캣은 30대 초반에 평가를 받았을 때 일생동안 건강이 좋지 못했다고 푸념했다. 그녀의 병력은 고등학교 초반부터 시작되었는데 (밝혀지진 않았지만) '궤양'으로 인한 통증 때문에 자주 체육 시간에 빠져야 했다. 그 당시 그녀는 심한 두통도 겪기 시작했는데, 이로 인해 한 번 아플 때 며칠간을 앓아누워야 했다. 그녀는 이러한 두통이 편두통이라고 했지만, 일반적인 편두통 예방법이나 수마트립탄(sumatriptan)을 사용한 치료에 결코 잘 반응한 적은 없었다.

의사인 그녀의 아버지가 캣의 초기 의학적 치료의 대부분을 담당했는데, 이러한 치료에는 각종 마약성 진통제도 포함되어 있었다. 하지만 그녀의 아버지는 투약에 대해 제대로 감독하지 않았고, 그녀는 우울, 불면, 불안, 자살 사고에 대해 자의적으로 약물을 복용했다. 우울할 때 벽에 머리를 찧기도 하였고 칼이나 가위로 자해를 하기도 하였으며, 깨진 거울 조각으로 이마에 흠집을 내기도 했다. 나중에 그녀는 머리를 찧은 일에 대해 기억나지 않는다고 주장했다. 비꼬는 기색 없이 그녀는 "그때는 분명 제가 미쳤나 봐요."라고 말했다. 그녀는 몇 가지 항우울제와 기분조절제도 복용했으나 효과는 거의 없었다.

캣의 병력은 길고 복잡하다. 그녀는 실성증, 허약감, 심장 두근거림, 현기증, 과호흡, 불안 발작, 심한 체중 변화, 메스꺼움, 복부 팽창, 변비, 생리통, 생리 불순, 무월경, 생리 과다 출혈, 성욕 감퇴, 불감증, 성교 통증, 그리고 다른 신체 부위의 작열통 등의 증상을 적어도 한 번 이상씩 겪었다. 그녀는 월경 전에 과민해졌고, 많은 음식과 약물에 알레르기가 있었다고 했다. 26세 때 그녀는 '지속되는 엉덩이 쪽 통증'을 호소하며 외과 의사에게 꼬리뼈의 끝을 제거하는 수술을 받기도 했다.

캣은 10대를 갓 벗어났을 때 그녀보다 몇 살 더 연상인 남자와 결혼했다. 그는 그녀를 본명인 캐서린이라고 불러 주었고, 그녀에게 상당히 참을성 있게 대했다. 그는 마리화나의 힘으로 그녀를 견뎌낼 수 있었다고 표현했다. 그들에겐 2명의 아이가 있었는데, 캣이 치료를 받는 동안 아이들은 주로 할머니의 돌봄을 받았다. 캣의 가족력을 보면 알코올 중독이 있었던 조부, 증조부와 두통과 우울증이 있었던 어머니를 포함하여, 정서 문제가 있는 친인척들이 많이 있었다. 캣은 미성숙하고 의존적인데다가 자주 징징대고 성미가 급했다. 그러나 매력적으로 보이고 싶어 할 때, 특히 남자와의 관계에서 그녀는 매혹적인 모습이 될 수 있었다. 이전 치료자들 중 적어도 한 명은 그녀를 '경계성'이라 했고, 다른 이들은 '연극성'이라 했다.

분석

캣의 과거력은 신체 질환, 기분장애, 불안장애, 물질사용장애, 성격장애, 그리고 심지어 인지장애와 같은 많은 보기를 제공한다. 하지만 우리는 가장 적은 수의 가능한 진단을 내리고 싶어 한다(오컴의 면도날은 유효하다). 기분장애나 불안장애에 있어 의사 결정 나무를 사용할 때, 우리는 환자가 과거에 의학적으로 설명되지 않는 신체 증상을 오랜 기간 동안 갖고 있었는지부터 확인해야 한다. 캣에게는 이러한 과거력이 있기 때문에 신체화장애(다수의 신체 증상을 동반한다는 DSM-IV의 용어가 적합한 경우)를 고려할 필요가 있다.

물론 신체화장애가 있다고 해서 독립적인 기분장애의 가능성이 배제되는 것은 아니다. 그러나 캣은 (효과적이지 않은 방식으로) 임상적 우울증에 대해 매우 다양한 약물치료를 받아왔다. 내 경험에 의하면 신체화장애 환자들은 기분 문제나 불안 문제도 가진 경우가 많으며 이들은 약물에 거의 반응하지 않는다.

프리츠

17년간 직업 군인으로 해병 생활을 한 프리츠는 군함에 승선해 있을 때는 술을 마실 수 없었고, 항구에 정박하여 근무하는 동안에는 어느 정도 자신의 중독 문제를 숨기는 것이 가능했다. 그러나 그는 주로 저녁과 주말을 클럽에서 보내거나 자기 집 지하의 바에서 보냈다. 그의 아내 신디는 충실히 그를 뒷바라지하고, 그를 대신해서 사과하고, 가족을 부양하고, 청구서를 지불하고, 법적 문제들을 처리했다.

프리츠는 40세 때 췌장염에 걸렸고 거의 죽을 뻔했다. 회복하는 동안 그는 옆 병원에 입원해 있던 익명의 알코올중독자모임(AA) 멤버와 친구가 되었고 종교를 갖게 되었다. 그는 아내에게 이를 '대통령(당시 조지 W. 부시)처럼' 한 것이라고 말했다.

문제는 프리츠가 술을 마시지 않기 시작한 첫 몇 달 동안 시작됐다. 술을 마심에도 불구하고 — 혹은 아마도 마시기 때문에 — 그와 아내는 항상 잘 지내왔다. 술을 마시는 것에 대해 아내는 심하게 잔소리하지 않았고, 그도 아내가 혼자서 알아서 하도록 내버려 두었으며 그녀는 이를 항상 성공적으로 해내왔다. 그런데 일단 그가 더 이상 계속해서 취해 있지 않게 되자 그

거래가 성립되지 않았다. 이제 그는 고기를 어떻게 요리할 것인지부터 딸을 가을에 어느 학교에 보내야 하는 지까지 모든 것에 대해 참견하기 시작했다. 그는 심지어 수년 동안 불어난 아내의 체중을 줄이기 위해 그녀를 스파에 등록시키기도 했다.

"예전이 더 좋았어요."라고 그녀는 결론 냈다. "나는 10살 때부터 취한 남자를 다뤄왔어요. 하지만 이제는 취하지 않은 사람이 내 앞에 있어요. 이제는 제가 망망대해에 떠 있네요."

분석

프리츠의 알코올 의존은 의심의 여지가 없었다. 이는 가족의 삶에 오랫동안 영향을 미쳐왔다. 알코올 의존이 사라지자 아내와의 관계 변화가 있었다(그림 16.1의 1단계). 프리츠가 심각한 신체적 질환(췌장염)을 가지고 있었음에도 불구하고, 부부 문제를 일으킬 만한 생리적 기제는 없다. 프리츠는 짧은 시간 내에 변했고, 그 변화가 전반적이지 않음을 볼 때 현재의 어려움의 원인이 성격장애로 인한 것은 아니라고 할 수 있다. 따라서 우리는 3단계와 4단계에서 '아니요'로 답할 것이다. 왜냐하면 신디가 주로 양육을 하고 프리츠의 이전 음주에 대해 수용해 온 것이 결혼 생활의 안정성에 기여했고, 프리츠가 최근 변화되기 전까지 지속되었기 때문이다. 우리는 마침내 5단계에 이르며 관계 문제를 고려하게 된다.

 ## 윌리엄

윌리엄 마이너는 남북전쟁 북부군의 젊은 외과 전문의로 근무할 당시 자신이 박해받고 있다고 상상하기 시작했다. 그는 동료 장교가 자신을 의심스럽게 쳐다보고 자신에 대해 불평을 늘어놓는다는 것을 알아챘다. 그는 심지어 가장 친한 친구 중 한 명에게 결투를 신청하기도 했다. 윌리엄은 근무를 하지 않을 때도 권총을 숨기고 다녔으며 자주, 거의 강박적으로 매춘을 하는 것으로 알려져 있었다. 두통과 어지럼증을 호소하기는 하였지만 신체 질병이 진단된 적은 없었다. 전장에서 공훈을 세운 바 있는 장교인 윌리엄은 결국 '신경증' 때문에 의병 제대하게 되었다.

33세 되던 해, 윌리엄은 타살 및 자살의 위험 때문에 입원하게 되었다. 수년 후 그는 퇴원하고도 계속해서 자는 동안 누군가 자기 입 안에 독을 슬며시 넣는다는 피해사고를 보였다. 결국 그는 그림을 그리고 건강을 되찾기 위해 잉글랜드로 가게 되었다. 거기서 그는 자신의 방에 몰래 드나들고 집안 구석에 숨어 지내는 어떤 낯선 사람이 아일랜드 사람들 중 한 명이라고 생각하여 경찰에 수차례 고소를 했고, 결국 그 무고한 사람을 총으로 쏴서 죽였다. 제정신이 아니었다는 사유로 무죄 판결을 받은 그는 영국의 브루드무어 보호 시설에 38년간 수감되었다.

40세 때 윌리엄은 침입자가 밤에 자기 방에 들어오려 한다고 여전히 확신했다. 그는 무언가가 자신에게 주입되는 것을 느꼈고, 밤에는 그의 치아가 단도로 눌리는 것을 느꼈다고 보고했다. 그는 동료 환자에게 자기 목을 잘라 줄 것을 부탁하기도 했다. 43세 때 그는 척추의 골수가 뚫리고 있으며, 고문 도구가 그의 심장을 수술하는 데 사용되고 있다고 호소했다. 1년 후, 그는 자기 몸에 전류가 흐르고 있다고 확신하게 되었다. 그는 밤에 콘스탄티노플과 같이 먼 곳으로 이송되어 '사람들 앞에서 외설적인 공연을 하게' 될 것이라고 주장했다. 라이트 형제가 키티 호크에서 처음으로 비행에 성공한 1903년 이후, 그는 자신이 밤에 비행기로 운반될 것이라고 믿었다. 그가 50세 무렵이었을 때 딱 한 번 환청일 수도 있는 소리를 들었다고 말했다. 그것은 밤에 그의 방문이 열리는 소리였다.

윌리엄은 군인 연금을 받아 여분의 돈과 시간이 넉넉했기에, 인용문 수집을 돕는 인력모집 광고를 보고 연락했다. 이것은 나중에 옥스퍼드 영어 사전이 되었다. 20년의 세월 동안 그는 편집자와 친구가 되었고 기술하기 어려운 많은 단어들의 최종적 제공자가 되며 수만 개의 인용에 기여했다. 업무에 몰두해 있을 때 그는 논리적이고 지적으로 말하곤 하였고 종종 쾌활해 보였다. 그는 자신이 저지른 범죄에 양심의 가책을 느꼈고 이에 그가 살해한 남자의 유가족에게 경제적 지원을 제공했다. 심지어 살해를 당한 남자의 아내는 런던의 가게에서 주문한 책을 보호 시설에 있는 그에게 가져다주기도 하는 등 거의 운반인 역할을 하기도 했다.

삶의 후반부에 그는 성적 충동에 대해 수치심을 느끼게 되었고 이를 없애기 위해 수술로 성기를 잘라내 불 속으로 던져 버렸다. 그는 노인이 되어 미국으로 돌아왔고, 조발성치매 진단을 받았다.

분석

윌리엄의 부인할 수 없는 정신병은 다음의 감별진단을 필요로 한다 — 조현병, 망상장애, 정신병적 우울증, 조현정동장애, 다른 의학적 상태에 의한 정신병. 그림 13.1을 이용하여 우리는 물질 사용 여부를 간단히 기각할 수 있다. 치매와 신체화장애 둘 다 이 환자와는 몹시 거리가 멀어 보이지만, 우리는 그의 호소와 관련된 가능한 신체적 원인을 생각해 볼 필요가 있다. 종양이나 내분비계 질환이 그의 편집증적 사고나 두통 및 어지럼증을 야기했을 수 있을까? 만약 오늘날 이러한 환자를 만났다면 우리는 많은 검사들을 의뢰할 수 있었을 것이다. 그러나 윌리엄의 경우, 지내온 세월이 검사를 대신해 줄 수 있을 것이다. 특정 질환의 기미 없이 수십 년의 정신병이 있었다는 점은 우리를 1단계에서 아래로 지나갈 수 있도록 해 준다.

6단계에서 우리는 진단적 문제의 핵심에 직면한다. 윌리엄은 어떤 증상을 갖고 있었는가? 물론 그의 망상은 광범위하고 지속적이었지만 그에게 조현병의 옛말인 조발성치매의 진단을 단언할 수 있게 하는 또 다른 필수적인 정신병 증상이 있었는가? 그의 망상과 연관되지 않는 문제에 대해서는 사고(언어)와 행동이 평범했다. 둔마된 정동 혹은 흥미나 동기의 결여를 보이는 대신 오히려 그는 힘이 넘치고 격해질 수 있었다. 그리고 밤에 문이 열리는 소리를 들었다고 생각했었다는 한 차례의 언급 — 이것을 전형적으로 조현병 환자들에게서 경험되는 환청의 일종으로 보기는 어렵다 — 이외에는 어디에도 그에게 현저한 환각이 있었다는 것을 시사하는 과거력은 없다. 반면에 그는 광범위한 환촉을 보고했는데, 이는 망상장애 환자들에게 전형적인 것이다. 그리고 여기가 우리가 결론을 내리는 지점이다. 우리가 여전히 사용하고 있는 사전의 수많은 인용에 실제로 기여한 점을 볼 때, 망상 이외에는 잘 기능하는 환자(11단계)라고 할 수 있다.

한 가지 중요한 문제는 한 번도 직접 만나보지 못했던 환자를 진단하려는 시도의 위험성과 관련이 있다. 죽은 지 오래된 사람에 대한 진단을 내리기 위해 역사적 기록을 사용하는 것은 연습으로서 그럴 수 있다 치자. 그러나 임상가가 여전히 생존해 있는 사람에 대해 의견을 제공할 때는, 면접에 더해 모을 수 있는 모든 부차적인 정보를 바탕으로 하는 경우라면 모를까, 굉장히 조심스러울 필요가 있다.

 ## 스캇

종교적으로 매우 독실한 집안에서 자라난 스캇은 6세 때부터 그가 나쁜 행동을 하지 않는지 예수님이 계속해서 지켜보고 있다고 상상해 왔다. 만약 적발된 것이 있다면 그에 대한 벌점이 긴 장부에 기록될 것이라고 생각했다. 따라서 그는 자신의 행동이 정확한지, 행실이 완벽한지에 대해 확신하기 위해 항상 노력했다.

어린 스캇은 심지어 움직이고 걷는 것까지 '완벽하게' 하려고 했다. 그는 문간에 가상의 선을 그리고 그 위로만 조심스레 걸음을 내디디며 방 사이를 오가려고 했고, 한 줄로 이어진 계단을 오를 때는 항상 왼발로 시작하려고 했다. 깜빡했을 때는 뒤로 돌아가 다시 시작해야만 했다. 그는 계단의 개수를 세곤 했고, 즉시 그것을 잊어버리기 위해 애썼다. 그는 또한 그의 교과서와 서류의 가장자리를 책상의 가장자리와 정확히 평행하게 맞추려고 신경 썼다. 아주 어릴 때는 이러한 것들 중 어떤 것도 부적절해 보이지 않았지만, 청소년이 되어서는 기이하고 부끄럽게 느껴졌다.

고등학생이 되자 그는 굉장히 외로웠다. 그의 아버지는 1년 전 갑작스레 사망했고, 그와 그의 어머니는 교외의 작은 농촌 주택에서 계속 살았다. 그들의 조용한 생활방식은 그에게 생각할 많은 시간을 주었다. 집에 불이 나면 어떡하지? 몇 마일이나 떨어져 있는 의용 소방대가 제 시간에 불을 끌 수 있을까? 농부들이 더 많은 블루베리를 재배해서 그들의 우물이 말라버리는 건 아닐까? 이러한 생각은 종종 공부를 할 때 침투하기도 하였고, 밤에 잠드는 것을 방해하기도 했다.

스캇이 고등학교 졸업을 앞둔 17세의 어느 날 저녁, 그는 불현듯 자신의 삶이 궁지에 몰렸고 갈 곳이 없다는 것을 깨달았다. 그는 공허함을 느끼고 홀로 울었으며 자살을 생각하기 시작했다. 그 무렵 뉴스에서는 선생님과 친구들을 살해한 학생에 대한 기사들이 많았는데, 이후 며칠 동안 스캇은 무참히 살해를 저지르는 방법을 떠올리려는 충동이 점점 강해지는 것을 느꼈다. 그에겐 총이 없었고 총을 살 수 있다고 생각하지도 않았지만 대신 필요할지도 모르는 모든 칼들을 구할 수가 있었다. 그의 어머니가 감자의 껍질을 까거나 당근을 썰라고 부탁할 때마다 그의 마음에는 어머니를 찔러 죽이는 장면이 갑자기 스쳐 지나갔다. 이로 인해 그는 메스꺼움과 어지럼을 느꼈고 싱크대에서 일을 하려면 의자에 앉아야만 했다. 고등학교를 졸업하고 그는 지역 주간 신문의 인쇄소에 취업했다. 그는 집에서 떠나는 것을 한 번도 생각해 본 적이 없었다.

스캇은 이성에게 관심이 있었지만, 어떻게 접근해야 하는지에 대해서는 전혀 몰랐다. 그는 적합한 사람을 찾지 못하고 평생 결혼을 하지 못할까 봐 걱정했다. 그는 3학년 영어 수업에서 앞에 앉아 있던 여자를 생각하며 밤에 자위를 하곤 했다. 사정과 함께 그는 수치심에 사로잡혔고, 성경의 구절을 읽음으로써 속죄해야만 할 것 같은 느낌을 받았다. 모든 단어를 읽었다고 확신이 들지 않을 때면 수차례나 다시 처음으로 돌아가 읽곤 했다.

25세 때, 그의 어머니는 건망증의 징후를 보이기 시작했다. 전문가의 도움을 구했을 때, 결국 스캇이 우려했던 알츠하이머병 진단이 내려졌다. 이후 몇 주 동안 그는 갑자기 식욕이 떨어지며 체중이 감소했고, 죄책감을 느끼고 자살할지도 모른다는 걱정을 하며 밤늦도록 잠을 이룰 수 없었다. 임상가를 세 번째 방문했을 때 스캇은 울음을 터뜨렸고, 지난주에 골동품 전시회에서 작은 일회용 권총을 구입했다고 털어 놓았다.

분석

스캇의 경우 우리가 고려해야 하는 감별진단 목록이 다른 환자들의 목록과 거의 비슷해 보일지라도 그것이 덜 중요하다는 것을 의미하지는 않는다. 넓은 범위의 감별진단 목록이 정확한 정신과적 진단에 기반이 됨을 항상 유념하라. 스캇의 경우, 일반 의학적 상태와 물질 사용에 의한 불안 및 우울, 주요우울장애, 기분저하증, 양극성장애, 강박장애, 범불안장애, 그리고 성격장애를 감별진단 목록에 포함시킬 것이다.

물론 우리는 많은 것을 나열하고 결국엔 대부분을 버리게 된다. 또 그림 12.1의 첫 세 단계에서 걸릴 만한 의학적 상태나 물질 사용 문제를 찾을 수 없다. 강박사고와 강박행동의 분명한 병력이 있으므로, 강박장애의 진단을 고려하게끔 알려주는 4단계에 이르게 된다. 임상가는 강박장애 증상이 너무나 두드러지기 때문에 다른 장애의 증상들을 간과하기도 한다. 하지만 다중 진단에 대한 진단 원칙은 우리로 하여금 다음 질문을 상기시킨다. "우리가 모든 증상을 다루었는가?" 우물이 마르는 것, 집이 불타는 것, 외로운 독신생활 등 다양한 문제들에 대한 스캇의 걱정은 강박장애로는 설명되지 않으므로 대답은 '아니요' 이다. 그는 이런 생각을 공포가 아닌 걱정으로 경험했다. 이런 생각은 그의 수면과 공부를 방해했다. 그리고 그는 비일상적인 외상적 사건을 경험한 적도 없었다. 따라서 6단계에서 우리는 범불안장애의 진단도 고려해야 한다.

또한 17단계의 별표는 우리에게 기분장애의 증상은 없는지에 대해 신중하게 고려할 것을 안내해 주며, 이는 그림 11.1을 검토하는 것을 의미한다. 최종 진단을 내리기 위해 사례에서 얻을 수 있는 정보가 다소 부족하기는 하지만 주요우울증이 있을 가능성이 크다 — 이는 항상 기분장애를 고려하라는 진단 원칙을 잘 드러내 주는 사례.

어느 진단을 우선시해야 할까? 기분장애가 즉각적인 상해를 초래할 가능성이 크므로 추가적인 평가 및 치료를 위해 주요우울증을 진단 목록의 맨 처음에 두어야 한다. 다음은 강박장애, 마지막은 범불안장애가 될 것이다.

 레너드

첫 면담에 왔을 때 그가 처음으로 이야기한 것은 이전의 임상가들로부터 어떠한 도움도 받지 못했다는 것이었다. 두 번째로 이야기한 것은 누구든 이전 의료진들에게 연락하기를 원치 않는다는 것이었다.

49세 때, 레너드는 대부분의 성인기 동안 불안하고 우울했다고 호소했다. 물론 맥주 대여섯 병을 마시는 날이 있었을지도 모르지만, 몇 주에 걸쳐 술을 전혀 마시지 않는 때도 있었다.

그는 자낙스(Xanax)를 수년간 사용해 왔다 — 평균적으로 하루에 겨우 1mg을 복용했는데 스트레스가 가중될 때는 3알까지 먹기도 했다. 그는 가능성 있는 다른 물질 사용에 대해서는 애매한 태도를 취했다. 가끔 마리화나를 피우기도 했지만 오직 파티에 갔을 때만 피웠으며, 이것이 그에게 영향을 미치는 것 같진 않았다. 그는 수많은 항우울제와 향정신성 약물을 복용한 적이 있었고, 이들 대부분이 심한 부작용을 일으켰다.

레너드는 네브래스카 주의 시골에서 태어났는데, 그곳에서 그의 부모님은 술을 마시지 않을 때는 작은 채소 농장에서 일했다. 똑똑하지만 정규 교육은 거의 받지 않은 그의 아버지는 아이가 있다는 것을 몹시 불쾌하게 여겼다. 그는 마을의 술집 세 곳을 돌며 술을 마셨고 집에 돌아와서는 때때로 레너드를 집 뒤에 있는 수조로 끌고 나와 기절할 때까지 가죽 벨트로 '장난삼아' 채찍질을 해대곤 했다. 그의 어머니 또한 술을 많이 마셨고, 주기적으로 심하게 우울해했다. 그녀는 두 번이나 자살 시도를 한 적이 있었다. 할아버지는 어머니가 어렸을 때 그들이 살았던 작은 마을의 가장 높은 건물 옥상에서 뛰어내려 자살했다.

숙련된 장인인 레너드는 지난 10년간 가구를 수리하는 자영업을 해 왔다. 그 전에 그는 목제 가구 제조일을 해 왔으나, 근무 시간에 고용주의 가정부와 정사를 나눈 일로 인해 해고되었다. 그는 무엇이든 만들 수 있었지만 문서 작업에 주의를 집중하는 것이 어려웠다. 그 결과, 그는 수년간 세금을 납부하지 않았다. 이것에 대해 물었을 때 그는 이것이 실제로 큰 문제가 되지 않는다는 것처럼 태연해 보였다.

레너드의 불안 발작은 보통 그의 개인적 문제에 대해 생각한 뒤에 찾아왔다. 그는 이것이 공포스러운 느낌이라고 설명했지만, 결코 심장이 두근거리거나 숨이 가쁜 것과 같은 신체적 증상이 동반되지는 않았다. 그는 또한 구체적인 걱정이나 문제 혹은 감정과 관련이 없는 듯한 지속적인 불안을 호소하기도 했다. "난 걱정꾼은 아니에요."라고 그가 주장했다. 그는 간헐적인 자살사고를 인정했는데 계획이나 시도에 대해서는 부인했다. 이러한 자살사고의 중심에는 지금 자신이 사는 곳을 벗어날 수 없다는 염려가 있었다. "내가 50이 되었을 때도 여전히 지금 있는 곳에 있다면 난 실패자예요. 그때는 확실해지는 거예요."

분석

일단 나는 임상가에게 의도적으로 정보를 숨기는 사람에 대해서는 적절한 진단을 위한 충분한 정보를 알 수 없다는 점이 우려된다 — 이는 무언가 잘못되었다는 궁극적인 경고 신호이다. 하지만 분명한 조종 시도가 있음에도 우리는 주 진단을 성격장애로 성급히 결론 내려서는 안 된다. 레너드는 우울(그의 임상가는 제Ⅱ형 양극성장애를 의심했다), 불안(외상후 스트레스장애나 범불안장애일 수 있을까?), 물질 오용의 증상들을 보였는데 우리는 이 모든 것들을 감별진단에 포함해야 할 것이다. 물론 그에게 성격장애가 있을 수도 있다. 사실 우리가 고려한 것들 중 어느 것도 분명한 진단을 내리기 위해 충분한 정보는 아니다. 이런 경우라면 진단 미정이라는 오직 하나의 해결책이 있을 뿐이다.

다른 많은 경우들처럼 이 사례에서도 **진단 미정**은 결론적으로 진단 내리는 것을 방지하고 우리에게 환자의 증상 원인에 대해 계속해서 질문해야만 한다는 점을 상기시킨다. 이것은 종종 더 많은 정보를 얻는 것을 의미한다. 예를 들어, 레너드는 법적 문제를 경험한 적이 있는가? **진단 미정**은 또한 우리로 하여금 실험적이거나 몹시 위험한 치료를 시도하지 않도록 막아 준다. 그리고 그의 임상가는 아마도 분명한 진단이 없다는 점을 이용하여 정보를 모으는 과정으로써 레너드의 전적인 협조를 요청할 수도 있을 것이다.

마침내 이전 임상가가 보낸 편지가 도착했다. 그는 레너드의 음주 문제로 인해 그에게 약물치료를 계속 하는 것을 거부했었다. 레너드는 술에 취한 채로 과속을 해서 심한 자동차 사고를 낸 적도 있었다. 상대 차에 타고 있던 승객은 사망했고, 운전자는 여전히 혼수상태에 있다. 물론 이런 정보는 더 완전하고 구체적인 진단을 가능케 했다.

길버트

길버트 핀폴드의 시련(*The Ordeal of Gilbert Pinfold*)은 에블린 워의 덜 유명한 작품 중 하나이다. 그것은 개인적인 경험을 바탕으로 쓰였기에 우리의 진단적 모험의 재료가 될 수 있다. 이전에는 정신 질환이 없었으나 불면증에 걸린 중년의 작가 길버트는, 수면제를 집에 남겨 둔 채 실론 섬으로의 크루즈 여행을 통해 영국 생활의 스트레스로부터 탈출하고자 했다. 그는 시작하자마자 난항을 겪었다. 선적 담당 부서 직원이 하는 말과 선적 절차를 이해하는 데 어려움이 있었으며 처음 배에 올라탈 때 물건들을 떨어뜨렸고, 첫날 해가 저무는 동안에는 시간, 장소에 대한 지남력을 다소 잃었다. 그는 계속해서 졸았다.

그 이후에는 환각이 시작되었다. 그것은 처음에 그저 음악이었다. 이후 길버트는 갑판을 따라 움직이는 개의 발소리를 들었고, 다음으로는 설교하는 목사, 그 다음은 승무원이 욕하는 소리를 들었다. 마침내 그는 여러 사람의 목소리로 들려오는 긴 이야기를 듣기 시작했다. 이런 목소리는 그의 선실이나 심지어 휴게실의 그의 탁자에 설치된 무선 장치를 통해 그의 방 바깥에서 전해졌다. 이제 자신이 배를 빼앗으려는 음모에 저항하는 주요한 역할을 맡았다는 것이 명백해졌다. 공황 상태에서 그는 소리쳤다. "오, 미치지 않게 해주세요. 미치지 않게. 자비로운 하늘이시여."

갑판으로 걸어 나오며 길버트는 거기에 아무도 없다는 것을 발견했다. 이제 그 목소리들은 그에게 음모가 장난이었다고 이야기했다. 그는 모든 승객들이 자신을 쳐다보며 자신에 대해 이야기하고 있다고 느꼈다. 한 젊은 여성의 목소리가 그를 사랑한다며 밤을 함께 보내고 싶다고 이야기했지만, 곧 이어 여성의 어머니의 목소리가 끼어들었다. 그는 바다로 뛰어내리라고 재촉하는 소리를 들으며 뜬 눈으로 밤을 지새웠다. 그는 그들이 자신의 정신을 분석하려 한다고 믿었다.

14일 간의 모험의 말미에 그는 환각과 망상들로부터 벗어났다. 그는 우울하지도, 특별히 불안하지도 않았지만, 그가 바다에서 얼마나 오래 있었는지와 그곳에서 한 일에 대해서 대해서는 혼란스러워 했다. 그는 자신이 전보를 12번 보냈다고 믿었지만, 실제로는 한 번 뿐이었다.

분석

대부분의 임상가는 아마도 정신병에 대한 감별진단부터 시작하려고 할 것이다 — 물질 오용이나 신체적 원인에 의한 정신병, 정신병이 동반된 기분장애, 조현양상장애, 조현정동장애, 조현병 등. (내가 광범위한 감별진단에 얼마나 진심으로 열성적인지 당신은 알겠지만, 처음 읽었을 때조차도 나는 길버트가 조현병이라고는 생각하지 않았다.) 물론 빠르고 완전한 회복이라는 결과를 알기 때문에 그림 13.1의 첫 2단계를 통해 약물 금단에 의해 유발된 정신병 진단으로 넘어가는 것이 쉬워진다. 우리는 증상이 나타나기 바로 직전 길버트가 오랫동안 복용해 온 수면제를 중단했었다는 것을 기억한다.

좋다. 그렇다면 길버트는 약물 금단에 대해 반응을 보인 것이다. 그가 정신병 증상들 이외에 보인 증상이 있는가? 이 일화를 신중하게 읽다보면 그가 물건을 떨어뜨리고, 지남력을 상실하고, 직원이 그에게 하는 말을 이해하기 어려웠다는 것을 알게 된다 — 이러한

제3부 진단 기법 적용하기

모든 증상들은 인지장애를 암시한다. 그림 14.1은 단번에 섬망의 정의로 우리를 이끄는데, 이는 길버트에게 완벽히 들어맞는다. 범인은 바로 그가 사용해 왔던 클로랄과 브롬을 함유한 수면제였는데, 이는 그에게 추가적으로 강력한 약물을 처방한 그의 주치의조차도 몰랐던 것이다. 실은 여행을 떠나기 전 길버트는 아내에게 자신이 '완전히 약물에 중독' 되었고, 글자를 읽기 쉽게 쓰거나 심지어 구두끈을 묶는 것에도 어려움이 있다고 고백한 바 있다. 그가 약물 금단 섬망을 보인 것은 그다지 놀랄 일이 아니다. 이는 너무 많은 임상가들이 얼룩말(정신병의 비유)을 쫓는 동안 잊게 되는 일반적인 말 한 마리라고 할 수 있다.

노마

"긴 이야기예요."라고 노마가 말했다. "행복한 이야기는 아니구요." 다양한 정보원(그녀의 다 큰 딸인 팻과의 이야기를 포함한)의 말을 종합했을 때 그것은 참으로 비참한 이야기였다.

노마는 한쪽 다리가 앙상했다. 이러한 선천적 장애로 인해 그녀는 유년기 내내 울적했다. 그녀는 조립식 신발이 달린 보조기를 착용했으며, 걸을 때는 발을 차는 동작과 함께 앞으로 내디뎌야 했다. 그녀는 코웃음을 치며 "달리는 게 우스꽝스러웠죠."라고 말했다. 유년기 때 그녀는 언니 알렛이 탄탄한 몸을 갖고 있고 남자들에게 굉장히 인기가 많았다는 사실에 대해 분노했다. 노마는 똑똑하고 영리했음에도 학교에 다니는 내내 권위에 반항하며 분노에 더해 소외감도 느꼈다. 그녀는 고등학교 같은 반 여자아이와 같이 야한 옷차림을 하고 해군의 통제부에 가곤 했는데, 그곳에서 그들은 몇 달간 바다에서 지내고 집에 돌아오는 선원들을 맞이하곤 했다. "그 당시에 몇 번의 소동이 있었죠. 그리고 페니실린은 나의 가장 친한 친구였어요."라고 노마는 고백했다. 노마의 결함이 자신의 잘못이라는 죄책감에 시달리던 그녀의 어머니는 노마가 빈번하게 요구하는 추가적인 특권 사항들을 충족시켜 줬는데, 그러면서도 알렛의 자유는 심하게 제한하였다.

노마는 총명하였지만 절대 대학에는 가지 않겠다고 맹세했다. 대신 고등학교를 졸업한 후 그녀는 페어뱅크스로 이사했고, 알래스카 송유관의 노동자들에게 식료품과 의류를 공급하는 회사에 취직했다. 보수가 많고 여가를 즐길 시간도 충분했는데 대부분의 여가 시간에 그녀는 남자들과 어울렸다. 세 번 승진하는 동안 그녀는 일을 계속했고, 남편인 커크를 만났다. "난 애초부터 커크가 동성애자였다는 걸 알고 있었죠."라고 노마가 말했다. "하지만 그는 토니 퍼킨스처럼 매력적이었고, 저는 그를 선택할 수밖에 없었어요. 어느 여름엔 북극권 한계선까지도 그를 쫓아다녔어요. 제 생각에 그는 결국 저에게서 벗어나기 위해 저랑 결혼한 거 같아요. 어쨌든 결혼은 놀랄 것도 없이 재앙과도 같았고, 우리에게 두 아이가 생긴 뒤에 그는 한 사제와 눈이 맞아 도망가 버렸죠."

이후 노마는 미국 본토로 돌아왔는데 그곳은 생활비가 훨씬 덜 들었다. 그녀는 다른 직업을 구하는 대신 저축해 둔 돈을 써 버렸다. 그녀는 장애 연금을 받기 위해 열심히 노력했지만 수차례 기각되었다. 한 의사는 그녀를 도우려 애썼으나 그녀는 도리어 그를 공격했고 그의 명성을 더럽히겠다고 위협했다. "그가 보고서에 나에 대해 거짓말을 했다는 걸 알아요."라며 그녀가 불평했다. "저는 의학 위원회에 그를 신고할 거라고 말했죠."

결국 그녀는 다시 결혼을 함으로써 파산 상태를 해결했다. "제 두 번째 남편은 취할 때마다 저를 바다의 조류 찌꺼기처럼 대했어요. 제 눈을 수차례 멍세 만들었죠. 심지어 결혼식 전에도요."라고 그녀가 말했다. 그녀는 구타를 당할 때마다 경찰에 신고하였고, 그런 후에는 고소를 취하하곤 했다. "그는 매번 저를 사랑한다며 다시는 그러지 않겠다고 맹세했고, 우리는 맥주 몇 잔을 마시고 사랑을 나누곤 했죠." 남편이 결국 다른 여자와 바람이 나서 떠났을 때 그녀는 격분했다. 끊임없이 전화를 걸거나 직접 찾아가는 문제에 시달리던 남편은 결국 접근 금지 명령을 받아냈다. 그녀는 두 번째 이혼 이후에도 몇 명의 애인이 있었는데, 그녀는 그들이 자신을 떠나 버릴 때까지 비난하는 경향이 있었다. 그런 후에 그녀는 울부짖으며 자신이 얼마나 외로움을 느끼는지 이야기하곤 했다.

노마가 알렛에게서 빌린 돈으로 차린 연예 기획사를 운영하는 동안, 딸 팻과 아들 대니는 거의 스스로 컸다. "어머니에게는 많은 에너지와 창조력이 있어요."라고 팻은 요약해서 말했다. "하지만 그것을 우리에게는 조금도 쓰지 않았죠."

그녀는 몇 달 동안 자녀들에게 거의 말을 걸지 않았다. "7명의 이전 상담사들은 우리가 잘 어울리지 못하는 것이 아이들의 잘못이라고 말했어요."라며 노마가 불평했다. 아들 대니는 그녀와 완전히 결별하게 되었다. 아들이 다른 남자와 함께 살고 있다는 것을 알게 된 그녀가 친인척들에게 그가 '자기 아버지처럼 동성애자'인 모습을 드러내기 시작했다고 편지에 썼던 것이다. 팻은 그녀에게 "어머니는 가족 야유회(family outing)라는 용어에 새로운 의미를 부여했네요."[13]라고 말했다.

노마는 집에서 머물며 인터넷 서핑을 했다. "내 다리를 우습게 쳐다보고 어떻게 놀릴지 생각해 내는 사람들에게 이제는 지쳤어요." 그녀의 은퇴 계획은 어머니가 사망할 때 재산을 상속받는 것이었다.

노마는 '자신이 누구인지 모르겠다고 결론 내렸기 때문에' 평가받는 것에 결국 동의했다. 그녀는 식욕이 좋지 않았지만 최근 2kg이나 체중이 늘었다. 가끔 그녀는 '우울감과 공허함'을 느꼈는데, 그것은 대부분 체중계 위에 올라갈 때라고 빙그레 웃으며 고백했다. 그녀는 한 번도 자살 생각을 해본 적이 없다고 말했다. "그건 얼간이들이나 하는 짓이에요."

분석

우리가 노마에 대해 아는 모든 것들(아직은 충분하지 않다고 하더라도)은 노마가 '성격장

---

13. 역주 : '아웃팅'은 커밍아웃과 반대로 자신의 의지와는 상관없이 자신의 성적 지향이 드러나게 되는 것을 의미하기도 한다.

제3부 진단 기법 적용하기

애'라고 외치고 있는 듯하다. 다음은 그러한 근거들인데 이 중 일부는 그녀의 딸에게서 얻은 부차적인 정보에 기초한다 — 그녀의 증상은 평생 동안 지속되었다. 증상은 다양한 방식으로 영향을 미쳤다(기분, 사고, 대인 관계 기능, 충동 조절). 증상으로 인해 그녀는 고통스러웠고, 가족 관계 및 직장과 같은 다양한 개인적 상황 및 사회적 상황에 영향을 미쳤다. 그리고 이러한 양상은 수년간 지속되었다. 하지만 그림 16.1(그리고 진단 원칙)은 우리에게 다른 가능성을 조심스레 고려하도록 촉구한다. 우리가 가진 자료를 통해 그녀의 우울증은 심하지도, 오래 지속되지도 않았던 것으로 보이며, 그녀의 성인기 모든 시기에 걸쳐 나타난 것도 분명 아니었다. 그녀의 행동을 설명하는 데 필요할지는 몰라도 말이다. 최악의 경우 그녀의 우울증을 생활환경의 변화에 대한 일종의 적응으로 볼 것인데, 이 중 일부분은 사람들이 그녀를 대한 방식에 의해 야기된 것도 있다. 그녀의 짧은 한쪽 다리는 분명 그녀의 마음에 상처를 남겼겠지만, 그렇다고 2단계처럼 정신장애를 직접적으로 야기한 신체적 문제는 아니었다. 우리는 그녀의 음주량에 대해 더 탐색할 필요가 있고, 불안 증상에 대해서도 알기를 원한다. 그러나 아마도 이번 한 번만큼은 주요정신장애가 없는 것으로 간주할 수 있을 것이다.

노마는 3단계의 성격장애 요건을 충족시키는 것으로 보일 것이다. 그녀의 자기감은 손상되었고(그녀는 종종 공허감을 느꼈으며 자신이 누구인지 모르겠다고 말했다 — 이 둘 모두 정체성 문제이다), 본인의 인생 목표에 대해 알거나 이를 추구하는 것처럼 보이지 않았다(자기 주도성의 문제). 대인관계 문제와 관련하여 공감의 어려움은 단지 암시되었을 뿐이지만, 자녀와 교류가 부족했던 점은 분명 친밀감과 관련된 문제가 있음을 시사한다. 하지만 특정한 성격장애의 기준에 완전히 충족되는가?(3단계) 현재 주어진 정보에 근거한다면 나는 아니라고 할 것이다(몇몇 임상가들은 경계성 성격장애 진단을 선호할 지도 모르겠다). 그녀의 인생사는 경계성, 편집성, 연극성, 그리고 아마도 자기애성 특징을 포함한 성격장애의 증상들로 가득 차 있기 때문에 나는 4단계에서 '예'를 선택하고 성격장애 특질을 기술하기 위해 이 용어 가운데 일부를 사용할 것이다.

레이먼드

레이먼드는 워싱턴 주 동쪽에서 자랄 때 고등학교 밴드 내에서 바리톤 호른을 연주했다. 소규모 학교였음에도 밴드의 연주는 훌륭했기에, 밴드는 종종 퍼레이드나 경연을 위해 큰 도시로 초청되었다. 버스를 타고 이동하는 동안 레이먼드는 보통 푼돈 내기로 블랙잭을 하고 놀았다. 그는 몇 년 후 임상가에게 "제가 딸 때는 흥분의 전율이 흘렀어요."라고 이야기했다.

"아무리 해도 지겹지가 않았어요." 그가 예비군으로 근무하던 20대 초반에는 크랩이라는 도박에 빠졌던 적도 있었지만, 그는 첫 번째 걸프전이 일어나기 전에 "군대에서 빠져나올 정도의 분별력은 있었다."고 했다―"전 그렇게 심한 도박꾼은 아니었어요."

그는 유독성 부지 정화 사업을 하는 민간 용역 회사에 취업했다. 레이먼드는 지게차를 사용하여 방사능 폐기물이 든 큰 드럼통들을 보관 시설 안으로 옮겨야 했다. 한가한 일정으로 인해 여가 시간이 많았기에 그는 몇몇 동료들과 함께 포커를 치곤 했다. 처음에는 작은 규모로 돈을 걸었지만, 몇 달이 지난 후에는 한 판에 월급을 잃을 수 있을 정도로 규모가 커졌다. 직장 근처에 카지노가 문을 열었을 때 그는 처음으로 비디오 포커를 해 보았다. 나중에는 룰렛으로 바꿨으며, 그가 점심 시간을 넘겨가며 도박을 하는 동안 한 동료가 그의 일을 대신 해 주곤 했다. 그는 일이 끝나면 종종 버스를 타는 대신 집에 걸어 가곤 했는데 이것은 도박에 쓸 수 있는 1달러 50센트를 절약하기 위해서였다.

레이먼드는 (보통은 도박 때문에) 우울할 때 도박을 하면 기분이 좋아졌다. 7개의 신용카드 한도가 초과했음에도, 그의 아내는 수금원이 집에 찾아오기 시작한 후에야 그가 도박을 한다는 것을 알게 되었다. 그는 그녀에게 도박을 끊겠다고 애원하며 약속했고 당분간은 그렇게 했다. 처음에 그는 도박중독자들의 자조집단 모임에 참석했지만 나중에는 카지노로 발길을 옮겼다.

레이먼드는 정신건강 클리닉에서 접수를 받는 직원에게 그의 직업은 용기가 필요하다고 말했다. "하중을 잘못 판단하고 1초라도 한눈을 팔면, 쾅! 하는 거죠. 그렇게 되면 당신은 피폭당하고 갇혀서 7일 뒤에 죽게 돼요." 이것은 항상 이상해 보이는 점이었다. 도박을 할 때 레이먼드는 배짱이 있었다. 하지만 수 톤의 핵폐기물을 옮기기 위해서는 그의 할머니가 항상 '술김에 내는 용기'라고 불렀던 용기가 좀 필요했다. 그는 스스로 음주량을 하루에 맥주 3~4병으로 제한했지만, 취한 상태로 지게차를 운전한 적도 수차례 있었다. 낮에 술을 마셨을 때는 그와 친한 동료 한 명과 음주 측정 검사를 통해 두 차례 그를 적발한 바 있던 경찰만 그 사실을 알았다.

분석

본인이 감당할 수 있는 액수 이상의 돈을 반복적으로 잃는 이들은 모두 도박 문제가 있다고 할 수 있다. 도박 행동이 진단 가능한 장애에 해당되는지에 대한 질문은 탁상공론인 것처럼 보인다. 많은 도박은 친구들과의 사교적 활동으로서 벌어진다. 이런 경우 일정 금액까지는 재미삼아 기꺼이 잃을 수 있겠지만, 집세나 식량을 사는 데 필요한 돈까지 걸지는 않을 것이다. 그러나 레이먼드의 도박 행동 대부분은 중독성을 시사한다―그는 혼자서 도박을 했고, 아내를 속였고, 도박을 할 수 없을 때 불편감을 느꼈고(물질 중독의 금단 증상과 유사한), 도박 행동을 통제하려는 시도에 반복해서 실패했으며(그는 도박중독자를 위한 자조 모임에 계속해서 나가지 못했다), 일 대신 도박을 했다. 아내의 압박이 들어오며 궁지에 몰렸을 때는 레이먼드도 자신에게 문제가 있다는 것을 시인하는 것처럼 보였다. 도박장애 진단을 내리기 위해 그림 15.1의 2단계를 볼 필요도 없어 보인다.

레이먼드의 음주 문제는 어떤가? 내성이나 금단의 과거력 없이는(1단계) 알코올 의존이 분명하지는 않다. 하지만 술을 그리 많이 마시지는 않았어도 그에게는 두 가지 문제가 있었다. 음주 운전으로 체포된 적이 두 번 있었고, 위험한 상황에서 술을 마셨다. 따라서 레이먼드의 음주는 그와 가족들에게 문제를 일으킨 물질 사용이라 볼 수 있다. 또한 레이먼드의 사례는 공병율이 높은 도박과 물질 오용의 유사성에 대한 명백한 증거를 보여 준다. 어찌되었든 내가 레이먼드의 감별진단 목록을 제시하지는 않았어도, 표 6.1에는 주요우울증 또한 도박과 물질 사용 모두에 종종 동반된다고 제시되어 있다.

어떤 진단을 우선시해야 할까? 두 문제 모두 즉각적인 주의를 요하는 것이고, 거의 함께 발생했다는 것이 분명하다. 적어도 도박은 레이먼드가 유독성 화학 물질을 잘못 처리하는 데 영향을 줄 것 같지는 않기 때문에 나는 음주 문제를 우선시할 것이다.

 ### 레이놀즈

중서부의 한 기술 전문대 화학과 교수인 57세의 레이놀즈는 나중에 자신의 임상가에게 말했듯 병가라고는 전혀 몰랐었다. 어느 날 오후 그는 막 침전시킨 결정이 들어 있는 시험관을 바라보며 작업대에 서 있던 중, 불현듯 학과장이 그를 해고 대상자로 정했다는 것을 알게 되었다. 이러한 생각이 들자 그는 갑자기 실험실에서 뛰쳐나왔고 자신에 관한 서류들 중 관련된 것을 신중히 골라 태워버렸다.

몇 시간이 지난 후 그는 왼쪽 눈의 가장자리에서부터 급습하는 흐릿한 빛을 보기 시작했는데, 이것은 사물의 뒤를 따라 다니다가 점점 어두워지며 사라졌다. 그 후 2주 동안 이러한 현상은 그가 업무에 집중하기 어려울 정도로 심해졌다. 그는 30년간 진료를 받아온 1차 진료의와의 처음 두 번의 진료도 잊어버렸다. 그는 "처음에는 진료를 잡았다는 사실 자체를 기억하지 못했고, 그 뒤에는 진료 시간을 기억할 수 없었어요."라고 말했다. 마침내 병원에 모습을 드러낼 때까지 그는 한 달 동안 아팠고 제정신이 아니어서 검사 중에 소리를 지를 정도였다. 철저한 정밀 검사를 하며 신체적 문제가 없음을 발견한 후, 의사는 정신건강 전문가에게 보낸 의뢰 서신에 '초기 조현병 같다'고 썼다.

분석

심지어 이렇게 부분적인 정보로도 몇 가지 연관된 요소들에 주목할 수 있다. 가장 중요한 것은 표면에 드러난 것을 근거로 속단하지 않는 것이다. 대신 과거의 정보는 우리의 평가에 기초를 제공해 줄 것이다. 레이놀즈의 1차 진료의는 감별진단과 안전 위계를 구성했어야만 했고, 이것에는 표 13.1에 언급된 장애들이 포함되었을 것이다. 그림 13.1을 따라가다 보면 특히 유독성 화학 물질에 대한 노출 및 섬망(2단계와 3단계)이 의심된다. 하지만 우리가 이것과 연관된 과거력을 알 수 없다면 어떨까? 그렇다면 우리가 내릴 수 있는 가장 보수적인 진단은 10단계의 조현양상장애가 될 것이다. 레이놀즈에게 환시가 있었다는 점에 주목하라. 이는 조현병에서는 전형적이지 않은 것이다. 또한 그는 57세로, 일반적인 초기 조현병 환자들보다 훨씬 나이가 많았다.

조현양상장애라면 레이놀즈의 예후에 대해 무엇을 예측할 수 있을까? 좋은 예후를 예측하는 특징들('예후 그리고 조현양상장애'의 내용을 보라)인 혼돈, 일찍 시작되는 정신병적 증상, 병전의 양호한 기능, 둔마되거나 둔화되지 않은 정동 중에서 레이먼즈는 이들 모두에 해당된다.

 토냐

"제가 임신했다는 걸 알았어요. 그래서 여기 온 거죠. 너무 불안해요. 기쁘지만 불안해요." 토냐는 정면을 응시하고 피식 웃었다. 이후의 45분 동안에도 그녀는 여러 번 짧게 피식거리며 웃었다. 주근깨와 헝클어진 적갈색의 머리 때문에 그녀는 실제 나이인 27세보다 어려 보였다. "제가 마침내 어떤 의미 있는 일을 할 거라는 게 너무 두려워요."

그녀가 전에 어떤 일을 했었는지는 다소 불명확했다. 캘리포니아에서 자란 토냐는 중3 때 학교를 그만두고 가출하여 서커스단에 들어갔다. 그녀는 16세 때 결혼했고 남편과 함께 남부로 이사해 몇 년간 지냈다. "그도 저처럼 서커스단에서 일했어요. 저는 거의 모든 걸 했어요. 그는 코카인을 복용했죠." 그녀는 또 피식 웃었다. "결국 저는 그를 떠나 여기로 이사했어요. 노숙인들이 살기에는 멋진 도시죠."라고 그녀는 덧붙였다. 가장 최근에는 몇 개월 정도 노숙 생활을 해 왔지만 그녀는 '어른이 된 후 거의' 길 위에서 지내왔다.

"조지아에 있을 때 제가 아동 성희롱 죄로 고발했던 여자 세 명이 저에게 달려들었어요."라고 그녀는 말했다. "결국 저는 한 명을 심하게 때렸어요. 그녀는 죽었지만 경찰은 정당방위의 살인으로 보았고 저는 풀려났어요." 그녀는 입술에 침을 발랐지만 이번에는 웃지 않았다. 그녀는 병원에 있는 지금이 과거 그 어느 때보다 더 행복하다고 고백했다. "하지만 저는 지나치게 행복하다고 생각하진 않아요. 제 기분은 지난 몇 달간 딱 중간이었어요. 수면이요? 아마도 매일 8~9시간은 될 거예요."

1~2년 전 조지아에서 약물 과다 복용으로 입원해 있는 동안 토냐는 항우울제 치료를 받았다. 그녀는 치료가 도움이 된다고 생각했다. "오랫동안 술은 조금, 실은 많이 마셔 왔죠. 아마도 하루에 0.5L 정도씩이요." 그녀는 진을 마시고 음주 운전으로 몇 번 체포되었으며 남편

을 두들겨 패기도 했다고 말했다. "많이 취하면 오줌을 지리곤 했어요." 그녀는 수전증이 있다고 시인했고, 어떤 날에는 아침에 '해장술'을 마시곤 했다.

토냐는 두 번의 자살 시도를 했었다. 한 번은 손목을 그었고, 목을 매려고도 시도했지만 매듭을 제대로 만들지 못했다. 그녀가 이복형제와 같이 잠자리를 해 왔다는 것을 깨달은 뒤의 일이었다. 그 남자는 그 관계에 대해 알고 있었지만 그녀는 몰랐다. 아버지가 같다는 사실을 알게 되었을 때 그녀는 배신감을 느꼈다. 두 번의 자살 시도 모두 심각한 신체적 손상을 입히지는 않았다. "그때마다 그들은 저에게 조울증이라고 했죠."라고 그녀는 말했다.

우울할 때 토냐의 수면에는 보통 변화가 없었고, 책을 읽거나 TV를 보는 데도 집중할 수 있었다. 식욕은 거의 변하지 않았고 종종 기분이 들뜨며 안절부절못했다.

토냐의 어머니는 그녀를 정신적으로 학대했고 아버지는 그녀를 강제로 성폭행했다. "그는 술꾼이었어요. 겨우 한 살이었을 때 입 밖에 내기도 힘든 짓을 했죠. 아직까지도 모두 다 선명하게 기억나요." 아버지의 친척들도 모두 '술꾼'이었고 어머니의 친척들은 모두 신경과민이었다. 그들은 많이 불안하고 우울했다. 이 모든 것에도 불구하고 그녀는 어린 시절이 기본적으로는 행복했었다고 기억했다. "어렸을 때가 좋았죠. 여자친구가 있었는데, 6학년 때 성관계를 가졌어요. 그 후로 저는 학교에서 이 일을 다른 아이들에게 말했고, 반에서 사실상 왕따가 되었죠." 어른이 되고서 토냐는 여성과 성관계를 갖지 않았지만, 서커스단에 있을 때 매춘을 했었다고 고백했다. "인생의 대부분을 난잡하게 살았죠. 저는 제 아이의 아빠가 누군지 몰라요."

토냐는 또한 식당 종업원, 기계 수리공으로 일했고, 편의점에서 3년간 근무를 하기도 했다. 그녀는 한 번도 해고된 적이 없었다. 앞서 언급한 것처럼 그녀는 중학교까지만 다녔지만 나중에 검정고시를 통해 고등학교 졸업 자격을 얻었다. 항상 착한 학생이었지만 친구가 거의 없었고, 그녀는 스스로를 '항상 혼자였고, 지금도 혼자인 사람'으로 묘사했다. 이는 그녀가 임신한 것을 그렇게도 기뻐하는 한 가지 이유였다 — 이제는 항상 함께해 줄 친구 한 명이 생긴 것이다. (그녀의 진료 기록 앞의 쪽지에는 임신 테스트가 다시 음성으로 나왔다고 적혀 있었지만, 그녀는 이 사실에 대해 아직 전달받지 못했었다.)

이 면담이 진행될 때 토냐는 제 I 형 양극성장애 진단하에 입원한 지 3일째였다. 그녀는 면담 내내 주의를 유지했고 면담자에게 잘 협조하는 듯했다. 어색해서 보이는 듯한 웃음을 제외하면 그녀의 기분은 안정되고 적절했다. 그녀는 지남력, 산수, 기억력을 평가하는 일반적인 검사들도 기민하고 신속하게 어려움 없이 통과했다. 그녀는 과거의 불안이나 공황 발작에 대해서는 부인했다. 그녀는 자신이 미행당하거나 괴롭힘을 당한다고 느끼지도 않았다. "버스가 저에게 '잘했어!'라고 말한 적이 한 번 있지만 말예요. 그래요, 그건 지금 선생님의 목소리처럼 선명한 것 같았어요. 그리고 저는 그때 약물을 복용하거나 술을 먹지 않았었죠."

분석

가능한 진단의 감별 목록인 주요우울증, 제Ⅰ형 양극성장애, 공황장애와 기타 불안장애, 다양한 종류의 정신병, 외상성 뇌 손상, 물질 사용, 성격장애 중에서 매우 분명해 보이는 한 가지 문제는 음주이다. 그녀가 직접 이야기한 것처럼 그녀는 술을 많이 마셨는데, 이것은 음주 운전과 가정 폭력 등 많은 문제들을 초래했다. 나는 그녀에게 알코올 의존이 있다고 간주하고 싶다(중증의 알코올 사용장애). 음주가 그녀의 다른 문제들에 얼마나 기여하는지에 대해서는 검토해 볼 필요가 있겠지만 말이다.

토냐의 임상가는 그녀를 제Ⅰ형 양극성장애 진단하에 치료하고 있었다. 이것이 현명할까? 물론 기분장애는 모든 안전 위계 내에서 꼭대기 근처를 차지하며, 그녀는 이전에 우울증에 대한 치료에 잘 반응한 적이 있었다고 말했다. 이는 우리가 진단을 내려야 할 것 같은 압박감을 느낄 때, 우리에게 그러한 진단을 내리도록 하는 진단 원칙이다. 하지만 그녀의 과거력 중 상당 부분은 전형적이지 않거나 모순이 있다 — 그녀는 자신이 한 살이었을 때의 학대를 기억했다. 그녀는 목을 매기 위해 매듭을 제대로 만들 수 없었다. 우울증이 있을 때 그녀의 활력 수준은 높아졌고 수면은 크게 변하지 않았다. 불안과 우울증 때문에 입원했음에도, 면담 동안 그녀의 정동은 특별히 우울해 보이지 않았다. 그리고 누군가를 죽인 후 경찰이 '자신을 풀어 줬다'는 그녀의 주장은 공상처럼 보인다.

불안 증상과 공황 증상은 그녀의 '임신 기간'과 동시에 일어났다. 나는 위기가 발생시켰을지도 모르는 정보를 신뢰하고 싶지 않다. 그녀가 버스의 말소리를 들었다는 것에는 주목하겠지만, 추가적인 증상들 없이 비약해서 정신병 진단을 내리지는 않을 것이다. 물론 매춘과 심하게 무질서한 생활사의 특징들을 볼 때 나는 성격장애를 고려할 것이다 — 하지만 이것이 맞을 가능성이 커 보이긴 해도, 많은 추가적 정보 없이 이 진단을 내리지는 않을 것이다.

마무리하자면 이 경우, 알코올 사용장애를 제외하고 현 시점에서 유일하게 안전한 진단은 진단 미정의 정신장애가 되는 또 다른 사례인 것이다.

부록

진단 원칙

나는 이 책에 수년 동안 수많은 정신장애 환자를 평가할 때 지침이 된 원칙들을 기술했다. 이를 모두 모아 4개의 넓은 범주로 나누어 아래에 제시했다. 우선 이 24개의 원칙이 때로는 겹치거나 서로 상충되며 4개의 범주 역시 약간 유동적이기도 한 점을 밝혀 두겠다. 하지만 이 일반 원칙들은 내가 정신장애를 진단해 온 수십 년간 튼튼한 기반이 되어 주었다.

해당 원칙들은 당신이 환자를 평가할 때 사용할 법한 순서대로 아래에 제시했고, 따라서 내가 본문에서 언급한 순서와는 조금 다르다. 때로는 본문의 말을 줄여서 제시했다. 마지막으로 (당신이 실제로 환자에게 적용할 때 좀 더 사용하기 수월할) 단어를 첨가했다.

감별진단을 할 때

A. 당신의 감별진단 목록을 안전 위계에 따라 나열하라.

B. 가족력이 진단의 길잡이가 될 수 있지만 보고를 신뢰할 수 없는 경우가 자주 있기 때문에 임상가는 각 가족원을 재진단해 봐야 한다.

C. 신체장애와 이에 대한 치료는 정신과적 증상을 발생시키거나 악화시킬 수 있다.

D. 증상들이 일치하지 않거나 치료가 효과를 보이지 않을 때는 언제나 신체증상(신체화)

장애를 고려하라.

E. 물질 사용은 다양한 정신장애를 유발할 수 있다.

F. 기분장애는 편재성(ubiquity), 위해 가능성, 그리고 치료에 대한 즉각적인 반응성 때문에 항상 고려되어야 한다.

출처가 다른 정보들이 서로 일치하지 않을 때

G. 과거력이 현재의 상태보다 우세하다.

H. 최근의 병력이 오랜 옛날의 병력보다 우세하다.

I. 때로는 주변 사람들로부터 얻은 부차적 정보가 환자 자신이 보고한 정보보다 우세하다.

J. 징후가 증상보다 우세하다.

K. 위기로 인해 생긴 정보를 평가할 때는 주의하라.

L. 객관적 자료가 주관적 판단보다 우세하다.

M. 오컴의 면도날(Occam's razor)을 사용하라 — 가장 단순한 설명을 택하라.

N. 얼룩말보다 말이 더 흔하다. 즉, 더 자주 발생하는 진단을 우선해서 택하라.

O. 서로 모순되는 정보에 주의하라.

불확실성 해결하기

P. 미래 행동의 가장 좋은 예측 변인은 과거의 행동이다.

Q. 특정 장애에 해당하는 증상이 더 많을수록 당신이 고려하고 있는 진단의 가능성은 더 높아진다.

R. 특정 장애에 해당하는 전형적인 특성들은 당신이 고려하고 있는 진단의 가능성을 높인다. 비전형적인 특성이 존재한다면 대안을 찾아라.

S. 특정 장애의 치료에 대한 과거의 전형적 반응은 당신이 고려하고 있는 진단의 가능성을 높인다.

T. 진단에 대해 확신할 수 없을 때는 언제든지 **진단 미정(undiagnosed)**이라는 용어를 사용하라.

U. 환자에게 정신과적 진단을 내려서는 안 되는 경우가 있음을 고려하라.

다중 진단

V. 환자가 보이는 증상이 하나의 장애로는 충분히 설명되지 않을 때 다중 진단을 고려하라.

W. 환자가 심한 주요 정신장애를 앓고 있을 때는 성격장애 진단을 지양하라.

X. 가장 위급하고, 치료가 용이하고, 구체적인 진단을 다중 진단 목록의 첫 번째로 배치하라. 그리고 가능하면 발생한 순서대로 진단을 제시하라.

참고문헌
&
더 읽을거리

본문에서 인용된 많은 책과 문헌을 아래에 제시하였고, 여기에는 진단 방법에 대해 기술한 중요한 문헌들도 포함되어 있다. 몇몇 고전 문헌들은 수십 년 이상 되었지만, 이 책들은 오래되었음에도 불구하고 여전히 우리에게 가르침을 준다. 본문에서 언급되거나 사례에서 묘사된 실제 인물(역사적 인물이거나 현대의 인물 모두)에 대해 더 알고 싶은 사람들을 위해 이들에 대한 정보의 출처를 여기에 실었다.

면접과 진단에 대한 일반적인 참고문헌

American Psychiatric Association: *Diagnostic and Statistical Manual of Mental Disorders* (5th ed.). Arlington, VA: Author, 2013.—A major revision of this important document.

American Psychiatric Association: *Diagnostic and Statistical Manual of Mental Disorders* (4th ed., text rev.). Washington, DC: Author, 2000.—I include DSM-IV-TR here because I recommend continuing to follow it for a few diagnoses, the Global Assessment of Functioning (GAF), and the Global Assessment of Relational Functioning (GARF).

Hales RE, Yudofsky SC, Roberts LW (Eds.): *The American Psychiatric Publishing Textbook of Psychiatry* (6th ed.). Washington, DC: American Psychiatric Publishing, 2014.—Highly authoritative text, addressing all aspects of mental health diagnosis and treatment in 800 pages.

Hersen M, Beidel DC (Eds.): *Adult Psychopathology and Diagnosis* (6th ed.). Hoboken, NJ: Wiley, 2012.—Aimed at graduate students in psychology, counseling, and social work, this 800-page text covers the spectrum of diagnostic conditions.

Montgomery K: *How Doctors Think*. New York: Oxford University Press, 2005.—A professor of humanities and medicine (who is not a physician herself) discusses clinical judgment and the practice of medicine.

Morrison J: *DSM-5 Made Easy*. New York: Guilford Press, 2014.—This one-volume approach to understanding DSM-5 reflects the new diagnostic manual.

Morrison J: *The First Interview* (4th ed.). New York: Guilford Press, 2014.—An introduction to the art and science of mental health interviewing.

Morrison J: *When Psychological Problems Mask Medical Disorders*. New York: Guilford Press, 1997.—Provides mental health information concerning 60 medical conditions.

Sadock BJ, Sadock VA, Ruiz P (Eds.): *Kaplan and Sadock's Comprehensive Textbook of Psychiatry* (9th ed.). Philadelphia: Lippincott Williams & Wilkins, 2009.— This 4,000-page behemoth covers all aspects of mental health illness and treatment.

진단 방법

Allen VG, Arocha JF, Patel VL: Evaluating evidence against diagnostic hypotheses in clinical decision making by students, residents and physicians. *Int J Med Informatics* 1998; 51:91–105.

Andreasen NC: Editorial: Vulnerability to mental illness. *Am J Psychiatry* 2005; 162:211–213.

Coderre S, Mandin H, Harasym PH, Fick GH: Diagnostic reasoning strategies and diagnostic success. *Med Educ* 2003; 37:695–703.

Faust D, Nurcombe B: Improving the accuracy of clinical judgment. *Psychiatry* 1989; 52:197–208.

Fava M, Farabaugh AH, Sickinger AH, Wright E, Alpert JE, Sonawalla S, Nierenberg AA, Worthington JJ 3rd: Personality disorders and depression. *Psychol Med* 2002; 32:1049–1057.

Hall KH: Reviewing intuitive decision-making and uncertainty: The implications for medical education. *Med Educ* 2002; 36:216–224.

Hall RC, Popkin MK, Devaul RA, Faillace LA, Stickney SK: Physical illness presenting as psychiatric disease. *Arch Gen Psychiatry* 1978; 35:1315–1320.

Heilig M, Forslund K, Asberg M, Rydberg U: The dual-diagnosis concept used by Swedish social workers: Limited validity upon examination using a structured diagnostic approach. *Eur Psychiatry* 2002; 17:363–365.

Henig RM: At war with their bodies, they seek to sever limbs. *The New York Times*, March 22, 2005; *http://www.nytimes.com/2005/03/22/health/psychology/22ampu.html?pagewanted=print&position=*

Honig A, Pop P, Tan ES, Philipsen H, Romme MA: Physical illness in chronic psychiatric patients from a community psychiatric unit: The implications for daily practice. *Br J Psychiatry* 1989; 155:58–64.

Keel PK, Dorer DJ, Eddy KT, Franko D, Charatan DL, Herzog DB: Predictors of mortality in eating disorders. *Arch Gen Psychiatry* 2003; 60(2):179–183.

Kennedy N, Boydell J, Kalidindi S, Fearon P, Jones PB, van Os J, Murray RM: Gender differences in incidence and age at onset of mania and bipolar disorder over a 35-year period in Camberwell, England. *Am J Psychiatry* 2005; 162:257–262.

Kessler RC, Berglund P, Demler O, Jin R, Merikangas KR, Walters EE: Lifetime prevalence and age-of-onset distributions of DSM-IV disorders in the National Comorbidity Survey replication. *Arch Gen Psychiatry* 2005; 62:593–602.

Kessler RC, McGonagle KA, Zhao S, Nelson CB, Hughes M, Eshleman S, Wittchen

HU, Kendler KS: Lifetime and 12-month prevalence of DSM-III-R psychiatric disorders in the United States. *Arch Gen Psychiatry* 1994; 51:8–19.

Koran LM, Sheline Y, Imai K, Kelsey TG, Freedland KE, Mathews J, Moore M: Medical disorders among patients admitted to a public-sector psychiatric inpatient unit. *Psychiatr Serv* 2002; 53:1623–1625.

Krueger RF: The structure of common mental disorders. *Arch Gen Psychiatry* 1999; 56:921–926.

Mark DB: Decision-making in clinical medicine. In Kasper DL, Braunwald E, Fauci A, Hauser S, Longo D, Jameson JL (Eds.): *Harrison's Principles of Internal Medicine* (16th ed.). New York: McGraw-Hill, 2004.

Roberts B: A look at psychiatric decision making. *Am J Psychiatry* 1978; 135:1384–1387.

Welner A, Liss JL, Robins E: A systematic approach for making a psychiatric diagnosis. *Arch Gen Psychiatry* 1974; 31:193–196.

Witztum E, Grinshpoon A, Margolin J, Kron S: The erroneous diagnosis of malingering in a military setting. *Mil Med* 1996; 161:225–229.

우울증과 조증 진단하기

Brockington I: Postpartum psychiatric disorders. *Lancet* 2004; 363:303–310.

Clayton PJ, Lewis CE. The significance of secondary depression. *J Affect Disord* 1981; 3:25–35.

Cook BL, Shukla S, Hoff AL, Aronson TA. Mania with associated organic factors. *Acta Psychiatr Scand* 1987; 76:674-677.

de Kemp EC, Moleman P, Hoogduin CA, Broekman TG, Goedhart A, Schaap CP, van den Berg PC. Diagnosis at the first episode to differentiate antidepressant treatment responses in patients with mood and anxiety disorders. *Psychopharmacology (Berl)* 2002; 160:67–73.

Garvey MJ, Tuason VB: Mania misdiagnosed as schizophrenia. *J Clin Psychiatry* 1980; 41:75–78.

Ghaemi SN, Sachs GS, Chiou AM, Pandurangi AK, Goodwin K: Is bipolar disorder still underdiagnosed? Are antidepressants overutilized? *J Affect Disord* 1999; 52:135–144.

Hirschfeld RM, Lewis L, Vornik LA: Perceptions and impact of bipolar disorder: how far have we really come? Results of the National Depressive and Manic–Depressive Association 2000 survey of individuals with bipolar disorder. *J Clin Psychiatry* 2003; 64:161–174.

Klein DN, Taylor EG, Harding K, Dickstein S: Double depression and episodic major depression: Demographic, clinical, familial, personality, and socioenvironmental characteristics and short-term outcome. *Am J Psychiatry* 1988; 145:1226–1231.

Leader JB, Klein DN: Social adjustment in dysthymia, double depression and episodic major depression. *J Affect Disord* 1996; 37:91–101.

Lin CC, Bai YM, Hu PG, Yeh HS: Substance use disorders among inpatients with bipolar disorders and major depressive disorder in a general hospital. *Gen Hosp Psychiatry* 1998; 20:98–101.

McCullough JP Jr., Klein DN, Borian FE, Howland RH, Riso LP, Keller MB, Banks PL: Group comparisons of DSM-IV subtypes of chronic depression: Validity of the distinctions, part 2. *J Abnorm Psychol* 2003; 112:614–622.

Miller IW, Norman WH, Keitner GI: Combined treatment for patients with double depression. *Psychother Psychosom* 1999; 68:180–185.

Werth JL Jr., Cobia DC: Empirically based criteria for rational suicide: A survey of psychotherapists. *Suicide Life-Threat Behav* 1995; 25:231–240.

불안과 공포증 진단하기

Bruce SE, Machan JT, Dyck I, Keller MB: Infrequency of "pure" GAD: Impact of psychiatric comorbidity on clinical course. *Depress Anxiety* 2001; 14:219–225.

Fava GA, Rafanelli C, Grandi S, Conti S, Ruini C, Mangelli L, Belluardo P: Long-term outcome of panic disorder with agoraphobia treated by exposure. *Psychol Med* 2001; 31:891–898.

Lee DO, Helmers SL, Steingard RJ, DeMaso DR: Case study: Seizure disorder presenting as panic disorder with agoraphobia. *J Am Acad Child Adolesc Psychiatry* 1997; 36:1295–1298.

Zimmerman M: What should the standard of care for psychiatric diagnostic evaluations be? *J Nerv Ment Dis* 2003; 191:281–286.

정신병 진단하기

Evans JD, Heaton RK, Paulsen JS, McAdams LA, Heaton SC, Jeste DV: Schizoaffective disorder: A form of schizophrenia or affective disorder? *J Clin Psychiatry* 1999; 60:874–882.

Genova P: Dump the DSM! *Psychiatr Times* 2003; 20: Issue 4, *www.psychiatric-times.com/ p030472.html*

Gurland B: Aims, organization, and initial studies of the Cross-National Project. *Int J Aging Hum Dev* 1976; 7:283–293.

Kasanin J: The acute schizoaffective psychoses. *Am J Psychiatry* 1994; 151(Suppl. 6):144–154.—A reprint of a 1933 article in the same journal.

Lammertink M, Lohrer F, Kaiser R, Hambrecht M, Pukrop R: Differences in substance abuse patterns: Multiple drug abuse alone versus schizophrenia with multiple drug abuse. *Acta Psychiatr Scand* 2001; 104:361–366.

Maj M, Pirozzi R, Formicola AM, Bartoli L, Bucci P: Reliability and validity of the DSM-IV diagnostic category of schizoaffective disorder: Preliminary data. *J Affect Disord* 2000; 57:95–98.

Marneros A: The schizoaffective phenomenon: The state of the art. *Acta Psychiatr Scand* 2003; 106(Suppl. 418):29–33.

Ripoll N, Bronnec M, Bourin M: Nicotinic receptors and schizophrenia. *Curr Med Res Opin* 2004; 20:1057–1074.

Sacks, O. *Hallucinations*. New York: Knopf, 2012.

Schwartz JE, Fennig S, Tanenberg-Karant M, Carlson G, Craig T, Galambos N, Lavelle J, Bromet EJ. Congruence of diagnoses 2 years after a first-admission diagnosis of psychosis. *Arch Gen Psychiatry* 2000; 57:593–600.

Tsuang D, Coryell W: An 8-year follow-up of patients with DSM-III-R psychotic depression, schizoaffective disorder, and schizophrenia. *Am J Psychiatry* 1993; 150:1182–1188.

Zisook S, McAdams LA, Kuck J, Harris MJ, Bailey A, Patterson TL, Judd LL, Jeste DV: Depressive symptoms in schizophrenia. *Am J Psychiatry* 1999; 156:1736–1743.

기억과 사고 문제 진단하기

Folstein MF, Folstein SE, McHugh PR: Mini-Mental State: A practical method for grading the cognitive state of patients for the clinician. *J Psychiatr Res* 1975; 12:189–198.

물질 오용과 기타 중독 진단하기

Schuckit MA, Smith TL, Danko GP, Bucholz KK, Reich T, Bierut L: Five-year clinical course associated with DSM-IV alcohol abuse or dependence in a large group of men and women. *Am J Psychiatry* 2001; 158:1084–1090.

성격과 관계 문제 진단하기

Moran P, Leese M, Lee T, Walters P, Thornicroft G, Mann A: Standardised Assessment of Personality—Abbreviated Scale (SAPAS): Preliminary validation of a brief screen for personality disorder. *Br J Psychiatry* 2003; 183:228–232.

자살과 폭력

Beautrais AL: Subsequent mortality in medically serious suicide attempts: A 5-year follow-up. *Aust NZ J Psychiatry* 2003; 37:595–599.

Fenton WS, McGlashan TH, Victor BJ, Blyler CR. Symptoms, subtype, and suicidality in patients with schizophrenia spectrum disorders. *Am J Psychiatry* 1997; 154:199–204.

Gardner W, Lidz CW, Mulvey EP, Shaw EC: Clinical versus actuarial predictions of violence of patients with mental illnesses. *J Counseling Clin Psychol* 1996; 64:602–609.

Harkavy-Friedman JM, Kimhy D, Nelson EA, Venarde DF, Malaspina D, Mann JJ. Suicide attempts in schizophrenia: the role of command auditory hallucinations for suicide. *J Clin Psychiatry* 2003; 64:871–874.

Material on suicide intent scales:

www.neurotransmitter.net/suicidescales.html

본문과 사례에 등장한 실제 생존하였던 인물에 대한 정보

개인의 성의 알파벳 순서에 따라 제시하였고 그 개인이 언급된 책의 장, 그리고 서지 학적 정보 순으로 제시하였다.

Rigoberto Alpizar (Chapter 17): Goodnough A: Fretful passenger, turmoil on jet and fatal shots. *The New York Times*, Dec. 9, 2005.

Marshall Applewhite (Chapter 13): *www.culteducation.com/hgate.html*

Kenneth Bianchi (Chapter 4), John Hinckley, Jr. (Chapters 13 and 17), Ted Bundy (Chapter 16), and other mentally disordered criminals: *www.crimelibrary.com*

Doug Bruce (Chapter 14): *The New Yorker*, Feb. 27, 2006, 27–30.

John Clare (Chapter 18): Bate J: *John Clare: A Biography*. New York: Farrar, Straus & Giroux, 2003.

Camille Claudel (Chapter 13): Ayral-Clause O: *Camille Claudel: A Life*. New York: Abrams, 2002.

Samuel Taylor Coleridge (Chapter 15): Holmes R: *Coleridge: Early Visions, 1772–1804*. New York: Pantheon, 1999; Holmes R: *Coleridge: Darker Reflections, 1904–1834*. New York: Pantheon, 1989.

Charles Darwin (Chapter 12): Barloon TJ, Noyes R Jr.: Charles Darwin and panic disorder. *JAMA* 1997; 277:138–141.

Phineas Gage (Chapter 16): *www.uakron.edu/gage*

Carolyn Heilbrun (Chapter 11): Grigoriadis V: A death of one's own. *New York*, Dec. 8, 2003; *nymag.com/nymetro/news/people/n_9589*

Effrain Marrero (Chapter 9): Wilson D: Steroids are blamed in suicide of young athlete. *The New York Times*, March 10, 2005.

William Minor (Chapter 18): Winchester S: *The Professor and the Madman*. New York: HarperCollins, 1998.

Joe Namath (Chapter 8): *http://usatoday30.usatoday.com/sports/football/nfl/2004-10-14-namath_x.htm*

Opal Petty (Chapter 7): Lehmann-Haupt C: Opal Petty, 86, patient held 51 years involuntarily in Texas. *The New York Times*, March 14, 2005, Section C, page 15.

Jim Piersall (Chapter 12): Piersall J, Hirshberg A: *Fear Strikes Out: The Jim Piersall Story*. Boston: Little, Brown, 1957; Piersall J, Whittingham R: *The Truth Hurts*. Chicago: Contemporary Books, 1984.

Daniel Paul Schreber (Chapter 13): Freud S: Psycho-analytic notes on an autobiographical account of a case of paranoia (dementia paranoids). In Strachey J

(Ed. & Trans.): *The Standard Edition of the Complete Psychological Works of Sigmund Freud* (Vol. 12). London: Hogarth Press, 1958 (orig. pub. 1911).

Elizabeth Shin (Chapter 16): Sontag D: Who was responsible for Elizabeth Shin? *The New York Times*, June 2, 2002, Section 6, page 10.

Virginia Woolf (Chapter 10): Lee H: *Virginia Woolf*. New York: Knopf, 1997.

Andrea Yates (Chapter 11): O'Malley S: *"Are You There Alone?": The Unspeakable Crime of Andrea Yates*. New York: Simon & Schuster, 2004.

찾아보기

저자 소개

James Morrison

제임스 모리슨 박사는 미국 포틀랜드에 있는 오리건보건과학대학교의 정신과 겸임 교수이다. 그는 개업과 공공의료 분야 모두에서 방대한 경험을 해 왔다. 모리슨 박사가 저술한 전문가용 저서로는 *DSM-5 Made Easy*와 *The First Interview, 4/e*이 있다. 그의 웹 사이트(www.guilford.com/jm)에서는 정신과적 진단과 DSM-5와 관련된 추가적인 논의와 근거들을 제공한다.

역자 소개

신민섭

서울대학교 대학원 심리학과 임상심리학 석사
연세대학교 대학원 심리학과 임상심리학 박사
서울대학교병원 신경정신과 임상심리전문가 수련 과정 이수
現 서울대학교 의과대학 정신과학교실 및 서울대학교병원 정신건강의학과 교수

오서진

연세대학교 대학원 심리학과 임상심리학 석사
서울대학교병원 정신건강의학과 임상심리전문가 수련 과정 이수
現 서울대학교병원 정신건강의학과 임상심리전문가

최정인

서울대학교 대학원 심리학과 임상 · 상담심리학 석사
서울아산병원 정신건강의학과 임상심리전문가 수련 과정 이수
現 서울대학교병원 정신건강의학과 임상심리전문가

김일중
서울대학교 대학원 심리학과 임상 · 상담심리학 석사
現 서울대학교병원 정신건강의학과 임상심리전문가 수련 과정 중

문윤재
아주대학교 대학원 심리학과 임상심리학 석사
서울대학교병원 정신건강의학과 임상심리전문가 수련 과정 이수

서성민
서울대학교 대학원 심리학과 임상 · 상담심리학 석사
現 서울대학교병원 정신건강의학과 임상심리전문가 수련 과정 중

이미소
서울대학교 대학원 심리학과 임상 · 상담심리학 석사
現 서울대학교병원 정신건강의학과 임상심리전문가 수련 과정 중

최자연
연세대학교 대학원 심리학과 임상심리학 석사
서울대학교병원 정신건강의학과 임상심리전문가 수련 과정 이수

홍초롱
서울대학교 대학원 심리학과 임상 · 상담심리학 석사
現 서울대학교병원 정신건강의학과 임상심리전문가 수련 과정 중